中國學術思想 研究輯刊

十一編

林慶彰 主編

第 21 冊

公與私
——魏晉士群的角色定位與自我追尋

施穗鈺 著

花木蘭文化出版社

國家圖書館出版品預行編目資料

公與私——魏晉士群的角色定位與自我追尋／施穗鈺 著－初
版－新北市：花木蘭文化出版社，2011〔民100〕
目 4+332 面；19×26 公分
（中國學術思想研究輯刊 十一編；第 21 冊）
ISBN：978-986-254-467-9（精裝）
1. 魏晉南北朝哲學　2. 知識分子
030.8　　　　　　　　　　　　　　　　100000799

ISBN-978-986-254-467-9

9 789862 544679

中國學術思想研究輯刊
十一編　第二一冊　　　　　ISBN：978-986-254-467-9

公與私——魏晉士群的角色定位與自我追尋

作　　者　施穗鈺
主　　編　林慶彰
總 編 輯　杜潔祥
出　　版　花木蘭文化出版社
發 行 所　花木蘭文化出版社
發 行 人　高小娟
聯絡地址　新北市永和區中正路五九五號七樓之三
　　　　　電話：02-2923-1455／傳真：02-2923-1452
網　　址　http://www.huamulan.tw 信箱 sut81518@ms59.hinet.net
印　　刷　普羅文化出版廣告事業
封面設計　劉開工作室
初　　版　2011 年 3 月
定　　價　十一編 40 冊（精裝）新台幣 62,000 元

公與私——魏晉士群的角色定位與自我追尋

施穗鈺　著

作者簡介

施穗鈺，國立成功大學中文博士。主要研究方向為中國思想史。已在學術期刊與研討會議發表〈詮釋與建構——以魏晉時期對「閑邪存誠」的詮釋為主軸〉、〈般若學與玄學的交會及選擇——以《維摩結經》為核心〉等多篇文章，顯示了對魏晉時期相關議題的持續關注。近期研究重點是透過經典詮釋方法，重新抉發魏晉人物針對《論語》、《老子》、《莊子》等文本所作出的闡發，期能以全視角建構魏晉倫理學。

提　要

　　由於魏晉時期「公」與「私」的內容，兼具「公家」、「私門」的一般性用語與「至公」、「無私」的價值性詞彙之雙重意涵。因此，本文選擇以魏晉士群作為主要對象，意欲藉由兩種研究方式完成下列的工作：一者，透過析理魏晉士群對傳統經典的注解內容，來呈顯魏晉公私觀念在思想層面的衍繹與嬗變。二者，通過對史傳資料及相關文獻的梳理，以彰顯魏晉人物在參與政治社會活動過程中所實踐的「公型理念」與「無私」價值。這樣的做法，不僅可以完整地呈顯魏晉「公」與「私」的基本意涵，更能從「清」與「身」兩個概念，勾勒出魏晉士群在公私論題上的特殊思想史意義。

　　是以，本篇論文寫作的必要性，可從兩方面說之。第一，就公與私的論題而言。目前既有的研究成果，多從先秦的「義利之辨」跳接宋明理學的「天理人欲之辨」，至於魏晉時期的相關討論則付之闕如。但是，從嵇康〈釋私論〉與曹羲〈至公論〉的題目來看，便顯示了魏晉思想家對此論題保持著一定的關注。因而，本篇論文的選題，即具補白研究區塊的效用。第二，就魏晉時期的公私詮釋脈絡而言。曹羲所說「崇公抑私」與袁準所言「背私向公」，顯然和王弼「無身無私」之說及嵇康「公成私敗」之理，屬於不同的論述方式。那麼，藉由本文採取的研究方法，不但可以呈現魏晉公私的兩種意涵，並且還能在目前玄學「本末」、「有無」、「體用」的研究框架之外，提出另一種關於魏晉思想史的論述視角。

目

次

體例說明

一、本篇論文所引用之文獻，均於引文後以隨文夾注形式註明。主要文獻資料所使用的版本與夾注格式如下：

1. 《三國志》與《晉書》採用中華書局版本，並以（卷數／頁碼）的形式隨文夾注。例如：（《三國志》卷 1／頁 123）；（《晉書》卷 2／頁 234）。

2. 《全三國文》與《全晉文》採用〔清〕嚴可均輯、北京商務印書館之審訂本，隨文以（〈篇名〉，《全晉文》卷 35）形式標示。

3. 凡《世說新語》之引用，採自華正書局之余嘉錫《世說新語箋疏》，隨文注為（〈篇名 條數〉），如《世說》〈德行 10〉。如為余嘉錫案語之引用，則夾注標明（《箋疏》，頁碼）。

二、凡是魏晉思想家的經典注文採取夾注格式如下：

1. 《老子》、《周易》原文及王弼注文，採用華正書局之樓宇烈《老子周易王弼注校釋》。如：《老子》「道可道，非常道」（〈1〉），王弼注：「可道之道，可名之名，指事造形，非其常也。」（〈1〉注）又如：《周易注》則以（〈卦〉注，頁碼）形式標明。

2. 《莊子》原文及郭象注文，引自北京中華書局之郭慶藩《莊子集釋》，並以《莊子》：「蹍市人之足」，郭象注：「不人者，視人若己」（〈庚桑楚〉注，頁 810）形式標明。

3. 凡文中引用《論語》原文及各家注解，皆依據北京中華書局之程樹德《論語集釋》，並以（〈學而〉注，頁碼）標明。

三、文中所有歷史人物之生卒年，皆以張舜徽主編之《三國志辭典》及《晉書辭典》為據，不再另行考證。若生卒年不詳者，則概括以曹魏徐邈或東晉郗鑒，說明人物之年代。

四、有關日本漢學研究成果之引用，如有中譯本則採用譯本；若無中譯本，則筆者採取義譯之方式敘述。

第一章　緒　論

　　魏晉時期「公」與「私」的內容，涵蓋了思想觀念的衍繹以及價值理念的實踐。因此，本文以魏晉士群作為主要研究對象，通過經典詮釋文本的解讀以及史傳人物分析的方式予以說明。目的是在玄學「本末」、「有無」、「體用」研究框架之外，提出另一種關於魏晉思想史的論述觀點。

第一節　研究旨趣與選題釋義

一、問題的提出

　　「士」，是魏晉時期政治參與及文化活動的主要成員。「士」對其自身提問，從來都不應該只是一種抽象概念的界定，它必定包含了「士」對其時代語境的反思及其社會角色的認同和實踐。

　　余英時指出：中國傳統「士」階層與現代西方知識分子，都是社會基本價值的維護者。二者都以其「公共屬性」，深切地關懷著國家社會以至於世界上一切有關公共利害之事，而且這種關懷又是超越於個人的私利之上。換言之，「士」作為一個承擔著文化使命的特殊階層，始終在歷史進程發揮著現代「知識分子」意義的功用。〔註1〕陳啟雲則分析：漢末魏晉的士人以士大夫身

〔註1〕參見余英時，〈引言——士在中國文化史上的地位〉，《士與中國文化》（上海：上海人民出版社，2004年）。余英時先生對中國知識分子的考察，曾以《中國知識階層史論・古代篇》為名（台北：聯經出版社，1980年），收錄四篇文章。之後，於1987年增收了其他八篇文章，以《士與中國文化》為名，在大陸以簡體字版刊出，可說是將《中國知識階層史論》的論述年代往下延伸至宋朝以及明清，完整地呈現了「士」作為一個社會階層的精神面貌。值得注意的

份批評士大夫，展現了知識份子的批評精神。更重要的是，這種屬於自我反省式的批評，其批評之嚴厲，足以證明士人的立論及思考是可以超越個人甚至階級利益。〔註2〕即便劉子健對宋代知識分子的認定，亦是從知識分子關懷國家和社會的廣泛利益，並通過與他人分享其關懷的方式，以試圖影響思想和公共事務發展朝理想的方向發展。〔註3〕

那麼，基於「士」的公共屬性之前提，我們不禁要問：難道飲酒服藥、裸祖狂歡，就是魏晉士群的歷史形象？再者，就兼具知識分子與官僚雙重身分的魏晉士群而言，參與政治、論述公眾事務扮演其社會角色是很自然的事，但問題是如何才能超越個人私利，使其功能超越官僚身分的限制呢？這樣的提問，已把公私的糾葛關係納入考量。對此問題的釐清，不僅可以再次確認魏晉士群之「士」的公共品格，而且將有助於反省以私門政治型態概論魏晉門閥的說法。

首先，就傳統「公」的觀念之發展來看。日本學者溝口雄三曾採取對比中國日本語源的方式，並將中國的「公」、「私」分為三個群組。其中，中國的「私」未如日語成為第一人稱的「わたくし」，而是從「均平」、「反利己」之倫理性與原理性之「公」來對顯「私」的「曲私」、「奸邪」之意。中國的「公」來自於「天」的絕對性；簡言之，即是「天＝均平＝公」的思想脈絡。〔註4〕陳弱水在溝口雄三研究成果的基礎上，細將中國歷史的「公」觀念區分為五種類型並指出：五類型中以「普遍」或「全體」為「公」之核心意義的類型最為複雜。這類型的「公」，由於是以強烈規範色彩的普遍或全體為基本內容，所以，「私」不論如何理解，其正當性都很低。雖然，此類型的「公」，在原則上是人人都可實現的價值，但至少在漢唐之間，這個觀念只應用於政治領域，用以要求君主和官員的公務行為。〔註5〕大體而言，這個說法是對的。

是，他在 2002 年的〈新版序〉中提到：對於「intellectual」這個名詞，「知識人」比「知識分子」更為適切，尤其對古代的「士」更應如此。理由即在於他想恢復「intellectual」的「人」的尊嚴，其〈中國知識人之史的考察〉的寫作，即是基於這樣的思考。

〔註2〕參見陳啓雲，〈魏晉南北朝知識份子的特色〉，《中國古代思想文化的歷史析論》（北京：北京大學出版社，2001 年），頁 300～頁 302。

〔註3〕參見〔美〕劉子健著、趙冬梅譯，《中國轉向內在——兩宋之際的文化內向》（南京：江蘇人民出版社，2002 年），頁 12。

〔註4〕參見〔日〕溝口雄三，《公私》（東京：株式會社三省堂，1996 年）。

〔註5〕參見陳弱水，〈中國歷史上「公」的觀念及其現代變形——一個類型的與整體

主要原因，就在於魏晉的「士」階層承擔了整合王權政治系統的國家範圍與地方宗族的社會空間之中介功能，這使得魏晉時期以「全體」爲核心意涵之「公」的觀念較爲突顯。但與此同時，也就預知了魏晉時期國家與社會、公與私的概念，其界限是相對的、模糊的。所以，對照近現代的公私觀論述脈絡來看，〔註6〕魏晉時期的「私」，可以用來指涉「個人的」，但始終不曾出現近代「個人主義」的意義。以此之故，對於魏晉時期是「個體之自覺」的說法，必須警覺其「個體」的用法，〔註7〕仍在置於「國家──宗族」位階之下；本文所謂「角色與自我」亦是放在此脈絡下來說。

那麼，扣緊「公」的價值及「士」的公共屬性作爲論述主軸，專就「無私至公」的概念來解析，在做法上就相對簡單得多。但問題在於，只談論政治層面的「公」，就直接把不具備官員身分的魏晉士人給刪除了。然而，魏晉時期「公家」、「官家」與「私家」、「在家」是很普遍的用法。「公家」指的是與政府公務有關的公家組織，「私家」自然意味著在政治領域之外的空間。那麼，置身於「公家」之外的「在家」之士，其所參與的社會活動及其自身「士」的性格，又該如何描述？

其次，就魏晉論述公私的脈絡而言。從嵇康〈釋私論〉與曹羲〈至公論〉的題目來看，便顯示了魏晉思想家對此論題保持著一定的關注。不過，曹羲所說「崇公抑私」與袁準所言「背私向公」，顯然和王弼「無身無私」之說及嵇康「公成私敗」之理，屬於不同的語彙系統。換言之，單就其中一項意涵來解釋，並無法全面觀照到魏晉的公私論述。尤其重要的是，傳統對「公」的界說，多半是通過逆思維的「無私」來把握；曹羲與袁準所說即屬此種類型。反之，王弼「無私者，無爲於身也」之謂與嵇康所說「豈爲身而繫乎私哉？」皆是環繞著「身」字展開對「無私」的論述。尤其，《世說新語》裡亦

的考察〉，《公共意識與中國文化》（台北：聯經，2005年）。

〔註6〕參見黃克武、張哲嘉主編，《公與私：近代中國個體與群體之重建》（台北：中央研究院近代史研究所，2000年）。〔日〕溝口雄三著，索介然、龔穎譯，《中國前近代思想的演變》（北京：中華書局，1997年）。

〔註7〕馬小虎嘗標目〈漢晉之際「國家社會個體」的自我價值危機和自我覺醒假象〉，藉以反省余英時等人之「個體之自覺」之說。其中，馬氏又將「魏晉風度」的內涵，概括爲「放浪形骸」、「食藥酣酒」、「仕不事事」諸項。參見馬小虎，《魏晉以前個體「自我」的演變》（北京：中國人民大學出版社，2004年）。筆者認爲：由於他誤解了魏晉思想的「自適」、「自得」之意，進而將「自覺」等同於「自由」所獲致的結論。因此，這樣的推論方式，有待商榷。

多以「身」字作為「我」的代稱。如此可見，將「身」字視為魏晉公私觀念的解碼關鍵，方具思想史的特殊意義。

準此而言，有學者採取全面檢索《晉書》「私」字的方式，試圖揭示「立公滅私」的內在邏輯。但事實上，這種條列統計的做法，對於魏晉「私」觀念的說明，不太具有理論陳述效力。〔註8〕原因在於，《晉書》不曾出現「立公」或「滅私」的用詞，況且「私」字，多半是放在「個人的」或「私下的」的語脈下，並沒有出現特殊含意的「私」字。反而應該注意的，是《晉書》裡「苟崇私情，有虧國典」的典型用法（卷31／頁957），所謂「私情」是就「個人的思想情感欲望」來說；而「私情」的特殊意義卻正是藉由與「公共的」國家禮法典制方得以彰顯。換言之，討論魏晉情禮衝突的問題，是不能忽略魏晉禮律已由國家力量推動執行的時代背景。

正是基於以上的疑慮，本文認為選擇以魏晉士群的活動背景與觀念解析為主要考察內容，將可以提出更好的說明。

二、篇題釋義

基於對「士」的公共屬性之強調，本文使用「魏晉士群」一詞。但為什麼是「士群」而不是「士族」或其他？於此，先釐清一些名詞的使用脈絡。所謂「勢族」，是指當朝的權貴家族，像是石苞、鄧艾等出身寒微者卻於西晉時期聲位崇隆，「勢族」與「勢家」指的都是當時具有權力勢位的人。至於「世族」，乃指累世為官、德業相繼的家族。而「貴族」一詞，魏晉人偏重在其宗族屬性與群體性質的使用；〔註9〕日本漢學界則用「貴族」，以說明中古時期具有文化教養的士族或享有鄉黨社會權威地位的士大夫。其中，比較需要說明的是「士族」一詞。「士族」一詞，出現在西晉武帝統一天下後，制定新的稅役制度的「戶調式」中（《晉書》〈食貨志〉，頁790），其內容除了說明官員按官品占田之外，還可以「蔭客」、「蔭族」原則「庇蔭」其親屬與佃客。「戶調式」內容提及「士人子孫」四字，就表明庇蔭的對象包括了尚未在朝為官

〔註8〕 參見張榮明、王文濤在〈《晉書》中的「私」概念〉，收入劉澤華等著，《公私概念與中國社會》（北京：中國人民大學出版社，2003年），頁106～頁132。

〔註9〕 譬如，曹植上疏陳審舉之義言：「華宗貴族，藩王之中，必有應斯舉者。」（《三國志》／卷19／頁572）。又如，西晉周浚之妾李絡秀謂其父兄之言：「門戶珍瘁，何惜一女！若連姻貴族，將來庶有大益矣。」（《晉書》卷96／頁2514），都是以「宗」、「族」並稱的用法。

的士人及其子孫，這意謂著晉武帝已承認「士族」即士之爲族。顯然，由「族」字所帶有濃重宗族血緣的味道，有可能掩蓋了「士」的公共性格。更重要的理由是，魏晉相關史料在更多時侯，是使用「士類」、「士流」之稱謂而非「士族」。基於「類」與「群」的意涵相近，以「魏晉士群」來指稱本文的研究對象，應該是恰適的。

以魏晉士群爲考察對象，必須考慮到他們是身處於國家社會型態下的行爲主體。這意味著魏晉士群作爲具在的行爲主體，對外，他們具有社會角色與身分；對內，他們不斷對自身的理想價值提出反思。基於「士」的公共性格，魏晉士群即便不斷向內深化自我意識，但「自——我」、「人——我」的和諧關係，始終是其思索的重點。以此之故，本文以「角色定位與自我追尋」爲副標題，目的在說明，魏晉時期的公私論述，很重要的部分是就「人——我」關係來證成的。

第二節　前行研究及未來展望

以下，擬從豐碩的前行研究成果中，聚焦於魏晉玄學與公私觀念的評介。目的在說明學界目前對魏晉思想共同關注的論題所在，同時也可以突顯本篇論文寫作的必要性。

一、研究成果的回顧

第一，關於魏晉玄學的研究方法及主要論題。

陳明於〈六朝玄音遠，誰似解人歸——大陸玄學研究四十年的回顧與反思〉一文，將中國大陸從 1950 至 1990 年之間對玄學研究的成果，概括爲三種研究範與四項主要論題。所謂玄學研究的三種範型：一是，侯外廬等人所著之《中國思想通史》之第三卷，以馬克思主義的觀點強調了玄學的階級屬性。二是，湯用彤於 1962 年結集成的《魏晉玄學論稿》，書中所謂「夫玄學者，謂玄遠之學。學貴玄遠則略於具體事物而究心抽象原理。」此一結論，成爲玄學的認知範式研究之最高成果，後來學者幾乎花費三十年亦未能走出此域限。三是，唐長孺於 1955 年出版的《魏晉南北朝史論叢》，此書在史料排比的基礎上理解玄學。他認爲：玄學的最終目的仍在建立合適的政治理論，使統治者有所依循而得以鞏固其政權。雖然立場接近，但唐長孺並不同於侯外廬狹猛，故能掌握名

教自然之辨的主脈。至於玄學的主要論題，則包括了：玄學與佛學、儒學的關係；自然與名教；言意之辨與才性與名理等四方面。〔註10〕

曾春海先生則於〈魏晉玄學及臺灣近五十年來研究之回顧與展望〉一文，對「玄學」的定義及研究成果做出概括。他先就學位論文、雜誌期刊與學術研討會等各種形式所呈現的論題，歸納化約為十七項：（1）本體論或形上學，（2）自然與名教，（3）才性名理，（4）人物品鑒，（5）清談與玄學思維方法，（6）言意之辨，（7）士風、理想人格（聖人、士人），（8）神形關係說、養生論，（9）玄學與道教，（10）玄學與經學，（11）樂論（宣教治政或滿足美感欣趣），（12）逍遙論，（13）隱逸說、無君論，（14）玄學與文學，（15）玄學與美學，（16）玄佛交涉，（17）魏晉反玄思想等。又次就玄學未來發展的可能方向，提出兩項中肯的建議。一，玄學所蘊含的自由與平等之價值理想，可與現代民主社會的精神相溝通；如何在享有自由而不自我縱容的前提下，使得人際關係得以和諧長久。此即對自然與名教論題的回應。二，從魏晉思想家所詮釋的文本來看，或可與詮釋學相借鏡。這是對言意之辨論題的開拓。〔註11〕稍後，王曉毅亦發表〈魏晉玄學研究的回顧與瞻望〉一文，將已有研究成果分三個時期，撮要評介。〔註12〕

康中乾於《有無之辨——魏晉玄學本體思想再解讀》書中，專列〈魏晉玄學概論〉一章，他將1900年以來兩岸三地的研究情況與各家專著的重要論點，以列舉撮要之方式，花費一百多頁的篇幅，做出詳盡的評述與介紹。由於作者關心的重點在「有無之辨」，因而此書集中在王弼、嵇康、裴頠、郭象、張湛與僧肇等人的論述。至於論題，則在言意之辨的認識認、自然名教的價值論之外，注意到方法論與動靜論的問題。〔註13〕

第二，關於公私觀念嬗變的研究成果。

臺灣中央研究院近代史研究所文化思想史組，於民國86至87年間，以清末民初的國族建構及明清學者對禮教與情慾之論述為主題，企圖從長時段

〔註10〕 收入陳明，《儒學的歷史文化功能——士族：特殊形態的知識分子研究》（上海：學林，1997）之〈附錄〉。

〔註11〕 參見曾春海，〈魏晉玄學及臺灣近五十年來研究之回顧與展望〉，《哲學雜誌》第二十五期（1998年8月），頁31～頁49。

〔註12〕 參見王曉毅，魏晉玄學研究的回顧與瞻望〉，《哲學研究》（北京市：哲學研究雜誌社，2000年第2期），頁57～頁62）。

〔註13〕 參見康中乾，《有無之辨——魏晉玄學本體思想再解讀》（北京：人民出版社，2003年）。

的歷史視野，來觀察思想史、社會史與文化史的公私領域之嬗變。其研討活動的成果，於 2000 年 6 月結集爲《公與私：近代中國個體與群體之重建》出版。書中十篇文章觸及三項主要議題：一是，針對近世中國公私觀的演變做出釐清。二是，個體與群體的統合與獨立。三是，從文化史角度切入情感、性別與公私議題，這是公與私從抽象概念轉移到社會實踐時所觸及的理性與知識層面、感情與性別的向度。

由於國族想像是從公領域出發，進而觸及個人自由與權力等私領域問題之界定；而明清學者所倡導的情慾解放乃以發抒個性爲主旨，進而由私領域的拓展挑戰了出於群體生活考量的禮教。故此書於〈引言〉清楚說道：以傳統語彙「公與私」來探討個人與群體之重建，意謂著二者是不斷互動、相互界定而非僵執的概念。其中，從思想史的角度探討公私觀念之嬗變，有翟志成的〈宋明理學的公私之辨及其現代意涵〉與黃克武〈從追求正道到認同國族——明末至清末中國公私觀念的重整〉兩篇文章。但由於此書乃以近代中國的公私觀念的變化及個體與群體的現代語彙爲主軸，其考察時代斷限，自然未能上溯魏晉時期或更早。

至於中國大陸南開大學中國社會史研究中心，則於籌組之初便以「政治理念與中國社會」作爲主要研究主題之一。其後與湖南大學岳麓書院，於 2002 年 12 月合辦「公私觀念與中國社會學術研討會」，並將其中的二十篇論文，於隔年結集爲《公私觀念與中國社會》出版。從此書收錄文章內容來看，考察的時序從先秦戰國的「立公滅私」之觀念延伸到五四時期胡適論述個人與社會的公私關係；問題及思路，則偏重在政治理念與社會文化的交相作用。

綜觀目前研究，與魏晉時期公私觀念較爲關切者，有兩篇文章。一是，張榮明與王文濤合著之《晉書》中的「私」概念〉一文。此篇文章以全文檢索的方式進行，將《晉書》「私」字所見 424 例略分爲五類：（1）肯定性的「私」；（2）否定性的「私」；（3）公私兼容——公私同利；（4）崇公抑私——「天道無私」；（5）「私」的其他含義。〔註14〕筆者已於前文略爲述及，此篇文章的方法及其結論之所以有問題，乃在於依史書資料的檢索，自然只能片面得到官員參與政治活動要否定「借公謀私」的行爲之看法，不但無法深入探究魏晉官僚士群對「公」之價值的貞定，也無法從思想史角度梳理「天道無私」觀念的發展及影

〔註14〕參見《晉書》中的「私」概念〉，收入劉澤華等著，《公私概念與中國社會》，頁 106～頁 132。

響。二是，周大興〈公謙之辨：東晉玄學的主題〉一文。〔註15〕他從「道家自然之道無爲而治的理念」出發，重點論述了東晉時期大公無私的自然之道與名教倫理的謙虛美德之關係。但就魏晉公私論題而言，此篇文章有兩處不足：其一，此文對於政治層面「公平與公正」的內容，仍沿襲了傳統「公」的說法。但問題更在於，東晉時期「公謙之辨」的「公」，是否可以全然歸屬於「道家自然之道」，仍有待商榷。〔註16〕其二，此文雖注意到「公：官」空間性概念的用法，但卻未能兼顧述及身處「私家」的不仕之士。本文認爲此點不可忽略的理由在於，魏晉正史中多有「恆處私門，潛心學植」的描述，它透露了身處私家的士人，乃以研籍著述等學術活動爲主；此處的「私門」屬於空間概念性的中性用語。可是當王伊同《五朝門第》標目〈私門政治之盛衰〉，並以西晉王衍之阿容取附、「唯以門戶計」等行爲來說明之時，「私門」便具貶義；〔註17〕而這又迥異於史家對荀顗等人「不恤私門」行爲所給予的正面評價。顯然，魏晉的公私觀念，仍有梳理澄清的必要。

二、未來可能的發展

如上所述，目前對魏晉「公私」觀的一般看法，仍多從傳統「公而無私」的脈絡切入，而未能揭示其特殊意義。又或者說，現有魏晉思想史或玄學論題的寫法，可能正是無法觸及「公私」論題的主因所在。因爲，以玄學論題式的研究方法，多將年代斷限定在東晉或張湛，又或者以僧肇爲主討論玄佛交融的問題；但就後者而言，可能更爲關心的是佛教史研究而非魏晉思想史的研治者。

是以，本文以「士」作爲主要研究對象，不但得以觸及魏晉思想家對公私觀念的接受及衍繹，同時也在無形中，將研究對象從特定的玄學人物擴及於各層面的史傳人物。這樣的視角，還使得本篇論文可以旁涉其他相關論題。例如，在第二章「天道無私，君主至公」的脈絡下，可以重新檢視魏晉的「無

〔註15〕 參見周大興，〈公謙之辨：東晉玄學的主題〉，《自然・名教・因果──東晉玄學論集》（台北：中研院文哲所，2004 年），頁 13～頁 67。
〔註16〕 至少在對東晉王坦之的思想判定上，〔日〕蜂屋邦夫就提出異於周大興的看法。參見蜂屋邦夫著、雋雪艷譯，〈王坦之的思想──東晉中期的莊子批判〉，《道家思想與佛教》（瀋陽：遼寧教育出版，2000 年）頁 154～頁 210。
〔註17〕 參見王伊同，《五朝門第──附高門權門世系婚姻表》（香港：中文大學出版社，1978 年）。

君論」，或者在第三章析理「隱學之士」涵義之時，反省了從懼禍心態論述魏晉隱逸風氣的一般觀點。另外，在第四章人格範式的論述中，直指了理想的人格問題；並在安心、安身的討論中回應了養生論的議題。

意即，唯有調整研究視角與對象之後，才有可能立基於本文所得結論，進一步以南朝的士人活動與公私觀念發展樣貌，做爲後續研究以補足目前之空白。

第三節　研究方法與論文結構

一、研究方法

本論文以「公與私──魏晉士群的角色定位與自我追尋」爲主題，包括了兩部分內容。首先，必須對魏晉「公」、「私」觀念的論述進行析理，這個部分主要以文本的詮釋方式進行。文本的選定與內容，包括了魏晉時期的政論疏文以及《論語》、《老子》《莊子》等經典注釋。其次，關於「角色與自我」的論述，則必須觀照到魏晉士群所參與的政治及社會活動，因此，在研究材料上以《三國志》、《晉書》、《世說新語》的史傳人物、詩文著作及其交往對象的相關線索爲主。寫作的方式則試圖以人物個案分析的方式，尋繹魏晉士群以「同志爲朋」爲前提的交往互動，以進一步深究其個人意向之所在。

簡言之，筆者試圖結合「觀念史」與「個人思想分析」的研究取向，以呈現魏晉人物思想的立體化與多層次。

二、論文結構

本文「角色定位──自我追尋」並非對立之兩橛，而是融攝互涉的關係。因爲，對魏晉人物而言，公眾理想價值的實現與自我人格之挺立，是在「他──自」、「彼──此」、「外──內」與「仕──隱」等存在樣態中作用而成的。

以曹魏人臣韓暨（？～238）作爲魏晉士群的典型例子，可以說明本文章節的考量。史書將其生平概括爲「處以靜居行化，出以任職流稱」（《三國志》卷 24 ／頁 694）。事實上，「出仕──在家」的兩端，正好呈現魏晉士群對「官僚角色──社會角色」不同的身分抉擇；於此抉擇過程中，所彰顯的是他們

對「士」與「志」的雙重確認。此外,韓暨曾以〈遺令〉形式,表述個人「私願」期望能以儉葬形式完成個人喪禮,但魏明帝則以「國典有常」爲由,仍然採取「喪禮所設,勿有所闕」的隆重儀式。這說明了,魏晉情禮衝突的論題,必須把公共禮法與國家典律的因素考慮進來。不只韓暨,凡是魏晉人物所關心的現實價值與理想人格,亦是在此結構內涵下進行的。是以,本文主要章節安排如下:

第二章題爲〈魏晉官僚士群的「公型理念」〉,乃以魏晉時期出仕爲官的士人作爲研究對象,討論他們身處「國──君──士‧吏──人民」的政治社會結構中,如何以官員角色處理「上對國家」、「下對百姓」的雙向關係;又如何展現「士」的公共品格,成爲社會穩定的重要力量。前者將對魏晉時期的「二重君主論」有所說明;後者則針對「士族」、「世族」與「門閥」等概念有所辨析。至於論述主軸,將沿此脈絡進行:「天道無私」的傳統思想,以至「君主至公」的理想圖像,乃至於官僚士群「公私同利」的具體實踐。在此論述過程中,將集中說明魏晉官僚士群基於「國家至上」之公共意識,所呈顯的「公清」、「忠公」、「公方」諸種精神價值,關於這些價值與理念,本文將之定義爲「公型理念」以概括統稱之。

第三章題爲〈魏晉不朝之士的公眾意向〉,主要說明在家不仕的魏晉士群,皆以「能而不仕」爲前提的;因「高尚其志」而有拒絕應辟爲官的舉動,是謂「高讓不仕以遂志」。不過,魏晉的「不朝之士」雖讓爵辭祿,卻不意味他們因此拒絕其他的社會角色,本章即以魏晉不仕之士在地方鄉閭從事講誦教授、研籍著述的活動爲主,說明他們「斯文以自任」的精神,不僅是個人意向的抉擇也是支撐魏晉文化傳衍不墜的主要力量。

第四章題爲〈「謙容無私,具德在身」的人格範型〉,以「有德者」作爲自我與社會的相互貫通的聯結點,並扣緊「無身無私則公」這條線索,說明在政治層面「公正無私」之外的另一套語彙。意即此處的「公」,是「有德者」、「體道者」環繞著「身體」展開如何「無私自有」以向他人「敞開自身」的論述。這個帶有「公眾」性質的「公」,乃奠基於「有德者」對「無身無私」的看法。這種特殊的論述角度,正是魏晉思想家慧解結晶的呈現。

第五章題爲〈公共禮法與個人情實的協和〉,透過「以禮治國」的政論思想以及王弼、何晏及郭象對「禮」的詮釋之分析,試圖說明魏晉時期對於「禮」的看法,都意在提出一種對內在眞情實感的要求。於是,不論郭象所謂「稱

情而直往」或是晉禮「稱情以立文」的精神，都意在尋求個人情感與公共禮法的平衡。就魏晉已是國家律法成型，社會秩序亟待整頓之時，這是重要的課題之一。

綜言之，歷來關於公私觀念的研究，多從先秦儒家「利義之辨」跳接宋明理學「天理人欲之辨」，魏晉時期的相關討論則付之闕如。這是由於魏晉時期的「公」觀念，橫跨了政治層面「無所阿私」之「公」以及思想詮釋「無身無私」之「容公」兩個部分；而「公──私」對舉的用法，更多時候是放在「出仕爲公──在家爲私」的脈絡下來說。換言之，想要全面完整地或提綱挈領地呈顯魏晉時期「公」、「私」觀之論述，都具有一定的困難；本篇論文寫作的價值及可預見的缺憾，亦是同時並存的。即便如此，筆者仍致力於觀念解析以及史料梳理的工作，期望能得出具體成果，以彌補相關研究的不足。

第二章　魏晉官僚士群的「公型理念」

本章以魏晉官僚士群「公型理念」為核心，將說明幾個問題。

首先，從思想史的發展脈絡來看。魏晉士群對「天道無私」觀念的接受，是以經典注疏或政論疏文的形式，並要求在位君主體現「至公無私」之精神來呈現。此中又包括兩個層次：一是，魏晉官僚士群亦以「公型理念」作為自律的首要原則，而這種自律力量又從政治擴及到思想、文化層面；它使得魏晉「士族」一方面是參與政治的重要角色，同時也成為文化精神的主要載體。二是，基於「至公」的價值取向，魏晉士群對君主「公其心」的要求，進一步深化成對「之所以有君」的思考。在他們看來，若是人君不能為人民興利除害，則不如徹底地從制度上去除君主「宰割天下」的一切可能性。這就形成了特殊視域下的「無君論」之說。

其次，傳統「修己以安百姓」或「身治則國治」的說法，無非是要求主事者必須由自律的「我」推及全體的「大我」。那麼，人間秩序如何可以「安」、「治」的關鍵就又回到了承擔政治責任的「己」、「身」之上。這樣看來，從「我」到「大我」的推擴過程以及「一／多」的思考框架中，始終隱含著公共性或群體性觀念的作用。本文試圖將魏晉官僚士群「修己」、「正身」的自律精神，匯集成一個「公」的觀念叢來敘述，並標示「公而清」為核心概念，以說明他們所具備的社會性質與公眾品格，便是魏晉社會秩序、文化傳衍之所以可能維護的主要力量之所在。這是對「仕不事事」、「士無特操」一般看法的重新反省，也是對名士風流之外的人格圖像予以描繪。

最後，以公忠、公清、公亮、公方等價值所匯集成的「公的觀念叢」裡，本文將著重在「清」與「忠」的辨義。目的有二：一是，梳理「清」的內涵，

最先展現的是「清儉」、「清貞」、「清忠」品格力量,爾後才逐漸形塑並向「清逸」、「清遠」審美方向發展。二是,魏晉官僚士群普遍存有「皇帝個人位階之上還有國家」的觀念,此即「國家至上」之理念。因此,作為政治倫理的「忠」,顯然除了個人恩義關係所形成的「私忠」含意之外,還有所謂的「公忠」與「忠公」。這是狹義的「忠君」與廣義「忠於他人」雙重意涵於魏晉並行的面貌。

是以,本章節目安排如下。第一節「『公型理念』的界說」,擬從「天道無私」觀念的發展與衍繹說起,並對目前學界所提出的「共同體」理論以及「國家至上」概念予以說明,以作為本文論述的主要框架。第二節「公正之德:公則無,正則無偏」,則將魏晉政論疏文及相關史料分析的結果,標誌以「至公」與「無私」,並以此價值取向將以申述。第三節「『公忠』、『公清』價值的實踐」,其內容乃環繞「公」的觀念叢展開,並針對「公而清」所含具的政治倫理的雙向反饋作用做出說明。本章的討論,其實隱含了如下的問題意識:在政失準的、朝綱紊亂的情況下,魏晉時期的整體秩序,究竟是靠什麼力量而得以維繫?

第一節 「公型理念」的界說

毫無疑問的,出仕為官的「士」就是構成傳統政治的主體,那麼,所謂「士大夫」政治行為及準則就值得關注。汪中江從政治行為的公正、經濟分配的公平與道德認知的客觀性三方面的分析,得到了這樣的看法:中國哲學的「公私之辨」,是以公為本位並且「把公的確立和推行作為社會政治生活理想的價值目標,並不斷地加以優化。」統而言之,古代思想家對「公」作為一種價值信念的理性基礎的論證,可以歸納為三種方式:一是,把公與天道、天理聯繫起來,使其具有超越性的根據。二是,視公為一種值得追求的普遍價值,選擇公是一種「善」,並能使得社會政治理想得以實現。三,按《禮記・禮運》「天下為公」的說法,公不只是一種信念,而是遠古聖王的歷史經驗與實踐。〔註1〕對於魏晉官僚士群而言,一方面以自身行事實踐「公方」、「公清」、「公忠」等價值,另一方面則以政論疏文的形式,表達了天道無私、君主至公的普遍看法。

〔註1〕 參見汪中江,《視域變化中的中國人文與思想世界》(河南:中州古籍出版社,2005年),頁288～頁291。

　　以下，從三方面加以說明：「天道無私」的思想觀念之傳衍；魏晉士族及門閥性質的分析，以及「國家至上」概念的分梳。三項論題的內容，適足以呈顯魏晉官僚士群行事立事的核心價值：「公型理念」。

一、「天道無私」觀念的衍繹

　　日本漢學家溝口雄三，對於中國公私問題的研究用力頗深且極具成果。他從中國公私概念的思想發展進程，提出如下的看法：中國的「公」字，至晚在戰國末期已被作爲倫理性質的概念在使用，譬如，《荀子》「公道通義」（〈臣道〉）、公平、私欲、曲私，以及《韓非子》界定「公」爲「平分」、「私」乃「奸邪」之說，都屬於倫理性質。至於這種「公」的概念之形成，從《莊子・大宗師》、《呂氏春秋》、《禮記・孔子閑居》反覆出現的「天無私覆，地無私載」的說法，可以推測這是由于「天」的觀念向「公」的觀念滲入的結果；尤其是《呂氏春秋・貴公》從天與公的關聯，形成了天下爲公的思想。〔註2〕

　　稍後，溝口雄三又選擇從辭源語詞的追溯以及中日文化對比的兩種研究方式，清楚勾勒出中國公私概念的主要特性就是倫理性與原理性。所謂倫理性的「公」，指的是以分配上的均平、公平爲核心，反利己的「公」，也就是許慎《說文解字》「公爲平分」所顯示的道德色彩。至於原理性的「公」，就是天的絕對公平無私性投射的結果，《呂氏春秋・貴公》「公則天下平」所指出的，就是天對萬民萬物的公平無私，即是執政者施政的關鍵所在。〔註3〕

　　不過，由於溝口氏是以「天理──人欲、公──私的新關係」爲架構，著重於明末清初這一階段的思想發展，〔註4〕對於漢唐間的公私概念演變並未

〔註 2〕　參見〔日〕溝口雄三著，趙士林譯《中國的思想》（北京：中國社會科學出版社，1995年），頁46。

〔註 3〕　參見〔日〕溝口雄三，《公私》（東京：株式會社三省堂，1996年）。後來，井山靜將之譯成中文，收入賀照田主編，《在歷史的纏繞中解讀知識與思想》（長春：吉林人民出版社，2003年）頁529～頁589。

〔註 4〕　參見溝口雄三著，索介然、龔穎譯，《中國前近代思想的演變》（北京：中華書局，1997年）。〔美〕田浩對溝口雄三此書的部分觀點有所質疑，他認爲溝口氏只強調二程與朱子，然後直接跳入十六世紀晚期討論，以致結論是：公限制了私的認同，最終程度上削弱了自由與人權的觀念。對此，田浩從陳亮的功利主義，乃是具體著眼於公共利益以及滿足人們需求的角度出發，進一步提出陳亮的公私觀，正是通過「提升『私』使其超越『自私』的含義，他尋求調和自我關照的私利與公益」，正是陳亮事功倫理學的原創性所在。參見田浩，〈陳亮論公與法〉，收入〔美〕田浩編，楊立華、吳艷紅等譯，《宋代思想史論》（北京：

多加著墨。因此，本文必須對溝口氏的觀點，提出兩點補充說明。

首先，是荀子對「公」的論述，形成了先秦儒家義利思想的轉折。他所提出「公義」的概念，一方面指涉了「群體性」，另一方面荀子強調的「以義制利」，也使得「義」字從孔孟「合宜」、「正當」的道德自律，走向了強制動態性；並由倫理的境域往法律的境域發展。更重要的是，荀子顯然是在政治意義下使用「公義」一詞，這使得「義」在形式與實質上都與「公」「私」問題結合；「公」、「私」的意涵也呈現了從具體往抽象發展的趨勢。〔註5〕

如果考慮到魏〈新律〉與《晉律》已是國家律令日漸完備的事實。〔註6〕那麼，所謂「夫人君所與天下共者，法也。」（《晉書・刑法志》，頁936）便從人君與百姓必須共同遵守典制的角度，確立了國家律法所含具的公共性質。意即，魏晉官僚士群對於對於「若每隨物情，輒改法制，此為以情壞法。」是有所警戒的（〈刑法志〉，頁939）；「廷尉，天下之平也，安得以至尊喜怒而毀法乎？」（《三國志》，卷24／頁867）也說明了魏晉官僚士群對於執法公平允當的自覺。況且，「王者用法平，則井星明而端列」（《晉書・天文志》，頁303），則是以天文井星來象徵人世間用法的公平與客觀的深義；這是以「水」停平、可以為準的意象為喻。從這些引自魏晉律令的話語，便可見魏晉時期對「公」與「平」概念的使用，既有法律的現實層面，亦具有人君效法天象以治人事，所蘊含的「天道無私」之抽象意喻。〔註7〕

社會科學文獻出版社，2003年）。溝口氏與田浩所使用的「公」、「私」，很大程度上是就個人與群體的關係來說；筆者認為，田浩所謂「私而不自私」的說法，對於學界普遍認可「魏晉是個體自覺的時代」之說，提供了很好的說明。意即，個體自覺不是沒有限制的，它必須與公共利益互相參照。

〔註5〕 參見黃俊傑，〈先秦儒家義利觀的演變及其思想史的涵義〉，《漢學研究》第4卷，第1期（1986年6月），頁109～頁150。

〔註6〕 當魏明帝詔命陳羣、劉邵等人對漢代〈九章律〉法規進行改訂，完成的魏〈新律〉十八篇，其實質意義就是源於公權力所命名的國家法典；意即，具有現代法律的法定意義。參見〔日〕滋賀秀三，〈西漢文帝的刑法改革和曹魏新律十八篇篇目考〉，《日本學者研究中國史論著選譯・第八卷・法律制度》（北京：中華書局，1993年）。

〔註7〕 對於「道──法」的「公──平」關係，很難迴避稷下黃老思想不談。從思想史發展的脈絡來說，《管子》「以道為體，以法為用」綱領來看，就是從《黃帝四經》中「道生法」命題開展而來，它強調了「權」、「法」的公正性與權威性，乃取法於天道自然、無有偏私而來。因此，《管子》〈形勢〉充滿道家哲理，而〈形勢解〉則突出了原篇的法治觀點。參見白奚，《稷下學研究》（北京：生活・讀書・新知三聯書店，1998年），頁226。胡家聰，《管子新探》（北

其次，關於「天下爲公」的概念，邢義田從皇帝制度提供了補充說明。他認爲：自秦漢以後，天下爲一姓所私有已不是帝王一人的信念，而是深入人心的想法，所以呂氏終不能奪漢、而光武能再興漢室。這樣看來，《呂氏春秋》〈貴公〉所謂「天下爲公」，乃是出於現實政治目的，並非眞正反對家天下。可見，皇帝制度並非建立在「公」的基礎上，但卻不能否認其能完整綿延達兩千年之久，乃是「私天下」之中還有「公天下」的一面。換句話說，「公」與「私」的巧妙配合，才是皇帝制度延續兩千年的重要關鍵。〔註8〕蕭公權則從「目的之公」來說明「公天下」之義。所謂「目的之公」，也就是不再考慮授賢爲公或傳子爲私的問題，凡是只要能「本利民之心以爲政」，即可說是符合「天下爲公」的大義。〔註9〕事實上，魏晉政論疏文中所呈現的「舉賢爲公」想法，便是「本利民之心以爲政」的表露。

　　嚴格來說，魏晉時期對於「天道無私」的闡發，是沿著兩條脈絡進行的。其一，具有延續性質的。此即上述從「天道無私」到「君主至公」的脈絡；本文將透過魏晉時期相關政論疏文的梳理，來呈現此時期在政治層面的論述。其二，具有創造性質的。王弼所謂「德者，得也」（〈38〉注），便從「道──德」關係開啓了從個人修養角度論述的脈絡。若以王弼《老子注》「蕩然公平」（〈16〉注）與「無身無私」爲始點（〈77〉注），則嵇康與郭象所強調的「無心」概念，也多少都涉及了「無私」的意涵。相關問題，本文另立〈第四章　謙容不爭，寡欲無私的人格範型〉，透過經典注解的詮釋予以析論。必須說明的是，魏晉時期對「私」的用法，仍偏重在「不自私」之意，尚未出現宋明理學以「人欲之私」對顯「天理之公」的想法。〔註10〕比較類近的是，

　　京：中國社會科學出版社，2003年），頁361。

〔註8〕參見邢義田〈中國皇帝制度的建立與發展〉，《秦漢史論稿》（台北：東大圖書公司，1987年6月）。此外，張分田指出：中國古代政治觀念中「家天下」並不直接等同於「私天下」，也就是説，「公天下」與「家天下」的區別只在傳賢或世襲的傳位方式。但只要是符合「聖王之制」、推行「天下之法」的家天下王朝，「能公天下以爲心」者亦是「公天下」。參見張分田，〈公天下、家天下與私天下〉，收入劉澤華等著，《公私概念與中國社會》（北京：中國人民大學出版社，2003年），頁279～頁310。這說明具有「公」的意識，較之於政權傳遞的方式更爲重要。

〔註9〕參見蕭公權，《中國政治思想史》（台北：聯經出版事業公司，1982年），頁494。

〔註10〕關於宋明理學之「義利之辨」與「天理人欲」的問題，詳見陳谷嘉，《宋代理學倫理思想研究》（長沙：湖南大學出版社，2006年）。

王弼從「各有其身，不得相均」（〈77〉注），說明「人之道」以偏私有我之故而未能像「天之道」的無私大公；此種說法從「有身有私」突出了「身體」乃過多欲求所集之具在的問題，則是值得注意的線索。

這樣看來，似乎政論疏文偏重在「至公」意涵的彰顯，而經典詮釋則深掘了「無私」的義蘊。不過，當郭象說出「無私於天下」的話語之時（〈則陽〉注，頁 910），就意味著這兩種詮釋路向，是同時被思索著並以「道」作為匯集點而有了共通之處。可以說，在他們看來，「無私」與「至公」是二而一的概念：天道至公，故能無私於物；無身無私的人格，方能呈顯道的大公性格。

二、「共同體」理論：士的自律精神之體現

如果說「天道無私，君主至公」的論述，多少還帶有理想色彩與理論性質，那麼，針對中古士族性質所作的實際分析，將更能說明魏晉官僚士群的「公型理念」。

以魏晉「士族」為核心的研究，學界目前大致上採取三種路徑：一是，著重文化教養與家學門風的探討；二是，從政治黨派與集團的關係切入；三是，分析士族權力的社會基礎之所在。本章雖以出仕為官的魏晉士群作為研究主體，但在敘述過程中，反而對第三種思考路徑所提出的問題意識最感興趣。不論是毛漢光、陳啓雲從中古士族政治特質的切入角度，或是日本漢學家谷川道雄從士族自律精神所形成的「共同體」世界之理論，都不約而同地從士族的人格力量與根植地域的名望的角度，討論了中古士族政治的特質及其社會權力基礎之所在。當然，如果考慮到中古士族乃以文化性質為特點，那麼，兼及於第一種研究方法也是必要的。下面，先對各家理論略做說明，以貞定本文「公型理念」的基調。

（一）中古士族的公共性格

首先，毛漢光將兩漢士族到中古士族性質的演變，概括為兩重點。第一，中古士族的學術文化特質，乃是兩漢士族經由不斷地「地方豪族之士大夫化」與「士大夫之家族化」之過程而來。這項性質的轉變，又以黨錮事件發生為契機。因為，黨錮事件促使了「士族中央性化」，並孕育出一種「全國性大社會領袖」，這從東漢黨人的讚語來考察清楚可見。其言：

　　所謂『天下』、『海內』也者，其內心已認為全國為一大社會的意識

甚明。不獨此也，從史書中發現他們所注意的事情，亦以學業品德
及全國性利益為多，……。（對東漢末年士族）性質的演變方向而言，
是：由武質團體而兼及文章世家、由地方性人物而中央性人物、由
社會體而兼具政治性、由經濟性而形而上的趨勢。（《中古士族性質
之演變》，頁 84）

倘若東漢士族之「中央化」過程——超越地域的想法與行為法則，就是中古
士族無法抹去的特性之一。那麼，針對「以全國性利益」為思考這一點，可
以繼續考察中古士族以「公利」為優先的公共性格。

　　第二，兩晉以降的士族以曹操所「辟召」的人物為主要成員。其意義在
於，這些人物可上溯至黨錮人物，當時這批人是以在野的身分，經由荀彧的
推薦而加入曹操陣營的。對曹操而言，這是政權基礎的擴大；對士大夫來說，
在漢末未能取得的名位終於實現。換言之，這些士大夫「由在野步入從政，
由社會領袖的身分兼具政治領袖的身分，是單士的上升，亦是士族的繼續發
展。嘉平年間司馬懿勝曹爽的政潮，代表著傳統王朝功臣嗣襲方式的挫折，
具有學術文化精神體的士大夫，進一步發展，單士成為官僚，再成為士族」（頁
135），「士族與官僚互轉，融合中古的統治階層」，「門第社會於焉成立」（頁
137）。〔註11〕以上，是毛漢光以漢晉「士」階層參與政治的角色變動為主軸，
所得到的結論與看法。

　　其中，關於「門第」概念的意涵，何啟民分析說：就「門第」形成而言，
是先有「族姓」，次有「門戶」，而後有「地望」的過程；三者缺一不可。不
過，一個「家族」、「門戶」的「門第」地位的高低包括了四項因素：「人」—
—人口多寡；「時」——世代久暫；「名」——名譽大小；「位」——祿位高低；
「『門第』的維繫，經濟雖重要，家風與家學、婚姻與交往，尤其重要。而『門
第』雖為地方性的，其影響所及，卻為全國性的。」〔註12〕這樣看來，學界
是傾向從文化學術的傳衍與保存來解釋「士族」、「世族」與「門第」的概念。
錢穆即明言：

　　　　今人論此一時代之門第，大都只看在其政治上之特種僑勢，與經濟
　　　　上之特種憑藉，……。門第之所賴以維繫而久在者，則必在上有賢

────────────────

〔註11〕參見毛漢光，〈中古士族性質之演變〉，《中國中古社會史論》（台北：聯經出
　　　　版事業公司，1997 年）。
〔註12〕參見何啟民，《中古門第論集》（台北：臺灣學生書局，1982 年），頁 3。

父兄，在下有賢子弟，若此二者俱無，政治上之權勢，經濟上之豐
盈，豈可支持此門第幾百年而不弊不敗？

此說法意味著，必須修正長期以來主張門第中人壟斷政治進階與學術資源的
觀點。〔註13〕換言之，當事實真相是：魏晉時期的學術文化命脈乃寄存於門
第中，亦由門第中賢子弟傳習不中斷、培育而得發展。〔註14〕那麼，更應該
考慮的是，世族、門第的影響性如何能從地方遍及於全國的問題。

其次，是〔日〕谷川道雄所提出的「共同體」理論。〔註15〕

所謂「共同體」，譯者馬彪在譯序略述為：「即以人群劃分的社會組織，
包括『豪族共同體』、『村落共同體』、『民族共同體』、『國家共同體』等等」
人際關係原理。〔註16〕這還不能十分清楚地掌握其意涵，若對照《廣辭苑》
的解釋條：

> 【共同體】community。是以血緣、地緣或感情上的聯繫為基礎的人
> 的共同生活方式。因是同生活，要相互扶持和相互制約。區別於特
> 定目的結成的組織。〔註17〕

即知日文「共同體」一詞，是接近漢語中的「社會群體」的一個概念。應當
注意到「相互扶持與相互制約」一句，因為谷川氏的主要論點就是對士大夫
自律精神的強調；並進一步指出他們能取得領導資格，完全取決於其自身的
道德性與倫理性。

谷川氏先從殷商到秦漢間社會與政治制度的改變說起。他認為：殷商到
戰國時期主要是「在保持血緣秩序不變的前提下形成的政治秩序」（頁 68）。

〔註13〕《晉書》卷七十四可以說是「譙國龍亢桓氏」傳，分述了桓彝、桓沖等十四
人，還未包括桓溫與桓玄，但史評：「國賴忠臣，家推才子」（卷74／頁 1956），
即透露了：門閥子弟若非賢才，也是無法延續家族社會地位。

〔註14〕這有賴門第中父兄對子弟的家教，以及經籍文史的修習。前者為「家風」，後
者即「家學」。王永平對漢魏六朝江東世族的形成及地位變遷有所考察，詳見
氏著，《六朝江東世族之家風與家學研究》（南京：江蘇古籍出版社，2003 年）。

〔註15〕〔日〕谷川道雄著、馬彪譯，《中國中世紀社會與地方共同體》（北京：中華
書局，2002 年）。內容可分成兩部分：一是日本學者對中國史研究理論的反省
與檢討；二是針對六朝史實事例的具體分析。是日本學界對中國中世紀研究
的重要作品，並且獲得學界普遍的接受。

〔註16〕以「豪族共同體」的自律精神作為六朝貴族得以成立的關鍵，是日本中世史
京都學派的谷川道雄與川勝義雄的主要論點。與此相反，則是東京學派矢主野
稅與越智重明主張「貴族為寄生官僚」的解釋。兩派形成了「中國中世史論爭」。

〔註17〕參見〔日〕新村出編，《廣辭苑》（東京：岩波書店，1998 年），頁 1005。

所謂血緣秩序即政治秩序，簡言之「就是一個以道德與政治目的一致為原理而運作的歷史社會」（頁 83）。及至秦漢時期仍是此一結構的再編、擴大，從未能超脫這血緣原理的框架。因為，此時期的「里」、「鄉」、「亭」以延伸至「縣」的體制，乃是由「里」的自律體制，以宗族關係、鄉黨關係而逐漸結合成的日常關係及其生活空間。換句話說，以「鄉」為界限，超出其上的「縣」、「郡」及「中央」才是所謂的政治的世界。

然而，隨著漢代外戚、宦官造成國家權力私權化現象，使得人們開始抵抗、拒絕原本貫穿社會各方面之公共原理的衰退，並且意圖超越這種頹勢。〔註18〕於是，注意到後漢至魏晉的一大變化，就是聚落型態出現了「村」與「塢」的稱呼。尤其，「塢」乃是「由各種非血緣要素組成的團體，僅此一點，我們就能想像出維持集團成員之間強烈的道德自覺是何等重要。」（頁 91）〔註19〕

可以說，這種新共同體之所以結成的契機，就在是漢末三國的士大夫自身對於財產、權勢各種私欲的抑制；而這種自律精神與反饋人格，又使得其自身獲得鄉論的支持而成為領導者。換言之，「正是這種鄉論才是他們（六朝貴族）得以超越王朝權力而獲得自立的社會地位的根基。」（頁 93）值得注意的是，這種士大夫所遵循的自我抑制之倫理原則，還擴展到學問、思想、文學等各個文化領域；最後成為道德共同體的領袖。

基於上述自我私欲的抑制精神，谷川氏清楚地界定：「六朝貴族」並非由土地所有者來判定，意即，貴族的本質與經濟物質方面無關，「貴族之所以為

〔註18〕這與黨錮清流運動以及黃巾起義有關。像〔日〕川勝義雄就提出東漢「黃巾起義」（而非本國史常使用「黃巾之亂」）不僅是宗教運動，它還是政治與社會運動，「他們希望建立的『黃天』世界，正是以道教的『德』為基準，擁戴賢者、德者為領導的宗教性、政治性共同體」。也就是說，黃巾運動就是一種追求新型共同體的運動。與此同時，知識分子包括清流士大夫與逸民，也都開始力圖實行自我限制的生活態度，以作為新共同體的理念。參見〔日〕川勝義雄，〈六朝貴族制社會的成立〉，劉俊文主編，《日本學者研究中國史論著選譯・第四卷・六朝隋唐》（北京：中華書局，1993 年），頁 1～頁 32。

〔註19〕谷川氏以田疇與庾袞為例。田疇率領宗族隱居徐無山，後「百姓歸之，數年間至五千餘家」推為宗主，田疇謔「約束相殺傷、犯盜、諍訟之法，法重者至死，其次抵罪，二十餘條。又制為婚姻嫁娶之禮，興舉學校講授之業，班行其眾。」（《三國志》卷 11／頁 341）又，庾袞於八王之亂時「率其同族及庶姓保于禹山」，眾人立誓：「無恃險，無怙亂，無暴鄰，無抽屋，無樵採人所植，無謀非德，無犯非義，戮力一心，同恤危難。」（《晉書》卷 88／頁 2283）谷川氏認為塢集團呈現了禮教秩序與自律精神。對於戰爭頻仍的魏晉時期而言，谷川氏的考察觀點，是十分有助益的。

貴族的必要資格，在於其人格所具有的精神性」（頁 206）。總而言之，谷川道雄與川勝義雄都以獲得鄉論「民望」支持而具有「名望」的士大夫為對象，討論了六朝貴族制得以成立的原因。

谷川氏進一步對六朝史籍中不斷出現「宗族」、「宗親」的用語，提出說明。根據上述所引已知，谷川氏所謂「共同體」的實質內容就是以宗族和鄉黨為表述對象。因此，他提示一條線索：六朝史籍中常出現的宗族、宗黨、宗親等用語多數與地方名望家的豪族、貴族相關。雖然，「宗族」是父系親族血緣組織，而「鄉黨」是地緣關係的結合，但由於「宗族一旦擴大，勢必在地域上進行全面的占有」（頁 318），使得二者有不少重疊之處。對此，他引用夏侯玄的話來證明六朝的宗族形象，其言：

> 夫孝行著於家門，豈不忠恪於在官乎？仁恕稱於九族，豈不達於為政乎？義斷行於鄉黨，豈不堪於事任乎？三者之類，取於中正，雖不處其官名，斯任官可知矣。（《三國志》卷 9／頁 295）

谷川氏認為：這段話明確反映了一個士人在日常生活中身處的三個社會集團，而且彼此之間的關係，是以道德連結的。就「家門」、「九族」、「鄉黨」來看，是士人身處的社會結構；而「孝行」、「仁恕」、「義斷」，便是中正官對其任官資格的評價（《共同體》，頁 328）。〔註 20〕他進一步提出六朝的家與宗族之間，相互依存的關係，其言：

> 所謂家，一方面是宗族的一部分，另一方面又是通過家長的指導性對宗族起作用的行為體。……即，家通過對宗族的指導，以及對其救濟的收族努力，形成那種從宗族內部到鄉黨評價的鄉論，達到產生任官者的結果。這種家的地位向上，又促進了宗族的繁榮，二者間形成為一種互動的環流。……不論宗族還是鄉黨，都是由各種血統分化而成的私家的集合，而使這種集合體更加緊密結合的，則是其中作為特殊私家的名望家。但是，名望家超越私利而集結宗族、鄉黨的時候，他已經不是單純的私人了。在超越克服私利的精神性中，有著超越世俗層次而達到更高境界的可能，而在體現這種人格的行為中，具有國家社會領導者的資格。（《共同體》，頁 329～頁 333）

〔註 20〕這段話，清楚表明魏晉士人所處的社會結構。但必須補充一點，即是夏侯玄這段論說乃是針對選舉制度而發，因此還需要注意「公義」與「私議」對舉的論述脈絡。

所謂「作爲特殊私家的名望家」，指的是在「宗族」中，具有政治、經濟、文化各方面優越能力的「家」或「個人」，屬於「私」的存在；但是當他（或他們）以自我抑制、克服私利的人格精神領導集團與宗族之時，又成爲「公」的存在。換句話說，六朝貴族們所背負的責任，就是節制私欲、拯救眾生，謀求其身處社會的延續；這個被理念化的社會階層──「名望家」，是以「實現這個世界之『公』爲己任的」（《共同體》，頁279）。

不嫌冗贅地引述谷川道雄的觀點，理由有幾。首先，他所謂「六朝貴族制」，就是中文學界所使用的「中古士族」之意涵。尤其，當「共同體」理論已成爲歐美學界普遍接受並引用的論點之時，對於以川勝義雄爲首的京都學派在「中國中世史」研究所獲致的豐碩成果，是難以迴避不論的。〔註21〕其次，谷川道雄與川勝義雄選擇從道德精神性定義六朝貴族，可謂提供了魏晉思想研究的新視角，這有助於重新反省「門閥政治」或「私門政治」之說。第三，谷川氏所謂名望家克服私欲的一種人格行爲方式，就是史籍中常見俸祿散之宗族（九族）的記載，不但是對六朝貴族的道德倫理性之呼應，也使筆者對史料的解讀有了新看法，本文提出以「公而清」作爲論述魏晉官僚士群的核心價值，便是由此而得以貞定。

谷川氏與川勝氏論點，對本文「公型理念」的啓發還有兩點：一是，史書中「清儉」、「好施」的意義，不僅是個人品德的描述，還是一種把「宗族」（眾人）納入視域的自覺表現。〔註22〕如是，「清」作爲魏晉士群一種自覺選擇的生活理念，就具備了公眾性格；此即本文所謂的「公而清」概念。二是，以財物散之於宗族的「好施」行爲，只是概括的說法。如果考慮到宗族就是小型的社會結構，那麼，在天災人禍連年，水旱並至、蝗災的情況下，則士族的「散祿」或「分施」的行爲，就補強了政府在地方上的行動力量。換言之，魏晉士群的救濟行爲所展現的凝聚力量與安定作用，無疑地是魏晉政局

〔註21〕 參見中國中世史研究會主編，《中國中世史研究──六朝隋唐の社會と文化》（東京：東海大學出版會，1970年）以及《中國中世史研究續編》（京都：京都大學學術出版會，1995年）。

〔註22〕 谷川道雄強調：六朝貴族之所以獲得社會聲望與領導，可從史書使用「輕財重義」的評語得見，這說明貴族的私產爲社會服務而轉化爲公。參見〈自序〉，《中國中世紀社會與地方共同體》，頁6，頁7。簡言之，谷川道雄認爲六朝貴族政治，雖然貴族身爲官僚而與國政密切相關，但貴族之所以爲貴族在其人格精神，而不是從土地所有者與奴隸、佃客的人身支配關係來確認的。這樣的觀點，將有助於重新反省「世胄高門」、「仕不事事」的既定印象。

紛亂外值得注目的事。

再次，陳啟雲選擇從宗族私門勢力與政府公權二者微妙的關係切入，重新考察「上品無寒門，下品無勢族」的真正意涵。〔註23〕

這裡先注意到，川勝義雄扣緊「鄉論」環節討論「九品官人法」，進而定論貴族制發展的觀點。他認為：鄉論的基本傾向是支持鄉村社會的賢者、德者，那麼，基於鄉論以決定官僚序列的九品中正制度，至少在制定之初，其精神是把鄉論中所反映的共同體原理貫徹到國家社會中。即便後來的演變使得門第社會得以確立，但「猶有鄉論餘風」所顯示的是「這個制度本身是從尊重民間形成的鄉論的有效性立場出發」。川勝氏的觀點，至少說明了曹魏至西晉時期貴族制的形成，與當時自覺地以鄉論主義的觀念型態，作為維持「公的秩序」之唯一原理，是密切相關的。〔註24〕

陳啟雲便是以認同川勝義雄論點為前提，繼續追問：六朝「士族政治」究竟是私門宗族力量的結合，抑或是仍有其「公」的典範？他所展開的論述有兩個重點：第一，陳啟雲先梳理了「公、私」、「官、家」的對稱使用，以及「士」與「士族」的名稱。他從歷史發展的角度指出：「士」與「宗族」結合固然是事實，但「士族」一詞僅一見於《晉書・許邁傳》；反倒是超宗族、超地域性的「士類」、「士流」較常出現。因此，推測其原因似乎就在「『士』之原來理想屬於『公』，『族』則屬於『私』的結合。」（《析論》，頁 334）對此，陳啟雲以潁川荀氏家族為主要考察對象指出：西晉荀顗「不恤私門」以及荀勖所謂「人臣不密則失身，樹私則背公，是大戒也」，皆是「守『公』典模」。

第二，既然魏晉時期亦多選舉公平之士，如何將六朝門第的形成，歸咎於九品中正制度的流弊？於是，陳啟雲重新解讀劉毅〈上疏請罷中正除九品〉（《全晉文》卷35），提出這樣的看法：

> 今任中正者既為才德之士，其主觀標準自偏於「士」傳統中較超越之抽象觀念，而有愛於「士類」。其所倚仗者，亦多倚仗本身「士流」、「士類」。是則九品中正制度之偏失，不在於加強宗族之勢力，而在

〔註23〕參見陳啟雲，〈中國中古「士族政治」的問題〉，《中國古代思想文化的歷史析論》（北京：北京大學出版社，2001 年），頁 318～頁 348。

〔註24〕參見〔日〕川勝義雄，〈魏・西晉の貴族層と鄉論〉，《六朝貴族制社會の研究》（東京：岩波書店，1982 年），頁 57～頁 69。的不同。

於推「士流」、「士類」勢力之結合。……「士」之所以爲「士」蓋
因賢德才智爲天下公器，賢德才智宜於服務公益，不在於「士流」、
「士類」相結合爲特殊階級，更不在於其結合爲特殊集團黨派，「士」
而爲「私」則失「士」之大本。劉毅論九品中正之「八損」，雖有「上
品無寒門，下品無勢族」一語，然其疏文所抨擊之中心不在宗族勢
力，而在「黨利」、「部黨」、「黨譽」、「朋黨」、「邪黨」，意或在此。
（《析論》，頁 345）

這樣看來，西晉選舉制度的破壞與弊端叢生，未必是出豪門世族操弄所致，
更多的原因是由於「士」的結黨以致朋黨紛然、彼此攻訐所導致。此觀點，
可謂精準地指出九品中正制以及西晉朋黨之爭的核心。

　　陳啓雲的結論指出：即便士流朋黨之害，有可能更甚於宗族之私。或者
說，魏晉乃至隋唐時期，「士人」與宗族勢力結合而成爲「士族」、「貴族」，
顯現了向私門勢力發展的明顯軌跡。但也正由於「士」的本質，在於「公」
義，這使得身處魏晉亂世能操持「公」義以發揮自省、自制作用的「士大夫」，
仍不乏其人；五胡入侵、中原離亂，而終能重建統一國家於隋唐，最關鍵原
因即此。〔註25〕只不過，「士」的自省與自律作用，總被六朝分裂局面所掩蓋
而顯得跡象晦澀，常爲治史者所忽略。據此，本文能做的便是梳理《三國志》
與《晉書》中的史傳人物，進一步掘發他們長期被忽略的「士」的本質以及
「公」的理念。

（二）德行：「國士」的標準

　　所謂自律自省的精神，總是與德行品格的問題分不開的。尤其，自律與
秩序還有程度的關聯性。

　　毛漢光明言：「魏晉南北朝取士標準受社會價值觀念影響之大，非以往任
何朝代所能及」，「當時人對品德重視之程度，遠在一般社會之上」。〔註26〕這

〔註25〕就魏晉局勢而言，地方勢力有超越中央勢力、宗族力量有凌駕政府權威的事
　　　　實，但兩晉政權卻始終得以維繫的主因便在此。陳明著重以 state 與 society 兩
　　　　個系統的平衡，討論了東晉士族政治的樣貌。對於此處未論及的東晉士族政
　　　　治或門閥政治，詳見陳明，《儒學的歷史文化功能——士族：特殊形態的知識
　　　　分子研究》（上海：學林出版社，1997 年）以及田餘慶，《東晉門閥政治》（北
　　　　京：北京大學出版社，2005 年）。
〔註26〕參見毛漢光，《中國中古社會史論》（台北：聯經出版事業公司，1997 年），頁
　　　　395。

其實也是谷川道雄對「名望家」的界定，足見「名望」與「民望」的關係密切。〔註 27〕這必須從魏晉社會輿論對士人德行的重視，而士人亦以自修品德來符合社會期待來解釋；至於史書「時論」、「論者」之語，也可以從對人物或事件之社會觀感的角度來理解。意即，從魏晉人評論「國士」──國中才德出眾者的標準，〔註 28〕可以看到他們對德行品格的優先考量。

晉文帝司馬昭曾問武陔，陳泰（？～260）與其父陳羣（？～236）相比如何。武陔答以：陳羣勝在「通雅博暢，能以天下聲教爲己任者」；陳泰則在「明練簡至，立功立事」勝過父親（《世說》〈品藻 5〉）。總論陳氏四世：陳寔──陳紀──陳羣──陳泰，四人於漢、魏二朝並有重名，時論評爲：「公慚卿，卿慚長」，即是著眼於「其德漸漸小減」（《三國志》卷 22 / 頁 642）而來的。所以，當時「人士比論，以五荀方五陳」，是有意義的（〈品藻 6〉）。因爲，對照荀氏家族：荀淑──荀爽──荀彧──荀顗，也是從德行到事功的發展軌跡。

需知，武陔的評定有其背景。時具知人之鑒的劉公榮，曾對武陔之父武周說：「君三子皆國士也。元夏器量最優，有輔佐之風，力仕宦，可爲亞公。」（《世說》〈賞譽 14〉注）其中，元夏最優的評語，指的就是武陔之「深懷遜讓，終始全潔」行事風格。至於二弟：武韶「清白有誠」（〈山公啓事〉）；武茂「以德素稱」，即是指其聞於朝野的「清正方直」之德行（《晉書》卷 45 / 頁 1284）。

又如，晉武帝問陸喜與陸抗兩人的高下，員外散騎常侍吾彥的評答：「道德名望，抗不及喜；立功立事，喜不及抗。」（《晉書》卷 57 / 頁 1563）很清楚是以德行節操與功業學術對舉而來的評價。此外，陸喜的〈較論格品篇〉曾就吳國薛瑩（？～282）是否得入「國士」之列提出評論，陸喜主要是依出處進退的立身行事作爲判準（《晉書》卷 54 / 頁 1486），故謂依「德行」品目來論斷：薛瑩不得爲第一，只能列在四、五名而已。

再從董昭（156～236）於太和六年（232）上魏明帝疏文內容，亦可以推

<hr />

〔註 27〕「民望」即民眾所仰望的典範。樂廣「有民望」而孫秀不敢殺害，更顯示了其名譽聲望來自於一般人民的推崇（《世說》〈賢媛 17〉）。

〔註 28〕至於孫吳，可以呂蒙爲例。孫權勸呂蒙讀書，而後魯肅有「非吳下阿蒙」之語：孫權歎曰：「折節好學，耽悦書傳，輕財尚義，所行可迹，並作國士，不亦休乎！」（《三國志》卷 54 ／ 頁 1275）吳正嵐指出：說明了「耽悦書傳」的好學是「國士」的文化特徵；「輕財尚義」是「國士」的道德行爲。可見，德才兼備、文武並重，是孫吳士人的理想人格。參見吳正嵐，《六朝江東士族的家學門風》，頁 26～頁 28。他的分析，有助於對三國孫吳對鄉閭評議與道德學問重視的情況。

知為何當時輿論對士人的德行如此重視，其言：

> 凡有天下者，莫不貴尚敦樸忠信之士，深疾虛偽不真之人者，以其
> 毀教亂治，敗俗傷化也。……竊見當今年少，不復以學問為本，專
> 更以交游為業；國士不以孝悌清脩為首，乃以趨勢游利為先。合黨
> 連羣，互相褒歎，以毀訾為罰戮，用黨譽為爵賞，附己者則歎之盈
> 言，不附者則為作瑕釁。……。（《三國志》卷 14／頁 442）

董昭疏文指出的流弊有二：一是，朋黨交游，賞譽不實的問題。爾後，魏明
帝針對此現象發詔，斥免了諸葛誕、鄧颺等人。二是，董昭慨嘆「國士」不
再以「孝悌清脩」為要務，反襯了他認為堪稱國內名流者，仍應以道德品行
之潔美為首要條件的。因為，在董昭看來，一旦士人輕德行、重權勢，則「毀
教亂治，敗俗傷化」之弊，只會日益嚴重。

　　董昭的疏文透露了士人不能自我修養與社會失序的關係。這樣看來，夫子
所謂「修己以安百姓」（《論語》〈憲問〉），應當是魏晉選擇出仕為官之士的基本
認知。更重要的是，魏晉官僚士群的自修自律，從來都不限於一己之身；它必
須是由「小我」擴及到百姓、社稷的「大我」。在這個意義上，他們對德行的重
視，其實應該從公共的或群體的角度來看待。至少，就「讓」、「清」作為德行
的首要指標而言，是可以成立的。這一點留待「公而清」的核心價值一節再論。

三、「國家至上」的理念

　　在上一段討論中，借用夏侯玄的描述，大略了解魏晉士人身處於「家門」、
「九族」、「鄉黨」的社會結構，而「孝行」、「仁恕」、「義斷」就是他們自身
獲得輿論支持的德行。本文將以「國──君──士‧吏──民」為討論框架，
進一步探究魏晉官僚士群在兼具「士」與「吏」的雙重身分，如何維持「士」
的公共性格與「吏」的政治職能。也就是說，魏晉官僚士群不論其理念傾向
於「士」或「吏」，都呈現了他們對自身角色定位的確認。對此問題，筆者概
括以「為吏之道」進行。

　　吏道，就是君道的具體而微。在魏晉正史中，百姓多以「君」稱呼地方
官員，譬如：孫吳陸遜（183～245）與西晉喬智明皆受百姓愛戴而被稱為「神
君」；曹攄則因「仁惠明斷，百姓懷之」而「號為聖君」。〔註29〕因此，由「天

〔註29〕分見《世說》〈方正 18〉注《三國志‧吳書》與《晉書‧良吏傳》頁 2337，
　　　　頁 2334。

道無私」向「君主至公」發展而成的「爲吏之道」，其內容應當包括無私、至公；而這又與魏晉官僚士群的公眾形象與自我定位密切相關。「形象」，牽涉了可效法對象的典範樹立、乃是呈現於人民面前的；「定位」，則是自省，自省而後外顯的過程，就有了「修身」、「正己」而能「以安百姓」的效用。如同西晉傅玄所謂「修身治人，先正其心」（《傅子》〈正心〉）、「私不去，則公道亡」（〈問政〉）或親民之吏「如保赤子」（〈安民〉），便是進一步對「爲政者」提出的具體要求。這裡的爲政主事者，指的是人君之外、直接面對眾多百姓的各層級政府官員。

（一）國家至上，憂國恤民

傳統爲吏之道的主要內容在「代君養民」，意指官員以「爲民父母」的慈與愛，著重對百姓的教化與生養，故多以惠愛流播，風行教化爲職任。在魏晉正史中還可見官僚們在災疫處理過程中所展現的行動能力，諸如不拘行政程序即開倉賑災或散私穀以賑饑民，都可作爲「視民如傷」的具體舉措。如此，《三國志》中杜畿、蘇則、鄭渾等「魏代之名守」（卷 17／頁 515）或是《晉書》〈良吏傳〉中所載之人物，可以側面從余英時論述漢代「循吏」治民內容與方式加以了解，其言：

> 與酷吏相比，循吏顯然具有政治和文化兩重功能。循吏首先是「吏」，自然也和一般的吏一樣，必須遵奉漢廷的法令以保證地方行政的正常運作。但是循吏最大的特色則在他同時又扮演了大傳統「師」的角色。……在漢代的「師儒」之中，循吏卻是教化成績最爲卓著的一型。
>
> ……漢代循吏的治民內容和方式都與儒家的原始教義是一致的。這一事實有力地説明了循吏的推行教化確是出於自覺的實踐儒家的文化理想——建立禮治或德治的秩序。〔註30〕

首先，就結合「師」、「吏」兩種角色而言。所謂「循吏」，就是持守儒家「富而教之」的政治原則並能將之施行的官吏。其中，富民的主要措施，大多是水利建設與獎勵農桑；興辦學校以推行教化是教育人民的主要方式。其次，所謂「儒家原始教義」，乃指「富之」、「教之」和「無訟」的治民內容，其中教育內容又包括了立郡學的正式學校教育以及禮樂教化的社會教育兩方面。

〔註30〕余英時，〈漢代循吏與文化傳播〉，《中國思想傳統的現代詮釋》（台北：聯經出版事業公司，1992 年），頁 197，頁 224。

簡言之，地方官吏的社會政治角色，是通過任內政績來呈現的，而政績的好壞又在很大程度上與所施行的教化有關。若從這個角度去討論魏晉時期所謂的「聖君」、「良吏」的行政績效與文化作用，應是有意義的。《晉書・良吏傳》〈序〉便明言：「長吏之官實爲撫導之本」、「或人懷其惠」、「或政務寬和」者（卷 90／頁 2327），便可作爲優秀官員的行爲準則。附帶說明一點，正史所列人物十之八九皆具有爲官經歷，譬如〈儒林傳〉所列東晉徐邈（344～397）「莅官簡惠，達於從政」或韋謏（？～350）「歷守七郡，咸以清化著名」，亦皆以整民化俗而獲稱。因此，本文不限於正史編纂分傳的考慮，而是擷取最具代表性的人物加以評述。

然而，「好的」官員，除了教化政策的施行之外，是否還與其人格特質或行事作風有關？本文的觀點是，「良吏」除了行政運作順利之外，他必定會自我約束以免干預運作，這樣的表現就以「清」、「廉」、「公」、「正」等德目呈現；並以奉法、憂公、恤民爲內容。更深一層的說，良吏所奉行的準則，與其「國家至上」的理念是密切相關的。〔註31〕

甘懷眞以「國家」這一概念，探究了中古時期（漢唐之間）的政治人物對政治制度的理解，以及他們所意欲建構的國家型態，得到了國家高於皇帝的結論。

他經由相關文獻的梳理，得到這樣的看法：「國家」一詞，至遲在漢以來，已大量出現在官方的法制文書中，而且很明顯的是用來指稱一種政治的團體。因此，他在界定「國家」乃是「君臣所結合的政治團體」的基本意義之後，進一步探索了君臣之間的權力關係。其言：

> 在中國中古時期，國家作爲一種公的機構，被理解爲一個身體，是上述三類人所組成的（包括皇帝、皇家的成員與官員中的部分成員）。……（一般官僚制度下的官員）他們必須通過『委身』的儀式，即將原本屬於個人與私家的身體奉獻給國家，才成爲國家之體的一部分，與君主『一體』。……國家是以皇帝爲家長所組成的一個家，但此家不等同於皇帝的私家。皇帝的私家規範在介入國家秩序時，

〔註31〕劉澤華指出：戰國以前「公」指爵位與人、「國」指公侯居所，作爲社會政治實體和組織的「國家」概念還很模糊。及至戰國中後期「公國」與「天下爲公」之說提出政治普遍參與的結論，才逐漸形成國家至上的觀念；國家被「公」化之後，才有至上的意義。參見劉澤華等著，《公私概念與中國社會》（北京：中國人民大學出版社，2003 年），頁 24～25。

有一定的限制。故有『王者臣天下無私家』的説法。……。

……國家不等於皇帝個人。皇帝個人的權力位階之上還有國家。我們說皇權是絕對的，這是對的，但不是指皇帝個人（頁242）。……（但由於）國家作爲一個公的機制，以宗廟爲象徵，其位階高於皇帝。因此誅君的行徑可以因『安國』而獲得若干的正當性（頁246）。

〔註32〕

當然，此處的「國家」意涵與現代公民意識下的「國家」概念，明顯不同。但就「國家作爲一個公的機制」而言，甘氏看法兩點須注意：一是，皇帝、皇家可以代表國家，卻不等同於國家。這是因爲皇帝的人身是國家的體現，所以在某些文獻的使用裡，會將「國家」作爲「皇帝」的指稱。不過，史書中所謂「纂正統而奉公義」，便明示皇帝雖以嗣君繼體取得權力，卻仍必須遵照國家的公共規範爲首要原則；此即「皇帝個人的權力位階之上還有國家」之意，而且「國家」、「公家」與皇帝「私家」的區分是明確的。二是，政治野心家以「國家」爲名、弒君奪權的吊詭。典型者如司馬昭，其以魏高貴鄉公「乃欲上危皇太后，傾覆宗廟。臣忝當元輔，義在安國」爲由，意欲合理化其弒君行爲。關於這樣的吊詭與史實，是無可否認的。但也必須注意，像東晉王恭（？～398）以王國寶「專寵肆威，將危社稷」，故以「誅君側之惡」爲名起兵發難之事，就不是以「國家」之名作爲爭權的工具。〔註33〕又或者「處其利而無心」的東晉強臣郗鑒，對東晉政局的穩定作用即是。〔註34〕這意謂著對於魏晉之權力更迭、勢力糾葛的局面中，必須仔細檢視其中握有權力之人物的行事及用心。

　　以上所述重點在：中古時期「國家」是一個公的機構，原因在於官員的「獻身」或皇帝的「與國同體」，二者都否定了私的存在。換言之，任何一個經歷「委質」、「獻身」儀式而具備政府官員身分的「士」，都已清楚「國家位階高於皇帝」的概念。那麼，他們盡忠職守、夙夜爲公的對象，就應當從「國

〔註32〕 參見甘懷眞，〈中古時期「國家」的型態〉，《皇權、禮儀與經典詮釋：中國古代政治史研究》（台北：喜瑪拉雅基金會，2003年），頁220～頁248。

〔註33〕 萬繩楠認爲：東晉王恭與殷仲堪雖然起兵失敗，造成桓玄取得政權的結果，卻並不能將王恭視爲軍閥造反。因爲，他們的起兵是爲了維護謝安鎮之以靜的施政方針。這說明魏晉時期的權力爭奪，需要很仔細梳理。參見氏著，《魏晉南北朝史論稿》（台北：雲龍出版社，2002年），頁226。

〔註34〕 關於郗鑒在東晉政局所具之重要性，詳見田餘慶，〈論郗鑒〉，《東晉門閥政治》所論。

——君——士・吏」轉移到「士・吏——百姓」這一層關係。理由在於，魏晉官僚士群作爲國家行政的重要分子，能像郗鑒一般超出自身私利欲求，並以公利公益爲優位，進而體現「士」之精神價值的，才是本文關心之所在。

（二）砥身存公，致惠興利

青龍三年（235），魏明帝「大治洛陽宮，起昭陽、太極殿，築總章觀。百姓失農時，直臣楊阜、高堂隆等各數切諫。」（《三國志》卷3／頁104）對此，太子舍人張茂提出諫言：「陛下，天之子也，百姓吏民，亦陛下之子也」，「夫君有天下而不得萬姓之懽心者，尟不危殆。」（頁105）同時，志在匡正魏明帝的高堂隆，亦以「愷悌君子，民之父母」切諫，並不斷以「皇天無親，惟德是輔」與「民詠德政」提醒明帝，理當效法天道之「仁」以「愛民如子」（卷25／頁713）。當他們將諫言的理據訴諸於「視民如子」時，即意味天下治平的關鍵，仍維繫於君主是否「得民心」進而能「安天下」。尤其，當高堂隆結論說：「由此觀之，天下之天下，非獨陛下之天下也。」〔註35〕便點出國家與百姓高於君主個人的意思。這正是東晉史家習鑿齒（？～384）從「將死不忘憂社稷」來論定高堂隆「忠臣」角色的主要原因（卷25／頁717）。

由此可見，對魏晉官僚士群而言，「天下」、「社稷」始終是他們的關懷所在。因此，當他們以「士・吏」身分面對人民的時候，也是很自覺地以「國家至上」的理念，盡其所能地達至「自修」、「安己」終能「以安百姓」的目標。對於魏晉「民無定處」的實況來說，這無疑是一股重要的安定力量。

先從西晉傅咸（239～294）的〈明意賦〉來看，他在〈序〉寫道：「侍御史傅咸奉詔治獄，作賦用明意」，這表明他要以一篇賦文來傳達某些意圖。從賦文內容來看，「吏砥身以存公，古有死而無柔。彼背正以從邪，我沒世而是尤」，「加我數年，竭力效節」（《全晉文》卷51），即可見作者的自我期許。其意義在於，傅咸以「士」而「仕」，他對「士」的身分之要求是「砥身」、「從正」，此乃自我砥礪以臻品格的貞正；對「吏」的角色則期許能「存公」、「效節」，這是在公家事務上，能以貞正不偏的品格發揮公正公允的績效。

〔註35〕西晉潘尼的〈乘輿箴〉亦言：「天下非一人之天下，乃天下之天下」。事實上，兩人的意思都指「共天下」——人君當「與天下同利」；《晉書》多處所見「公私同利」之語，亦具此意。這與宋代士大夫「以天下爲己任」的共治意識不同，但最低限度可以說，凡是魏晉時期以「天下」概念所發言論，多少與「大公」、「至公」的意思接近。

　　此外，他還以「箴」體寫下諫戒之辭：「怨及朋友，無慚于色；得罪天子，內省有惡。是用作箴，惟以自敕。」（〈御史中丞箴〉，《全晉文》卷 51）從篇題立意還可推知，傅咸自許擔任糾舉不法情事的「司直」之職，就必須展現對不徇私、不畏權的公義價值之追求。因此，「南州望士」顧榮（？～312）謂：「傅長虞爲司隸，勁直忠果，劾按驚人。雖非周才，偏亮可貴也。」（〈與親故書〉，《全晉文》卷 95）實爲確評。要知，傅咸的父親傅玄（217～278）亦是「剛勁亮直」的性格，曾言：「古之君子，無親無疏，縱心大倫。修己以道，弘道以身」而不可「廢公任私，無好自專，違眾取怨。」（〈吏部尚書箴〉《全晉文》卷 47）同樣體現了以「修己」的自律精神，作爲消弭眾怨的最佳良方。於是，就不難理解傅氏父子二人以「鏡」爲題之賦文，內容皆不外取「鏡」之能正己、正人之喻意的用心。

　　傅氏父子文章所呈現的價值，還只是一種基於「士」的自我要求，然一旦把「視民如傷」的想法納入，則焦聚就會調整在「群生」、「百姓」上。舉例來說，如曹魏的陳登〈先賢行狀〉載其：「忠亮高爽」、「少有扶世濟民之志」，「除東陽長，養耆育孤，視民如傷。」〔註 36〕後爲廣陵太守「明審賞罰，威信宣布」、「功化以就，百姓畏而愛之。」（《三國志》卷 7／頁 230）又或者，如吳國孫晧兇暴驕矜，政事日弊，賀循之父賀邵（227～275）即以中書令兼太子太傅的身分上疏諫諍：「國之興也，視民如赤子；其亡也，以民爲草芥。」結果不被納「竟見殺害」（《三國志》卷 65／頁 1459）可見，不論身爲地方官或在中央對人君的諫言，皆是以「民」爲考量的。

　　這樣的想法，在傅玄的《傅子·安民》中，便以「如保赤子」故「重親民之吏」的論點完整申述。其言：「令長者，最親民之吏，百姓之命也。國以民爲本，親民之吏不可以不留意。」因而提出令、長之類官員，必須做到「親民授業，平理百事」（《全晉文》卷 48），這看法仍是以「安民則惠，黎民懷之」，作爲達於治平的關鍵之所在。至此可說，「如保赤子」或「視民如子」，其實都是一種官員的「慈愛」情感與其公共意識的表露。需知，傅玄「謇謇當朝，不忝其職」、史評謂之「鶉觚貞諒，實惟朝望」，便是從朝野眾望所歸的角度

〔註36〕「視民如傷」，首見於《左傳·哀公元年》「國之興也，視民如傷，是其福也」，西晉杜預注：「如傷，恐驚動」，有著愛民重民的意思。又如宋代程顥，據載：「明道先生作縣，凡坐處皆書『視民如傷』四字。常曰：『顥常愧此四字』。」參見《二程集》（北京：中華書局，2004 年），頁 429。可見，這是傳統出仕爲官之「士」的自覺。

來看待其忠誠正直品格；其子傅咸「風格凝峻，弗墜家聲」，也延續了剛簡諒直的家風。因此，上述所引賦文不應當只從西晉文士的寫作來解讀其內容，是很清楚的。

其次，再看西晉潘岳（247～300）為其岳父楊肇所寫之〈楊荊州誄〉（《全晉文》卷 92）。此處重點不在論議潘氏文章風格或應酬性質。因為，即使潘文有溢美之辭，但注意到他使用「君涖其任，視民如子。庶獄明慎，刑辟端詳」來形容楊肇擔任朝官、典理憲章的經歷。這意謂著上述「視民如子」、「如保赤子」的為官意識，在兩晉時期仍然持續地發生效用。

換句話說，在「君——臣——民」的結構中，官員「代君養民」使得「吏——民」的關係更為密切而重要。其次，當「視民如子」成為一種「為官」的自覺意識時；「如」字意謂著貼近百姓的同情共感，而本文的「公型理念」即是立基於此。

事實上，這裡舉例說明的「砥身存公」或「視民如傷」，固然是出仕為官者的「官德」之必備要件，但卻又不該只視之為傳統政治思想的延續。或許換種提問的方式：魏晉時期具有「士・吏」身分的官僚士群，究竟有著怎樣的道德理念與政治承擔？意即，魏晉官僚士群在認同「士」身分的同時，又如何發揮其特質並展現政治角色的最大效益？

第二節　公正之德：公則無私，正則無邪

徐復觀對儒道兩家的政治思想，有如下的看法：老子與儒家「同樣是基於對人性（老子稱為德）的信賴；以推及政治，而為對人民的信賴；所以兩家的政治思想，都是以人民為主體的」，「同時，儒道兩家所以能將自己所信的性、德之善，推及於人民，乃因為兩家都有真正的慈、仁，以為其動力。」這段話有兩個重點可注意：其一，老子所說的德即是後來所說的性。基於性善的前提，老子所說的「自然性質的自治」，主要在強調「對人之所以生的德的回歸」。其二，老子的「無為」，意指由人君向德的回歸以促成人民向德的回歸。雖然，其「德」的定義不同於孔子，但二者在「道德的政治論」的構成形式上，卻是一致的。〔註37〕

〔註37〕參見徐復觀，《中國人性論史・先秦篇》，頁 351～頁 356。筆者認為：王弼《周易》〈觀卦注〉：「猶風之靡草」（頁 317），正好是融合兩種說法的詮釋。詳見

事實上，魏晉時期政治思想主軸，乃是建基於對「道」或「天道」的公平性與客觀性的體認而來，並由此延伸到各個層面之共同利益的思考。此點證之於史書出現「公私兼濟」、「公私兩濟」的用詞，其文脈都指涉「百姓」即可得見。其中至為關鍵的是，天道無私還須由君主至公來體現，於是人君向德的回歸或正己修德，便成了魏晉政治思想的重心。本節的討論，以「國──君──士·吏──民」的結構與魏晉官員「代君牧民」的方向進行。問題的討論，先由經典詮釋的解析的方式，以勾勒相關概念的發展脈絡，以便作為梳理此時期政論與疏文內容的基始。如此做法，一方面呈現魏晉士人對於「理想的」君主圖像之描繪，另一方面則解析魏晉官僚士群除了忠於職責之外，對其自身的道德自律為何？也就是說，他們對於「正己身」的要求，其實是基於超越自我而指向群體利益考量的「公型理念」而來的。

一、漢魏之際「天道無私──君主至公」的思想脈絡

關於東漢後期社會經濟政治的各種問題，就現有的研究成果來看，大多歸結於經學的沒落與社會批判思潮的興起。經學的沒落，導致漢代天人感應的思想體系的崩解，隨之而來的便是價值理念與道德倫理崩潰後產生的社會問題；社會批判思潮的興起，則是著眼於現實政治問題的理性分析與解決方案的提出。

任繼愈曾對「社會批判思潮」提出定義與五項特徵，並將研究對象鎖定在王符、崔寔、仲長統、荀悅以及徐幹等人的政治哲學思想。他說：社會批判思潮，「是建立在理性基礎之上的自由的政論」。作為傳統經學的對立思想，之所以出現在東漢末年，主要是受到「匹夫抗憤、處士橫議」的社會輿論之推動，或者說，其本身即是這種社會輿論的理論概括。由於權力是否能正當的使用與公私之分的問題密切相關，國家治亂興衰的關鍵亦在此。因此，他提出「公私之辨」，作為東漢社會批判思潮的基點。〔註38〕

本文第五章第二節。

〔註38〕社會批判思潮的五項特徵是：一，代表當時社會知識份子的思想傾向；二，繼承後漢時期的理性傳統與批判精神；三，它不是一種固定的學說，沒有形成學派，但卻具有自發性與群眾性；四，其目的無非是維持社會秩序與綱常名教；五，結合現實的政治社會問題，探討了許多哲學問題，即便理論較顯零碎，卻是漢代經學與魏晉玄學之間的重要環結。參見任繼愈，《中國哲學發展史·秦漢卷》（北京：人民出版社，1985年），頁 709～712。

　　牟宗三則以「理性的與非理性的之鬥爭」來論述此時期的歷史情況。他將兩漢稱之為「構造時代」——即理想性與制度性合一——領導集團必有士人與之合作而為一體的主宰力量；這意味必有一公共之標準（理想）為其所肯定。但是，東漢的政權結構是一種「對列之局」，一旦公共的標準或理想無法產生調節作用，代表理想的尚書、史、相就與非理性的宦官、外戚直接演化成對抗與搏鬥。這就是東漢末年黨錮之禍與魏晉南北朝長期黑暗的原因所在。〔註39〕牟先生的說法，意在強調東漢光武帝的凝斂之理性人格，足以使得「對列」的權力部門維持協調；然而，一旦精神主體（皇帝）立不住，鬥爭也就產生了。

　　綜合兩位先生的說法可知，不論是漢魏之際的思想家或現當代的研究者，都將東漢末年各種問題的癥結，指向了在位君主。因此，「理想君主」圖式的提出，就成了所有問題的解鑰。

　　這裡，僅以漢末荀悅（148～209）《申鑒》所述為例。〔註40〕

　　在荀悅的認知裡，可以作為常道的六項原則，即是「中」、「和」、「正」、「公」、「誠」與「通」。所謂「以天道作中，以地道作和，以仁德作正，以事物作公，以身極作誠，以變數作通，是謂道實。」（〈政體〉）便清楚地指出：君主必須效法天道之「中」與地道之「和」，以作為己身的感情適中與行為合宜之準則。其行事準則的內容包括了：致利除害、愛人無私等等正直不阿的道德呈現，並且以萬事萬物並存，來呈顯公平無所偏私；此即治道的內容，而能執行「治道」的，就是理想的君主範式——「明主」。這裡，就透露出「明

〔註39〕牟宗三，《歷史哲學》（台北：臺灣學生書局，1988 年），頁 340～頁 341。就西晉惠帝以體昧情昏之資居位卻不堪政事，終致「政出羣下，綱紀大壞」、「生靈版蕩，社稷丘墟」的結果來看（卷 4／頁 108），確如牟先生所說。但是，魏晉政治權力鬥爭不斷，卻不是宦官外戚對列所致，甚至西晉羊祜或東晉褚裒，更以外戚后父身分外顯謙沖知止之德行。因此，對於魏晉時期的相關問題，應當還是要從士族的性質切入深究。

〔註40〕陳啓雲指出了荀悅具有代表性的原因，其言：「荀悅的思想更近似於漢朝之後魏晉時期的懷疑主義精神」，「從歷史的角度看，荀悅的思想結束了漢代思潮的最後篇章，並開始了中古思想史的新段落」。參見陳啓雲，〈荀悅與後漢思潮〉，《中國古代思想文化的歷史析論》（北京：北京大學出版社，2001 年），頁 256。筆者認為，荀氏可謂「宗族強盛」，如荀彧、荀顗與荀勖等，都是魏晉時期重要的政治人物，較之於王符等「單士」，可以從家學家風的影響角度，做更詳細的長時段考察。本文所引荀悅《申鑒》，參見任繼愈、傅琮璇主編，《文津閣四庫全書》第 231 冊（北京：商務印書館，2005 年），頁 413～頁 426。

主」與「公平」、「公正」之間的關係，荀悅一句「不任所愛謂之公，惟公是從謂之明」（〈雜言上〉），就清楚界定了「公」與「明」二字。「不任所愛」，意思是不寵信親近的作爲謂之「公」，它包括了秉持公正之心以任用人才的正面說法以及用「不阿私親」論證「公」的逆向思維。正反說法都是以國家公利爲優位的考量，其中尤可得見荀悅強烈表達君主必須具有「至公」的最高標準。至於王符所謂「王者法天而建官」故「明主不敢以私愛」（《潛夫論》〈忠貴〉），〔註41〕亦是相同的表述。

於是不難發現，漢末思想家對於「公私之別」作爲現實問題解決方法的觀點，乃是把問題焦點放在君主不公正，將致使社會公義喪失的這一點上。而所謂不公正、不公義又很清楚地是與「任人」、「建官」問題聯結起來的，這就是任繼愈所說：「權力是否正當使用與公私之分的問題密切相關」的句意。簡言之，「不任所愛謂之公」所申述的就是公平、公正地用人舉才。但如果考慮到「九品官人法」的設置，使得任人授官的「權力是否正當使用」的問題日益顯迫。那麼，凡是有關「舉賢爲至公」的政論疏文，或許還必須注意解讀其中的現實意義。因此，本文不但要說明舉用人才需要公平、公正的態度，更重要的是將討論方向導引到爲人臣者「拔賢」、「舉才」是「爲公」——爲天下、社稷。這樣，「公」不只是舉薦者個人的公心，而是基於「公眾」群體利益的考量而來的政治舉措；「公」字，也就從官員自身的公正態度擴展成「爲人民」的公共意識。〔註42〕必須強調：公共意識的具備不只是爲官者必要的條件，更準確的說，這種自覺乃源自於「士」作爲知識分子的公共性格。

結合「天道無私」觀念的發展，以及東漢末政治思想家對「君主至公」的要求之後。以下的討論，將以分析經典注解與政論疏文的方式進行，藉以說明魏晉官僚士群所體現的政治倫理價值，而此價值的顯豁，亦正是他們對自身角色的選擇與定位。

〔註41〕 參見〔漢〕王符著、〔清〕汪繼培箋，《潛夫論箋校正》（北京：中華書局，1997年），頁108。

〔註42〕 沈清松：「公共性」是指人事性與政治性的結合。參見沈清松，〈論慎到政治哲學中的「公共性」〉，《哲學與文化》361期（台北：五南圖書，2004年6月），頁1～頁22。本文使用的「公共意識」即就此定義而言。不過，由於魏晉政論家，不僅強調了社會與政治生活中「公」的層面的理論建構，他們更以官員的角色身體力行自己所信奉的價值理念；這種「公」的價值理念，對他們而言是清楚自覺的，故標以「公共意識」。

二、高誘對《呂氏‧貴公》與《淮南‧脩務》的詮釋

此處以建安高誘的《呂氏春秋》及《淮南子》注解，作爲探求魏晉論「公」、「私」觀念的重要線索，〔註 43〕箇中理由在於，高誘對兩部文本的看法及其特殊的思想史地位。

首先，高誘在兩篇書序裡傳達了他對兩部文本的看法，並自述其先注《淮南子》、後解《呂氏春秋》的過程。其言：

> ……然此書所尚，以道德爲標的，以無爲爲綱紀，以忠義爲品式，以公方爲檢格，與孟軻、孫卿、淮南‧楊雄相表裏也，是以著在〈錄〉〈略〉。誘正《孟子》章句，作《淮南》、《孝經》解畢訖，家有此書，尋繹案省，……，故復依先師舊訓，輒乃爲之解焉，以述古儒之旨。凡十七萬三千五十四言。若有紕繆不經，後之君子斷而裁之，比其義焉。(〈呂氏春秋序〉)

> 淮南王名安，……於是遂與……之徒共講論道德，總統仁義，而著此書。其旨近《老子》，淡泊無爲，蹈虛守靜，出入經道。……。然其大較歸之於道，號曰《鴻烈》。鴻，大也；烈，明也，以爲大明道之言也。故夫學者，不論《淮南》，則不知大道之深也。(《淮南子‧敘目》)

高誘的兩篇書序，透露了他閱覽古籍並選定注釋文本以「述儒」、「明道」的用意。但在高誘看來，似乎《呂氏春秋》的內容較接近儒家而《淮南子》則貼近老子思想。目前學界對於兩部書的思想內容及學派判定仍存有歧見，〔註 44〕但

〔註 43〕 高誘生卒年不詳，但從《淮南子‧敘目》可得知他的仕歷：建安十年（205）除東郡濮陽令，建安十七年（212）遷監河東。就注解形式及觀點表達而言，雖然高誘注解文字有部分偏重在文字訓詁，但就經典詮釋而言，則無異於王弼與郭象。本文所引，根據劉文典撰，《淮南鴻烈集解》（北京：中華書局，1997 年）以及陳奇猷，《呂氏春秋校釋》（台北：華正書局，1988 年）。

〔註 44〕 要對《呂氏春秋》與《淮南子》的體例及思想屬性做出分判，是複雜而困難的。尤其是《淮南子》一書，徐復觀與熊鐵基都認定它是「集體著作」的性質，但兩人對於其書體現的思想流派之論斷則有歧異。徐復觀認爲：《淮南子》一書的性質，是以儒道兩家爲主，並且外於當時流行的黃老道家派別；熊鐵基則視《呂氏春秋》與《淮南子》，乃是體現「黃老道德之術」的理論代表，並概稱爲「秦漢新道家」。本文將高誘定位在魏晉思想的先聲，著重分析他對「道德」、「無爲」概念的使用，並不討論文本屬性判別的問題。徐、熊說法，分見徐復觀，《兩漢思想史‧卷二》（台北：臺灣學生書局，1992 年），頁 285；熊鐵基，《秦漢新道家》（上海：上海人民出版社，2001 年），頁 111。

對二書的結構規模與學術價值則具有一定共識。譬如，徐復觀從一統天下的寶典來定位《呂氏春秋》與《淮南子》，並指出：《呂氏春秋》對兩漢的學術與政治有重大影響；而《淮南子》則是一部有計劃、有系統的著作。〔註45〕牟鍾鑒則認為：兩書同時呈現了結構規整、篇目統一，又能形成綜合性理論，突顯秦漢道家的特色。他基於兩書之間有密不可分的特殊關係，遂選擇五項重點對兩書進行比較研究。〔註46〕但不論二書性質如何，單就高誘兩篇書序中重複出現的「道德」、「無為」概念來看，或許可以推測其注書用心與思想關注之所在。

其次，日本漢學家崛池信夫的研究，突顯了高誘在漢魏之際的思想史之特殊意義。他指出：高誘身處建安時期，是由東漢末跨進新時代的背景；就高誘研究對象而言，則自早先《孟子》、《孝經》等儒家經典，轉向了道家；尤其，「道」與「無」這兩個形上學概念，在高誘的注解中以「道，無形而大也」的簡潔形式呈現出來（《淮南子·原道訓》注）。因此，就折衷融和儒家的「天」與道家的「道」來看，可以說高誘已開啟了魏晉時期儒道並存的先聲。〔註47〕

（一）法天地而無私為

先就《呂氏春秋》〈貴公〉來分析。由於高誘注文，部分只有字詞解釋，因而檢錄原文以便對照。

> 〈貴公〉：昔先聖王之治天下也，必先公，公則天下平矣。平得於公。嘗試觀於上志，有得天下者眾矣，其得之以公，其失之必以偏。凡主之立也，生於公。故〈鴻範〉曰：無偏無黨，王道蕩蕩；無偏無頗，遵王之義；無或作好，遵王之道；無或作惡，遵王之路。
>
> 〔高誘注〕：公，正也。平，和也。得，猶出也上志，古記也。偏，

〔註45〕 參見徐復觀，《兩漢思想史·卷二》，頁185～頁188。

〔註46〕 牟鍾鑒從包容精神、超邁風度、辯證思維、自然哲學與個體意識五方面，對兩書進行比較研究。參見氏著，《呂氏春秋》與《淮南子》思想研究（山東：齊魯書社，1987年）。

〔註47〕 〔日〕崛池信夫，〈高誘的「道」和「天」〉，《漢魏思想史研究》（東京：明治書社，1988年），頁383～頁390。又，許建良則針對高誘《淮南子》注：「在強調無形，自然本性，因循無為等方面，他基本上構築了玄學框架的雛形，可以毫不誇張地說，他是玄學的先驅，而這一點至今仍未得到學術界的重視。」參見許建良，《魏晉玄學倫理思想研究》（北京：人民出版社，2003年），頁74～頁75。不過必須注意一點，根據《隋書·經籍志》所錄《淮南子》注，有高誘與許慎兩種，凡是篇目題解有「因以題篇」四字者，方為高誘所注篇目。

私，不正也。生，性也。蕩蕩，平易也。《詩》云：「魯道有蕩」。義，
法也。或，有也。好，私好，嚮公平於曲惠也。惡，擅作威也。（〈貴
公〉注）

就文本來看，〈貴公〉引用《尚書‧洪範》「無偏無頗」、「王道蕩蕩」來申論：
建立在不營私、不違法的基礎上而達致的政治社會狀態，是符合眾人所期待
的而被接受的；這是具有公共意識的基礎。事實上，這與〈去私〉「天無私覆
也，地無私載也，日月無私燭也，四時無私行也，行其德而萬物得遂長焉」
一段，是相互呼應的。

　　有幾點需要說明：一是，漢代劉向《說苑‧至公》與唐代《尚書正義》
對〈洪範〉的引用論述，都是從人君的「不阿私」反證「至公」之意，所謂
「無偏私，無阿黨」即是「王家所行」的「正道」或「正義」。二者不約而同
的將「萬姓所載」或「天下所歸往」的原因，指向了人主之「正」。這意味著，
漢唐間對「至公」或「公義」的解讀，仍是偏重在政治層面的。〔註48〕反觀
高誘注「公」為「公正」、「偏」為「私，不正也」，便明示他認為天下治平，
首在於聖王的「公正」、「不偏私」的態度，〔註49〕而這種態度又是「天下平」
的前提。二是，荀子在〈修身〉引用〈洪範〉，藉以說明「言君子之能以公義
勝私欲」的論述，也是從「致治」的角度提出。〔註50〕則高誘以「法」解釋
「義」字，頗有相同意味。

　　但可以注意到，高誘「平，和也」之謂，顯然是在「治平」理想的追求
外，還賦予了「和諧」的意涵。再看下一段注：

　　〈貴公〉：天下非一人之天下也，天下之天下也。陰陽之和，不長一
　　類，甘露時雨，不私一物，萬民之主，不阿一人。伯禽將行，請所
　　以治魯，周公曰：「利而勿利也」。荊人有遺弓者而不肯索，曰：「荊
　　人遺之，荊人得之，又何索焉？」孔子聞之，曰：「去其荊而可矣」。
　　老聃聞之，曰：「去其人而可矣」。故老聃則至公矣。天地大矣，生
　　而弗子，成而弗有，萬物皆被其澤、得其利，而莫知其所由始，此

〔註48〕參見〔漢〕劉向撰、向宗魯校證，《說苑校證》（北京：中華書局，2000 年），
　　　頁 343。
〔註49〕理由在於〈洪範〉「建用皇極」、「皇建有其極」，指的是為君者當先以身作則
　　　之意。
〔註50〕王先謙則以「以公滅私」來解釋荀子「法勝私」。參見〔清〕王先謙撰、沈嘯
　　　寰王星賢點校，《荀子集解》全二冊（北京：中華書局，2007 年），頁 36。

三皇、五帝之德也。

〔高誘注〕：《書》曰：「皇天無親，惟德是輔」故曰「天下之天下」
也。私，猶異也。阿，亦私也。伯禽，周公子也，成王封之於魯。《詩》
云：「建爾元子，俾侯于魯」。務在利民，勿自利也。遺，失也。言
人得之而已，何必荆人也。公，正也。言天下得之而已，何必人，
故曰「至公」，無所私爲也。天大地大，生育民人，不以爲己子，成
遂萬物，不以爲己有也。由，從也。萬物皆蒙天地之澤而得其利，
若堯時父老無供役之勞，擊壤於里陌，自以爲當然，故曰「莫知其
所從始」也。三皇、五帝德大，能法天地，民人被其澤而得其利，
亦不知其所從始也。《老子》云：「聖人不仁，以百姓爲芻狗」，此之
謂也。（〈貴公〉注）

所謂「不私一物」、「不阿一人」，說的是天地不偏私於一物，能做到不異其所
愛的持平。這是從天道之自然無私、一視同仁而來的論證。尤其，高誘引用
《書・蔡仲之命》「惟德是輔」以及《老子》「聖人不仁」之說，其意更在從
「能法天地」來說明「萬民之主」的「德」，就是效法天地公平的不阿私；由
於所有人民皆能被澤得利，而謂之「德大」。於是，天道無私而君主至公的脈
絡，於此得以證成。

事實上，高誘「天下之天下」一句，就成了漢代谷永到西晉潘尼「公私
同利」的思想中繼。其主旨從「務在利民，勿自利」申述了：在位人君應當
具有超脫自身考量並將天下萬民納入視域的思致。因此，他藉欲治平天下者
必先治己之身的〈先己〉篇，表述了爲君之道在「公，正」的內容，〔註51〕
其注：

身正則天下治。……。體道無欲，故身善。……。君無爲則萬民安
利。爲君之道，務在利民，勿自利身，故曰「勿身」。（〈先己〉注，
頁148～頁150）

這裡明確拈出「無爲」二字，就帶出前面「自以爲當然」故「不知其所從始」，

〔註51〕 還應當注意到《呂氏》〈序意〉篇「大圜在上，大矩在下，汝能法之，爲民父
母。蓋聞古之清世，是法天地」以及「智無由公」產生三種弊端的兩段文字。
高誘注「清，平」、「公，正」，仍然環繞在人君若能法天地之公正則可達治平
之世，這一點上。尤其，高誘雖未注解「爲民父母」，但從他對「利而勿利」
的定義，可知他應是同意的。本文對魏晉官僚士群「公型理念」的說明，有
一部分即根於此觀念。

未曾明說的「爲無爲」意思。「身正」還有這樣的意思，其言：

> 本，身。審，正也。身不正而欲治者，堯舜且猶不能，況凡人乎？
> 近喻小，遠喻大也。爲亂之君先小後大也。本謂身，末謂國也。詹
> 何曰：「未聞身亂而國治也」，故曰始乎本而後及末。……。秦、周
> 之君身正而治也。（〈處方〉注，頁 1673）

從兩段引文對「正身」的看法，不難發現高誘對儒道思想融合的做法：其一，
他藉〈先己〉篇說明人君先治己身則國治的想法，無異於儒者所說身正令行、
正己率物之意。不過，高誘「無所私爲」、「勿自利（己）身」卻又貼近了老
子虛己、不處先的「後其身」想法。其二，高誘將「三皇、五帝德大，能法
天地」與《老子》「聖人不仁」連結起來。對此，陳奇猷認爲：「《老子》文非
此義，高氏附會」（《校釋》，頁 49），但本文則以爲這是經典詮釋轉向的啓始
點。高誘意在借老子之「大仁」並非「私愛」或「具體的仁」，來說明聖王體
合天道，故能於百姓一視同仁。這樣看來，高誘連結德大與不仁的做法，是
在說明「天道之道與聖人之德在內容意義上是大『公』無『私』，在表現形式
上則是『普遍』而非『特殊』」之深義。〔註52〕事實上，王弼《老子注》所謂
「聖人與天地合其德，以百姓爲芻狗也。」亦是就此而論（〈5〉注）。基於這
樣的想法，高誘對〈務本〉篇引用《詩》：「雨我公田，遂及我私」的「先公
後私」之說，便是從「民有禮讓之心，故願先公田而及私也。」來解釋的（〈務
本〉注，頁 715）；〔註53〕似乎含有群體考量優先於個人的味道於其中。〔註54〕

　　總結來說，高誘對〈貴公〉的詮釋，是以人君「無私爲」爲核心展開的
論述。重要的是，當他說：「至公，無所私爲」時，就把「無私爲」與「去私」

〔註52〕 參見王淮，《老子探義》（台北：商務印書館，1969 年），頁 25。至於，老子
　　　　「後其身」之說以及王弼相關的詮釋，詳見本文第四章第二節。

〔註53〕 熊鐵基分析《呂氏春秋》原文：〈務本〉、〈諭大〉、〈務大〉各篇中的「大」或
　　　　「本」，其實就是「公」的性質，而且書中關於「公」與「大」的論述，都是
　　　　從《老子》十六章直接發揮出來的。參見熊鐵基，《秦漢新道家》，頁 225。但
　　　　相較而言，高誘《呂氏春秋》注對「大」與「本」並沒有從這個角度切入，
　　　　反倒是王弼注《老子》十六章「容乃公」對此意思多所闡發。

〔註54〕 〔日〕溝口雄三分析：將公田、私田從公有、私有關係，以及私屬農奴分配
　　　　到的土地關係所做的解釋，是受到馬克思主義的影響。事實上，公田強調的
　　　　是一種「共同性」，至少從孟子對「公田」的理解來看，是需要共同體成員共
　　　　同效力支持，才能成立的。參見〔日〕溝口雄三著、井山靜譯，〈公私〉，賀
　　　　照田主編，《在歷史的纏繞中解讀知識與思想》（長春：吉林人民出版社，2003
　　　　年）頁 542～頁 545。高誘所說的先公後私，應該也是從這個角度解釋的。

結合起來，換句話說，凡是「私好」、「曲惠」諸種不屬於無所偏私的行為，都應該排除。其中，高誘注「私，愛也」（〈去私〉注，頁 60），乃是放在《呂氏春秋》原文「內舉不避親」以證「至公」意義的脈絡下，可見他同意以公心舉任人才的觀念。因此，高誘最終將人君最高的行為準則，定調於「用私以敗，用公則濟」（〈貴公〉注，頁 54），那麼，人君去私愛以顯至公的政治涵意，便顯而易見了。

（二）無所愛惡則公正

由於人君效法天道之無私而顯至公，如何與其「為無為」、「去私」的行為產生關聯，才是值得深究的問題。所以，高誘選擇《淮南子》為注解底本，從「無為」的角度對理想的君主進行論述；於此，亦可見其所以成為魏晉思想先聲的思考向度。

首先，高誘將〈脩務訓〉的篇目題意解釋為：「脩，勉。務，趨。聖人趨時，冠鼓弗顧，履遺不取，必用仁義之道以濟萬民，故曰『脩務』。」（《集解》，頁 629）要知，〈脩務訓〉原意是從「聖人憂民」、「為民興利」的角度，糾正一般以「無為」乃「無所作為」之謬誤。高誘從「故聖人在位，懷道而不言，澤及萬民」一段提出其見解：「聖人行自然無為之道，故澤及萬民也。」（〈覽冥訓〉注，頁 196）不難發現，他以「自然無為之道」來界說聖人懷藏之「道」的內蘊，並由「澤及萬民」表述了「無為」並非無所作為的意思。以此，有理由說高誘心目中理想的君主，就同於以「萬民」為念、具有「公共意識」的聖王。

只是必須注意到，作為《淮南子》文意要旨總提綱的〈要略〉，將〈脩務訓〉的「無為」要點概括為「反之以清淨為常，恬淡為本」（《集解》，頁 706）。那麼，自然無為之道與清淨、恬淡概念的關係如何？「反」的意義又是什麼？深一層的意義，高誘寫在〈說山訓〉的注文中：

〈說山訓〉：人無為則治，有為則傷。無為而治者，載無也。為者，不能有也；不能無為者，不能有為也。人無言而神，有言者則傷。

〔高誘注〕：道貴無為，故治也。有為則傷，道不貴有為也。傷，猶病也。言無為而能致治者，常載行其無為。為者，有為也。有謂好憎情欲，不能恬憺靜漠，故曰「不能無為」也。不能行清靜無為者，不能大有所致，致其治，立其功也，故曰「不能有為」也。無言者，道不言也。道能化，故神也。道不貴言，故言有傷。（《集解》，頁 523）

這裡，高誘突顯了「清靜無為」與「恬愉靜漠」的關係，並將「有為」解釋成好憎情欲的擾動。特別的是，高誘強調了「無為」因不同對象而具有不同的效益：對人君而言，無為則達於至治；倘若侯王能持守，亦「可以為天下正，無所阿私也」；至於君子則因「無有情欲，能順善以安其身也。」（〈說山訓〉注，頁 526）因此，注意到他對「好憎成形，而知誘於外，不能反己，而天理滅矣」一段的看法，其注：

> 形，見也。誘，感也。不能反己本所受天清靜之性，故曰「天理滅也」，猶竟也。……。不以人間利欲之事易其身也。言通道之人，雖外貌與物化，內不失其無欲之本情也。（〈原道訓〉注，頁 11）

在高誘的看法，「天理」指的是本具的清靜天性；所謂「反己」，便是能消除一切利益情欲的對己身心智的惑擾，以返回本受之於天的人性。簡單來說，就是能「以中制外」——以內在之「心」制約外在「情欲」（頁 32），或者說就是「不以身為物役，不以情欲亂中和之道」（〈原道訓〉注，頁 33）。很特別的一點是，老子所謂「吾所以有大患，為吾有身」（〈13〉），是從身體對聲色味諸種生理需要的過度求索來說；高誘雖然也重視物質情欲對清靜本性的擾擾問題，但他卻有不下十處注以「天，身也」，[註55] 這或許和他從「孟子曰人性善，故曰全其天性」（〈說山訓〉注，頁 527），以及「孟子曰：性無不善，而情欲害之」的角度切入有關（〈俶真〉注，頁 67）。如是，「無為」作為一種「得道之法」（〈脩務訓〉注，頁 629），就不只限於以君主無有「阿私」、「好憎」情欲為主要訴求，而從致治的政治層面轉向了個人安身的意涵。然而，依「無為」之道以安己身的效果，是具有普遍性的。這個詮釋路向，可從魏晉論述知止、安身的觀念，再加以探究（詳見本文第三章第三節）。

回到高誘從對君主自身情欲問題處理的「去私」脈絡。他注解「（君者）紀綱八極，經緯六合，覆露照導，普汜無私」一段為：「普，大也。汜，眾也。無私愛憎，言皆公也」，「平欲，故能合於道」（〈本經訓〉注，頁 244，頁 258）。由此可知，君主「無私」之「公」，是從好惡愛憎情緒的去除來說的，唯有如此方能顯「公」之周普汜博的意涵；所謂「無所愛惡則公正，治之本也。」即足以說明一切（《呂氏春秋·知度》注，頁 1097）。換句話說，當高誘把「君道」之「易」定調在「易，謂反己，先修其本也。」（〈主術訓〉注，頁 317）那麼，他沿著「與道為一」——唯虛無、淡漠才能公正的論述脈絡，仍然是

[註55] 高誘注《呂氏春秋》〈本生〉與〈情欲〉，亦多次以此解。

以人君清靜無為的「正身」或「身治」為優先的。

綜上所述，顯示高誘對「公」、「私」的詮釋，兼具了政治意涵及個人修養兩個層面，其意義可從兩方面來說。第一，高誘在《呂氏春秋》〈貴公〉、〈去私〉兩篇注解中所呈現的思想意涵，可用「君者法天，天無私」來概括（《呂氏春秋‧圜道》注，頁 181），它清楚地連結了「天道無私」與「人君至公」的關係。這可視為高誘為魏晉政論思想家所做的觀念梳理。第二，高誘對於「身治則國治」概念的強調，尤其「身治」是意指妥善處理自身愛惡偏私之情。倘若高誘的「性善」，是就返己本具的清靜之性來證成，並非善惡之意，那麼，順著這條線索就可以繼續追蹤王弼的無為聖人、嵇康的無措君子與郭象的適性真人。「私」，在這裡並不是「惡」的意思，充其量只是就偏私不能周普的行為而言。如此，高誘總是出現「公，正也」的解釋，〔註56〕就不難理解了。

三、魏晉政論疏文的訴求重心

漢魏之際的思想家，都試圖從「公私之辨」切入，以便找出各種政治社會問題的答案。故今從漢末王符（82？～167）所著《潛夫論》之「指訐時短，討讁物情，足以觀見當時風政」的內容說起。〔註57〕

王符首先確立君主設立的理由：「天之立君，非私此人也，以役民，蓋誅暴除害利黎元。」（〈班祿〉，頁 163）並由此申述人君的作用，其言：「世之善否，俗之薄厚，皆在於君。上聖和德氣以化民心，正表儀以率羣下，故能使民比屋可封，堯、舜是也。」（〈德化〉，頁 380）所謂「和德氣」、「正表儀」即是「五帝三王所以能畫法像而民不違，正己德而世自化也」（〈本訓〉，頁369），意即，人君只需要端正自己德行，則天下就自然被感化。

由人君「正己德」引出「德化」的概念，故「上聖不務治民事而務治民心」。上聖治民的內容在「化變民心」，具體方法則在「務正己以為表，明禮義以為教」（〈德化〉，頁 372，頁 375）。概括其要旨，即是「明王統治，莫大身化，道德為本，仁義為佐。思心順政，責民務廣，四海治焉，何有消長？」（〈敘錄〉，頁 480）對此，劉文英從人性和教化的角度評定王符「化變民心」

〔註56〕除了《呂氏》〈貴公〉外，另見於〈大樂〉、〈序意〉、〈審分〉、〈士容〉各篇之注，以及《淮南》〈原道訓〉、〈主術訓〉注。

〔註57〕參見〔漢〕王符著、〔清〕汪繼培箋，《潛夫論箋校正》（北京：中華書局，1997年），頁 482。以下所見皆引自此書。

之說，乃是「自覺地繼承了儒家『明教化』的歷史傳統」。〔註58〕可以說，王符以對主政者自身道德修養所提出的「身化」、「德正」之說，銜接了孔子「政者，正也」的想法。

　　黃俊傑從「身體政治論」思想涵義進行分析「正己」之意。他首先界定了所謂「身體政治論」，是指以人的身體作為「隱喻」（metaphor）所展開的針對諸如國家等政治組織之原理及其運作之論述。在《禮記・緇衣》「民以君為心，君以民為體」或以「股肱」的比喻，都是將統治行為當作一種由內而外的，由心的自覺與清明所帶動的道德向上自動自發的過程。中國古代政治思想家在這種由內而外的政治之覺醒過程中，注入了大量的意義與價值。其次，這種由內而外的發展，說明了國家政治與個人修身二者之間的關係。像是《論語・衛靈公》謂「為政之道」在「恭己正南面而已」，或如《呂氏春秋・審分》「治身與治國，一理之術也」，說的都是從個人道德修持的「私領域」延伸外擴到國家政治「公領域」的發展過程。於是，身體與國家構成連續不斷的有機體；「公領域」就是「私領域」的擴大與延伸。所以，「身體政治論」的核心問題在於「修身如何可能」而不在於「權力如何獲得」，故其本質是道德學。〔註59〕

　　換句話說，魏晉政論疏文對「正己身」的論述，應該把重心放在「修身如何可能」的這一點。這與魏晉官僚士群砥礪自身以存公的自律自省精神，是密切相關的。

　　在曹魏杜恕所寫的《體論》中，〔註60〕可以發現他從兩個方向承繼「身體政治論」的論述：其一，「聖人之脩其身，所以御羣臣也，所以化萬民也。其法輕而易守，其禮簡而易持，其求諸己也誠，其化諸人也深。」這是針對人君提出「求諸己」的自修要求。其二，是「《書》稱君為元首，臣為股肱，期其一體相須而成也。」（〈君第一〉）乃是依循《禮記・緇衣》之說，但杜恕更明確指出：商鞅與韓非強調「尊」元首、「卑」股肱的「尊君而卑臣」之說（〈君第一〉），反而是使君臣「離體」的邪說。這或許是《隋書・經籍志》將

〔註58〕參見劉文英，《王符評傳》（南京：南京大學出版社，1993年），頁194。

〔註59〕參見黃俊傑，〈中國古代思想史中的「身體政治論」：特質與涵義〉，《東亞儒學的新視野》（台北：喜瑪拉雅基金會，2002年）。

〔註60〕杜恕《體論》的寫作意圖是「以禮為人倫之體」。這是從「人倫之大綱，莫重于君臣」且「禮也者，萬物之體也。萬物皆得其體，無有不善。」所展開的論述（《三國志》卷16／頁507）。但顯而易見，他仍是扣緊君臣關係立論。杜恕《體論》，參見《全三國文》卷42；其「以禮為體」的想法，則另見本文第五章第一節所述。

其歸入「儒家」的主因。同時期的政論家如袁準、桓範等人,亦類近儒家治道學說,於此一併論之。

(一)袁準:治國之道在公心

袁準其爲人「忠信公正,不恥下問,唯恐人之不勝己。以世事多險,故常治退而不敢求進。著書十餘萬言,論治世之務。」(《三國志》卷 11 / 頁 336)可謂「以儒學知名」(《晉書》卷 83 / 頁 2170)。袁準所著《正論》被《隋書‧經籍志》歸入子部儒家類。〔註 61〕他的治世想法,從〈貴公〉作爲篇目可以推知一、二,其言:

> 治國之道萬端,所以行之在一。一者何?曰公而已矣。唯公心而後可以有國,唯公心可以有家,唯公心可以有身。身也者,爲國之本也;公也者,爲身之本也。夫私,人之所欲,而治之所甚惡也。……觀事故而立制,瞻民心而立法,制不可以輕重,輕重即頗邪;法不可以私倚,私倚即姦起。……偏于愛者,即心不別是非。是以聖人節欲去私,故能與物無尤,與人無爭也。明主知其然也,雖有天下之大,四海之富,而不敢私其親,故百姓超然背私而向公。公道行,即邪私無所隱矣。向公即百姓之所道者一,向私即百姓之所道者萬。一向公,則明不勞而姦自息;一向私,則繁刑罰而姦不禁。故公之爲道,言甚約而用之甚博。

袁準在此論及「公」作爲「治國之道」是最簡易而有效的。其「公」之意涵,可分從兩方面說:一是,人君所體現的「公心」,其論述方式頗似高誘「身治則國治」,只是袁準更清楚地以「公」作爲正身之本。二是,觀察民心意向以立法定制,這必須以人君眞能不偏愛、不私親爲前提。其中,對「法」、「制」的討論,是身爲政論家對具體問題的關注。

但至爲關鍵的是,袁準所謂「私,人之所欲,而治之所甚惡」的定義,仍然是從「私」爲個人「偏私」的心理與「不正」的行爲來說;所謂輕重、頗邪、私倚、偏愛皆是。因此,「公」作爲至約用博之「治道」,是針對各階層的在位執政者發言。當然,袁準列舉「聖人」與「明主」,主要仍是對在位人君的提示。值得注意的是,袁準這段話似乎從側面說明了魏晉儒道思想的

〔註 61〕 袁準生平不詳,無論是附於《三國志‧袁渙》或附於《晉書‧袁瓌》都只有寥寥數語。因此,嚴可均雖推斷《袁子正論》寫於曹魏,但他選擇將所輯之《正論》與《正書》,各定爲一卷,並放入《全晉文》卷 54。

融合。理由在於：「聖人節欲去私」，與傳統儒家視古之聖王莫不以儉爲德的論點一致。不過，「與物無尤，與物無爭」一句，又好像貼近老子以「水」作爲利萬物而不爭的喻意。況且，老子「三寶」之「不敢爲天下先」，具有「不爭」的意涵，而王弼亦將「三寶」之「儉」注爲：「節儉愛費，天下不匱，故能廣也。」（〈67〉注）亦可得證。

　　學界一般看法多將「本／末」、「一／多」架構，視爲魏晉思想的主要方法論，而袁準上述「背私向公」論述的特殊處，就在於他對「一／多」思維的運用。也就是說，他把各種治國良方全都收攝在一個「公」字裡了。他繼續申論：

> 夫治天下者，其所以行之在一，一者何也，曰公而已矣。故公者所以攻天下之邪，屏讒慝之萌。……。故以仁聚天下之心，以公塞天下之隙，心公而隙塞，則民專而可用矣。公心明故賢才至，一公則萬事通，一私則萬事閉，兵者死生之機也，是故貴公。（《正論》〈論兵〉）

「一公而萬事通」最後的指向還是在「治天下」；「公心明故賢才至」，便回到了以公心舉賢薦才的脈絡。在袁準提到「明王」論士使人的五種方式中，「至公無私」和「與天下同憂」兩項，避免了以「舊」不以「德」、以「久」不以「才」的弊端，〔註 62〕這是由於明王深知「用賢非以役之，尚德也；行之以公，故天下歸之。」的道理（〈用賢〉）。如是，「公」作爲「治國之道」，便把人君的「背私向公」與用賢論士各種問題都納入了。

（二）桓範：君正身則吏無邪

　　魏大司農桓範（？～249）《世要論》的觀點，〔註 63〕從人君正身則能以

〔註62〕應當注意到以「舊」不以「德」、以「久」不以「才」，其實就是「親親／賢賢」問題的另一種表述。所以，《世說》〈言語7〉記載：苟爽論士不避親舊，乃是以《左傳》「祁奚內舉不失其子，外舉不失其讐，以爲至公」作爲論據的。當然，評論與任官還是存有差異的；但只要是以公心舉薦，則「親」或「賢」就不是截然對立的。

〔註63〕桓範生平，附於《三國志・曹爽傳》。史載：「正始中拜大司農。範前在臺閣，號爲曉事，及爲司農，又以清省稱。範嘗抄撮《漢書》中諸雜事，自以意斟酌之，名曰《世要論》。」（卷 9／頁 290）。嚴可均據《群書治要》所載桓範《政要論》十四篇錄爲一卷，收入《全三國文》卷 37；《隋書經籍志》將之列入「法家部」，或許與其論及人君「七恕九慮」的「接下之理，御臣之道」有關。但必需注意到，桓範對於商鞅、韓非「廢禮義之教，任刑名之數」的觀點，是有所批評的（〈辨能〉）。此外，田餘慶則從桓玄「曾祖以上名位不顯」推論：桓範即是譙郡龍亢桓氏第六世的主要人物。參考田餘慶，〈桓溫先世的

德化移俗的角度切入，其言：

> 堯無事焉，而由之聖治，何爲君難邪？曰：『此其所以爲難也』。……
> 是以在上者，體人君之大德，懷恤下之小心，闡化立教，必以其
> 道，……，正身于廟堂之上，而化應于千里之外。……。使化若春風，
> 澤如時雨，消凋汙之人，移薄儒之俗，救衰世之弊，反之于上古之樸，
> 至德加于天下，惠厚施于百姓，故民仰之如天地，愛之如父母，敬之
> 如神明，畏之如雷霆。……。(〈爲君難〉,《全三國文》／卷 37)

可見，桓範是以堯的「無事」作爲「聖治」之典型。所謂「無事」之意，其
實質就是儒家「恭己而正南面」的「無爲」——效法天地四時的「協和施化」。
雖然這裡未出現高誘所使用「不私一物」、「不阿一人」之用語，但桓範明確
指出：「員首之民，有不霑濡于惠者，君以爲恥。」(〈爲君難〉) 仍是把「聖
治」的內容界定在以君主「正身」的前提，並以君主對天下群生的「至德」、
「厚惠」來呈顯；其中的「至」、「厚」，是形容如同天地包覆而無遺漏的至廣
至大。以上，是桓範由《論語‧子路》「爲君難」所展開的詮釋。據此，他申
論了「身治則國治」之說，其言：

> 故善治國者，不尤斯民而罪諸己，不責諸下而求諸身。《傳》曰：「禹、
> 湯罪己，其興也勃焉；桀、紂罪人，其亡也忽焉」。由是言之，長民
> 治國之本在身，故詹何曰：「未聞身治而國亂者也」。若詹者，可謂
> 知治本矣。(〈治本〉)

對桓範來說，國之治平必須德與刑相須而用；「德」是人君的自我要求，而「刑」
則是責求他人的做法。由「五帝——三王——五霸——秦」的序列，正好顯示
了「任德」向「用刑」發展，而「德」又與「修身」概念相通。因此，身治而
國治的方法，就是透過人君「罪諸己」、「求諸身」的自省力量來展現。不惟如
此，桓範更從「君——吏——民」的結構，剖析「正身」的道德意涵，其言：

> 凡吏之于君，民之于吏，莫不聽其言而則其行，故爲政之務，務在
> 正身，身正于此，而民應于彼。……。故君子爲政，以正己爲先，
> 教禁爲次，若君正于上，則吏不敢邪于下；吏正于下，則民不敢僻
> 于野。國無傾君，朝無邪吏，野無僻民，而政之不善者，未之有也。
> 凡政之務，務在節事，事節于上，則民有餘力于下，下有餘力，則
> 無爭訟之有乎民。〔當有誤。〕民無爭訟，則政無爲而治，教不言而

推測〉,《東晉門閥政治》(北京：北京大學出版社，2005 年)。

　　　行矣。(〈政務〉)

這裡，桓範強調了官員「正身」的重要性。引文刪節號之處，是他對典故的引用：一是，《詩經》〈采菽五章〉中「爾之教矣，民胥效矣」，用以說明「上之化下不可不慎」之理；二是，《論語》「正身」而後「正人」之說。〔註64〕二者均從己身正而後能正人來說。若對比「為政之務」與「善治國者」，不難發現其內容與對象都有擴大的趨勢；意即，所有參與政治事務的各級官員都應以「正己身」為優先。若能如此，則人民亦能感應、效法而無邪僻，自然可以達到「無為而治」、「不言而教」之用。

　　綜觀桓範所論為政治國之樞要，無不是對孔子「政者，正也」旨意的發揮(〈顏淵〉)。事實上，東晉范甯所注：「上能正己以率物，則下不令而自從也。上行理僻，而制下使正，猶立邪表責直影。」(〈子路〉注，頁902)，或是江熙所謂「從政者以正人為事也。身不正，那能正人乎？」(〈子路〉注，頁912) 亦可視為此脈絡的延續。又如，東晉李充將「政者，正也」注以「我好靜而民自正也」(〈顏淵〉注，頁864)，雖明顯看得出是引用《老子》五十七章，但仍然是從「我（上）──民」的關係來證成。故知：魏晉士人對「政事」的理解，多半是要求為政者從自身端正做起。而「無為」的詮釋，則是魏晉儒道思想融合的又一例證。

　　其中，桓範與高誘都從「身治則國治」，進一步提出人君當節欲以利民的觀點。桓範說：

　　　夫人生而有情，情發而為欲，物見于外，情動于中，物之感人也無
　　　窮，而情之所欲也無極，是物至而人化也。人化也者，滅天理矣。
　　　夫欲至無極，以尋難窮之物，雖有聖賢之姿，鮮不衰敗。故脩身治
　　　國之要，莫大于節欲。(〈節欲〉)

沒有更多的資料得以說明桓範「性靜情動」的想法，唯一可以確定的是，桓範引用了《禮記・樂記》「人化物也者，滅天理而窮人欲者也」的講法(《禮記集解》，頁984)。「人化」即「人隨物化」，指的是無法節制好惡之情與物質欲求，隨順外物牽引將致使天性流蕩佚失。對此，桓範引用夫子所謂「以約

〔註64〕需要說明一點：桓範於〈政務〉原文為：「葉公問政，孔子對曰：『子帥以正，孰敢不正？』又曰：『不能正其身，如正人何？』」但考諸《論語》原文，「子帥以正」一段乃是回覆季康子之問(〈顏淵〉)，「正其身」則見於〈子路〉所記。這有可能是桓範誤記所致，但筆者較傾向是因為孔子「政者正也」之說已廣被接受遂習而不察。

失之者鮮矣」來證明（《論語‧里仁》），此「約」字不僅是驕奢「儉約」之意，更有「檢束」、「收斂」的意思。就桓範所言來看，他要求人君必先對自身欲求有所約束，而後才能顯其節儉之德。

概括典籍詮釋以及政論內容的梳理，不難發現高誘、袁準與桓範都集中論述了身治則國治的想法。不過，袁準與桓範身為政論家的現實眼光，還展現在對「君——吏——民」結構的體認，換言之，正身與公心，一方面是對人君「至公」的要求，另一方面也是魏晉士群對官僚角色的自我期許。於是，「公」就從「治道」轉向了「人理」的論述。

（三）曹羲與劉寔：崇公抑私以讓賢

原本，天道「至公無私」之理想價值，是由人君以澤及萬民而無所偏私的作為來呈現。但魏晉士群基於自身對「各司其任」的體認，遂使得「公」作為行事準則，逐漸成為官僚士群之自律精神的表現。魏曹羲的〈至公論〉，便先行透露了轉變的跡象。

曹羲的生平事跡沒有本傳可詳，但從曹羲以「驕淫盈溢之致禍敗」等語，勸誡曹爽專政不知納諫一事（《三國志》卷 9／頁 285），實可推測他寫作〈至公論〉的用心。其言：

> 興化致治，不崇公抑□（私），割□（私）情以順理，屬清議以督俗，
> 明是非以宣教者，吾未見其功也。清議非臧否不顯，是非非賞罰不
> 明，故臧否不可以遠實，賞罰不可以失中。若乃背清議，違是非，
> 雖堯不能一日以治。審臧否，詳賞罰，故中王可以萬世安。是以君
> 子知私情之難統，至公之易行，……。（《全三國文》卷 20）

〈至公論〉內容的重點在，公正的輿論要合於實情才能使善惡得以彰顯；是非判斷，要以合理的賞罰才能清楚分明。而公正的輿論，就是指人物褒貶的「清議」而言。〔註 65〕重點之二，只要能精詳審度善惡與賞罰，即使只具中

〔註 65〕魏晉間「式付鄉邑清議」與「漢末清議」一詞存有很大的差異，後者指的是漢末中央或執政者的風氣；但魏晉間的「清議」卻近乎「鄉論」，屬於士族中對於各別士人的輿論看法。因此，「『鄉邑清議』從魏以後似乎就形成為一種制度，作為選拔進用士人的重要根據」，及至隋唐以後因科舉制度的產生，其重要性才降低。參見唐翼明，《魏晉清談》（台北：東大圖書公司，1992 年），頁 47～頁 48。另外，湯用彤認為：〈至公論〉中「談論者以當實為清」即循名責實之意，故從曹羲所言，可見魏初論人物甚貴名檢的精神。參見，〈論人物志〉，《魏晉玄學論稿》（上海：上海古籍出版社，2005 年），頁 9。

等能力的人君，亦足以持之以安定社會國家。

　　曹羲明確地指出，臧否與賞罰是達到教化與安治的兩種方法，但必須以公正無私爲關鍵。由此可見，〈至公論〉主旨就在提出簡單易行的治國之術或人事施用——公正的臧否與賞罰。但得注意，「公正的」意謂著崇公割私，乃是不可更改的最高準則。他舉例說明：舜雖殛禹父卻傳位予禹，是謂「至公」；禹受命而不辭，是知舜之「無私」，其眞正目的在說明：「至公者，天之經也，地之義也，理之要也，人之用也。」藉此重申了「私情之難統，至公之易行」的道理。足見，「公」是以根本原則存在於「道」、「理」中。

　　比較特殊的是，曹羲不同於袁準、劉卲等人論及的「明主」、「聖王」理想圖式，而改「中王」來進行論述。需知，「明主」是士人們理想的預設值、是歷史的偶然，而「中王」才是士人的現實遭遇；曹羲的說法反而是符合歷史實際情況的。又或者說，曹羲沒說出來的是：擁有政治實權的「中王」，仍必須藉由出仕官員「代君養民」的舉動方可達成至治之可能；那麼，以公心「舉賢」的作爲，就是士人基於「元首——股肱」想法，針對現實「中王」之治所提出的補救良方。於是，不僅是君主公平公正與興化致治有著連結關係，「通士」或「忠臣」都可以依「公」爲行事的準則。如此一來，「公」就從「治國之道」轉向了「人用之理」。可以說，當曹羲用「天經地義」來形容「至公」之時，它意味著天道無私至公，毋需論證已成爲不言自明的前提了。

　　另如劉寔（220～310）所著〈崇讓論〉，[註66] 其內容在說明讓賢舉能乃是以公心而爲的至公行爲。這一方面是對曹羲〈至公論〉的呼應，另一方面則從「讓德」的強調，將問題重心轉向了對進身仕途者提出箴言。

　　劉寔之仕任，依〈本傳〉所載可知其爲人「清身潔己，行無瑕玷」，雖少貧苦，但及「位望通顯，每崇儉素，不尚華麗」。其清潔德行，指的是劉寔「雖處榮寵，居無第宅，所得俸祿，贍卹親故。雖禮教陵遲，而行己以正。」其中，有兩個重點：一是，「親故」，包括宗親族人與故吏、故舊；「贍卹」的舉動則是克服私利的精神展現。二是，「行己以正」，則是他接受儒學教養、依禮而動的說明。[註67] 劉寔「正己」、「清潔」[註68] 的行事，左丞劉坦即以

[註66] 劉寔仕歷爲：參任文帝相國軍事；入晉朝武帝咸寧間任太常；惠帝永康元年（300）賈謐黨羽伏誅，劉寔任司空；太安元年（302）任太傅；永興元年（304）轉任太尉三年；永嘉三年（309）劉寔請老，以司徒王衍爲太尉。劉寔本傳，見於《晉書》卷41／頁1191～頁1198。

[註67] 《世說》〈德行36〉注：「太尉劉子眞，清潔有志操，行己以禮」（《箋疏》，頁

「體清素之操，執不渝之潔」、「可謂國之碩老，邦之宗模」概括之。對於劉寔出仕爲官而能成大事，史臣評論從「發慮精華，結綬登槐，覽止成務」給予肯定並以「進忠能舉，退讓攸興」、「皎皎瑚器」稱許之。故知，劉寔可謂名重當世。那麼，劉寔因其親見「世多進趣，廉遜道闕」而有感寫作的〈崇讓論〉，便有深刻寓意於其中。

先看〈崇讓論〉的結論，其言：

> 夫人情爭則欲毀己所不如，讓則競推於勝己。故世爭則毀譽交錯，優劣不分，難得而讓也。時讓則賢智顯出，能否之美歷歷相次，不可得而亂也。當此時也，能退身修己者，讓之者多矣。雖欲守貧賤，不可得也。馳騖進趣而欲人見讓，猶卻行而求前也。夫如此，愚智咸知進身求通，非修之於己則無由矣。游外求者，於此相隨而歸矣。浮聲虛論，不禁而自息矣。人人無所用其心，任眾人之議，而天下自化矣。不言之化行，巍巍之美於此著矣。讓可以致此，豈可不務之哉！（《晉書》卷41／頁1195）

明顯可見，劉寔是將授官任人與推賢讓能連結起來思考的。他分析「推讓之道」所具有的效益：一是，使人才之賢智與能否可以得到分判。二是，人人無所心於爭權競位，此即「無所用其心」之謂；不爭而能讓，正是堯、舜聖王「巍巍之美」、「無爲而化」理想政治之所以可能的主因。這兩方面就完全維繫在「讓道興，賢能之人不求而自出矣，至公之舉自立」一句，意思是：能讓人者必定能推與他人而不爭；因其不自欲爲先，則爭競之人想要詆毀有能者居己之前的情況便不會發生。〔註69〕那麼，「能讓」之所以是「至公之道」，其主因就在於自謙讓人者不但消弭了自身人性欲爭之惡，也弱化了他人與自

38）。推測這與劉寔的儒學教養有關。理由之一，劉寔及其弟劉智「並以儒學爲名」（《三國志》卷13／頁828）；二是，劉寔擅長《三傳》、《公羊》，劉智「貞素」並撰有《喪服釋疑論》，可略知兩人的儒學素養。三是，東晉「志操清純」的荀崧，上疏東晉元帝時提及：西晉武帝「崇儒興學」、「猶選張華、劉寔居太常之官，以重儒教」（卷75／頁1977）。以此觀之，劉寔所標舉的「讓」應該更偏重在儒家的「謙讓」而非老子的「後己」意涵。

〔註68〕 對照劉寔「一世高行」但「諸子不能遵」，最終還因二子貪瀆而被免官。對此，劉寔自認已做出好榜樣，但兒子不仿效其行徑，又豈是嚴屬教誨就可做到的。故〈本傳〉「世以寔言爲當」一句，說明當時人是認可劉寔「我常自教兒」的說法（《世說》〈德行36〉）。

〔註69〕 劉寔從人好爭勝的本性切入，其觀點很類近劉邵《人物志·釋爭》所述，詳見本文第四章第一節。

己競爭的可能性。如此，「毀譽亂于善惡之實，情願奔于貨欲之塗。選者爲人擇官，官者爲身擇利」之弊，自可杜絕於未然。〔註70〕

　　其中，所謂「無所用其心」一句，包括兩層意涵：一是，「在上者無所用其心」，〔註71〕是就在位人君「不費心」而言。因爲當推賢讓能成爲風氣，人君即可得賢才之佐以化成天下。二是，就「在職之吏」的「不用心計」的意思來說。當名實相符的「清議」作爲重要裁判力量之時，欲進身求通達的人便唯有回歸「自修己身」這條路，而不致出現毀謗他人的情況。合而觀之，夫子所謂「以禮讓爲國，則不難」的說法（〈里仁〉），就是劉寔將問題癥結指向「非時獨乏賢也，時不貴讓」這一點，並以「崇讓」標目篇名的用意所在。至此，〈崇讓論〉就把「舉賢讓能爲至公」的論述重心，轉向各層級官員自持立身的推讓之道；〔註72〕而「至公之理」或「遜讓之德」的主詞，就從在上位的人君置換成各個層級的「在位者」。

　　順此脈絡發展，當應貞之從孫、西晉南史郎從史應亨說：「夫公正，治化之本，德教之基。公則無私，正則無邪；無私無邪，而患政教之不行，未之有也。」並概括爲「公正之德，宏矣希矣」（〈又與州將牋〉，《全晉文》卷35），

〔註70〕這裡借用了干寶《晉紀》對「子眞著〈崇讓〉而莫之省」而來的慨嘆。參見《晉書》卷5／頁136。

〔註71〕周大興對〈崇讓論〉的看法：一是，「是從個人修養與謙讓風氣，一步一步推到無所用心的無爲之治」。二是，將〈崇讓論〉與「魏晉玄學家強調委任、至公的，其背後精神與理想正是道家自然之道無爲而治的理念」關聯起來。三，在〔註42〕中他對主張自然玄虛的玄家是否排斥分制公正的原則，保留未論。參見周大興，〈公謙之辯〉，《自然・名教・因果》（台北：中研院文哲所，2004年），頁36～頁38。對於「無所用心」的詮解，筆者則主張重點更應放在「在職之吏」來說。至於〈崇讓論〉的「無爲」，則應從《論語》「無爲而治者其舜也」（〈衛靈公〉）來解釋，並以何晏注「任官得其人」爲重要線索。也就是說，劉寔的論點是將人主「無所用心」的「無爲」或「聖王之化」的根柢，歸結在官員個人的「推賢讓能」與「修己」。有關魏晉「無爲」的兩條脈絡，詳見本文第五章第二節所述。

〔註72〕舉賢的重要性，從晉武帝泰始中，郤詵對策謂之「蓋人能弘政，非政弘人」一句，便表露無遺。他認爲「創舉賢之典，峻關梁之防」——使人人愼舉而不苟，就是移風易俗與「建不刊之統」的簡易方法（《晉書》卷52／頁1440）。西晉山濤典選則以「甄拔隱屈，搜訪賢才，旌命三十餘人，皆顯名當時。人懷慕尚，風俗頗革」著稱（《晉書》卷43／頁1224），他並對職掌選舉的吏部郎提出「非但當正己而已，乃當能正人」、「宜得能整風俗理人倫者」的要求（〈山公啓事〉《全晉文》卷34）。可見，其自身行事與人才選拔，都與中正公平的德行密切相關。

這就意謂著曹羲與劉寔的觀點，已成爲普遍的共識。魏晉官僚士群的自律精神，必須從這個角度予以解讀。

（四）傅玄：去私欲以行至公

傅玄（217～278）在入晉之前，以「撰論經國九流及三史故事，評斷得失，名爲《傅子》，各爲區例，爲內、外、中篇，凡有四部六錄，合百四十首，數十萬言。」（《晉書》卷 47／頁 1323）足見，《傅子》是一部有分量的政論著作。〔註73〕本文之所以重視《傅子》有關政體、治道之見解的理由有：第一，其書主旨可用「經綸政體，存重儒教」來概括；〔註74〕尤其論及「治體」時，又多以公私對舉的方式，提出倫理性的詮釋。第二，其內容清楚表明傅玄以「聖人具體備物」──「具用於時、有益於世」之務實精神的重視，以駁斥正始時期的「虛無放誕之論」。〔註75〕第三，傅玄從節儉之美對「無欲」、「知足」的強調（〈曲制〉），可以視爲傳統聖王以儉爲德思想的延續。第四，《傅子》闡揚儒風的立場是很明確的，但在〈通志〉、〈禮樂〉兩篇則引用《老子》「江海所以能爲百谷王者」（〈66〉）以及「信不足焉，有不信也」的說法（〈17〉），則值得給予關注。最後說明一點，傅玄雖以「虛無放誕之論」批評曹爽同黨何晏、鄧颺等人（《晉書》卷 47／頁 1318），而被視之爲中古時期的「反玄」巨擘，〔註76〕但此觀點，往往忽略了丁謐、李豐諸人並不涉虛玄的

〔註73〕《傅子》爲嚴可均輯，收入《全晉文》卷 47～卷 50。傅玄除了《傅子》，另「并文集百餘卷行于世」，因此他還具有太康文學家的身分，其《傅鶉觚集》內容與評價，可參見〔明〕張溥題辭、殷孟倫輯注《漢魏六朝百三家集題辭注》（台北：木鐸出版社，1982 年），頁 105。但本文則以「士・吏」身分看待傅玄及其《傅子》內容。

〔註74〕此爲西晉驃騎將軍王沈〈與傅玄書〉所言：「省足下所著書，言富理濟，經綸政體，存重儒教，足以塞楊墨之流遁，齊孫孟於往代。」（《全晉文》卷 28）另外，干寶《晉紀》亦有「覽傅玄、劉毅之言，而得百官之邪」之論（《晉書》卷 5／頁 136），亦可證時人對《傅子》的評價。

〔註75〕〔日〕堀池信夫從傅玄〈馬鈞傳〉分析，進而指出：在魏晉思想主流中，如王弼、嵇康、阮籍等極度緊迫、內向性・精神性方向，傅玄是少數能關注現實性的人物。傅玄對現實的關注與裴秀的〈禹貢地域圖〉十八篇，便爲裴頠的崇有思想開了先路。參見〔日〕堀池信夫，《漢魏思想史研究》（東京：明治書院，1988 年），頁 548～頁 556。此外，像魏明安也承認傅玄對現實問題的重視，但他主要是從政治角度分析，因此，對〈馬鈞傳〉的分析則散見於傅玄重工業或用人的循名責實思想。參見魏明安、趙以武，《傅玄評傳》（南京：南京大學出版社，1996 年）。

〔註76〕參見陳惠玲，〈魏晉反玄思想論〉（台南：國立成功大學中文所碩論，1998 年 6

事實。以此之故，張蓓蓓再三強調：「把《傅子》視爲漢末以來論政餘風下的浮泛作品，或是玄學風氣對面的保守作品，恐怕都不免把它小看了。」（頁144）或許注意到《傅子》內篇所提出的時機與撰寫企圖，乃與《淮南子》內篇意在提供「治道」，有著明顯的相似性。那麼，傅玄提倡儒教、選舉賢人等措施，以重新建立主流思想以達到移風易俗的目的，及《傅子》的學術價值與實用性便可確定。〔註77〕下面，扣緊《傅子》對人君的要求來分析。

首先，從傅玄所謂「能通天下之志者，莫大乎至公」（〈通志〉），流露出的公共意識談起。

這裡的「志」，顯然是群體之志，這從「有公心，必有公道。有公道，必有公制」一句可見，但問題在「公心」、「公道」、「公制」該如何解釋？其言：「能行至公者，莫要乎無忌心」，他以舜殺鯀而授位予禹爲例，說明「無忌心」即是「公心」──「于天下無所私」。如是，能以至公之心薦舉賢者而不必避親仇，是謂「公道」；「唯至公，故近者安焉，遠者歸焉」說明其效用之大。基於公心舉賢的前提，先王立誹謗之木聽取諫諍之言，而不依私好用人；又或者賞進賢、責蔽賢，都可謂之「公制」。如是，「公道行，則天下之志通；公制立，則私曲之情塞矣。」就清楚地聯繫起「至公」與「舉賢」的關係，而所謂「私不去，則公道亡」、「夫去私者，所以立公道也，唯公然後可正天下。」（〈爲政〉）就是傅玄再三強調的論點。總的來說，「公心」、「公道」、「公制」全歸結於「政在去私」這四個字了（〈爲政〉）。

不過，爲何傅玄不斷強調「唯至公，然後可以舉賢」的說法呢？探其原因，就在「賢者，聖人所與共治天下者」（〈舉賢〉），故「治國家者，先擇佐，然後定民。」（〈授職〉）所謂「與賢人共治」之說，〔註78〕似乎隱含了「天下」

月）。其中，她提出：傅玄「從國君『有爲』說反制何王『無爲』說」的觀點，與本章論題最爲密切。但依筆者之見，這裡不存在「反制」的問題，因爲儒道兩家皆言「無爲」，儒家所謂「有爲」也只是從爲民興利除害來說，這原本就是兩種不同的思考路徑。其次，筆者基於何晏與王弼表述「無爲」思想的差異性（詳見本文第五章第二節），故對「何王」並稱的概說，持保留態度。

〔註77〕參見張蓓蓓，〈傅子探賾〉，《魏晉學術人物新研》（台北：大安出版社），頁136～頁146。

〔註78〕余英時以宋代士大夫所發展出高度的政治主體意識──「以天下爲己任」的政治思維爲對象，他認爲這種政治主體意識使得宋代士大夫要求與皇帝「同治天下」的實踐行動，與此同時並承擔了重建理想人間秩序的責任。參見余英時，《宋明理學與政治文化》（台北：允晨文化，2004年），頁395～頁406。綜觀魏晉官僚士群「公型理念」所展現的精神，與宋代士大夫的政治主體意

不只是一人之天下的想法，因爲，「聖人者，不世而出者也。賢能之士，何世無之？……是以知天下之不乏賢也。顧求與不求耳。」（〈舉賢〉）據此而言，關鍵就只在於人君是否能「虛心」而「致人」了。傅玄依「任明而致信」與「任術而設疑」兩種用人方法，來區別「王道」與「霸道」；所謂「致信」即是「任誠」，人君唯有「開至公之路，秉至平之心」方能「因人以致人」——求賢而後聚賢。這裡，傅玄不僅展現其務實精神也是符合現實情況的。理由在於歷史上的「聖王」難求，[註79] 所以把眼光放在能成爲帝王賢佐的「國之棟樑」，才是治國的根本方針。

由於傅玄強調「舉賢」的目的仍在輔佐治體，所以他依職能的不同區分了九種「品才」：德行、理才、政才、學才、武才、農才、工才、商才與雜才（〈補遺上〉）。明顯可見，傅玄是以「德」、「才」並重爲首要指標，只不過，賢人之「德」的內容爲何？若對比「聖人無私欲，賢者能去私欲也」與「佞人，善養人私欲也」（矯違），似乎可以推論：「德」與如何妥善處理自身「私欲」的問題有關。在他看來，佞人依「伺主之欲」、「合主所欲」、「唯求主心」雖有程度上的不同，卻全部都可歸於「自利」的心理；「自環爲私」的自私自利，是無法向他人敞開自身的。反觀，「賢者能去私欲」，即意指賢者能去除自利之心，故能不依隨人君個人意見或欲求而有所迎合。顯然，傅玄所說「私欲」，仍是放在不過度膨脹個人欲求以致於侵犯他人的脈絡下。如果再把傅玄任賢、舉賢的因素考慮進來，那麼，「能通天下之志」的，就是能不以自身爲優先考量的「賢者」。這樣「去私欲」又與「至公」產生關聯，那麼，以至公之心舉任人材，就不再只是人君必須關注的問題。後來，葛洪：「（今使牧守）但共遣其私情，竭其聰明，不爲利慾動，不爲屬託屈。」（〈審舉〉）[註80] 亦是從州郡長官個人的不爲

識仍有差距，誠如田餘慶的分析：即便東晉「王與馬共天下」形成了「門閥政治」的格局，卻仍然只是「皇權政治」的變態，它短暫而且非常態的政治型態。參見田餘慶，〈釋「王與馬共天下」〉，《東晉門閥政治》（北京：北京大學出版社，2005 年）。

〔註79〕可注意《傅子》出現最多的是「明主」、「明君」或「人君」；凡是「聖人之治」或「聖人之教」多是指三代先王。

〔註80〕參見楊明照，《抱朴子外篇校釋》，頁 403。葛洪在〈漢過〉與〈吳失〉兩篇，即從「背公之俗彌劇，正直之道遂壞」論説用人公平與否的問題；又或者從名準於實的角度申論：專權之徒「所畏則至公者也，所愛則同私者也。至公用則姦黨破，眾私立則主威奪矣。」（〈名實〉）這些説法，都可以放在「廢公以營私」的脈絡下證成（〈臣節〉）。

私利所動、不因請託而放棄公正原則的角度來說。這意味著，警覺於私利、私欲對選舉公平的危害，是兩晉思想家對現實問題的共同關切。

綜上所述，《傅子》的寫作企圖，無非是以「善爲天下興利」的公共意識爲主軸，以便達至「民富」、「民安」後能「上安」而天下治的終極目標。因此，傅玄把興天下利的重任責付「仁者」（或說理想的君主），又從「無欲以成儉」（〈曲制〉）、「息欲明制」的道德訴求層面（〈校工〉），對現實人君提出對其自身私欲的限制要求。此中，傅玄把「親民之吏」視爲「民安」、「上安」的中介，並謂之：「居官奉職者，坐而食干人，既食于人，不敢以私利經心。」（〈重爵祿〉）這不僅是對其官員角色的期許，也是「士」之自律精神的展現。以上諸論，並非傅玄腦中構思空想，實與其擔任溫令、弘農太守而能熟悉民情的經歷息息相關的。傅玄所謂「通天下之志」的意向，顯然是直面群體與百姓而來。傅玄所做與所想，應當可以視爲魏晉官僚士群的具體事例。

最後，舉阮籍（210～263）的〈與晉王薦盧播書〉（《阮籍集校注》，頁64～頁67）以作爲「舉賢以爲社稷」的公共意識之例證。﹝註81﹞

盧播的生平雖未詳載，但從他所寫〈阮籍銘〉來看（《全晉文》卷98），似乎兩人因同爲陳留郡人而有關聯。就〈薦盧播書〉內容來看，可分兩部分：阮籍一方面是從延納賢士以贊佐朝政，來提醒晉王司馬昭「與化濟治，在于得人」的道理；另一方面則著重說明推薦的理由。阮籍之薦，重點有三，他先從「耽道悅禮，仗義依仁」描述盧播之「德」；再從「研精墳典，升堂覩奧，聰鑒物理，心通玄妙」論其「學」；最後以「貞固足以幹事，忠敬足以肅朝，明斷足以質疑，機密足以應權，臨煩不惑，在急彌明」說明盧播的政治之「才」。當然，「和味鼎鉉」——意謂盧播治理政務之能可任宰輔之職，未免有誇大之嫌，但是「貞固」、「忠敬」的品格描述，卻說出其時任官的基本要求。尤其，當阮籍說：「（盧）播之能，著在已效，不敢虛飾。」某種程度已形同爲其政治能力與績效作了背書。

﹝註81﹞ 與晉王司馬昭有關的，還可參照如下的史實：晉文帝的僚佐如陳騫等人皆舉薦唐彬，唯獨其參軍孔顥因「忌其能，良久不答」，後來司馬昭對孔顥說：「近見唐彬，卿受蔽賢之責矣。」（《晉書》卷42／頁1218）。這是對孔顥隱蔽人才的指責。事實上，唐彬的經歷可謂是魏晉官僚士群的典型，根據史載：唐彬未仕在家「隨師受業，還家教授，恒數百人」；出仕則「忠肅公亮，盡規匡救，不顯諫以自彰」；外放地方則能「道德齊禮」、「明設禁防」、「兼修學校，誨誘無倦，仁惠廣被」，故百姓遂於唐彬仍在世時，便「立碑作頌」以示感恩崇敬之意（《晉書》卷42／頁1219）。

　　另可注意到《晉書》中，梁王司馬肜（？～302）與其參軍王銓的對話，史載：

> 肜曰：『長史大齎爲誰？』曰：『盧播是也』。肜曰：『是家吏，隱之耳』。銓曰：『天下咸是家吏，便恐王法不可復行』。肜又曰：『我在長安，作何等不善！』因指單衣補帳以爲清。銓答曰：『朝野望公舉薦賢才，使不仁者遠。而位居公輔，以衣補帳，以此爲清，無足稱也』。肜有慚色。（《晉書》卷38／頁1128）

總理眾務的「長史」盧播，是否與阮籍所推薦的爲同一人，沒有更多資料可以證明。但這裡，更應注意的是王銓從兩方面反駁了司馬肜的論點。第一，若只是以朝服補綴帳車帷幕，以示節儉清廉的「清」德，並不值得稱道。第二，舉薦賢才，本就是身居三公輔相的職責所在，所以，王銓正面從「王法不行」指斥司馬肜將盧播視爲公府私有僚屬的自私心理；王銓未明說的，則是盧播的政治能力應當進入中央，而非只侷限於司馬肜公府長史的職務。王銓的看法有其敏銳度，因爲後來司馬肜死後的諡號被商議擬定爲「靈」——「不勤成名」（《晉書》卷38／頁1129），與其苟容不勤政的私心自用，是相符合的。

　　本文並非以政治思想作爲主題的研究，但這卻是在思考魏晉時期「秩序如何可能」，無可迴避的部分。對於政論疏文的內容梳理，用意在指出魏晉官僚士群之特殊處，就在對「至公」意識的深化，使得他們能以「無私」的標準要求自我。經由本節內容的分析可知，對魏晉官僚士群而言，「公」是放在不阿私、不偏愛的脈絡來證成的，其中「不阿私」的重要指標，便是以「不自賢」且能舉賢讓能的舉動來呈現所謂的「公心」。至於「無私」的內涵，除了傳統「以公滅私」——從政者以公平之心消滅自身私情的意思之外，更重要的意義是，魏晉官僚士群經由其自律而不自私的「公清」、「公忠」價值來呈現。這就是王銓指斥司馬肜的深刻意義之所在。

　　那麼，當魏晉時期重要人物之立身行事，不斷且大量地被史家用「清忠」、「不營」「俸祿散之」等語詞描述之時，進一步梳理「公忠」、「公清」與「無私」、「至公」之間的關係，就是必要且不得省略的工作。

第三節　「公忠」、「公清」價值的實踐

　　余英時說：「漢晉之際士大夫之自覺至少可分爲群體與個體之二不同層

次」，其關係密切卻也存在著衝突，因此，「如何消解此類衝突而使群己關係獲致協調，遂爲思想家所不能不注意之一中心問題。」再者，由於魏晉以經國濟世的儒學確然已衰，士大夫對如何維繫社會大群體的統一與穩定並不關切，故知「忠德固已失去社會號召力」，可以說「魏晉南北朝之所謂群體綱紀實僅限於以家族爲本位之士大夫階層，而不及於整個社會」，只可謂是以家族爲本位的「齊家儒學」而已。〔註82〕但與此同時，余先生卻引述並認可艾森斯達（S.N.Eisenstadt）對中國「官僚制度」（bureaucracy）的看法，其言：

　　第一，官僚制度通常都建立並維持若干普遍性的法度，這些法度多
　　少是照顧到人民的一般利益的。對於要破壞此種法度的外來壓力（如
　　君主或特殊階級），官僚制度則盡可能的加以抗拒。第二，官僚制度
　　中的分子（即官吏）往往把自己看作是國家或社會的公僕；他們並
　　不認爲自己只是統治者的私臣。

余先生據此得出結論：從中國官僚制度本身對客觀普遍法度的要求，以及官吏對「公僕」而非「私臣」角色的抉擇，正是韋伯認爲（Max Weber）傳統中國得以獲致長時期政治穩定的重要因素。〔註83〕

　　上述余英時的兩種說法並非相悖不容，但顯然他在論述魏晉「士」之自覺精神的同時，並未將「士」兼具「吏」的身分納入考慮。就余氏所謂魏晉群體概念「僅限於家族本位之士大夫階層」而不拓及於社會層面的說法，本文前一節已引述谷川道雄所論並概括爲「公型理念」加以澄清。何況，漢晉之間的官員多以經國濟民爲主要取向，在「道德——政治」關係牽涉的內聖外王以及個體與群體諸層面，他們都有著這樣的信念：政治活動是落實道德理想實踐最有力、最便捷的途徑。〔註84〕因此，就官僚制度下的魏晉士群而

〔註82〕參見余英時，〈漢晉之際士之新自覺與新思潮〉《中國知識階層史論‧古代篇》（台北：聯經出版事業公司，1992年），頁304，頁305，頁327。至於「忠」的討論，唐長孺明言：建立晉室的司馬氏，其奪取政權卻與儒家的傳統道德不符，在「忠君之義」的方面已說不出口。參見唐長孺，《魏晉南北朝史論拾遺》（1982年，出版者不詳），頁243～頁246。

〔註83〕參見余英時，〈「君尊臣卑」下的君權與相權——「反智論與中國政治傳統」餘論〉，《歷史與思想》（台北：聯經出版事業公司，1992年），頁61～頁62。

〔註84〕參見黃俊傑，〈儒學傳統中道德政治觀念的形成與發展〉，《儒學傳統與文化創新》（台北：東大圖書公司，1986年），頁1～頁42。另外，黃俊傑認爲：孔孟論述的道德「自我」，使得「修己」可以「安人」，形成了「己攝群」或「群攝己」的關係，亦即「個人」與「社會」的連續性的形成。參見氏著，〈孟子思想中的群己關係〉《孟學思想史論‧卷一》（台北：東大圖書公司，1991年）。

言，自然也能以「士・吏」身分，體現照顧人民利益與不以統治者私臣自居的兩項特徵；並不僅限於家族內部。

檢索魏晉時期相關文獻與史料，不難發現屢次出現公清、公忠、公亮、[註85]公廉、公方等語彙。這些偏向於正面評論從政者主體行為的概念，匯集成了「公」的觀念叢；其主要意涵指向了官吏個人行為的「清」與政事處理上的「平」、「正」，以及「盡忠」的態度。換言之，「公」的觀念叢所蘊涵之意義是：能夠「無所偏私地」呈現公正、公平或公忠等價值，亦可謂之「至公無私」。即便「公」的觀念叢，不帶有強烈的規範意義，但是「忠」、「清」作為德目，必然是以魏晉士群的「士」之自律精神為前提，進而以其「吏」的角色發用為「公忠」、「公清」價值的呈顯。尤其重要的是，「公忠」與「公清」的「公」字，指涉了以國家及百姓為代表的「群體」意涵；並彰顯了由個人「德性」外顯為「德行」的過程。

以下，先梳理魏晉時期「忠」觀的論述，並重新定義魏晉官僚士群所體現的「公忠」價值，以反省所謂魏晉「忠德固已失去社會號召力」之說。其次，再以「公清」作為核心概念，討論魏晉士群的「自律」與「律他」意識，進而形成政治與倫理的雙向作用。目的在說明，公忠與公清就是魏晉官僚士群作為穩定社會重要力量之所在。

一、「公」的觀念叢：公方與公忠

（一）「公方」品格的重視

漢晉間對於「公方」的討論，可概括成三個不同的角度。第一，就經典注疏來看。高誘在《呂氏春秋・序》提出「以公方為檢格」，便意欲以公正平

[註85] 「公亮」指公開有誠信，通常與正直的性格有關。例如曹魏的崔琰、徐宣，兩晉的石鑒、蔡克等皆是。其中，西晉策護羌校尉彭祈身亡，晉武帝於太康十年（290）策曰：「君秉心公亮，所莅有方，不幸殞歿，朕甚痛惜！」（《全晉文》／卷6）其故吏將之「乃刊石勒銘焉」（〈晉護羌校尉彭祈碑〉，卷146），亦是例證。值得注意的是，荀勖曾謂：「人臣不密則失身，樹私則背公，是大戒也。」（《晉書》卷39／頁1157），似乎「公亮」與「慎密」是為官從政者的行事特色。其中，東晉劉超「忠清慎密，為中宗所拔。自以職在中書，絕不與人交關書疏，閉門不通賓客，家無儋石之儲。」（《世說》〈政事11〉注）則點出「慎密」與「清」的關係；兩晉人物如羊祜、徐邈等都以「慎密」自居，亦能做到「勢利之求，無所關與」或者「節儉清修」。但「公亮」則似乎無涉於「清」的概念。相關的問題，或許還有繼續研議的空間。

直作爲檢驗一切人事的標準。雖然，「公方」並非《呂氏春秋》原有用法，但高誘的解釋至少點出《呂氏春秋》的「公」字，除了「背公爲私」之外，還有「公平方正」的意思。〔註86〕又如，何晏對孔門弟子澹臺滅明「行不由徑，非公事，未嘗至於偃之室也」，注解：「言其公且方」（〈雍也〉注，頁 394），意在以「公方」二字，突顯滅明行己端正不走小路，以及非公事不私謁邑宰子游的剛方作風。

第二，就個人品德操守來說。如郭璞（276～324）的父親郭瑗「以公方著稱」（《晉書》卷 72／頁 1899），即是稱許他能以僚屬身分，多次駁正尙書杜預意見的作爲。又或者由西晉當權者賈充（217～282）的作爲來看，史載：

> 帝舅王恂嘗毀充，而充更進恂。或有背充以要權貴者，充皆陽以素意待之。而充無公方之操，不能正身率下，專以諂媚取容。（《晉書》卷40／頁 1167）

賈充只是表面上以眞情待人，但事實上他並不具備公正方直的操守、亦無法端正己身以爲下屬表率，這與他「能觀察上旨」、「便佞」、「心乖雅正」的性格有關。賈充不能做到內外言行一致與公心不偏黨，正是「侍中任愷、中書令庾純等剛直守正，咸共疾之」（頁 1167），〔註87〕進而劃分成不同陣營的主因。

第三，「公方」品格，是對掌管監察的「監司」職務者之基本要求。例一，東晉徐邈（344～397）在寫給「措心正直」范甯（339～401）書信裡提及：

> 足下選綱紀必得國士，足以攝諸曹；諸曹皆是良吏，則足以掌文案；又擇公方之人以爲監司，則清濁能否，與事而明。（《晉書》卷91／頁 2357）

徐邈區別了才能出衆的「國士」、好的官員「良吏」與掌管監察的「監司」三種官職人材的特質；其中，監司一職要以公正方直之人居位，理由即在「監司以法舉罪」──依法糾舉罪責（卷46／頁 1303），唯有「公平方正」之人，才可避免徇私枉法之弊。例二，東晉王國寶（？～397）因酒醉縱肆情性而以

〔註86〕關於《呂氏春秋》「公」字的詳解，參見熊鐵基，《秦漢新道家》，頁 224～頁 226。

〔註87〕根據《晉書》所載：任愷「有經國之幹，萬機大小多管綜之。性忠正，以社稷爲己任。……加以在公勤恪，甚得朝野稱譽。」（卷 45／頁 1285）即可與賈充的便佞作一對照。余嘉錫對於西晉朋黨紛然的史實，提出他的看法：「子期入任愷之黨，誠違老氏和光同塵之旨；然愷與庾純、張華、和嶠之徒，皆忠於晉室，（向）秀與之友善，不失爲君子以同德爲朋。」（〈言語18〉，《箋疏》，頁 81）。可見，任愷「同德爲朋」與賈充「勢利之交」的屬性有異。

盤醆樂器怒擲尚書左丞祖台之，而祖台之卻不敢言怒，後來東晉孝武帝詔書
以「台之懦弱，非監司體」爲由，以免官責處（75／1971）。其中，王國寶「少
無士操，不修廉隅。婦父謝安惡其傾側，每抑而不用」（頁 1970），也側面從
「廉隅／傾側」對比出東晉時期對於士人之操行，仍以端方不苟爲最低限度。

　　綜觀三方面所述，可見漢晉時期對於政治人物之「公方」品格的重視，
這同時也反省了一般以爲魏晉不重士人操守的觀點。〔註88〕

（二）魏晉時期「忠」的多重意涵

　　劉紀曜以公私對舉的方式，討論「忠」在政治倫理層面意義的衍化，對
於「忠」觀發展脈絡具有釐清的作用。〔註89〕他以秦漢皇帝體制的建立爲分
水嶺指出：春秋封建體制的忠的涵義是「公而無私」，是社稷共同利益高於任
何特定個人的意思；而後隨著「策名委質」的奉獻儀式，建立了一種類似主
僕的私人性之君臣關係，於是出現了「公忠」與「私忠」之間的曖昧性：

> ……「公忠」強調的是：以道輔君、社稷意識與諫諍，希望將君主
> 的個人利益納入社稷利益之內，至少企圖防止君主的個人利益違害
> 社稷國家之利。「私忠」強調的是：君臣之間主僕性的個人關係、服
> 從、盡職、隱諫、維護君主的個人利益。事實上，「公忠」與「私忠」
> 並不必然是衝突的，而毋寧是對爲人臣者的雙重要求。（〈忠的倫理
> 內涵〉，頁 199）

摘引其觀點，足以充分說明「忠」作爲一種社會倫理與政治倫理的歷史發展
脈絡。但必須注意到，或許在劉紀曜看來，魏晉時期的「忠」觀，是屬於秦
漢帝制以來「公忠」與「私忠」衝突且複雜的階段並不具有時代特殊性，所

〔註88〕譬如，羅宗強便以樂廣等人爲例，說明即使當時最著名的士人，操守問題也
　　　　不在其念中。參見《玄學與魏晉士人心態》（台北：文史哲出版社，1992 年），
　　　　頁 210～頁 227。本文認爲，此觀點有再研議的必要。第一，相關問題及樂廣
　　　　其人，詳見本文第四章第一節之辨析。第二，關於羊曼，史載，有兩件事值
　　　　得辨析：一是，羊曼與「溫嶠、庾亮、阮放、桓彝同志友善，並爲中興名士」；
　　　　二是，當蘇峻叛亂之時，他以丹陽尹加任前將軍的身分直言：「朝廷破敗，吾
　　　　安所求生？」遂選擇不避禍，率眾抵抗而被害（《晉書》卷 49／頁 1382）。如
　　　　果了解羊曼的「酣醉」是在王敦「羈錄朝士」情勢下，所選擇的「不作爲」
　　　　態度，那麼，「羊曼、桓彝、阮孚散髮裸程，閉室酣飲。」（頁 1385）就還有
　　　　深究的必要。換言之，對於魏晉人物的評判，應當抱持謹慎的態度。
〔註89〕參見劉紀曜，〈公與私──忠的倫理內涵〉，收入黃俊傑主編，《天道與人道》
　　　　（台北：聯經出版事業公司，1993 年），頁 171～頁 207。

以他直接由秦漢跳至唐宋時期的討論，並未舉例說明魏晉時期的發展。於是，徵引史料進行補白的工作，就成為下文必須要處理的部分。

此處對於魏晉時期「公忠」意涵的說明，先從「忠」觀的詮釋予以定位，並輔以「二重君主」關係以及魏晉時期的忠孝衝突議題的討論，最後再以「舍生竭忠」的行為來說明。

首先，就漢晉間各家對「忠」的詮釋角度來看。後漢荀悅：「違上順道，謂之忠臣」（《申鑒‧雜言上》），意指人臣的行事乃以道義為準則，而不是隨著君主個人意志而有所改變。那麼，「忠順不失」就可以解釋為：順著道義原則而不失公正，是謂「忠」。「違上」二字，乃是以「道」的高度制約了君主不當的行為，故忠順並非「忠君」之意，是十分清楚的。

曹魏桓範在《世要論》提問：「敕身恭己，忠順而已。忠則獲寵安之福，順則無危辱之憂，曷為不易哉？」事實上，他是以反問句式，重新釐清了「忠」、「順」的定義。桓範雖以「忠」字作為人臣之道的核心，謂之「事君者，竭忠義之道，盡忠義之節。」（〈臣不易〉）但卻明白表示：「臣苟順者，不得為忠」（〈諫爭〉）。以忠順有別為判準，他進一步按照「忠」的對象及程度，區別了「小臣」、「外臣」與「大臣」三種類型：小臣乃以「思不出位」、「執心審密，忠上愛主」為特徵，外臣乃「志于忠上濟事，憂公無私，善否之間，在己與主可也。」這兩種人都以「忠上」為對象。不同於此二者，大臣者則能「以道事君」；「道」的內容，就是「遠威權之地，避嫌疑之分，知虧盈之數，達止足之義，動依典禮，事念忠篤，匡上之行，諫主之非。」（〈臣不易〉）這些都說明了「忠」、「順」二者有別。小臣的「忠上」，因有特定對象而只是「小忠」，此即東晉徐邈：「託社之鼠，政之甚害」，其害在於「皆因小忠而成其大不忠」（《晉書》卷 91 ／頁 2357）。徐邈所說的「小忠」，是就下屬「議曹」對上級「太守」的關係來說，若對照杜恕所說：「忠公者進，而佞悅者止」（《體論‧君第一》），即可見以公眾為對象的忠心誠意，才能消弭對特定人士諂媚便佞的作為。於是，「小忠」、「公忠」的說法，就隱含了「公」、「私」的價值判斷於其中。

三國孫吳左丞相陸凱（198～269），可謂漢晉間吳郡陸氏「忠義」家風的體現者。〔註 90〕不論是從吳地舊有四姓門風之「張文、朱武、陸忠、顧厚」

〔註90〕關於此問題，參見何啓民，《中古門第論集》〈中古南方門第——吳郡朱張顧陸四姓之比較研究〉（台北：台灣學生書局，1982 年）。至於王永平則以個案

特點（《世說》〈賞譽 142〉），或者是陳壽對陸凱的評價：「忠壯質直，皆節概梗梗，有大丈夫格業」（《三國志》卷 61／頁 1410），均可證明。尤其，在陸凱上呈孫皓（242～283）的疏文，最能由對象性的不同說明他對「忠」之意涵的理解，其言：

> 明王聖主取士以賢，不拘卑賤，故其功德洋溢，名流竹素，……。
> 願陛下簡文武之臣，各勤其官，州牧督將，藩鎮方外，公卿尚書，
> 務脩仁化，上助陛下，下拯黎民，各盡其忠，拾遺萬一，則康哉之
> 歌作，刑錯之理清。（《三國志·吳書》卷 61／頁 1402）

這是陸凱針對孫皓所寵幸的大臣「位非其人」、「害忠隱賢」所提出的諫言。他明白指出：只要各層級的官員在「上對君主」、「下對百姓」的關係中能「各勤其官」、「各盡其忠」，如此即是達至太平之治的保證。但這裡更注意到，「忠」以「對之君」、「爲之民」的關係呈現了「忠於職守」之意，而非「忠於君」的意思。

陸凱「各盡其忠」的說法之所以重要，是因爲他把傾斜於「忠君」的解釋脈絡，拉回官員對自身職守竭盡忠誠的不懈態度，而重返了《論語》「爲人謀而不忠乎？」的脈絡（〈學而〉）。再參照曹魏王肅（195～256）的看法：「言爲政之道，居之於身，無得解倦，行之於民，必以忠信也。」（〈顏淵〉注，頁 862）其意是指，從政者當以發自內在的忠誠信實竭其所能善盡職責，仍然是以百姓爲對象的說法。可見，當時並存著「忠」的多種層次之意涵。

不過，魏晉時期的「忠」觀，除了詮釋上的多樣意涵外，還因爲選舉制度所形成的「二重君主論」，〔註91〕使得魏晉時期之君臣關係另外存在著一種

分析的方式，更仔細地考察了四大家族從漢末至東晉的家學發展與歷史遭遇。其中，關於「陸忠」，王永平指出：陸遜與孫權的抗爭並非僅爲了家族或個人利益，而是基於超越現實功利的儒學理念，不惜以生命爲代價與現實政治進行較量，「這正是漢魏之際儒學之士忠義的本質所在」。參見《六朝江東世族之家風家學研究》（南京：江蘇古籍出版社，2003 年），頁 76。

〔註91〕事實上，魏晉時期「舊君故吏」的「君臣」關係，呈現了選舉制度下的新人際關係，是需要被注意的問題。錢穆從國家觀念淡薄的角度，標目「二重的君主觀念」，申述了兩漢地方行政長官與其郡吏的舉辟關係：郡吏對太守的名分亦稱「君臣」；乃至於在道義觀念上，只有地方政權而無中央政府。參見錢穆，《國史大綱》（台北：臺灣商務，1994 年），頁 217。但本文更傾向採取〔日〕川勝義雄把舊君故吏之間的私人恩義，放在國家的框架下來看待的觀點（〈門生故吏〉，《六朝貴族制社會の研究》）。並用以說明魏晉公忠、私忠觀念的複雜性，以便突顯魏晉長期以來被學界所忽略的公忠價值。

府君與故吏的恩義關係，而更顯得其現實問題的複雜性。甘懷眞從「委質策名」與「君臣義合」兩概念，討論了六朝政治社會的特色就在效忠與報恩的重層結構這一點。其言：

> 爲人臣是一種獻身的過程，故有『失身』、『出身』、『託身』、『歸身』、『委身』之語。身即體，故亦有『委體』之語。……。所謂出身、委體，是指身從家中抽離出來，獻給國家。所以爲人臣者，不敢顧家事。（〈中國中古時期「國家」的型態〉，頁 240～頁 241）

> （中古舊君故吏身分的相對性）是源自於禮中的『名分』觀念，它是指君臣雙方依照其『名』而各有其『分』。君與臣是相對的個體，並非絕對的支配隸屬關係。臣的規範是源自於臣名所蘊涵的『分』，而非君主的命令。（〈中國中古時期的君臣關係〉，頁 273）〔註92〕

所謂「將身體獻給國家」，就意味著爲人臣者經由「委質策名」的儀式後，當以國家「公」的存在高於自家「私」的考量，故謂之「爲人臣者，不顧家事」。反之，當官員要退休時，必須向皇帝上疏「乞骸骨」以返回私家。其次，由於官員數量與日俱增，不可能全數由皇帝與之進行象徵締結君臣關係的策名委質儀式，這時候就由地方長官代爲舉行。所以，第二段引文中的「君臣」，主要指的是府主及其辟舉僚屬的「舊君故吏」關係。這種關係，乃緣於長官以「禮」舉辟僚佐，僚佐進而與長官形成一種基於身分認同而有的依賴關係；此即「君臣義合」之意，亦即甘懷眞所說舊君故吏的身分「並非支配隸屬」之意。

　　值得注意的是，舊君故吏間的「君臣義合」關係，並非在位人君可以干涉的。典型史例即如西晉劉準與向雄，兩人原屬長官僚佐關係，卻因故交惡。後來又同在門下任官，卻始終不交談，武帝遂下令要求二人「復君臣之好」。但向雄以「古之君子進人以禮，退人以禮」爲由，斷然拒絕與劉準恢復舊君故吏的關係，而武帝也只聽從他的想法（《晉書》卷 48／頁 1335）。

　　不過，在這種恩義結合的關係中，更多且無法忽略的事實是：被府君舉辟的故吏，因其自身對「恩情」的強調、身分的認同逐漸高於對其職務名分的承諾，使得君吏關係有了「私化」發展的可能。譬如，東晉蘇峻之亂，桓彝拒絕投降的理由是：「吾受國厚恩，義在致死」；桓彝屬下俞縱拒絕投降的

〔註92〕參見甘懷眞，〈中國中古時期「國家」的型態〉、〈中國中古時期的君臣關係〉，《皇權、禮儀與經典詮釋：中國古代政治史研究》（台北：喜瑪拉雅基金會，2003 年）。

理由是：「吾受桓侯厚恩，本以死報。吾之不可負桓侯，猶桓侯之不負國也。」遂力戰而死。桓彝與俞縱的例子，適足以呈現了魏晉時期「忠」觀的多重結構與多方面向。〔註93〕

　　無可否認的事實是，魏晉時期府君故吏間的私人恩義關係，確實有超越公的體制規範之可能。但就桓彝的例子來看，他以死相報的對象仍是「國家」。此外，川勝義雄亦提出另一角度的看法：魏晉時期的府君故吏關係，固然存在著的私人的恩義感，但是，晉代以後故吏對舊君的服喪之禮已成爲國家定制。換言之，這樣的私人恩義，仍然處在國家機構這一公共性的框架之下。〔註94〕因此，本文基於「委質」的原義，重新解讀《晉書》〈忠義傳〉由「捐軀烈士」、「輕生之士」的「獻身」行爲所構築成的「貞心」、「勁節」的意涵，以突顯魏晉長期以來被學界所忽略的公忠價值，並同時說明忠貞之別與忠孝優位兩個問題。

　　其次，是關於魏晉士群如何踐履「忠貞」與「忠義」價值的問題。對此，藉由反省羅宗強「政失準的」、「士無特操」之說，將可以得到很好的說明。其言：

> 在忠義傳里，八王之亂以前的一個也沒有，其時朝廷於忠義一事，實未能坦然倡導，士亦依違兩可。……。更重要的是其時沒有一種提倡忠節的輿論環境。……。嵇紹的行爲，實在是一個很特殊也很費解的例子，忠而不孝，連司馬光也頗有非議，於名教而言，實非典範。……，亦足見其時忠義實已蕩然，史臣立傳，無可選擇之境況。（《玄學與魏晉士人心態》，頁228～頁229）

羅宗強認爲，西晉士人因爭奪名位而置國家於不顧的普遍心態，致使其時忠義氣節蕩然無存的現象。若依前述，已知魏晉時期的「忠」觀並不僅限於狹義的忠君，那麼，羅氏以狹義的「忠君」來概括魏晉的「忠義」意涵，便出現幾處誤解。第一，《晉書》史臣對於衛瓘（220～291）被賈后滅絕以及張華（232～300）爲趙王倫所殘殺兩件事，發出：「賢人委質」、「忠於亂世，自古爲難」之慨（《晉書》卷36／頁1079），多少透露了置身政昏世亂之際，士人

〔註93〕 有關魏晉時期重孝、獎忠的文化心態，以及忠孝、仕隱問題的糾葛，詳見江建俊，〈魏晉「忠孝」辨〉，《魏晉南北朝文學與思想學術研討會論文集第五輯》（台北：里仁書局，2004年）。其次，甘懷眞從「皇帝的擬制家人」切入中古君臣關係討論，指出父子化與忠孝同質說在國家層面引發的矛盾。參見甘懷眞，〈中國中古時期的君臣關係〉一文。

〔註94〕 參見〔日〕川勝義雄，《六朝貴族制社會の研究》之第五章〈門生故吏關係〉。

於歿身報國與邦家殄瘁之間的抉擇窘境。這正是〈忠義傳・序〉所謂「非死之難，處死之難」（頁2297），意思是：死並不難，但要能在生死關頭做出選擇並死得其所，才是困難所在。

第二，注意到〈忠義傳〉裡的特例。值永嘉之亂，避地西奔的劉敏元為盜賊所刦，而他「乞以身代」的對象並非君主或其府君，只是「親非骨肉，義非師友」的隨行避難的老人。盜賊們互相說道「『義士也！害之犯義。』乃俱免之。」（卷89／頁2312）這是對「義」的強調。此事與後漢荀巨伯堅持「寧以我身代友人命」而不欲「敗義以求生」意同（《世說》〈德行9〉）。這意謂著「忠義」雖以「輕生」、「捐軀」的行為標其貞心高節，但捨生行義的對象卻不限於人主、府君，只要符合「合其宜」、「得其所」之義節原則即可。

第三，關於〈忠義傳〉所收錄人物，可以從三方面檢討。（1）〈忠義傳・序〉寫道：晉自元康以後，禍亂災害不斷、夷狄交相入侵。於此「蒼生塗炭」之時，「雖背恩忘義之徒不可勝載，而蹈節輕生之士無乏於時」，故「敘其行事以為〈忠義傳〉，用旌晉氏之有人焉」（頁2298），便表明其寫作意圖在表彰元康亂世的忠義之士。（2）八王之亂前的忠節人物，則可以考慮參照《晉書》卷五十七所載羅憲、胡奮與吾彥諸人的忠烈事跡，以作為補充。尤其，傳末史臣論：「忠為令德，貞曰事君，徇國家而竭身，歷夷險而一節。」（卷57／頁1567）便區分了為國身死之「忠」和以道事君之「貞」的不同；但從經歷危難而能始終保持氣節不改，皆可謂之「忠貞」。此外，葛洪所謂「端身命以徇國，經險難而一節者，忠人也。」（《抱朴子・外篇》〈行品〉，頁534）也是從歿身報國與歷難守節的行為，來定義「忠」的品格。（3）〈忠義傳・序〉：「卞壼、劉超、鍾雅、周嶠等已入列傳」，因此理當再行參照《晉書》卷七十所述，以便了解「古稱社稷之臣，忠貞之謂」的意涵（卷70／頁1879）。再者，兩晉顧命大臣溫嶠（288～329）弭平王敦構逆之後，又於蘇峻亂時移檄文遍告四方將領：「苟利社稷，死生以之」、「忠為令德，為仁由己」（卷67／頁1792）。余嘉錫許之：「太真智勇兼備，忠義過人，求之兩晉，殆罕其匹。」（《箋疏》，頁518）則「忠義」之真蘊，或可從溫嶠「辭親蹈義」、「捐軀弗顧」、「宣力王室」、「祗赴國屯」的行動探知一、二（卷67／頁1808）。

再次，關於舍生竭忠的問題。嵇紹（253～304）身死王事的舉動，引發了盡忠或不孝的兩極評價。尤其，〈忠義傳〉雖以忠貞節義人物為敘述主軸，但是傳末的評論，卻不免令人思量再三，史臣論曰：

> 以君父居在三之極，忠孝爲百行之先者乎！且（王）裒獨善其身，
> 故得全其孝，而（嵇）紹兼濟于物，理宜竭其忠，可謂蘭桂異質而
> 齊芳，〈韶〉〈武〉殊音而並美。（卷89／頁2323）

在綜括〈忠義傳〉人物的論贊裡，卻把孝慕烝烝的王裒放進來一併討論，是值得注意的舉動。事實上，這段話正好挑動了忠孝何者優位的神經，同時也突顯了魏晉士群抉擇於殺身成仁與保身全孝之間的倫理困境；解決的方法，就是從「齊芳」、「並美」給予相同的重視。但《晉書》這種不尋常的做法，顯示魏晉「忠德」與「孝行」之間的糾葛關係，仍有待釐清。

嵇紹忠貞之節彰顯於惠帝永安元年（304），根據史載：

> 值王師敗績于蕩陰，百官及侍衛莫不散潰，唯紹儼然端冕，以身捍
> 衛，兵交御輦，飛箭雨集，紹遂被害于帝側，血濺御服，天子深哀
> 歎之。（卷89／頁2300）

嵇紹「忠以衛主」成爲典型。這在後來晉人對於追贈褒顯及諡號的相關討論裡，不斷被援引爲範例即可證明。也就是說，當世視嵇紹爲「晉世忠臣」是沒有疑慮的，但問題就出在嵇紹「忠而不孝」的評價如何解釋。推測這與《太平御覽》所記郭象的說法有關，文載：

> 河南郭象著文，稱嵇紹父死非罪，曾無耿介，貪位死闇主，義不足
> 多。曾以問郗公曰：「王裒之父，亦非罪死，裒猶辭徵，紹不辭用，
> 誰爲多少？」郗公曰：「王勝於嵇。」（《箋疏》，頁171）

引文正好說明歷來對嵇紹之死有所爭議的主因：一是「死闇主」，質問的是，爲晉惠帝這樣愚痴的皇帝犧牲值不值得。二是「貪位」，同樣是父死於非罪，嵇紹卻未能如王裒辭卻徵辟之命「示不臣朝廷」（卷88／頁2278），王夫之遂謂：「（嵇）紹於是不孝之罪通於天矣。」（《讀通鑑論》卷12／頁303）

此處，擬從兩方面重新反省嵇紹「忠而不孝」的說法。

第一點，嵇紹依循父囑立身處事，不可謂不孝。理由在於，嵇紹是謹記奉行嵇康〈家誡〉裡的諄諄告誡（《嵇康集校注》，頁315～324）。例一，〈家誡〉論及：君子立志「守死無二，恥躬不逮，期於必濟」。參照嵇紹本傳所載來看：「曠而有檢，通而不雜」，指的是他拒絕與賈謐等人爲友；對於趙王倫將逆謀篡位，嵇紹的表現則是「有死而已」、「固志不從」。這難道不是遵守父訓「當堅執所守」、「君子不容僞薄」的表現？例二，〈家誡〉：「被酒必大傷，志慮又憒」，「見醉薰薰便止，慎不當至困醉，不能自裁也。」意思是：酒既

傷身體又足以昏亂心志，故對飲酒一事要有自制能力。嵇紹不僅銘記在心，並以詩句「事故誠多端，未若酒之賊」、「屢飲致疲怠，清和自否塞」勸戒石崇（〈贈石季倫詩〉，《全晉詩》卷7），即可見。

　　第二點，嵇紹為國徇身致命是謂「忠」。依嵇康〈家誡〉所寫：「臨義讓生，若孔文舉求代兄死，此忠臣烈士之節。」則嵇紹以身衛主的舉動，不只是謹遵父訓的表現，他還以「不自有其身」做到了何晏所謂「事君能致其身」——「盡忠節，不愛其身」（〈學而〉注，頁31），以及〈忠義傳·序〉「捐軀若得其所，烈士不愛其存」所標舉的忠義志節。《北史》〈節義傳·序〉所謂「捐軀踐義」，可視為最佳註腳，其云：「古人以天下為大，方身則輕；生為重矣，比義則輕。……晉之向雄、嵇紹，並不憚於危亡，以蹈忠貞之節。」（卷85／頁2841）對於嵇紹之「忠」，西晉王接（267～305）的看法值得深究，其言：

> 夫謀人之軍，軍敗則死之；謀人之國，國危則亡之，古之道也。蕩陰之役，百官奔北，唯嵇紹守職以遇不道，可謂臣矣，又可稱痛矣。……依《春秋》褒三累之義，加紹致命之賞，則遐邇向風，莫敢不肅矣。（《晉書》卷51／頁1435）

這番話，是王接在蕩陰之役後不久、他死前的一年，強力主張朝廷應旌表嵇紹英勇獻身的高尚節義。至為關鍵的是，王接「幼喪父，哀毀過禮，鄉親皆歎曰：『王氏有子哉！』」，及長又以「母老疾篤，故無心為吏」拒絕徵辟（頁1434）。二件事都顯示了王接的孝行與孝心。但他卻不論議嵇紹「不孝」，反而選擇從嵇紹以死為國之「忠」向朝廷請命。這是因為王接透視了嵇紹的盡忠守職，乃是「國危則亡之」的道義之展現。

　　更重要的是，嵇紹「隕身全節」不是為晉惠帝一人，而是基於他對「委質」、「獻身」後的身分認同以及對惠帝之身乃是「與國同體」的認識。〔註95〕以此之故，嵇紹的「忠臣」定位，必須從「盡忠於國」而非「忠君」來界說。〔註96〕

〔註95〕國家的延續，是通過前後任皇帝之間的身體繼承，此即「繼體」與「國、君一體」的概念。參見王健文，〈國君一體〉，《奉天承運——古代中國的「國家」概念及其正當性基礎》（台北：東大圖書公司：1995年）。甘懷真則指出：中古時期的國家作為一種公的機構、被理解為一個身體，是由皇帝、皇家的成員以及官員中的部分成員所組成的。參見甘懷真，〈中國中古時期「國家」的型態〉一文。

〔註96〕高誘在《呂氏春秋·至忠》仍是沿著「忠諫」與「忠愛」來詮解。有意思的是，他對「愚心將以忠於君王之身」一句，注為：「忠猶愛也。持猶得也。忠

事實上，「保身全孝」與「舍生竭忠」，正好說明魏晉時期官僚士群抉擇於「義在致死」與「奉養子道」二者間，所引發「責任的衝突」的普遍困境。〔註97〕就算不將「父死非罪」的因素納入考慮，一旦嵇紹選擇出仕，〔註98〕勢必難以避免「忠臣／孝子」的角色衝突。典型者如曹魏王經（？～260）與兩晉虞潭，角色的衝突可由二人與母親的對話得見，據史載：

> 王經⋯⋯。爲尚書，助魏，不忠於晉，被收。涕泣辭母曰：「不從母敕，以至今日！」母都無感容，語之曰：「爲子則孝，爲臣則忠。有孝有忠，何負吾邪？」（〈賢媛 10〉）

王經於魏甘露中（256～260）擔任尚書職，後因高貴鄉公事件被誅。可堪玩味的是，余嘉錫案語：「云『助魏』，正是許其以身殉國。云『不忠於晉』，則其忠於魏可知。」（《箋疏》，頁 679）也是選擇從王經將自身性命交付國家的角度，來解釋其無愧於「忠臣」的角色。蹊蹺之處是，王經因不忠於晉室而被殺，但後來晉武帝於泰始元年（265）詔曰：「故尚書王經，雖身陷法辟，然守志可嘉。門戶堙沒，意常愍之，其賜經孫郎中。」（《魏志》卷 9／頁 304）優詔的發佈，意謂著有關晉朝忠德孝行何者優位的論題，有其再商議的必要。

至於虞潭，爲虞翻（164～233）之孫。其母孫氏乃孫權族孫女，爲人「恭順貞和，甚有婦德」，及潭忠身亡而「誓不改節」。自虞潭年幼時孫氏「便訓之忠義」，虞潭「清貞有檢操」的性格形塑應與家教有關。母親對虞潭的影響

愛君上，犯奪隨兒，是代君王受死亡之殃，使君王得千歲之壽也。」（〈至忠〉注，頁 584）可見，其所謂「忠愛君上」，仍不可從狹義「忠君」來解釋；「代君受死」應放在「國君一體」的理念下，也就是視人君以其「繼體」等同於「國家」的意義。故知，「捨身取義」乃是以愛己之身的心情推擴爲對人君繼體的護持，進而彰顯「忠」的節操。

〔註97〕 這裡借用黃俊傑的說法。他從《孟子》假設的「桃應之問」，討論了舜身處父子倫理與君臣政治兩種衝突關係的困境，提出了「責任的不相容性」的倫理衝突問題。參見氏著，〈孟子思想中的群己關係〉，《孟學思想史論·卷一》（台北：東大圖書公司，1991 年）。事實上，魏晉時期人君處於扮演「統治者」或「爲人子」兩種角色；人臣則處於以「忠臣」或「孝子」身分自居的拉扯裡。史書中不斷出現「忠臣出於孝子之門」、「忠孝難兩全」的說法，應當放在這個脈絡下來討論。

〔註98〕 所以余嘉錫認爲：「既食其祿，自不得臨難苟免。紹之死無可議，其失在不當出仕耳。」（《箋疏》，頁 171）便有意把嵇紹之死的責任，由舉荐其出仕的山濤來扛起。事實上，〈家誡〉寫下「臨朝讓官」四字，就透露了嵇康並不阻卻嵇紹出仕的可能。再者，嵇康「臨誅，謂子紹曰『巨源在，汝不孤矣。』」頗有托孤的味道（《晉書》卷 43／頁 1223）。

力，可從幾次關鍵戰役可略知：先是永嘉末（310）的杜弢之亂，孫氏以「必死之義」訓勉並且「俱傾其資產以餉戰士」，虞潭遂能弭平動亂。之後，東晉成帝的蘇峻之亂（326），其母戒之曰：「『吾聞忠臣出孝子之門，汝當捨生取義，勿以吾老爲累也』。仍盡發其家僮，令隨潭助戰，貿其所服環珮以爲軍資。」足見孫氏「憂國之誠如此」（《晉書》〈列女傳〉，頁 2513）。換個角度說，虞潭之所以能「徇貞心於危蹙之辰」而始終「篤心不變」（《晉書》卷 76／頁 2019），乃得之於母親的忠義教訓；至於徵派家僮、傾家產以資軍餉，無疑是共赴國難、清白貞正的表現。

　　值得注意的是，王經與虞潭都是在得到母親首肯之後，才得以免除「責任衝突」的窘境。換句話說，必須先由母親對其「孝子」身分的認肯，之後他們才能義無反顧的完成「忠臣」的角色。那麼，所謂「忠臣出於孝子之門」就不該被視爲教條式話語，也不單純是政治因素可涵蓋的論題。這樣看來，「保身全孝」與「舍生竭忠」所形成的「責任不相容」的問題，最後匯集於倫理上「身體髮膚受之父母」與政治層面的「我身非己有」的衝突；〔註 99〕乃是環繞著「我的身體」而展開的問題。

　　要知，身體及其存在乃是「我」個人意向得以傳達的載體。從《世說》裡「身」字的使用，可以知道它與稱代詞「我」的用法相同的，〔註 100〕就此意義而言，魏晉時期重義蹈節之士之所以能「激清風」、「厲薄俗」，除了忠君爲國的因素之外，或許可以從「寧作我」的角度來解釋。意即，選擇以捐軀獻身的方式來成其對節操信念的堅持行爲，具有彰顯魏晉士群「自我意識」的意味。

　　以上所述，討論了魏晉官僚士群經由「獻身」、「委質」儀式後，對其職務名分的身分認同與角色定位的相關問題。其次又說明了魏晉時期「忠」觀的複雜，它包括了：忠於國君、忠於府君的「忠君」以及以天下百姓爲對象的「公忠」雙重意涵與價值。從「國家至上」的理念切入，應當可以重新描繪魏晉官僚士群的圖像。

〔註 99〕西晉御史中丞周處於元康六年（296）抵抗氐人齊萬年反叛，其言：「忠孝之道，安得兩全！既辭親事君，父母復安得而子乎？今日是我死所也」，「我爲大臣，以身徇國，不亦可乎！」遂力戰而沒（《晉書》卷 58／頁 1571）。周處所言，便是自覺於「人子」身分經由「委質」後成爲「人臣」角色的自覺。至於「我的身體」乃祖先之「遺體」，故謹慎不敢有所毀傷，詳見本文第五章第四節。

〔註 100〕參見徐震堮，《世說新語校箋》（台北：文史哲出版社，1989 年），頁 499。

二、「公而清」：倫理與政治的雙向反饋

魏晉士群的「清」德，乃由內在德性具顯而爲外在德行，〔註101〕其意涵可用「不營產業」與「賜祿散之」的行爲來說明；「不營產業」，是內在自我對物欲的克制，一種自律精神的呈現，「賜祿散之」則是外向對宗族鄉里人物的義舉，可謂一種具有社會救濟效益的行動。據此，本文所謂「公而清」包括了「公清」與「清公」兩層意涵：魏晉官僚士群，若依「士」的公型理念與自律精神，促使自身對清節之德的持守而言，是「公而清」；若以「吏」自身清儉之德，並以盡心恤民的精神擴及於宗族百姓群體，是「清而公」。簡言之，「清⇆公」存在著「倫理——政治」的雙向作用於其中。以下，即就「清」的概念及「公清」、「清公」之意涵，加以說明。

（一）「清」的公眾品格

兩位日本漢學家同時注意到六朝「清」的概念。上田早苗針對六朝「清官」用詞的使用脈絡進行分析，得到「清」這一概念，具有從「清」的生活理念朝向「清官」發展的趨勢。因此，漢魏時期對人物品評所用的「清」字，主要包括道德品格與爲官政績兩方面。〔註102〕

葭森健介則把《三國志》等正史以及《世說新語》裡所出現的「清」之語詞，梳理後分爲三類：一是關於個人性格、生活態度，如「清廉」、「清方」；二是涉及「貴族」的學術文化活動，如「清談」、「清通」；三是有關「貴族」的身分、地位、社會行動，如「清譽」、「清官」與「清顯」。基於這樣的分類，他提出如下的結論：

> 因否定私欲私利的清白廉潔、超越世俗的大方、高尚及爲去私欲而
> 嚴以律己的嚴峻之事被表述爲『清』，並以之作爲『貴族』應該具有
> 的品質被記錄下來。……。而且，對其政治姿態及行爲所致的結果
> 也用『清』的言辭評價。此即以『清』的人格爲根底，掌握『清』
> 的學問，得到『清』的評價而成爲官僚，從事『清』的評價的政治，

〔註101〕這裡借用陳來對「德行」的解釋，其言：「中國古代的『德』字，不僅僅是一個內在意義上的美德的概念，也是一個外在意義的美行的觀念，而『德行』的觀念正好將德的兩種意義合并表達出來。」參見陳來，《古代思想文化的世界》（北京：生活・讀書・新知三聯書店，2002 年），頁 250。

〔註102〕參見〔日〕上田早苗，〈貴族的官制の成立——清官の由來とその性格〉，收入中國中世史研究會主編，《中國中世史研究——六朝隋唐の社會と文化》（東京：東海大學出版会），頁 103～頁 128。

進而構築世襲地位。（頁 91）〔註 103〕

由此可見，「清」不但是維持社會秩序的政治理念，也是魏晉以來門閥貴族政治得以成立的原因所在。這是將「清」視為一種理念並推衍而得的結論，也是谷川道雄觀點的再闡發。不過，就本文的視域而言，葭森健介文中所未能列舉的「公清」、「清公」、「清忠」、「忠清」等詞彙，反而更能呈現出「清」作為一種「倫理──政治」雙向的理念效應。〔註 104〕

西晉門閥因經濟上的優勢而享有「帷帳車服，窮極綺麗，廚膳滋味，過於王者」的奢華生活（《晉書》卷 33／頁 998）。〔註 105〕但從尚書郎李重（253～300）提出「王者之法不得制人之私也」的意見可知，所謂的「人」，是指「〈己巳詔書〉申明律令，諸士卒百工以上」（《晉書》卷 46／頁 1310），其發言對象包括了庶人百姓在內的所有人。「不得制人之私」的想法，意味著私有財產的增殖與重農抑商的鬆弛；從成公綏與魯褒兩篇〈錢神論〉，即可推知西晉的商業貿易與貨幣經濟的活絡景況。〔註 106〕換言之，身處如此豪奢逐利的背景裡，卻能自持「不營產業」的清貧儉約之作為，是必須予以注目的。

經由史料的檢索與分析，諸如毛玠「清公履素」、李胤「履忠清儉」、王祥「高潔清素」、盧欽「忠清高潔」、荀顗「居無館宇，素絲之志」等描述語，都是魏晉官士群「不營」、「不治」之「清」德的有力證明。但誠如陳啓雲所說：「或

〔註 103〕參見〔日〕葭森健介〈門閥「貴族」支配及「清」的理念〉，《文史哲》第 3 期（1993 年），頁 90～頁 93。文中所謂「貴族」，即是「世族」或「士族」之意。

〔註 104〕「清公」見於《三國志‧魏書》卷 12／頁 375、卷 22／頁 645 以及《晉書》卷 60／頁 1632、卷 67／頁 1789、卷 69／頁 1840。「公清」見於《晉書》卷 3／頁 78。因此，王葆玹以「清／濁」對舉，說明了「清」原指水之澄澈、而有潔淨的本義，進而因為清濁對舉而有了克制貪欲、蔑視物利的意向；於是「清」形成了政治層面廉潔奉公的意思。參見《玄學通論》（台北：五南圖書，1996 年），頁 178～頁 180。但此說仍限於政治層面的清廉，未及於「清」的德行與倫理意涵。

〔註 105〕一般的說法，通常將門閥經濟特權與晉武帝所制定的稅役制度「戶調式」關連起來（《晉書‧食貨志》）。但是通過現有的研究，已傾向將「占田」解釋為「申告田地」，意即一般自耕農應當申告其土地面積；至於一品官「占田」五十頃，若與前後時代相較，明顯過少。換言之，不能否認「占田」的規定，最初包含著對官僚特權限制的立法精神。參見〔日〕川勝義雄，〈六朝貴族制社會的成立〉，劉俊文主編，《日本學者研究中國史論著選譯‧第四卷‧六朝隋唐》（北京：中華書局，1993 年），頁 29～頁 30。

〔註 106〕參見萬繩楠，〈魏晉南北朝時期社會組織與經濟思想的變化發展〉，《魏晉南北朝文化史》，（台北：雲龍，2002 年）。

疑西晉此例過多，詔書屢下，未必盡爲實情。然即使有此虛文，『公廉』意識之特立，亦爲治史者所宜詳參。」〔註107〕他一方面善意提醒，對於過多的晉朝士族以「清儉」「高潔」自律自持的例子要保持警覺；但也承認了，這麼多的實例亦是不可輕忽的社會現象。魏晉官僚士群藉以自持所突顯其「士」之本質的「公而清」理念，不僅是一種觀念的力量，同時也是一種從政行事的特徵；它不同於廉吏「清在一己」的作風，關鍵就在那一個「公」字。

就「清」的概念而言，「公清」品格的方正之士與審美意涵的「清士」，〔註108〕同時豐富了「清」的意涵，但又必須觀照到二者的差異性。也就是說，「清」這一概念，一方面是藉由「公而清」的行政倫理德行呈現了社會性格，另一方面則從「虛簡」的行事風格，逐漸形成一種審美概念：「清遠」。〔註109〕就前者而言，如西晉解系（？～300）的「清公正直」，就包括了「清身潔己」的修身清廉與「守正不撓」的公平正直之品格（《晉書》卷 60／頁 1632）。就「清」的審美意涵來說，不論是曹魏陳羣舉薦管寧所稱的：「清儉足以激濁，貞正足以矯時」（《三國志》卷 11／頁 358），或者是謝承《後漢書》謂徐稚「清妙高跱，超世絕俗」（〈德行 1〉注），都已兼具對個人德行與人格高潔兩方面的描述。後來，在《世說》〈賞譽〉、〈品藻〉、〈容止〉諸篇所用的「清遠」、「清敏」、「清舉」「清暢」「清識」「清恬」等等形容人物美行的詞彙，便逐漸呈現了由人物品格往審美標準發展的軌跡。

不過，即便學界多偏重於「清」的審美意涵之論析，但作爲官員行政倫理的「清正廉潔」，始終是「清」的內涵之一，它並未隨著「清遠」審美觀念的發展而遺落，證據在傅玄的〈上疏陳要務〉。時值晉武帝初即位廣納諍言（AD266），傅玄即以諫職身分論及時政之弊，乃在「未舉清遠有禮之臣，以

〔註107〕參見陳啟雲，〈中國中古「士族政治」的問題〉，《中國古代思想文化的歷史析論》（北京：北京大學出版社，2001 年），頁 340～頁 341。

〔註108〕檢索《晉書》「清士」的使用，有二例：一是，「（周）密字泰玄，性虛簡，時人稱爲清士，位至尚書郎」（卷 63／頁 1665）。另，桓彝稱「徐寧眞海岱清士」，並以「清惠博涉」來說明（卷 74／頁 1955），根據《徐江州本事》：「徐寧字安期，東海郯人。通朗有德素」來看（《世說》〈賞譽 65〉注），「清」與「通朗」、「惠」與「德素」是相關的。可注意者，《三國志》中未見「清士」與「清惠」字詞的使用；而周密與徐寧同屬東晉時期，因此，「清士」成爲一種審美概念，自當是西晉後期至東晉之間的事。

〔註109〕參見徐復觀，《中國藝術精神》（台北：臺灣學生書局，1992 年），頁 342～頁 347。

敦風節；未退虛鄙，以懲不恪。」（《晉書》卷49／頁1318）傅玄意在提出「清遠有禮」，以作為用人選官的標準。其中，「清」是清亮、清儉之意；「遠」是指高遠的襟懷和遠大的志向；「禮」就是克己復禮，遵守規範。這些都是對人臣道德自律的要求。〔註110〕在這個意義上，「清」作為魏晉官僚士群的行事原則，主要是就其所涵具的社會性質與公眾品格而言。

（二）在公清慎與守正清節

　　晉文王司馬昭曾與李秉諸人討論為官者「清」、「慎」、「勤」三要件，李秉認為．「清慎之道，相須而成，必不得已，慎乃為大。」但要注意，以「慎」為先，是李秉的個人看法；〔註111〕議論過程中「或對曰『清固為本』」（〈德行15〉注），則是以「清」為本的意見。〔註112〕事實上，清、慎、勤與魏晉時期「清節」的看法相關。

　　先看曹魏時期的例子。以「清公」稱名的毛玠，據史載：

　　　　……與崔琰並典選舉。其所舉用，皆清正之士，……。務以儉率人，由是天下之士莫不以廉節自勵，……。太祖歎曰：『用人如此，使天下人自治，吾復何為哉！』……玠居顯位，常布衣蔬食，撫育孤兄子甚篤，賞賜以振施貧族，家無所餘。（《三國志》卷12／頁375）

這種「忠清幹事」的從政風格（頁655），裴松之注引《先賢行狀》將其概括為：

　　　　玠雅亮公正，在官清恪。其典選舉，拔貞實，斥華偽，進遜行，抑阿黨。……。人擬壺飧之絜，家象濯纓之操，貴者無穢欲之累，賤者絕

〔註110〕參見魏明安、任菊俊，〈「清遠有禮」是傅玄樹立的德目〉，《蘭州大學學報‧社會科學版》第三期（1999年），頁85～頁89。需要注意的是，嵇康〈家誡〉「立身當清遠」，「此又秉志之一隅」云云，是就立身處世而言，也不是審美意涵的「清遠」概念。

〔註111〕江夏李氏是值得研究的個案。李秉之子李重於晉惠帝任尚書吏部郎，他對此職的體認是：「銓管九流，品藻清濁。雖祗慎，莫知所寄」（〈吏部尚書箴序〉），便標舉「慎」字。史評「李重清雅，志迺無私」，則是對其「清尚」、「清簡無欲，正身率下」之清廉正直的稱譽（《晉書》卷46／頁1313）。東晉李充延續其祖父李秉〈家誡〉教訓，於〈起居誡〉以周文王「小心翼翼」之為美，反駁當時以「守慎為拘吝」、「退慎為怯弱」的誤解論點。故其所謂「退慎」當解為「謹慎而謙退」之意。二文見《全晉文》卷53。

〔註112〕譬如王夫之：「清也，慎也，勤也。而清其本矣。弗慎弗勤而能清也，詘於繁而可以居要，充其至可以為社稷臣矣」，「弗清矣，而慎以勤焉，察察孳孳以規利而避害，夫乃為天下之巨姦。考課以黜陟之，即其得而多得之於勤慎以墮其清。」（《讀通鑑論》卷10頁282）便是以「清」為首要條件。

姦貨之求，吏絜于上，俗移乎下，民到于今稱之。（卷 12／頁 375）
故知，「清公」即是「清恪公正」，包括了兩層意涵：公正，指的是毛玠選舉
人才，不以名氣爲考量，而是以清正、貞實爲優先原則；清恪，意指毛玠清
白恪守其職責。可見，「清」指的是士人砥礪自身的儉約以及官員的清廉節操，
但更重要的是，毛玠的「清公素履」在當時形成「使天下人自治」的移風化
俗之景況；〔註113〕此即本文所謂「清而公」的政治社會效益。

魏文帝尚書常林（157～239？）「性既清白，當官又嚴」，其「爲人，不
畏權貴者」，故「時論以（常）林節操清峻」（《三國志》卷 23／頁 660）。陳
壽《三國志》將之與「清貧守約」的和洽、「振濟貧乏，通共有無」的楊俊以
及「清省恪然」的裴潛列於同傳；魚豢《魏略》則將常林、吉茂、沐並與時
苗四人並列於「清白」、「志介」的〈清介傳〉（《三國志》卷 23）。此外，陳壽
的《三國志》，其體例雖未列有傳名，但他以曹魏「良臣」、「時彦」合爲卷二
十七，那麼考察傳主的品德操守，可以窺見一斑。陳壽評論：

> 徐邈清尚弘通，胡質素業貞粹，王昶開濟識度，王基學行堅白，皆
> 掌統方任，垂稱著績。可謂國之良臣，時之彦士矣。（《三國志》卷
> 27／頁 756）

這些人依其身分是「臣」、是「士」；然其優秀才幹與特出德行，卻是藉由自
身「清」、「貞」品格而得以具體呈現。諸如，徐邈「賞賜皆散與將士，無入
家者」（頁 740）；胡質（？～250）「每軍功賞賜，皆散之於眾，無入家者」，
故「家無餘財，惟有賜衣書篋而已」（頁 743）。

以三份詔書內容爲例，可以證明胡質等人所體現的清白、貞粹德行，確爲
魏晉時期共同認可的價值所在。例一，齊王芳嘉平六年（254），朝廷追思「清
節之士」，詔書列舉徐邈、胡質、田豫等人，〔註114〕皆「忠清在公，憂國忘私，
不營產業，身沒之後，家無餘財。」（卷 27／頁 740）故賜穀錢以旌表之。例二，
王基（190～261）「進封安樂鄉侯。上疏求分戶二百，賜叔父子喬爵關內侯，以
報叔父拊育之德。」（《三國志》卷 27／頁 754）對此，西晉武帝踐阼（265）詔

〔註113〕值得注意的是和洽的批評意見，其言：「儉素過中，自以處身則可，以此節格
物，所失或多」，「古之大教，務在通人情而已。凡激詭之行，則容隱僞矣。」
（《三國志》卷 23／頁 655）。觸及單以清儉來衡量官職的授與的問題。要知，
和洽亦以「清貧守約」有名，應當是眼見時風趨向偏激違反常情而有此論。
〔註114〕田豫「清儉約素，賞賜皆散之將士。每胡、狄私遺，悉簿藏官，不入家；家
常貧匱。雖殊類，咸高豫節」（《三國志》卷 26／頁 729），亦見其「清」德。

曰：「故司空王基既著德立勳，又治身清素，不營產業，久在重任，家無私積，可謂身沒行顯，足用勵俗者也。」（頁 756）其中，「治身清素」與「足以勵俗」，正好說明自身清正廉潔之「清」德，具有勸勉世俗風氣的效益。例三，盧欽（？～278）「祿俸散之親故，不營貲產」，「身沒之後，居無私積」，故晉武帝詔曰：「（盧）欽履道清正，執德貞素」，「肆勤內外，有匪躬之節」（《晉書》卷 44／頁 1255），遂賜棺贈錢並追贈衛將軍以表彰之。其中，盧欽曾以「聖人以清為難，而徐公之所易」為題，〔註115〕申論了徐邈之「清」，可以是「清通」也可以「清介」，〔註116〕原因在於他的「雅尚自若」、並不隨俗而改變自身行事，徐邈的例子說明，所謂「志高行潔」的清高潔白，都可以統括於「清」——超越權力物質欲望的人格特質與高尚通達的行事作風。

　　再看《晉書·良吏》人物，以窺兩晉風氣。晉武帝為表彰竇允的「修勤清白」，遂於泰始詔曰：「當官者能潔身修己，然後在公之節乃全」，「是輩當擢用，使立行者有所勸」，目的在使能勤於自修清白者得到獎勵。西晉魯芝（190～273）亦享有「潔身寡欲」、「清忠履正」之譽。東晉吳隱之（？～413）「在郡清儉」，及遷左衛將軍「雖居清顯，祿賜皆班親族」，後至廣州「清操踰厲」、「時人頗謂其矯，然亦終始不易」可見吳隱之不改清廉節儉的作風；因此，其二子亦能砥礪清高節操，「常以廉慎為門法，雖才學不逮隱之，而孝悌潔敬猶為不替。」由吳氏父子事例可見，廉潔謹慎的行政倫理與孝悌謹敬的家風傳衍，是同時並行的。其中，特別注意到東晉王導（？～339）以「胡威之清，何以過此！」來稱許臨川郡守周鎮的「清約寡欲」（《世說》〈德行 27〉）。這條資料的意義，顯示胡質與胡威（？～280）父子「忠清」、「清慎」、「清高」，已被視為「清」德的典型人物。

〔註115〕 參見《全晉文》卷 34，盧欽〈論徐邈〉。可注意的是，盧欽身為由魏入晉的官員，亦是以「舉必以材，稱為廉平」、「忠清高潔，不營產業」著稱；在行政風格上，獲「履道清正」、「有匪躬之節」之譽，可說是具有相當資格議論「清廉」、「清正」、「清潔」等道德品格的。參見《晉書》卷 44〈盧欽傳〉，更可注意的是，同傳所列之鄭袤、李胤、華表諸人，是以「讓」、「孝」、「貞肅」等品格著稱的，可謂晉之良臣的標幟。

〔註116〕 如果參照魚豢《魏略·清介傳》傳主的行事風格，凡用「介」字，多有激俗或絕俗自勵的意味在；而「清通」則多指自我與風俗的協和，就人我關係來說，清通價值高於清介。不過，要注意「清通」一詞的發展歷程：就徐邈而言，意指他超越物質、以「清」自持的常態；但若如《世說》所謂「裴楷清通」，意指性格的豁達（〈賞譽 5〉）；或「（車）胤，……清通於多士之世」（〈識鑒 27〉），衍申為「才識清通」的專精與融會貫通之意，就已朝向人物品鑒的方向了。

　　以上所引，皆可見兩晉官僚士群「清慎之道」的內容。但要注意，有些學者爲了強化「清」的審美意涵，遂將「慎」字解釋爲對司馬政權的「唯唯諾諾地小心聽話」，並由此衍申：「清正廉潔的『清』對於爲官者不已非至關重要，那麼，人們便開始以它形容人格高潔的意思用於人物品藻活動當中。」〔註117〕本文對於採取如此連結「清」、「慎」的做法，採取擱置與保留的態度。

　　要知，以「清」德自持，不僅是魏晉官僚士群自律精神的體現，也是當時人物評價的重要指標，但這樣的「清」，仍然不是以審美意涵來呈顯的。譬如，傅玄的《傅子》記載：

> 「敢問今之君子？」曰：「袁郎中積德行儉，華太尉積德居順，其智可及也，其清不可及也。事上以忠，濟下以仁，晏嬰、行父何以加諸？」（〈補遺上〉／《全晉文》卷49）

這是以袁渙與華歆（157～231）兩人被視爲君子楷模的原因，便是在「清」的德行。史載：袁準的父親袁渙是以散盡賞賜、「家無所儲，終不問產業」的行事，讓「時人服其清」而留名史籍的（《三國志》卷11／頁334）。至於華歆「素清貧，祿賜以振施親戚故人，家無擔石之儲」行事，陳壽以「清純德素」來評定；即便孫盛以「無夷、皓韜邈之風」批評華歆有違出處去就之義（卷13／頁404），但他對於華歆之「清」則未有異議。

　　綜觀上述魏晉時期對「清節」與「清潔」的看法，都意謂官僚士群能以「清」德自我砥礪，或將所受賜財物與親族、將士分享，進而外顯爲清白廉正的節操；由「不營私產」的作爲與「勵俗」效用所構成德行與倫理之效益，即是本文所謂「公而清」的意涵。

　　最後，參照劉邵《人物志》對「清節家」的說明。〔註118〕劉邵爲使「臣

〔註117〕參見寧稼雨，《魏晉士人人格精神——《世說新語》的士人精神史研究》（天津：南開大學出版社，2003年），頁489。文中，寧稼雨曾引用〔日〕葭森健介〈門閥「貴族」支配及「清」的理念〉一文，但顯然他不在意葭森健介對「清」字從政治與社會行爲所解析出的涵義。這當然與他根據《世說新語》爲文本，並從人物品藻活動予以詮釋的意圖有關。筆者認爲，單從人物品藻活動是難以清楚說明「清」的概念。尤其，「清慎」之「慎」應當解釋爲對職務的敬慎至而非畏懼。更爲關鍵的是，《世說新語》所集中的人物多屬東晉時期以及「清」的概念已處於轉化的事實。那麼，寧稼雨從「清慎」到「清」的連結，是有問題的。再者，即便以《世說》作爲「清」概念的解析文本，在〈德行〉出現的「清」，仍屬於政治社會的意涵，典型者即如劉毅的「亮直清方」（〈德行17〉注）與王恭的「清廉貴峻，志存格正」（〈德行44〉注）。

〔註118〕本文所引劉邵《人物志》及劉昞注，參見任繼愈、傅琮璇主編，《文津閣四庫

道序」且「不失任」（〈流業〉），故將治國人材劃分成十二類型，其中他對「清節家」的定義是：

> 若夫德行高妙，容止可法，是謂清節之家，延陵、晏嬰是也。……。
> 清節之德，師氏之任也。（〈流業〉）
>
> 夫節清之業，著於儀容，發於德行，未用而章。其道順而有化，故其未達也，為眾人之所進；既達也，為上下之所敬。其功足以激濁揚清，師範僚友。其為業也，無弊而常顯，故為世之所貴。（〈利害〉）
>
> 夫清節之人，以正直為度，故其歷眾材也，能識性行之常，而或疑法術之詭。（〈接識〉）

可見，「清節家」是以清節德行與正直品格為其特徵的。劉昞注為「行為物範」，則是著眼於這類人材的道德操守對社會風氣的影響以及可成為官員楷模而說的。換言之，「清節家」是參與現實政治活動中，最具正面效應而且最不會有弊端滋生的人材。〔註119〕其根本原因在於「清節家」乃「以正直為度」：以公正廉直的德行作為自身準則；而所謂「正」，不僅是自身的「身正」，更意指在政治活動中的「守正」。此可謂之「心清意正，則德容外著」（〈利害〉注）。基於自身品格的要求，清節家在選擇人材之時亦能持此高標準而顯其公正性。所以〈接識〉才說清節家具有識別高尚品格人選的能力；與此同時，清節家認為德行守正即可達治，因而對於法術謀略權變的必要性有所質疑。

綜言之，清節家乃「自任之能，清節之材也。故在朝也，則冢宰之任，為國則矯直之政。」（〈材能〉）意思是，以自身清高節操的道德力量而成為官僚表率者，在中央適合擔任於冢宰以統攝百官，在地方亦能整頓郡國政務並體現清正廉直的施政特點。足見，清節家在劉邵所列舉的專業政治人材中，是等級序列較高的。其中，「清約」德行與「公正」品格的關係，亦可用來表述魏晉時期「清公」或「公清」的基本看法。

（三）俸祿散之，不營私利

如上所述，「清」德的外顯與魏晉士群自律之精神有關。然而，卻非人人

全書·第280冊·子部》（北京：商務印書館，2005年），頁345～頁355。
〔註119〕應當注意由「清節家」流衍派出的「臧否」人材類型，所謂「不能弘恕，好尚譏訶，是謂臧否」（〈流業〉），意指「臧否」監督型的人材，缺乏寬弘度量，雖然清正廉明卻容易形成「刻削之政」。前述魚豢對「清介」的定義以及和洽對毛玠的批評，都與此接近。

皆意欲「清白」或能以「清潔」自持。那麼，對於魏晉官僚士群「俸祿散之」
的舉動，或許有必要從魏晉政論家的思考與明文律令對職務懲治的規範兩方
面來理解。

後漢王符表達了官員俸祿與治平相關的觀點：

> 是故官政專公，不慮私家；子弟事學，不干財利，閉門自守，不與
> 民交爭，而無飢寒之道，而不陷〔「而」字前脫三字〕；臣養優而不
> 隘，吏愛官而不貪，民安靜而強力，此則太平之基立矣。（《潛夫論》
> 〈班祿〉）

「官政專公」意指，當官爲政乃專心致力於公事，而必不憂慮個人的家計。
所以王符將官員按照等級授予俸祿，使人民不受干擾而能安定努力的耕種，
視爲治平的基礎。荀悅則從「或問祿」破題，顯示此乃當時人所關心的時事
論題之一，其言：「公祿貶則私利生，私利祿，則廉者匱而貪者豐也。夫豐貪
生私，匱廉貶公，是亂也。」（《申鑒・時事》）意思是：俸祿若過於微薄，將
導致清廉者用度的匱乏與貪婪者的剝削；這樣的狀況是有違「公義」原則的。
〔註120〕荀悅的看法比較符合人性需求與現實因素。又如，崔寔（？～170？）
也提及：「重其祿以防其貪欲，使之取足于奉，不與百姓爭利。」（《政論》，《後
漢文》／卷 46）意指官吏皆勤事且俸祿足，則賣官鬻獄、侵漁百姓之事自然
不會發生。

後漢諸家皆把官員廉平與否與治道盛衰關聯起來。可見，俸祿足用而不
與民爭利，乃「『廉』能」吏治之所以可能的關鍵。

魏晉政論思想家亦延續此議題，提出細微觀察。

桓範延續後漢荀悅所說，〔註121〕亦主張位祿相符乃治亂之樞機所在，其
言：「位必使當其德，祿必使當其功，官必使當其能，此三者，治亂之本也。」
（《世要論》〈治本〉）。袁準則認爲：「使吏祿厚則養足，則無求于民，姦軌息
矣。祿足以代耕，則壹心于職，壹心于職則政理，政理則民不擾，民不擾則
不亂其農矣。」（《正論》〈政略〉）仍是從吏祿足用與政平事理的關係切入。

〔註120〕此即荀悅《漢紀》所說：先王制祿的目的在「食祿之家，不與下民爭利，所
以屬其公義，塞其私心」，若「憂匱是卹，所求不贍」則「清節毀傷，公義損
闕」（〈孝惠帝紀卷五〉）。參見張烈點校，《兩漢紀》上冊（北京：中華書局，
2005 年），頁 74。

〔註121〕荀悅謂：「位必稱德，祿必稱爵，故一物之不稱，則亂之本也。」（《漢紀》，
頁 74）

曹魏侍中劉廙（180～221）所著《政論》〈備政篇〉（《全三國文》卷34），
〔註122〕不但指出吏治的清明與否與官員俸祿的厚薄密切相關，更還從人性角度
提出觀察。劉廙說：「爲政者，莫善于清其吏」乃眾所周知的道理，但爲何姦巧
貪腐的問題卻始終存在？於是把問題核心指向「欲清而不知重其祿之故也」。他
從人性觀察的角度發言：「貧則仁義之事狹，而怨望之心篤，從政者捐私門，而
委身于公朝，榮不足以光室族，祿不足以代其身」，在如此「人情之所難」的情
況下，如何要求官吏們持守清節呢？尤有甚者，可能更容易造成「虛名彰于世，
姦實隱于身」的情況（〈備政〉），使得主事者難以分辨守清節與好清名之眞僞；
〔註123〕　且苟欺的行爲出現，想要維持吏治與綱紀就不太可能了。

傅玄則將「致治」之所以可能，繫於「善制」與「良佐」兩大主因。因
而，傅玄以「凡欲爲治者，無不欲其吏之清也，不知所以致清而求其清」破
題（《傅子》〈重爵祿〉），申論了吏治之清與天下致治的根本，就在於吏祿薄
厚。其思致與劉廙類近，但他標以「公義」、「公法」、「公制」之說，就表明
爵祿問題是具有「公」的規範意義。傅玄透視了吏祿薄所造成人情悖逆的窘
態。祿薄，使得群吏「背公義，營私利」──不惜觸犯奉公之制而營求私利；
倘若選擇「顧公制」而不欲營私，卻仍然有可能疲於面對家室餓餒的「家困」、
「內怨」各種情況，終究無法「守志不移」。是以，傅玄以「厚祿尊官」去除
祿薄造成人情困難的因素之後，便以「公法繩之于上，而顯議廢于下」的途
徑解決居官奉職者以私利經心的弊端。當二者並行，則「仁讓之教存，廉恥
之化行，貪鄙之路塞，嗜欲之情滅。百官各敬其職，大臣論道于朝，公議日
興而私利日廢。」（〈重爵祿〉）也就會成爲眞實的景況。

在觀念陳述之後，輔以東晉的史實來看。王敦亂後「天下凋弊，國用不
足」，東晉明帝詔令群臣坐論時政，當世有「棟樑之任」稱譽的溫嶠，上奏軍
國要務七事，其中有關民生與選官的議題，他提出需要擇簡「清恪奉公，足
以宣示惠化者」擔任田曹掾，以勸課農桑、令百姓殷實。其次，則是不以私
利增授官位，則能達到精簡官員並提高俸祿、待遇優渥「然後可責以清公耳」
（《晉書》卷67／頁1789）。溫嶠不但注意到吏祿與清公的關係，更將清恪奉

〔註122〕劉廙生平，詳見《三國志》卷21。
〔註123〕因此，劉廙觸及了爲官者是爲「名」還是爲「民」的問題。其言：「不念盡心
於卹民，而夢想於聲譽，此非所以爲政之本意也」，故「長吏之所以爲佳者，
奉法也，憂公也，卹民也」（〈論治道表〉，《全三國文》卷34）。意即，爲官
者本於卹民之心，則不會有務求虛名之行爲發生。

公的官員們視爲挽救國家衰頹的一股安定力量。「清公」意即「清恪奉公」，這樣看來，蒞官清廉、恪守職責始終是士群對其官僚角色的最高準則；而這種自我要求與其「不營」、「散俸」的道德精神外顯，就構成了本文魏晉士群「公型理念」的主要內核。

　　之所以不嫌冗贅的分析魏晉吏祿的問題，理由有二。第一，魏晉時期常用語「委任責成」的「委任」概念。它意謂著一種百官分職、權責分立，並且要求任職官員盡其責任的政治體制。〔註124〕基於這種行政制度的考量，魏晉政論家提出對各級官員受祿盡職的要求。當然，從人性角度來思考，更突顯出魏晉政論家的現實眼光。第二，根據史載：「將吏俸祿，稍見折減，方之於昔，五份分居一。」（《三國志》卷 25／頁 715）可得知曹魏繼漢末亂後，國家財政困難使得官員俸祿減爲漢代的五分之一。不惟如此，西晉愍帝時「百官饑乏，采稆自存」（《晉書》卷 60／頁 1651），與東晉成帝時「朝廷空罄，百官無祿，惟資江州漕運」（卷 81／頁 2114），都描述了因動亂、災荒導致官俸減少或斷絕的情形。〔註125〕因此，東晉簡文帝在咸和二年（372）下令增加百官俸祿，詔曰：由於先前變故，物資不足，以致「臺僚常俸，並皆寡約」，此乃「非經通之制」；而「今資儲漸豐，可籌量增俸」（《晉書》卷 9／頁 223）。其考量不全然是從制度面的說，所著眼處更是「增俸」、「賜給」對官員心理的安定作用。

　　綜上所述，可知吏祿問題有著不言可喻的現實意義。正因爲如此，對魏晉官員「散祿」、「不營」的「清德」之討論，是有意義而且必要的。況且，在戰亂、災荒、疫情加劇百姓痛苦指數的年代裡，魏晉官僚士群依自身「清」德而有散俸、讓財、賑施諸種舉動，可視爲以個人力量對政府救濟機制的及時援助。〔註126〕

〔註124〕參見王葆玹，《正始玄學》（山東：齊魯書社，1987 年），頁 102。
〔註125〕參見朱大渭，〈兩晉南北朝的官俸〉，《六朝史論》（北京：中華書局，1997 年），頁 266～頁 269。此外，君主下詔申述節約、敕禁侈靡，還通過宮廷的徹膳、損服的具體作爲來達成。例如：東晉康獻褚皇后於攝政期間，所發的三次詔命：穆帝永和元年（345）的〈振卹詔〉、孝武帝寧康二年（374）的〈拯卹詔〉與〈賜米窮民詔〉，或如穆章何皇后於安帝元興三年（404）的〈減膳詔〉皆是（《全晉文》卷 13）。
〔註126〕典型者如西晉徐苗，史載：「輕財貴義，兼有知人之鑒。弟患口癰，膿潰，苗爲吮之。其兄弟皆早亡，撫養孤遺，慈愛聞于州里，田宅奴婢盡推與之。鄉鄰有死者，便報耕助營棺槨，門生亡於家，即斂於講堂。」（《晉書‧儒林傳》，

　　最後，以西晉王戎（234～305）為例，說明魏晉士人可因「清」而聞名，亦可由「不清」而損名。

　　王戎於父親王渾（223～297）卒於涼州時，「故吏賻贈數百萬，戎辭而不受，由是顯名。」（〈德行21〉）另外，王戎本身亦欣賞孫吳光祿大夫石偉（206～290）的方正耿直，因「嘉其清節」而表薦拜為議郎。〔註127〕顯示他對「清」的要求與重視。不過，有兩件事讓王戎受到輿論批評，一是「坐遣吏修園宅，應免官，詔以贖論」，這是對公器私用的懲處。另一件則與賄賂有關：

> 南郡太守劉肇賂戎筒中細布五十端，為司隸所糾，以知而未納，故得不坐，然議者尤之。帝謂朝臣曰：『戎之為行，豈懷私苟得，正當不欲為異耳！』帝雖以是言釋之，然為清慎者所鄙，由是損名。（《晉書》卷43／頁1232）

其中，《世說》把重點放在「戎雖不受，厚報其書」，故置入〈雅量篇〉的第六條。對照兩種資料更清楚事件的來龍去脈。當時，王戎職稱為「侍中」——貼近皇帝的理事官員，而劉肇用以行賂的五十端（約一百丈）之「筒中箋布」市值不斐。於是引發了兩派意見：一派是時任司隸的劉毅（？～285），他主張劉肇是有意賄賂，所以「請檻車徵付廷尉治罪，除名終身」（〈雅量6〉注）；至於王戎因未納受金子，故不論罪。另一派意見認為王戎不檢舉劉肇反而溫厚地回信，其中必有隱情。在「議者尤之」的情況下，晉武帝發言：「以戎之為士，義豈懷私？」認為王戎並非心貪苟得之人，無形中為王戎做了政治背書。

　　就現實層面來看，王戎派遣小吏修繕自己的宅園，屬於公器私用的行為，按制度法規應當以免官懲處，結果「詔以贖論」——易科罰金，算是重罪輕罰。至於賄賂一事，雖未論罪，但值得注意的是「為清慎者所鄙，由是損名」一句，這顯示了輿論公評自在人心。簡單地說，王戎因不受「故吏賻贈」而有清名。反觀，在劉肇事件，「未納」之「清」還不夠，未能有避嫌之「慎」才是眾人非議的主因。至少這兩件事說明了「清」、「慎」作為魏晉官箴，是毋庸置疑的事實。即便個別官員不能以此自持，也會受到輕重不同的懲處，

　　　　頁2351）徐苗的作為可從幾方面來說：撫孤、讓財、助喪；對象則有親屬、
　　　　州里、鄉鄰、門生。

〔註127〕《楚國先賢傳》曰：「吳平，建威將軍王戎親詣偉。太康二年，詔曰：『吳故
　　　　光祿大夫石偉，秉志清白，皓首不渝，難處危亂，廉節可紀。年已過邁，不
　　　　堪遠涉，其以偉為議郎，加二千石秩，以終厥世。』偉遂陽狂及盲，不受晉
　　　　爵。年八十三，太熙元年卒。」（《三國志》卷48／頁1159）

以維持制度面的運行。

　　還需要追問的是，王戎以「儉吝」又「多殖財賄」著稱，〔註128〕他是否以不接受故吏助喪財物作為扭態求名的手段？從史料或相關記載，都不難發現魏晉人物在對待他人財物上的援助，大部分採取「不受」、「一無所受」的態度。〔註129〕這樣看來，「不受」是對他人財物的拒絕，而「不營產業」、「俸祿散之」則是自己選擇的生活態度；這兩方面同時顯現了一種德行：「清」。魏晉官僚士群因「清約」與「清儉」而獲得好的社會評價「清望」；當他們具有「清望」成為「名望家」或「民望家」的同時，那股內在的道德驅動力，又促使他們必須警謹自修且始終不易。如此說來，王戎的「不受」很難說是一種作態，但也很難排除「清」作為一種德目，其產生的社會效應，對當時士人是具有某種制約性的。

第四節　小　結

　　「道」，作為魏晉思想家共同關注的問題之一，從來就不應該只被玄、微、深、遠的詮釋方向所壟斷。因此，立基於「道」的周普、包容、廣大意義，魏晉官僚士群一方面對「天道蕩蕩」、「王道平平」做出觀念的衍繹，另一方面也體認到無所偏私之「公」、無有好惡之「平」，就是他們作為「履道」的首要原則。因此，當他們依此體認踐履其官員角色時，便進一步凝聚成「國家至上」的「公型理念」；與此同時，他們又向內要求自律與自制，使得公平正直、清忠貞潔的價值得以貞定，這是「士」的公共性格之展現。

　　本章內容主要討論「士」的公共屬性與「公」的價值理念。第一節的內容，是在既有的研究基礎上，提出以「國家至上」為核心的「公型理念」作為論述主軸，說明魏晉官僚士群以其自律精神超出私利欲求而能以公眾利益考量為先，意在揭開魏晉官僚士群長期被私門政治所掩蓋的真實面貌。第二節從經典注釋的觀念說明以及政論疏文的實際提問，爬梳了魏晉思想家對「天

〔註128〕《世說》〈儉嗇篇〉共九條，王戎便居其四；余嘉錫謂：「戎之鄙吝，蓋出於天性」（《箋疏》，頁874），其好財由此可知。

〔註129〕尤其以《晉書・孝友傳》所載：「躬自負土（築墓），不受鄉人之助」、又如孝子劉殷「時人嘉其至性通感，競以穀帛遺之。殷受而不謝。」略可推知：魏晉時期的「濟貧」行為，有時是通過喪葬事宜的協助來達成的。由「鄉人」、「時人」亦可見，救助對象並不限於有血緣關係的「家族」或「宗族」。

道無私──君主至公」的看法，並確認了所謂「至公無私」的意涵，就是「無所偏私」；唯有置於「正己」、「身治」脈絡下的「無所偏私」，才能將「至公」的極大化意義呈顯出來。魏晉官僚士群的特殊處在於，他們以舉賢讓能之「公心」印證了「無私」之不阿私、不偏愛；並由「社稷」、「群生」的對象性，突顯了「公」的「普遍」與「整體」意涵。第三節申論魏晉士群對其官僚角色的定位，並深掘了魏晉出仕之士「為民」的想法與「為國」的實際行動。既是「為國」，則所謂的「公忠」之「忠」就不能只從「效忠君主」的狹義予以解釋，而必須回到「與人謀而不忠乎」的詮釋脈絡。再者，既謂之「公清」，則「清」概念必定是以「清恪」、「清慎」的行政操守與「清約」、「清潔」的自律精神為主要意義，然後才逐漸往「清逸」的審美方向發展。

　　本章以「公的觀念叢」為主軸，說明了魏晉官僚士群之「清節」、「忠謇」各種德行，絕對遠大於個人品格或職業操守的意涵。因為，當他們直面百姓時所彰顯的「清」、「忠」價值，必定顯示其普遍、多數的意義，於是在此層次又結合成「公清」、「公忠」的概念，並產生「倫理──政治」雙向的反饋作用。其中，又以嵇紹與王裒為例，對舉「出仕」為「公」而「竭忠」、「在家」為「私」而「全孝」兩種典型，切入了「公忠──私孝」的倫理衝突或「忠臣──孝子」的角色抉擇；此議題同時也點出本文副標「角色定位」的意思。不過，這裡的「公」與「私」只是範圍的不同，是以「國（天下）──家」來劃分其畛域；其「私」字，不具有「私心」、「私意」之「惡」的意涵。故次就「私家」概念，申述不朝之士的交往與活動。

第三章　魏晉不朝之士的公眾意向

　　魏晉士群選擇不出身在私家，則其「私」並非「私己」之意，已明確可知。延續「公家──私家」的空間劃分，必須繼續追問的是：魏晉不仕之士對「中央政府」採取自覺的間距化而選擇落腳於「地方州閭」，其行為動機之本質為何？

　　本章標目「魏晉不朝之士的公眾意識」，試圖說明幾個問題：

　　第一，選擇在家不仕的魏晉士群，是以具備「能而不仕」條件為前提的。他們拒絕應辟為官是謂「讓位」，卻不意味他們因此而拒絕其他的社會角色。在他們看來，個人志願與理想的實踐場域有比官場更為恰適的處所，於是，選擇在地方鄉閭從事講誦教授、研籍著述，此即「斯文以自任」個人抉擇的呈現。意即，「士」的文化身分之認同，經由「讓位而不仕」的行動，得以再次獲得確認。故標「斯文以自任的志業」為題說明。

　　第二，魏晉士群擔任官職的意願薄弱，與價值重塑有關。這從嵇康、葛洪不斷以「意足」、「適志」重新定義「富貴」並非名位榮利即可知。因此，凡被稱以「高士」、「處士」者，皆能以「學不為利，行不要名」的自得與樂道作為特徵。又，「因性而用」、「各任其真」，不僅是「不朝之士」對自我性情確認的話語，同時也是君主或府君對用來表示對其個人意願的尊重與對仕隱等價值的認同詞彙。其特殊意義在於，魏晉士群「隱而不仕」的作為之所以被接受，通常是由他人從「知足」、「勵俗」的角度揭示出「高尚其志」的文化意涵。換言之，「高讓不仕」，對「遂己志」的士人而言，是自我志向抉擇的結果；對他人而言則別具社會教育、文化傳播的深意。故以「循性而動」為題，切入說明知止自得與安身安心二者關係。

　　第三，仕或隱的抉擇，牽涉個人的行為與動機。但由於個體需求與心理

狀態的不同，有可能是孝養不仕、養志不仕或世亂不仕，亦有可能是祿養而仕、應時而仕。換句話說，採取先仕後隱、先隱後仕或終身不仕的分類做法，並不具有特殊意義的，故本文以人物類型分析的方式申述。例如，以皇甫謐的屢辟不起，說明「無道」因素無法全面解釋魏晉「不仕」之士的心態；再以李密作為孝養不仕的代表；最後以聲名減半的鄧粲，說明「朝隱」並非當世普遍被接受的說法。

綜言之，「高讓之士」延續了「隱居以求其志」的傳統，本文將突顯魏晉士群「求志」選項中以「文化」作為其「身分屬性」（quality）這一點，以證成魏晉「斯文不墜」及其時士群固守己「志」之「自覺」的思想史意義。

第一節　高讓不仕以遂志

或許是莊子「持竿而不顧」的形象深植人心（〈秋水〉），遂使其「終身不仕」的印象持續地被強化，〔註1〕於是，「棄世則無累」的說法（〈達生〉），就被錯誤地詮釋及引證成莊子乃避世之人。事實上，「棄世則無累」的「棄世」是指「棄世事」──拋棄一切束縛人心的物累與異化。此即王叔岷所謂：「棄世事者，意在處事而不為事所困，非棄人事而不為也」，故莊子處世「不能謂之避世，亦不能僅謂之入世。蓋入世而超世者也。」〔註2〕其中，「無江海而閒」（〈刻意〉），便說明「閒」的自適心閒的超然，是對物累制約擺脫的描述，而非離世避居江海的陳述。換句話說，從莊子對離世異俗、刻意為高的行為的不苟同，就可以理解，莊子理想的生存型態乃是「群於人」而「游於世」。

一般觀點多將魏晉以隱為高的風氣，根結於對老莊思想的接受。實際上，更準確地說法是：魏晉思想家對老莊關於「獨」的概念之擷取，並強化了對「獨志」的論述。莊子本身就是最好的例證。莊子曾擔任過「蒙漆園吏」，但他對楚威王聘為宰相一事，卻以「我寧游戲污瀆之中自快，無為有國者所羈，終身不仕，以快吾志焉」為由，對「千金，重利；卿相，尊位」採取拒絕的

〔註1〕這種印象又來自於〈列禦寇〉「或聘於莊子」一段，以及《史記》「無為有國者所羈，終身不仕，以快吾志焉」的材料。事實上，〈秋水〉裡「莊子釣於濮水」與「惠子相梁」兩段故事，意在強調人格的獨立性，故謂「无以得殉名」。郭象分別注為：「性各有所安也」、「言物嗜好不同，願各有極」（頁606），即從物的各各之「願」來說。

〔註2〕王叔岷，《莊學管闚》（台北：藝文印書館，1978年），頁13～頁15。

姿態。清楚可見，莊子是以「拒位不仕」的舉動，傳達他對「適志」的堅持，於此展現了自我價值取向的力度。司馬遷所謂「故自王公大人不能器之」即就此而論（《史記》〈老子韓非列傳〉）。爾後，魏晉思想家從「古之所謂得志者，非軒冕之謂也」出發（〈繕性〉），不斷申述「不喪己於物」、「不失性於俗」，也都是對適己之志、自得適意的強調，而不是其他意思。

　　筆者認為：「非棄人事」與「適己之志」，正好可以用來概括魏晉時期「徵而不至，高尚其志」之士人的行事特點。雖然仕或隱的舉動，多少都摻雜著政治因素的作用，但魏晉時期的「不仕之士」，總是藉由淡化政治符碼的方式以保持自我質性；又或者說，其為官意識的薄弱，乃是與自我意識高揚同步的。再者，「非棄人事」意味著「隱」只是「不仕」而非隱身絕世或絕迹出世。那麼，魏晉時期「不仕之士」依其「士」的公共性格，必定對社會保持了深切之關懷，這一點必須從他們「以道樂身」的內容，再進一步推敲。

　　以此之故，本文對於魏晉「不朝之士」的討論，將採取弱化政治因素的論述策略，並把研究視角調整成對其生存態度與社會責任兩方面的探究。

一、適己之志，非棄人事

　　通過對現有研究論點的陳述與檢討，既可以處理部分資料與論題，也可以勾勒出魏晉高讓不仕者的圖像輪廓。這兩項工作，適足以呈現本文對「隱而不仕」的基本看法並釐清「隱逸」、「栖逸」與「高士」、「處士」等相關概念，更重要的是，足以呈現本文選擇以「固志」作為研究視角的理由。

（一）養志超俗而非隱身匿迹

　　劉紀曜將仕與隱的問題，區分成「懷抱道德與政治理想而出仕經世者」與「懷道遁世的隱者」，並從人格與行為層面將之界定為政治文化的問題。他認為魏晉隱逸風氣之盛與老莊思想之興盛有關，遂從魏晉時期對道家「身隱」及道教「全身」觀念的接受切入論述。其言：

> 老莊思想的盛行，在思想上是意味著對漢代儒家禮教的批判與抗拒；在現實處境上是對漢末以降的動亂局勢之逃避。因此莊子全身保真、任性自適的隱逸思想乃大為流行。如前所述，莊子的思想本質是反仕的，而這種反仕思想表現在兩晉隱逸人物身上的，則是避禍（或避亂）觀念，而發展成極端的絕世態度。……。比較上，絕

世避禍的隱逸態度，是反政治的層次；而絕世養生、逃匿深山的隱
逸行爲，則已達反社會的層次。這種反政治或反社會的隱逸思想，
基本上是莊子『反仕』、『身隱』觀念的進一步引申，因而有『無君
論』的出現。（頁316）

……此種『無君論』是漢末以降知識分子對紛亂的現實政治悲觀不
滿的極端反應，而想退化到原始的自由狀態。不但是絕對的『反仕』，
且進一步否『仕』的存在價值，以反政治的『無君論』，從根本上解
脫君臣關係。〔註3〕（頁317～318）

這一大段引文，有三項論點必須提出再行研議。第一點，劉紀曜引用《晉書·
隱逸傳》如孫登不與人言語、孟陋「口不及世事，未曾交遊」或翟湯「不屑
世事」等等，以說明絕世的隱逸態度。此種做法的問題有幾：之一，若詳考
《晉書》〈隱逸傳〉所載錄的傳主及行事，並沒有真正遺世絕世的隱者。雖然
孫登（？～241）或夏統「竟不知所終」，但在此之前的情況是：孫登之「時
時游人間」，且嵇康（223～262）還「從之游三年」（頁2426）。夏統也有兄弟
和睦、宗族勸仕的經歷；從他對賈充「欲使之仕，即俛而不答」的態度來看
（頁2429），頗有輕蔑權勢的味道。因此，〈隱逸傳〉更多的內容敘述是放在
人物「朝不就，終於家」的經歷。這樣看來，重點應該從「隱身匿跡」轉向
「隱居不仕」之「終不就」的意義。問題之二，〈隱逸傳〉裡所謂「世事」或
「交通」，多指仕宦方面的交際往來。所以應當留心的是，〈隱逸傳·序〉對
寫作意圖的概括：

譙元彥之杜絕人事，江思悛之嘯詠林藪，峻其貞白之軌，成其出塵
之迹，雖不應其嘉招，亦足激其貪競。今美其高尚之德，綴集於篇。

（卷94／頁2425）

其中，譙元彥指的是東晉譙秀，他因預知世亂而杜絕人事，但在永和三年（347）
范賁、蕭敬亂起之時，選擇「避難宕渠，鄉里宗族依憑之者以百數。」（頁2444）
需知，上百人依從譙秀避難，此舉無異於西晉庾袞率宗保族與東晉郗鑒舉遷千
餘家避難的意義。其意義在於戰亂凶荒之年，譙秀能依其道德自律精神號召鄉
里宗族，形成具有合作自濟穩定關係的團體。〔註4〕至於江思悛，指的是江惇

〔註3〕參見劉紀曜，〈仕與隱──傳統中國政治文化的兩極〉，收入黃俊傑主編，《理
想與現實》（台北：聯經，1993年），頁289～343。

〔註4〕史載：庾袞「率其同族及庶姓保于禹山」（《晉書》卷88／頁2282）；東晉郗

（305～353），他以「儒玄並綜」有名，故東晉名士如阮裕、王濛並與之游處且深相欽重（《晉書》卷 56／頁 1539）。必須注意到，〈隱逸傳〉並末列入江惇，但卻標誌江惇「養志二十餘年」與「徵聘無所就」之邁俗高節（〈賞譽 94〉注），以作爲對「不屈其志」之「絕俗」群士的稱美讚揚（〈隱逸傳〉，頁 2463）。易言之，〈隱逸傳〉有必要從「幽操不回」與「貞白之軌」重新解讀。

　　第二點，劉紀曜從道家「身隱」與道教養生「全身」，連結「反仕」與匿跡「絕世」的錯誤。其一，莊子本意在樂道適志，並非劉氏所謂「有隱無仕，一往不返的隱逸觀」。其二，因養生保眞修習導引之術，而逃匿深山終身不返的問題，金谷治曾提出：「養生是觀念性的，甚至是一種精神主義的態度和立場」，意即，養生的意義更在於「純素之道，唯神是守」的價值取向而非純愛惜生命的延壽態度。〔註5〕即如嵇康〈養生論〉兼取《莊子》與道教的養生觀，仍是偏重回歸自足自在之價值主體的「養心」層面。〔註6〕因此，可用〈隱逸傳〉的張忠作爲力證，其「恬靜寡欲，清虛服氣，餐芝餌石，修導養之法」，「其教以形不以言，弟子受業，觀形而退。」可見，張忠收有學習導養之法的弟子。又，附近的居民會饋贈他們日常所需之物，即便張忠未曾接受，也可適度說明彼此間的互動。史書所述，可證明張忠只是依巖阿而居並非絕迹邈蹤。稍後，前秦符堅遣使徵之，張忠一到洛陽便以「年衰志謝」、「山棲之性，情存巖岫」爲由請求返鄉。符堅爲示尊重遂以安車遣還，但張忠卻以百歲高齡死於途中。最後，符堅下令「祀以太牢，褒賜命服，諡曰安道先生。」以示尊崇（頁 2452）。又如，東晉陶淡雖「好導養之術，謂仙道可祈」，但他藏匿到埤山的本意，是爲了逃避州舉薦他爲秀才一事，而非爲了修行導引之術（頁 2460）。故就張忠與陶淡而論，顯然兩人「拒位」的態度，較之於修行導引的行爲來得更爲明確。

　　第三點，關於「退化到原始的自由狀態」之「反仕」、「反政治」的「無君論」。本文認爲，魏晉思想家引用儒家「三代之治」或道家「至德之世」之說，

　　　　鑒「舉千餘家俱避難於魯之嶧山」（《晉書》卷 67／頁 1797）。關於魏晉難民群體，以高尚道德者爲中心所形成的共同體集團，其集團成員間的自律與合作關係，詳見〔日〕谷川道雄著、馬彪譯，《中國中世紀社會與地方共同體》（北京：中華書局，2002 年），頁 88～頁 90。
〔註5〕參見〔日〕金谷治〈《莊子》的生死觀〉，收入陳鼓應主編，《道家文化研究・第五輯》（上海：上海古籍，1994 年），頁 70～頁 83。
〔註6〕參見謝大寧，《「歷史的嵇康」與「玄學的嵇康」》（台北：文史哲出版社，1997 年），頁 99～頁 111。

都是以「復初」、「返本」爲前提；但「復」與「返」並不是時間意義上的追溯，而是對理想的生存情境之追憶。更重要的是，魏晉思想家對於「之所以有君」的思考或批判，乃是針對現實人君「宰制天下，以奉其私」的「自利」所發，並非意欲取消君位的設置而返回原始太古。關於「無君論」，若以本文前一章「天道無私」的觀念作爲基礎，再加以剖析，或許會得到不同的意見。

（二）節行超逸而非遁世不返

王仁祥從「不入仕途」的政治態度來界定「隱逸」，並欲從政治史與思想史兩個角度進行考察。他對「隱」、「逸」的區別及定義爲：

> 蓋隱者只是不入仕途，但未必不關心政治。而其所以不仕，則因其有進退出處的考慮，不苟且而仕。至於逸民，則爲遊心世外，高蹈不仕者。其既無心用世，故亦無出處進退的考慮。換言之，隱者只是處於「舍之則藏」的狀態，但其心則未曾或忘「用之則行」的理想。而逸民則所謂「往而不能反」者矣。（〈緒論〉，頁 10）〔註7〕

這樣的定義，很明顯是以「入仕與否」的政治態度來作爲劃分尺度。其中，王仁祥雖然注意到《後漢書》卷五十三〈周黃徐姜申屠傳〉與卷八十三〈逸民傳〉的差別並指出：前者乃「識去就之槪，候時而處」，故徐穉、姜肱等人雖未參與政治，卻仍保持相當程度的關心；後者則是「性分所至」，故人物多「絕塵不反」。但此說仍然隱含著「世治」或「政亂」的區分。因此，他以人物與朝廷政治的距離遠近爲準據，將東漢隱逸的類型劃分爲三種：先隱後仕、先仕後隱及終身不仕（頁 208）。

但應該要進一步探究的關鍵問題是，這些人物對於朝廷徵辟的舉措爲何會產生不同反應？其「終身不仕」背後，所固守堅持的理由爲何？對這些問題的說明，若缺乏從思想史角度的觀察，勢必造成一定的困難。理由在於，秦漢國家型態建立之後，「仕──隱」本來就是士人必須面對的政治文化議題，因而單從人物與政治權力的遠近關係，是很難貼切說明士人對仕隱抉擇的深層動機。〔註8〕

〔註7〕參見王仁祥，《先秦兩漢的隱逸》（台北：國立臺灣大學出版委員會，1995 年）。

〔註8〕余英時說：「唯獨漢末士大夫避世，頗有非外在境遇所能完全解釋者」；「內心實別有一個以個人爲中心之人生天地，足以寄托」，「漢末之避世思想確反映個人之內心覺醒，而魏晉以下士大夫之希企隱逸，大體上亦當作如是之了解，可以無疑矣。」參見氏著，〈漢晉之際士之新自覺與新思潮〉，《中國知識階層史論》，頁 254～頁 255。本文以爲，前一句便清楚表明避世思想不是政治的單一因素

事實上應當注目的是，〈黨錮列傳〉的夏馥、范滂與卷六十八的郭太和姜肱諸人，彼此因志同道合所形成的交往關係。有關後漢逸民隱士的問題，日本歷史學家川勝義雄提出比較好的解釋觀點。他認為：黨錮事件之後，被免官的清議之士因為出仕之途被阻，而與不願出仕的在野批判者「逸民」，有了相同的處境。於是，「以黨錮事件為契機，士大夫普遍傾向於隱逸君子的方向」，這意味著「以逸民的清淨、高潔作為至上價值標準的風潮流行」，「因而，『清』的理念自覺地流行起來。」（頁 22）所以，在魏至晉之間一段安定的時期內，「『清儉』、『清素』成了一般士人，甚至一般貴族表面所提倡的最高道德。」（頁 29）〔註9〕川勝氏的意見，不但說明了魏晉時期「清儉好施」、「清靜寡欲」等理念的普及與流行，同時也為《晉書》〈隱逸傳〉人物「廉不受惠」、「性高潔」、「虛退寡欲」的性格，找到了源頭。如是，傳序所謂「峻其貞白之軌，……亦足激其貪競」，指的應該就是〈隱逸傳〉人物對「清」的理念之踐履。尤其，如果考慮到魏晉對「高士」一詞的使用頻率，〔註10〕以及「西州高士」皇甫謐（215～282）將郭太、姜肱等人收入〈高士傳〉。那麼，川勝氏考察清流士大夫與在野逸民關係的結論，無疑是重要的。

不過，對於「清節之士」意涵的衍化發展，卻必須小心分辨。劉澤華將秦漢時期有文化教養的「士」，劃分為四種類型，其中，他在「道德之士」一項，列有「清節之士」與「清潔之士」，並以「自治而不能治人」，強調這是潔身自愛的個人修養（頁 90）。顯然，這並不能涵蓋魏晉「清節令才」的看法。〔註11〕又，劉澤華對於魏晉南北朝隱逸之風盛行，提出他的看法：「究其原因，很重要的一點是由這時『無道』的政治狀況造成的」，在人人自危的恐怖氣氛

所能解釋的。然而，所謂「以個人為中心」云云，則難以避免魏晉士人避世而不論世事的印象。事實上，就「仕——隱」課題而言，若從「為官意識」的淡薄以及自我人生理想之貞定切入，或者更能突顯所謂「個體自覺」之意。

〔註9〕 參見〔日〕川勝義雄，〈六朝貴族制社會的成立〉，劉俊文主編，《日本學者研究中國史論著選譯·第四卷·六朝隋唐》（北京：中華書局，1993年），頁1～頁35。

〔註10〕其中，王粲的祖父王暢與李膺「二人以直道不容當時。天下以暢、膺為高士」（《三國志》卷21／頁597）。據《後漢書》所載，李膺列名於〈黨錮列傳〉，王暢則以「清方公正」為陳蕃所舉荐。約略可見，漢魏之際對於「高士」的看法，與「清」的概念難以劃開。不過，到兩晉之後，「高士」一詞，開始偏重於人物「清虛寡欲」的特質。

〔註11〕譬如東晉蔡謨推薦孔愉與諸葛恢兩人所用「清節令才」一詞，指的是清廉節操與政治幹才（《晉書》卷77／頁2034）。

裡「為了逃避禍殃，只好隱居，以不仕為上策。」（頁 390）「（相較於漢代）
魏晉隱士則多數要遁入深山中。這不是深山對他們有吸引力，而是政治情勢
的逼迫結果。」（頁 392）〔註 12〕這是典型以「無道」因素來說明魏晉隱逸的
看法。這種看法的問題在於，「無道」適用任何時代背景，這種一般原則性的
理由，並無法突顯魏晉隱而不仕之風盛行的特殊性。再者，若以皇甫謐為例，
他多次婉拒朝廷辟命的時間，集中在西晉平吳之後的一統局面，這很難放在
「無道」、「世亂」的解釋脈絡下。更何況，他的門生幾乎都是晉室名臣，這
就表明他並不反對出仕的行為。於是，重點仍然得回到「拒位不仕」更深層
的理由之探究。

（三）淡漠逃名而非冷漠逃避

張立偉把隱逸歸納成「忤世之隱」與「避世之隱」兩大類，其言：

> 忤世之隱是用隱來表達抗議，對社會施加影響來實現參與（入世是
> 要出自身，走向社會，對社會加以影響，加以改造。像魯褒、任旭、
> 嚴光）。……。避世之隱則與參與（包括入世與活動）無關。他們（如
> 申屠蟠、二疏）的隱純粹是在世的個人行為。……忤世之隱反抗現
> 實，避世之隱容忍、逃避現實。（頁 65～頁 66）

> 有批人就是因天性冷漠而不仕的，比如，東晉的郭文，……，他實
> 在是個本性冷漠的山草之人，……是有士之名而無士之實的空殼花
> 生。（頁 64）

> 漢晉之際隱逸文化中冷漠傳統的形成，最重要的就是把歸去來時不
> 合作的忤世之隱，冷漠成歸去來之後的不介入的避世之隱。（頁 156）
> 〔註 13〕

有關張氏的論述，本文擬針對幾點加以參酌商議。第一，魯褒與任旭（？～
327）都列名《晉書‧隱逸傳》，其中，任旭曾擔任郡將蔣秀「功曹」一職，
後因蔣秀貪穢不法，任旭正色苦諫不納遂去職，選擇「閉門講習，養志而已」
的生活型態。「養志」二字，當為關鍵線索。理由在於，任旭的人格特質與學
術修養可謂「立操清修，不染流俗，鄉曲推而愛之。」故晉惠帝博求清節儁

〔註 12〕 參見劉澤華，《士人與社會──秦漢魏晉南北朝卷》（天津：天津人民出版社，
1992 年）。
〔註 13〕 參見張立偉，《歸去來兮──隱逸的文化透視》（北京：生活‧讀書‧新知三
聯書店，1995 年）。

異之士，太守仇馥以任旭「清貞潔素，學識通博」舉薦之。稍後，元帝初鎮
江東之時，王導開始設立學校，「旭與會稽虞喜俱以隱學被召。」（頁 2439）
其中，「隱學」，乃指隱而未仕的學者，是很重要的說法。若參照〈儒林傳〉
所載：東晉太寧（323）中，虞喜與任旭俱不就博士徵命，故明帝復下徵詔：
二人「並潔靜其操」、「志操足以勵俗，博學足以明道，前雖不至，其更以博
士徵之。」（卷 91／頁 2348）從詔書內容看來，就充分顯示了魏晉不仕之士
的「志」、「學」特徵。尤其，東晉穆帝時，虞喜「在會稽，朝廷遣就喜諮訪
焉。其見重如此。」（頁 2349）但虞喜始終未應辟出仕。也就是說，從任旭與
虞喜的生平事跡來看，看不出有「用隱來表達抗議」的意味；而這些不仕之
士本來就沒有脫逸其人間活動與社會責任。下面，會再以〈儒林傳〉虞喜、〈孝
友傳〉孫晷與江惇之間的交往，針對不仕之士彼此間依「志同」結友，及其
與鄉里鄰人間互動所形成的一種對人格欽敬的關係場域，予以說明。

　　第二，張立偉以「不動心」、「不介入」作為隱士正格，因而對〈隱逸傳〉
的郭文有「空殼花生」的批評。事實上，這種不公平的論斷，起源於他對莊
子「無情」觀念的誤解。更何況，唐修《晉書》在王隱《晉書》、何法盛《中
興書》以及《晉諸公別傳》等史料別傳的基礎上，用了很大的篇幅敘述郭文
獨宿無人山谷十餘年，這就絕非以「山草之人」誤歸列〈隱逸傳〉一句話，
解釋得通的。

　　由於郭文屬於特例，必須加以說明。首先，根據〈隱逸傳〉中溫嶠與郭
文的問答來看。其一，對於獨處窮山，可能因患病致死為烏鴉所食，郭文答
曰：「藏埋者亦為螻蟻所食，復何異乎！」這不就是莊子「以天地為棺槨」而
來的坦然嗎？（〈列御寇〉）於是，當郭文於元帝永昌中（322）感染疫疾後，
遂向臨安令提出返還山裡「欲枕石安尸，不令人殯葬」的請求。由此觀之，
郭文所言「人無害獸之心，則獸亦不害人」，正是從其「天機鏗宏」質性自然
地流露；莊子所謂「無機心」即此。其二，對於委質出仕一事，郭文自陳：「山
草之人，安能佐世！」此語不應視為託辭，而是他對自己性分的體認。理由
在於，素有「知人之稱」的溫嶠最後評論：「（郭）文有賢人之性，而無賢人
之才，柳下、梁踦之亞乎！」（頁 2441）其以春秋隱士賢者柳下惠、梁踦比擬
郭文，就是區別了政治幹才與宏遠天性的做法。

　　其次，葛洪、庾闡為作其傳、贊頌其美的意義。庾闡〈郭先生神論〉寫道：
　　……，視榮辱其猶塵埃，邈高尚而不顧。故能外安恬逸，內體平和，

鳴鳥可拊翼而遊，猛獸可頓羈而羅。……。觀夫郭先生之爲體也，

可謂含眞履信，純朴自然。(《全晉文》卷 38）

庾闡的文字，很好地概括了郭文的人格特質；恬逸與平和，即是「無情」——
——「不以好惡內傷其身」的註腳（《德充符》）。

再次，郭文與他人的互動及態度。據史載，郭文種菽麥、採實自給，偶爾
與人交換鹽以自用。若有餘糧便用來救濟窮困匱乏之人，所謂「食有餘穀，輒
恤窮匱」之「輒」，說的是一種經常性的自覺行爲。由此可見，郭文並非冷漠、
離群索居之人。又，從郭文對於他人饋贈接受的不同態度來看。一種是「人有
致遺，取其粗者，示不逆而已」，郭文對一般平民百姓的贈予，只選取粗劣者受
納，以示不違逆他人心意。另一種是，餘杭令顧颺送他一套皮衣褲，則「不納」、
「韋衣乃至爛於戶內，竟不服用」。此種「取／不納」的態度，正好是郭文交往
原則的呈現；他不拒常人卻拒「杭餘令」，與其拒位的基本立場一致。

綜觀郭文「山草之人」的解析，適足以說明「冷漠」、「不介入」的說法並
不成立。前引西晉夏統，已初步觸及魏晉不朝之士乃是「逃名」而非逃避、「淡
漠」而非冷漠。對此線索的辨析，本章別立「安身與安心」小標，以申述之。

以上所述，已針對相關論點提出反省意見，初步確認魏晉「高讓之士」乃
「隱不離世」之意。下面，再從史料引用範圍及處士、逸民等名稱，加以說明。

二、辭榮不仕，高尚其志

本文對於所援引的《三國志》、《晉書》等相關史料之眞實性，並不存有
任何疑慮。〔註14〕理由在於，魏晉時期私人修史風氣極盛，具有「當朝人寫
當朝史」的特色，而且品量內容都屬佳作。〔註15〕尤其，《世說新語》劉孝標

〔註14〕唐修《晉書》雖以臧榮緒《晉書》爲底本且輯成於眾人之手，故難免有矛盾或
　　　　疏漏之處。但若相互參照〔清〕湯球《九家舊晉書輯本》以及《眾家編年體晉
　　　　史》，大體上對人物的描述出入不大。參見湯球輯，《九家舊晉書輯本》五冊（北
　　　　京：中華書局〔叢書集成初編〕，1985 年），以及〔清〕湯球、黃奭輯，喬治忠
　　　　校注，《眾家編年體晉史》（天津：天津古籍出版社，1989 年）。至於《三國志》
　　　　的完成，是陳壽以官修王沈《魏書》、韋昭《吳書》與魚豢私撰《魏略》爲基
　　　　本材料寫成，這些都是貼近時代的史家觀點。後來，南朝裴松之廣泛搜集東晉
　　　　後期出現的史料，爲《三國志》作《注》，並把重點放在事實的增補與考訂上，
　　　　豐富了三國時期的內容。筆者所謂的沒有疑慮，是在此意義上而說。
〔註15〕參見萬繩楠，〈史學文獻的蓬勃發展〉，《魏晉南北朝文化史》，（台北：雲龍出
　　　　版社，2002 年）。

注引各種人物別傳，諸如〈嵇康別傳〉、〈陳泰別傳〉、〈郗鑒別傳〉等等高達八十多種，在敘述上具有突顯個別人物性行的文學特點。但從余嘉錫所說：「別傳當時人所作，理自可信。」（《箋疏》，頁 25）即表明魏晉人物別傳所含具的真實性，不容置疑。不過，本文對於史書分傳體例，其中所隱含編撰者視野不同的可能性則有所保留。譬如，西晉王裒的生平，就諸本史書對其人物特質的描述來看，內容出入不大，但唐修《晉書》將之列入〈孝友傳〉，而晉人王隱私撰的《晉書》則將之列名於〈處士傳〉。以此之故，本文對於正史別傳的資料引用，乃採取打破各列傳分類的做法，以便互相資證、全面觀照。

（一）隱學之士，樂道無悶

關於魏晉「處士」或「隱士」等名稱的內涵異同及使用情形，先以唐修《晉書》〈孝友傳〉的王裒與庾袞，對照東晉王隱《晉書》所述，以作為考察的主要線索。〔註16〕例一，唐修《晉書》對西晉王裒的描述是：

> ……博學多能，痛父非命，未嘗西向而坐，示不臣朝廷也。於是隱居教授，三徵七辟皆不就。廬于墓側，旦夕常至墓所拜跪，攀柏悲號，涕淚著樹，樹為之枯。……門徒隨從者千餘人。（〈孝友傳〉，頁 2277）

這與王隱《晉書》所述「痛父不以命終，絕世不仕。立屋墓側，以教授為務」無異（《三國志》卷 11／頁 348）。但要注意的是，王隱的〈處士傳〉就只列舉了王裒一人。若依「處士」，乃指「不官於朝而居家者也」的定義（《漢書》卷 13／顏師古注），則知王裒「絕世不仕」的「絕世」，是「絕棄仕宦」之意，更準確的說法是：隱不離世、教授傳道。

例二，關於西晉庾袞列名於王隱《晉書》〈逸民傳〉。二書都敘及庾袞尊親孝友的行為；但王隱一句「世號庾袞有異行」，唐修《晉書》則依南朝臧榮緒《晉書》鋪述寫成：

> 鄉黨薦之，州郡交命，察孝廉，舉秀才、清白異行，皆不降志，世遂號之為異行。……形雖恭而神有不可動之色。太守知其不屈，乃歎曰：「非常士也，吾何以降之！」……宗族鄉黨莫不崇仰，門人感慕，為之樹碑焉。（〈孝友傳〉頁 2282～頁 2283）

其中，「清白異行」指的是行為清廉、品行優異的察舉科目。這是由於庾袞依其自身至性懿德，外顯為「執事勤恪」或遇饑荒讓穀穗、「撫諸孤以慈，奉諸

〔註16〕王隱《晉書》內容，見〔清〕湯球，《九家舊晉書輯本》所輯，共十一卷。

寡以仁」諸種行逕而爲鄉黨推薦。〔註17〕至於「不降志」，則表明庾袞對於「不仕之志」的不曾動搖。從其以「幽顯易操，非君子之志」之語教誨弟子來看，又可以推知庾袞曾從事教授事業。那麼，就庾袞的生平事跡看來，實可謂之「有德而隱處者」（《漢書》卷 21／顏師古注）。

其次，再以東晉范宣（？～378？）兼具「少好隱遁」與「儒博通綜」特點爲例，以說明《晉書》與《世說》對人物評論的角度不同，因而范宣分別歸列二書的〈儒林傳〉與〈棲逸篇〉。

《世說》〈棲逸篇〉之「棲」應含有「棲遲橫門」——「淺陋之處可以遊息」之義；當「棲」與「逸」複合爲詞，可指「因棲遲橫門而得一種暇逸之情」，也就是指涉了「因不仕而得一種棲息安樂」之情。因而，〈棲逸〉連結了「身處衡門」與「心得暇逸」二者的關係。〔註 18〕前者指的是現實生存空間的體驗，後者則是寡欲止足心境的體現。據《世說》所載：

> 范宣未嘗入公門。韓康伯與同載，遂誘俱入郡。范便於車後趨下。
>
> 《續晉陽秋》曰：「宣少尚隱遁，家于豫章，以清潔自立。（〈棲逸14〉注）
>
> （范）宣潔行廉約，韓豫章遺絹百匹，不受。……。
>
> 《中興書》曰：「宣家至貧，罕交人事。豫章太守殷羨見宣茅茨不完，欲爲改室，宣固辭。羨愛之，以宣貧，加年饑疾疫，厚餉給之，宣又不受。（〈德行38〉注）

范宣未曾進入過官衙郡署的舉動，只能從他意欲與政治符號保持距離來解釋。但引文的重點反而在豫章太守韓康伯多次同車載乘范宣的舉動，此即余嘉錫所言：「又言『同載』，蓋韓敬范之爲人，同車出入之時亦多矣。」（《箋疏》，頁 39）這應與康伯禮敬范宣的清潔廉約的德行有關。但反觀范宣對太守殷羨與荊州刺史庾爰之兩人多次的財物饋贈，始終採取「固辭」、「不受」的態度，這透露了「罕交人事」的意味，同時也是「清潔」性格的呈顯。再看《晉書》所錄：

> ……博綜眾書，尤善《三禮》。家至貧儉，躬耕供養。親沒，負土成

〔註17〕 世號庾袞「庾賢」，還得從他率領同族及庶姓避難於禹山之「無犯非義」、「同恤危難」的活動進一步理解。詳見〔日〕谷川道雄著、馬彪譯，《中國中世紀社會與地方共同體》（北京：中華書局，2002 年），頁 90～頁 91。

〔註18〕 參見許尤娜，《魏晉隱逸思想及其美學涵義》（台北：文津，2001 年），頁 63～頁 64。

墳，廬于墓側。太尉郄鑒命為主簿，詔徵太學博士、散騎郎，並不
就。……宣言談未嘗及《老》《莊》。客有問人生與憂俱生，不知此
語何出。宣云：「出《莊子》〈至樂篇〉。」宣雖閒居屢空，常以講誦
為業，譙國戴逵等皆聞風宗仰，自遠而至，諷誦之聲，有若齊魯。(〈儒
林傳〉，頁 2360)

重點之一，就范宣對經典接受來看，他精通《三禮》，凡有關喪服、諒闇與墓
祭諸問題多所商議(《全晉文》卷 130)。值得玩味的是，他言不及《老》、《莊》
卻能深解其義，足見其年輕時期「手不釋卷」的喜好，包括了儒學、道家及
其他思想資源之汲取。其二，從庾爰之問：「君博學通綜，何以太儒？」對此，
范宣回答：「僕誠太儒，然『丘不與易』」，似乎確定范宣之「以道自持」或「守
志以終」的「志」與「道」，乃指以儒家經義作為自身志業而非年少隱逸嘉遁
的意趣。「僕誠太儒」，正是范宣向當世崇尚《老》、《莊》而以儒為弊之風氣，
所做出具有自主性的宣示話語，此可謂與孔子以道自任的精神相互感通(《論
語・微子》)。故其子范輯「自免歸，亦以講授為事。義熙中，連徵不至。」(〈儒
林傳〉，頁 2360) 亦可視是家風家學的傳衍。其三，可從兩方解讀范宣與戴逵
(？～395) 的交往關係。若就求道問學的師承關係而言，兩人都對裸裎為高
的放蕩風氣有所批評；范宣精通《三禮》，戴逵亦有相關儒學著作。〔註19〕再
就兩人的行事風格來看，范宣「樂道安貧，弘風闡教」(頁 2367)，戴逵「性
不樂當世，常以琴書自娛」、「超然絕跡，自求其志。」(〈隱逸傳〉，頁 2458)
因此，當范宣決定把兄長之女嫁給戴逵之時，便意味著改從「樂道──求志」
之人格互敬來解讀兩人的關係，是更為恰適的做法。

　　以上三例，足以說明「隱逸」作為名詞，指隱士、逸民，都是指逃官隱
居、不朝居家之人，同於處士、幽人等名稱。如是，打破史書分傳體例，進
一步可以歸納出本文「高讓不仕」之意涵，主要是就魏晉士群「徵而不至，
高尚其事」的抉擇而言。所謂「徵而不至」，是「不就」辟命與「固辭」官位
堅持態度；「高尚其事」則是以教授為業、固守己志為其精神根柢。

（二）性分所至，各任其真

　　以東晉孟陋兄弟為例，可以說明魏晉士群對於自己性向的認識以及對他
人志業選擇的尊重。

<hr>

〔註19〕有關戴逵的生平學問，詳見〔日〕蜂屋邦夫著、隽雪艷譯，〈戴逵的藝術・學
　　　問・信仰〉，《道家思想與佛教》(潘陽：遼寧教育出版，2000 年)

「學爲儒宗」的孟陋，相關資料卻見於《晉書·隱逸》與《世說·栖逸》。綜合兩種資料可得三重點：一者，「口不及世事，未曾交游」、「棲遲蓬蓽之下，絕人間之事」；二是其孝行表現爲「喪母，毀瘠殆於滅性，不飲酒食肉十有餘年」；三是學養上「博學多通，長於《三禮》。注《論語》，行於世。」在當世，是以「清操絕倫」之高尚操行而有名。袁宏〈孟處士銘〉寫道：

> 處士名陋，字少孤，武昌陽新人，吳司空孟宗後也。少而希古，布衣蔬食，棲遲蓬蓽之下，絕人間之事，親族慕其孝。大將軍命會稽王辟之，稱疾不至，相府歷年虛位，而澹然無悶，卒不降志，時人奇之。（〈栖逸 10〉注）

大將軍指的是桓溫、會稽王是簡文帝。按《晉書》所記，事起於簡文帝欲辟舉孟陋爲其參軍；「虛位以待」是形容簡文帝的禮賢心意，「卒不降志」是說孟陋堅持不應辟命。後來，孟陋對桓溫自陳：「億兆之人，無官者十居其九，豈皆高士哉！我疾病不堪恭相王之命，非敢爲高也。」（頁 2443）正是這種不自以爲清高的態度，反而使得他的聲望更高。從〈栖逸 10〉所載可知，當孟陋聽聞其兄病篤、狼狽趕赴京邑，所流露的友愛之情，並未因出處志向的不同而有所改變。更重要的是，孟氏兄弟對仕隱的選擇不同，卻又同時具有才德而爲時賢所看重。

孟陋之兄孟嘉，據〈孟嘉別傳〉所載：「少以清操知名」（〈識鑒 16〉注）。陶淵明筆下孟嘉的形象是：

> 少失父，奉母二弟居。娶大司馬長沙桓公陶侃第十女，閨門孝友，人無能間·鄉閭稱之。……。同郡郭遜，以清操知名，時在君右，常歎君溫雅平曠，自以爲不及。……。高陽許詢，有雋才，辭榮不仕，每縱心獨往。客居縣界，嘗乘船近行，適逢君過，歎曰：都邑美士……。雅相知得，有若舊交。……。行不苟合，言無夸矜，未嘗有喜慍之容。……。（〈晉故征西大將軍長史孟府君傳〉，《全晉文》卷 112）

孟嘉與陶氏有姻親關係，因而陶淵明所述更能貼近孟嘉。尤其，孟嘉雖擔任庾亮江州從事，最後死於桓溫長史任內，但有高尚之志的許詢卻能與之一見如故，〔註 20〕又或者是郭遜對孟嘉人格特質的推重。這些，都無關乎仕隱立

〔註20〕關於許詢，《續晉陽秋》載其：「總角秀惠，眾稱神童，長而風情簡素」（《世說》〈言語 69〉注）。其於《晉書》無傳，若參見謝安與孫綽本傳即可知，許

場之異。反而從人物彼此關係的尋繹，可以發現他們形成了一種對現實人格的欽敬仰慕的交友關係。

　　總結上述可知，以「無道」、「世亂」作爲魏晉隱逸風盛的理由，並不具備特殊意義。以孟氏兄弟出處抉擇之別爲例，則能適度地說明其時對於個人仕隱志向意願的尊重。因此，聚焦於魏晉「高讓之士」藉由拒位、讓位的舉動，以傳達對自己志向與性情的認識與堅持，或許是更好的研究視角。因此，《晉書·隱逸》爲何多以「德行」與「學問」作爲傳主行事的重點，而非著墨於「不知所終」的問題，便昭然若揭。若參照《齊書·高逸傳》所謂：「含貞養素，文以藝業，不然，與樵者之在山，何殊別哉？」以及《梁書·處士傳》依「道德可宗，學藝可範」作爲選錄人物的標準，即可釐清。至於不仕之「士」的理想價值，葛洪（283～363）清楚表述爲：「士之所貴，立德立言。若夫孝友仁義，操業清高，可謂立德矣；窮覽《墳》、《索》，著述粲然，可謂立言矣。」（《抱朴子·逸民》，頁87）探究「功業」一項，之所以不在葛洪的視域或者被有意忽略，箇中原因應與他體認到「榮位勢力，譬如寄客」（〈自敘〉），有絕大程度的關聯。這種想法倒不意味葛洪勢必走向修道成仙之路，「方寸之心，制之在我」之謂（〈嘉遁〉），便表明了這是一種自我意志選擇的展現。

第二節　斯文以自任的志業

　　魏晉時期的「文學」一詞，包括了文章與學術兩種涵義。東晉范甯（339～401）針對孔門「四科」之一注爲：「文學，謂善先王典文也。」（〈先進〉注，頁744）專指儒家經典。楊勇則定義《世說·文學》爲：「文章博學」（《校箋》，頁170），並以第65條作爲〈文學篇〉104條內容的分界，所謂「以上爲學，以下爲文」是也。其「學」，包括了經學、玄學與佛學；「文」則指純文學（頁228）。值得注意的是，〈文學〉前三條都與後漢鄭玄（127～200）有關，這意味著至少在劉義慶看來，魏晉思想與東漢學術存在著難以切割的關係。〔註21〕那麼，有關「高讓不仕」、「隱居教授」的魏晉士群之描述，從鄭玄爲官意識的淡薄談起，也是恰當的做法。

　　　　詢並無處世之意。
〔註21〕《世說》〈德行〉、〈言語〉、〈政事〉、〈文學〉首四篇，皆以東漢陳蕃、邊讓、
　　　　陳寔與鄭玄列於首條，其中意義不言可喻。

一、研籍味道，閉門教授

（一）隱修經業的鄭玄

首先，從鄭玄的自述談起。據《後漢書》及〈鄭玄別傳〉所載：

（鄭）玄少為鄉嗇夫，得休歸，常詣學官，不樂為吏，父數怒之，不能禁。

玄年十一二，隨母還家，正臘會同列十數人，皆美服盛飾，語言閒通，玄獨漠然如不及，母私督數之，乃曰『此非我志，不在所願』」也。（卷 35 / 頁 1207）

「不樂為吏」、「此非我志」，清楚的說明鄭玄對「己志」的堅持，即便父親發怒、母親督促也勉強不來的。於是，鄭玄從前往太學受業啟始，展開了十多年的「游學」生涯，及後「家貧，客耕東萊，學徒相隨已數百千人。」直至黨錮事起「遂隱修經業，杜門不出。」（頁 1207）可見，鄭玄以學養作為志業及其自我定位之所在。再從〈戒子益恩書〉，可見鄭玄自敘其生平，其書言：

……坐黨禁錮，十有四年，而蒙赦令，舉賢良方正有道，辟大將軍三司府。公車再召，比牒併名，早為宰相。……吾自忖度，無任於此，但念述先聖之元意，思整百家之不齊，亦庶幾以竭吾才，故聞命周從。……吾雖無綬冕之緒，頗有讓爵之高。自樂以論贊之功，庶不遺後人之羞。（頁 1209～頁 1210）

鄭玄在游學過程中，得以「博稽六藝，粗覽傳記，時觀祕書緯術之奧。」正是思想養份的汲取與學術敏銳度的養成基礎。但這一切努力，都是以「述先聖之元意，整百家之不齊」之學術志業為依歸的。至於「讓爵之高」，則是指鄭玄屢被辟舉而不就的經歷。

故次就鄭玄的「讓爵」經歷來看。據本傳所載：

靈帝末，黨禁解，大將軍何進聞而辟之。州郡以進權戚，不敢違意，遂迫脅玄，不得已而詣之。進為設几杖，禮待甚優。玄不受朝服，而以幅巾見。一宿逃去。……國相孔融深敬於玄，屢履造門。……。時大將軍袁紹總兵冀州，遣使要玄，……。紹乃舉玄茂才，表為左中郎將，皆不就。

皇甫謐〈高士傳〉將這些綜括為「公府前後十餘辟，並不就」一句。〔註 22〕

〔註 22〕皇甫謐〈高士傳〉，見《四庫全書・史部七・傳記類三》。

其中,「幅巾——紱冕」可以視爲「隱——仕」的表徵,故鄭玄「以幅巾見」的姿態與自述「無紱冕之緒」的意向,都不斷地強化及表述他的「不仕」信念。此外,孔融對鄭玄學問與德行之傾倒,可從兩方面得知:在心理層面上,孔融對鄭玄的禮遇崇敬之意,從他「屣履造門」的動作透露了些許;在現實層面上,孔融則因「鄭君好學,實懷明德」,而下告高密縣令特立「鄭公鄉」、「通德門」以示崇敬。

建安五年（200）,鄭玄以久病之身辭世,「自郡守以下嘗受業者,縗絰赴會千餘人。」受業於鄭玄的門生,包括了著名於曹魏時期的郗慮、王基‧崔琰、國淵與任嘏等人,足見鄭玄棄「官位」就「學問」的豐碩成果。

（二）自隱逃名的法真

以鄭玄對比名爲「關西大儒」的法眞（100～188）,據《後漢書》之〈逸民列傳〉所載來看:

> 好學而無常家,博通內外圖典,爲關西大儒。弟子自遠方至者,陳留范冉等數百人。性恬靜寡欲,不交人間事。太守請見之,眞乃幅巾詣謁。……。眞曰:「以明府見待有禮,故敢自同賓末。若欲吏之,眞將在北山之北,南山之南矣。」

就博學、教授的經驗來看,法眞似與鄭玄無異。與扶風太守會面時,法眞身著幅巾暗示不仕之意,並嚴肅區別「以禮見待」與「以吏屈之」二者,頗有「以道抗勢」的意味。

再看,同郡田羽向漢順帝推薦法眞的理由:「處士法眞,體兼四業,學窮典奧,幽居恬泊,樂以忘憂,將蹈老氏之高蹤,不爲玄纁屈也。」所謂「四業」指的是《詩》、《書》、《禮》、《樂》,「玄纁」指的是徵聘贄禮所用的幣帛;因而可以推知:法眞以研籍自娛,故能忘憂自樂,這種自得之樂,不是爵位可以取代的,故「屈」字是指「不屈己志」之意。換句話說,對於漢順帝前後四次徵聘,法眞採「終不降屈」的態度,並非順帝不虛心禮賢,而是法眞明確抉擇於研籍味道之「樂」與玄纁、袞職之「位」二者的優位順序。關鍵還在「恬泊」二字。

「恬泊」是對法眞恬靜安適性格的描述,所以,「不涉人間事」並非冷眼旁觀他人,也非高蹈遠颺絕跡出世;指的是對名聲物欲的淡泊,這就是他「恬靜寡欲」質性的呈顯。理由在於:

> 友人郭正稱之曰:「法眞名可得聞,身難得而見。逃名而名我隨,避

名而名我追，可謂百世之師者矣。」乃共刊石頌之，號曰「玄德先生」。（〈逸民列傳〉，頁2774）

……超越青雲之上，德踰巢許之右。所謂逃名而名我隨，避聲而聲我追者已。揆君分量，輕寵傲俗，乃百世之師也。其辭曰：逸玄德，膺懿資。弘聖典，研道機。彪童蒙，作世師。辭皇命，確不移。亞鴻崖，超由夷。垂英聲，揚景暉。（〈徵士法高卿碑〉《藝文類聚》卷37・人部21・隱逸下）

從「自隱逃名」——已有高名而鄙薄高名的舉動來看，則田羽所謂「蹈老氏之高蹤」而「不屈」，指的應該是法眞從《老子》十二章「難得之貨」所體悟到「不以物役己」的想法；友人號之爲「玄德先生」，應是著眼於此點。唐君毅的說法，爲法眞「逃名而名隨」下了很好的註腳。其言：老子「名與身孰親」之問，便是「教人不求名聞于其外之他人之心，而自反顧其身之所親」，「亦即身之自存于其自己之事也」。又如莊子「德蕩乎名」，德屬於己、名存於他人之心，故德實而名虛。故知「道家之徒之不求名，原具深旨」。然而，「因人之以名與我，亦他人之事也」，故道家之徒欲逃名而隱於世者，「人亦可慕其有『無名之德』之名，而歸往之。則彼亦終不能逃名」。〔註23〕唐先生清楚論說了道家對「名」、「言」的態度，也點出了像法眞之類「逃名而名我隨，避名而名我追」的人物，雖不求聞名、欲逃名而終不可的原因。其次，所謂「輕寵傲俗」指的是對名位的超然。事實上，贊辭所說「彪童蒙，作世師。辭皇命，確不移」，藉由「辭」辟命點出了棄政治角色而選擇「師」的文化角色，並由「不移」貞定了不改之「志」。至於「百世之師」，意思是法眞可成爲士人的典範，隱含了「師」的第二層意涵。

但在現實中，能像原憲或法眞「味道自樂」、「安貧固窮」的人並不多（嵇康〈聖賢高士傳〉）。葛洪就曾提及：「自有天性好古，心悅藝文，學不爲祿，味道忘貧，若法高卿、周生烈者。學精而不仕，徇乎榮利者，萬之一耳。」（《抱朴子・上冊》〈審舉〉，頁414）他從篤勵典籍的態度，標列了沈浸味道與逐名徇利兩種士人，後者只是把學習經術視爲進身富貴的手段；若如法眞與周生烈者，屈指可數。其中，周生烈即是何晏《論語集釋》所採用「博士敦煌的周生烈」義例解說之人，故史稱「歷注經傳，頗傳於世」（《三國志》卷13／

〔註23〕參見唐君毅，《中國哲學原論・原道篇（二）》（台北：臺灣學生書局，1986年），頁12～頁14。

頁 419）。關於「味道者」的輪廓形象，葛洪《抱朴子》筆下自寄喻意的「潛居先生」（〈守塉〉）與「樂天先生」（〈安貧〉）或可略見。

葛洪同時又注意到，「法高卿再舉孝廉，本州五辟，公府八辟，九舉賢良、博士，三徵，皆不就」，「皆見優重，不加威辟也。」（〈逸民〉，頁 104）「皆見優重」即透露不仕者之「終不就」，乃與當權者能否以優容禮賢而不強致的態度有關。這一點，對照《晉書·隱逸》的郭荷與郭瑀（？～387）師徒的不同遭遇即可證之。東晉郭荷「明究羣籍，特善史書。不應州郡之命。」卻爲前涼張祚（？～355）遣使者「迫而致之」，並於郭荷死後「諡曰玄德先生」。按「古之知道者謂之先生」的定義，可知「先生」是對「先覺者」的敬稱。〔註24〕但同樣是諡號「玄德先生」，法眞之諡，來自於友朋對其德業的追念，而郭荷卻是不得不接受的情況。至於師事郭荷的郭瑀，史載其「少有超俗之操」，及郭荷卒「遂服斬衰，廬墓三年。禮畢，隱於臨松薤谷，……弟子著錄千餘人。」則是對師道的尊重與教育有成的描述。前涼末主張天錫（344？～404）遣使者備禮徵聘，以「先生懷濟世之才」，況且現今「天子僻陋江東，名教淪於左袵」、「黔首之禍不可以不救」爲由來勸進。郭瑀指著空中飛翔的鴻雁，對著來使孟公明說：「此鳥也，安可籠哉！」遂深逃絕迹。之後，由於門人被孟公明拘禁，郭瑀慨歎：「吾逃祿，非避罪也，豈得隱居行義，害及門人！」故「出而就徵」。及至張天錫滅亡（380），前秦王穆起兵酒泉遣使招聘，郭瑀歎曰：「人將左袵而不救之！」遂起兵接應，其後雖任王穆太府左長史，但仍然「冀功成世定，追伯成之蹤。」（頁 2455）若以郭瑀爲例，其間的轉折豈可謂之幡然改節、不忠晉室？換句話說，以許由、巢父爲由進行論述魏晉隱逸行爲之時，必須要注意他們是屬於「太平逸民」而非如郭荷屬於「亂世逸民」。因此要注意到，魏晉「出處同歸」之說，更多是在相對安定的背景與當權者採取優容態度的時候提出。

二、遁心遺名，激貪勵薄

（一）抱道懷貞的管寧

根據嚴可均考證，他認爲嵇康〈聖賢高士傳〉三卷，乃是「撰錄上古以來聖賢隱逸遁心遺名者，集爲傳贊。自混沌至于管寧，凡百一十有九人。」然「今檢羣書，得五十二〈傳〉五〈贊〉，凡六十一人，定著一卷。」（《全三

〔註24〕參見〔漢〕韓嬰撰、許維遹校釋，《韓詩外傳集釋》（北京：中華書局，2005年），頁 213。

國文》卷53）現存嵇康的〈聖賢高士傳〉，未能得見關於管寧（158～241）的內容，倒是皇甫謐以「遼東賢者」收錄了管寧事迹，可以參照。不過，以「遁心遺名」四字作爲理解管寧的關鍵，仍是恰當的。再者，當東晉桓溫（312～373）於永和三年（347）寫下〈薦譙元彥表〉向穆帝舉薦譙秀，其理由是：「園綺之棲商洛，管寧之默遼海，方之于（譙）秀，殆無以過，于今西土以爲美談。」（《全晉文》卷118）便意謂著管寧已在魏晉成爲典範人物。於是，基於管寧爲當世敬重所具有之代表性，解析曹魏時期多篇薦舉管寧的疏表文章，可以概括爲「固執匪石」的態度與「激濁矯時」的效用來說。

曹魏自文帝黃初至明帝青龍，徵辟之命頻仍，但管寧始終不就。後於明帝太和四年（230）其以「草莽臣」自稱上疏：「臣重自省揆，德非園、綺而蒙安車之榮，功無竇融而蒙璽封之寵」，又因「沈委篤痼，寢疾彌留」，「謹拜章陳情，乞蒙哀省，抑恩聽放」。管寧先自謙「德」、「功」未足以蒙受如此恩寵，再以重病未癒爲由，請求明帝抑止舉用之恩並聽任他回歸家鄉。對此，明帝懷疑管寧自守清高，青州刺史程喜則以〈答詔問管寧〉對明帝提出他的觀察，其言：「臣揆寧前後辭讓之意，獨自以生長潛逸，耆艾智衰，是以棲遲，每執謙退。此寧志行所欲必全，不爲守高。」（《三國志》卷11／頁358）也就是說，這時候的管寧已高齡七十三，他的不應辟命確實因病衰困頓而非另有用心。但問題還在於，管寧的「全志而非守高」，應當還有更深層的意思。

首先，看與管寧有書信往返的桓範（？～249）之意見如何。桓範寫道：

鑿坯而處，養德顯仁。堯舜在上，許由在下。箕山之志，于是復顯。嚴平、鄭眞，未足論比。清聲遠播，頑鄙慕仰。思請見于蓬廬之側，承訓誨于道德之門。厥塗無由，託思晨風。（〈與管寧書〉，《全三國文》卷37）

書信的內容重點有二：其一，桓範以漢代逸民嚴平、鄭眞「未足論比」，來推崇管寧的學行，足使頑鄙仰慕、有益教化。這封信有可能是魏文帝即位後至明帝之間，尚屬平靜的一段時間，所以範勸其出仕。〔註25〕其二，「晨風」典出《詩經》〈秦風·晨風〉，根據毛《傳》、鄭《箋》的解釋，皆指「穆公思賢」

〔註25〕桓範與管寧的書信往返及交友關係，在《三國志》並未提及。沒有更多的資料可以聯繫兩人，加上其他的薦舉疏文都有明確時間，因此，根據「中國少安」、「文帝即位」，把這件事放在魏文帝至魏明帝即位之間（《三國志》卷11／頁356）。

之意。〔註26〕意即，管寧清德得以播揚的唯一方法，就是人君思賢、人臣舉賢。對此，管寧以「降尊誘卑，訓喻過泰。見得思義，抱以跋踖」回覆（〈答桓範書〉，《全三國文》卷 24），看不出來管寧的態度為何。於是，桓範提呈〈薦管寧表〉，其言：

> ……竊見東莞管寧，束修著行，少有令稱，州閭之名，亞故太尉華歆。遭亂浮海，遠客遼東，于混濁之中，履潔清之節，篤行足以屬俗，清風足以矯世，以簞食瓢飲，過于顏子，漏室蔽衣，踰于原憲。臣聞唐堯寵許由，虞舜禮支父，夏禹價伯成，文王養夷齊。……。斯之為美，當在魏典，流之無窮，明世之高士也。……。（《全三國文》卷 37）

舉薦疏文延續了書信裡「堯舜在上，許由在下」的論調。也就是說，桓範以「邦有道」當食其祿為由勸進管寧；又以「唐堯寵許由」的史實暗示在位者當以聖王明君自居，優寵管寧這樣的逸士。尤其，桓範以管寧比擬顏回、原憲的安貧樂道之精神，並以「高士」標誌他堅貞正直、清白高潔的德行。稍後，司空陳羣（？～236）以〈薦管寧〉向魏明帝表陳：「徵士北海管寧，行為世表，學任人師」，「清儉足以激濁，貞正足以矯時」（卷 11／頁 358），仍是以管寧的學問德行作為訴求重心。

其次，再看「學行堅白」的王基（190～261）在齊王芳正始二年（241）的舉薦疏文。王基以「清高恬泊，擬跡前軌，德行卓絕，海內無偶」描述了管寧的中和懿德。稍後，朝廷正準備特備安車徵聘之時，管寧以八十四壽年離世，所以管寧會有怎樣的決定不得而知，值得討論的卻是王基這段話：

> ……覽其清濁，未有屬俗獨行若寧者也。……。協和皇極，下阜羣生，彝倫攸敘，必有可觀，光益大化。若寧固執匪石，守志箕山，追迹洪崖，參蹤巢、許。斯亦聖朝同符唐、虞，優賢揚歷，垂聲千載。雖出處殊塗，俯仰異體，至於興治美俗，其揆一也。（《三國志》卷 11／頁 360）

王基認為：倘若管寧應辟「坐而論道」，對上能佐益國政、對下則可富厚百姓，產生人倫有序的作用；但假使管寧「守志箕山」，「固執」不仕，仍是具有振興治理、淨化風俗的作用。王基所謂「出處殊塗」、「其揆一也」，就已預想了

〔註26〕參見程俊英、蔣見元，《詩經注析》全二冊（北京：中華書局，2005 年），頁354。

管寧不出仕的可能。所以，他以「斯亦聖朝同符唐、虞」為由，要當權者能接受管寧的屢辟不至。這樣看來，舉薦疏文「參蹤巢、許」一句，包含了兩層意思：它可以是隱學之士不仕的理由，它也可以是許由、巢父的「太平逸民」身分，作為當權者有如堯、舜聖治的證明。所以說，以許由、巢父作為典型進行論述魏晉隱逸行為時，是必須有所分辨的。

回到管寧自身，他是否真如王基所言具有導正淨化風俗的成效？裴松之注引《傅子》所載，可資佐證：

> （管寧）每所居姻親、知舊、鄰里有困窮者，家儲雖不盈擔石，必分以贍救之。與人子言，教以孝；與人弟言，訓以悌；言及人臣，誨以忠。貌甚恭，言甚順，觀其行，逸然若不可及，即之熙熙然，甚柔而溫，因其事而導之於善，是以漸之者無不化焉。寧之亡，天下知與不知，聞之無不嗟歎。醇德之所感若此，不亦至乎！（《三國志》卷11／頁361）

管寧分糧贍救貧困的行為，便是「清」德的精神展現。而且，管寧不僅以「孝」、「悌」、「忠」、「恭」、「順」等德目教誨人，必定是他自身行事也體現了這些德行，方可感人進而導之於善。因此，管寧之死，「聞者無不嗟歎」是對一種人格典範隕落的慨歎。《傅子》另一段載錄：

> （管）寧往見（公孫）度，語惟經典，不及世事。還乃因山為廬，鑿坯為室。越海避難者，皆來就之而居，旬月而成邑。遂講《詩》、《書》，陳俎豆，飾威儀，明禮讓，非學者無見也。由是度安其賢，民化其德。（《三國志》卷11／頁354）

管寧與公孫度相見，內容不涉及政事，純粹談學論道。但在管寧避難於遼東的這段期間，顯然是形成了「民化其德」之效應。若參照皇甫謐〈高士傳〉所載：管寧居處「左右無鬩訟之聲，禮讓移于海表」的內容，不難發現管寧的「教化」包括了「明禮讓」的社會教育以及執講《詩》、《書》學術教授的兩部分內容。

以上所述，皆可歸結到「高讓之士」所具備的社會文化傳播效應這一點。清代王夫之對於「史稱管寧高潔而熙熙和易，因事而導人以善」，提出他的看法：管寧雖有「盎然之仁，充滿於中」，然「惜乎時無可事之君」，可謂「君子之抱志以沒身」；「故寧之仁，終不能善魏之俗」，實可謂「道窮於時，不窮於己」（《讀通鑑論》卷10／頁286）。顯然，王夫之認為曹魏政權初立便喪失

仁厚之基，是謂道窮世亂的年代，「終不能善魏之俗」一句，則是在慨嘆管寧所遭非時。重點在船山對管寧評以「時窮道不窮」的觀點。也就是說，能於管寧「道不窮於己」且以醇德化民、收有激濁勵俗之效來看，才是對其「抱道懷眞」的正解。

（二）闔門守靜的胡昭

張臶（136～240）與胡昭（162～250）兩人，是與管寧同時期「養志不仕」的「隱學之士」。

關於張臶受到的尊崇，可由兩件事得見。一，曹魏品評人物以性格品行爲先的盧毓（182～257）認爲：「張先生所謂上不事天子，下不友諸侯者也。」若以廣平太守的身分拜謁並不恰當，遂遣其主簿帶著書信與羊酒前往致意。盧毓引用的是《禮記．儒行》「儒有上不臣天子，下不事諸侯」典故，〔註27〕不臣、不事，都指不與人爲臣，不求仕官；故以「先生」尊稱之。二，正始元年，張臶享壽一百零五歲；是年，王肅（195～256）剛到任廣平太守，對於未及見到張臶感到扼腕不已。因久聞張臶「篤學隱居，不與時競，以道樂身。」遂下教令派遣官員慰問其家人。關於張臶的經歷，據史載：「少游太學，學兼內外，後歸鄉里」，不應辟命「徙循常山，門徒且數百人」（《三國志》卷11／頁361），正可謂魏晉高讓之士的具體縮影。

至於胡昭，曾以「一介野生，無軍國之用」婉謝司空丞相曹操的辟命，曹操則以「人各有志，出處異趣，勉卒雅尚，義不相屈」，表達了尊重胡昭之意。但是，胡昭自謙無軍國政事之用，不意謂在別處無法一展長才。據史載，胡昭與曹操拜別後便遷居陸渾山中「躬耕樂道，以經籍自娛。閭里敬而愛之。」稍後，建安二十三年（218）陸渾縣因爲徵丁服役的問題引發暴動，當時的陸渾長張固遂帶領十多名吏卒依附胡昭，以便「招集遺民，安復社稷」；而早先殺死官員叛逃的鄉民孫狼，在南方關羽授予兵馬後發誓：「胡居士賢者也，一不得犯其部落。」陳壽以「一川賴昭，咸無怵惕」作爲結語（《三國志》卷11／頁362）。這樣看來，胡昭以高潔人格受到鄉里敬愛，又能發揮保全鄉里的作用。至於陳壽「闔門守靜，不營當世」的史評（頁366），傅玄更清楚描述說：

〔註27〕盧毓的父親盧植，「少事馬融，與鄭玄同門相友」，作《尚書章句》、《禮記解詁》。曹操以「學爲儒宗，士之楷模，乃國之楨幹也」譽之，並令丞掾脩盧植墳墓，并致薄醊，以彰其德（《三國志》卷22／頁650）。由此可見，盧氏的儒學家風。

> 胡徵君怡怡無不愛也，雖僕隸，必加禮焉。外同乎俗，內秉純絜，
> 心非其好，王公不能屈，年八十而不倦於書籍者，吾於胡徵君見之
> 矣。（卷 11／頁 363）

「不營當世」，意思是在家不仕，「心非所好」意謂著有所堅持。胡昭的堅持，
應該就是隱居篤學的生活型態。後來，荀顗等人相繼薦舉胡昭，也都是以他
「天眞高潔」、「玄虛靜素」的特質爲理由（頁 362）。

　　管寧與胡昭的例子，都顯示了魏晉高讓不仕之士，除了自身「學不爲利，
行不要名」外，還總是以其人格特質對鄉里風俗產生了潛移默化的作用。西
晉的朱沖，也是因此而留名史籍的，史載：

> 少有至行，閑靜寡欲，好學而貧。……。沖每聞徵書至，輒逃入深
> 山，時人以爲梁、管之流。沖居近夷俗，羌戎奉之若君，沖亦以禮
> 讓爲訓，邑里化之，路不拾遺，邑無凶人，毒蟲猛獸皆不爲害。卒
> 以壽終。（《晉書・隱逸》，頁 2430）

晉武帝共下了兩次徵聘詔書，其時大臣李重曾寫〈請優禮朱沖疏〉；稍後，閭
纘又以〈又陳宜選擇東宮師傅〉向惠帝舉薦朱沖。要知，李重以「清尙」有
名、閭纘以「忠烈」流聲，故知朱沖在學行方面必有值得推薦之處並非虛譽。
至於朱沖的守靜寡欲的本性，正是他多次「逃祿」的根柢原因，所以當時人
以梁鴻、管寧「隱而不仕」的典範相比擬。若就朱沖以禮讓之義訓導羌戎所
達至「邑里化之」的效果而言，豈不是《荀子・儒效》所說「儒者在本朝則
美政，在下位則美俗」的意思嗎？而羌戎「奉之若君」的態度，不亦是對其
德行的尊重？

　　足見，「美俗」效益的發酵，並非只是薦舉疏文裡「篤行厲俗」、「激濁矯
時」的字眼，而是確實發生在高讓不仕之士與鄉里村邑之間的互動過程中。
而這種效益的擴散，又與其「不營當世」、「守靜」、「寡欲」的態度，密切相
關，此即「揚清激濁，抑貪止競」之謂。

三、博學明道，志操厲俗

　　前引精通經義的郭瑀，其「作《春秋墨說》、《孝經錯緯》弟子著錄千餘
人。」若條列《晉書・隱逸》相關人物，就更清楚他們在地方從事教授與著
述的活動。史載：

> （楊軻）少好《易》，長而不娶，學業精微，養徒數百，常食粗飲水，

衣褐縕袍，人不堪其憂，而軻悠然自得。……。自歸秦州，仍教授
不絕。（頁 2449）

（祈嘉）少清貧，好學。……。依學官誦書，貧無衣食，爲書生都
養以自給，遂博通經傳，精究大義。西游海渚，教授門生百餘
人。……。性和裕，教授不倦，依《孝經》作《二九神經》。在朝卿
士、郡縣守令彭和正等受業獨拜牀下者二千餘人，天錫謂爲先生而
不名之。竟以壽終。（頁 2456）

可見，魏晉時期私學教授的內容廣泛，雖以儒家經典爲主，小不乏涉獵內外
典。若從「門徒數百」或「弟子千餘人」來看，顯示此時私人教授事業具有
一定的規模。就文化傳承與教育事業兩方面而言，高讓不仕以遂研籍教授之
志者，所貢獻之心力是不容小覷的。

再以晉初劉兆爲例。《漢晉春秋》認爲他與王裒俱以不仕顯名，但《晉書》
卻分列〈儒林〉與〈孝友〉。值得注意的是這段話：

于時青土隱逸之士劉兆、徐苗等皆務教授，惟毓不蓄門人，清淨自
守。（頁 2351）

青州三位隱學之士，根據《晉書》所載如下：

（劉兆）博學洽聞，溫篤善誘，從受業者數千人。武帝時五辟公府，
三徵博士，皆不就。安貧樂道，潛心著述，不出門庭數十年。（頁
2439）

（氾毓）奕世儒素，敦睦九族，……。少履高操，安貧有志業。父
終，居于墓所三十餘載，……，惟毓不蓄門人，清淨自守。時有好
古慕德者諮詢，亦傾懷開誘，以一隅示之。……，並不就。（頁 2350）

（徐苗）與弟賈就博士濟南宋鈞受業，遂爲儒宗。作《五經同異評》，
又依道家著〈玄微論〉，……。性抗烈，輕財貴義，……。撫養孤遺，
慈愛聞于州里，田宅奴婢盡推與之。……公府五辟博士，再徵，並
不就。（頁 2351）

劉兆、徐苗（？～302）與氾毓三人被稱爲「隱逸之上」，主要是他們對於朝
廷公府屢次徵辟，皆「不就」的態度。可是，三人都從事教授事業與專門著
述，遂列名於〈儒林傳〉。其中，氾毓雖不收門生以求自靜，但對於虛心前求
教的人，他也能竭心盡力地啓發誘導。尤其，氾毓家族同居共財模式成爲典

範，陶潛（365～427）在〈與子儼等書〉便寫道：「濟北氾稚春晉時操行人也，七世同財，家人無怨色」（《全晉文》卷 111），用意在期勉諸子要能和睦相處、彼此互助。至於徐苗，雖累世以博士任郡守，家境卻屬貧寒，兄弟早死，他則撫孤、讓財；他的這些作為又如何與〈孝友傳〉人物區別？

再看，東晉孝武帝於太元十二年（387）下詔曰：「譙國戴逵、武陵〔襲〕玄之並高尚其操，〔註 28〕依仁游藝，潔己貞鮮，學弘儒業，朕虛懷久矣。」意欲以束帛之禮聘之（頁 2495）。同樣的，戴逵與襲玄之二人同列〈隱逸傳〉，但在詔書中卻以「學弘儒業」作為徵辟的理由。尤其，這份詔書是在孝武帝太和十年（385）復立國子學之後才發布，其意義顯示了，對魏晉時期人物自身而言，他們從來就不曾以「儒宗」、「隱逸之士」自居。那些稱謂不過是當時人的看法或後人為了方便所採取的分類方法。

本文打破史書分傳體例的做法，概括〈隱逸〉與〈儒林〉、〈孝友〉各列傳人物的行事，可以得到如下的結論：堅持不仕之志者，通常以研籍自樂、教授為務；其始終持志不改的根柢，則在其自身高潔寡欲的人格特質；本章標目「魏晉不朝之士的公眾意識」之理由即此。這一點並適度地說明了，魏晉時期教育與文化得以傳衍不斷的主因。或者說，從「斯文以自任」的角度來解讀不仕之士的行為動機，才是更為積極的做法。

最後，以東晉孫晷、虞喜與江惇（305～353）三人的交友關係，說明「同志為朋」以及人格具「德」的感召力量。以作為對上述管寧、胡昭之激濁化俗之效的補充。據《晉書·孝友》所載：

> 會稽虞喜隱居海嵎，有高世之風。晷欽其德，聘喜弟預女為妻。喜戒女棄華尚素，與晷同志。時人號為梁鴻夫婦。濟陽江惇少有高操，聞晷學行過人，自東陽往候之，始面，便終日譚宴，結歡而別。（卷88／頁 2285）

虞喜以精研墳典、博學明道知名於當世，但孫晷對他的欽佩，當是來自於虞喜「清貞守道」、「不營世務」，一種足以勸勵風俗的潔靜志操（卷 91／頁 2349）。至於「儒玄並綜」的江惇亦具「孝友淳粹，高節邁俗」特質，當世名士阮裕、王濛「並與惇游處，深相欽重」（卷 56／頁 1539）。那麼，當江惇聽聞孫晷「恭孝清約，學識有理義」後，便急欲前往與之結友的舉動，便表達了他對孫晷學識德行的崇敬。

〔註28〕據《晉書》校勘記：因「襲」為僻姓而被誤改，據《宋書》應作「襲玄之」。

其中，江惇於〈通道崇檢論〉說道：「君子立行，應依禮而動，雖隱顯殊途，未有不傍禮教者也。」（頁1539）而孫晷也以「每獨處幽闇之中，容止瞻望未嘗傾邪」的舉止行爲，應合「依禮而動」之說。這樣看來，似乎他們兩人的友好關係全因志同道合而得維繫。事實上不僅於此，以「德」的感染作用力所成的場域，其範圍是廣的並屬於「一對多」的關係；是由具德之人的人格特質向外幅射及於他人而成的。理由就在於，江惇雖不在其位，然「邑里宗其道，有事必諮而後行」（頁 1539）；這是鄉里對江惇其人學行的推崇方式。又如，時值農件欠收、穀價高漲之際，有人偷割孫晷的稻了，他不但「見而避之」還「自刈送與之」。這樣的行爲使得「鄉鄰感愧，莫敢侵犯」（頁2284）。「感愧」二字，說明鄰人感動慚愧的情緒，是經由孫晷寬容之德與周瞻行爲的觸發，進而反省己「過」所產生的是非裁量作用。若說，由具德之人「修己」進而「安人」所生發的穩定力量，不亦可乎？也正是這種「德」的召喚力量，當江惇去世後「友朋相與刊石立頌，以表德美」（頁1539）；孫晷之死，而「朝野嗟痛」、「哀聲慷慨」（頁 2285）。人們用不同的方式表達了對斯人之死的哀悼以及典範永存的感念。如是，驗證史料中「欽其德」、「欽其名行」、「欽其爲人」說詞，〔註29〕其中實內蘊著一種對人格禮敬的深義。

總結而論，不論天下「有道」或「無道」，「士」的本色，仍得從「士志於道」得見。綜觀上述魏晉「高讓不仕」人物的解析，顯然其「高尚之志」與躬耕研籍、杜門教授以及化民成俗有一定關聯。守道抗志，是高讓之士對白我角色的確認；弘風闡教，則是不朝之士所擔負的文化責任。唯有如此，才能跳脫「避禍」、「自安」的觀察角度，改以「斯文自任」的精神，重估魏晉士群的時代心靈。

第三節　「全身行道」與「循性適志」

東晉袁宏（328～378）所說：「時方顛沛，則顯不如隱；萬物思治，則默不如語。」（〈三國名臣頌〉，《晉書》92／2393）恰適地指出了魏晉官僚士群

〔註29〕例如：何琦，「簡文帝時爲撫軍，欽其名行，召爲參軍」（《晉書》卷 88／頁 2293）；或像鄧攸，「東海王越欽其爲人，轉爲世子文學、吏部郎」（卷90／頁 2338）。當然，《晉書》亦有多處以「見重當時」、「見重如此」來說明傳主爲世人所欽重的情況，只不過其內容多以才學、名位述之，並非專就人格特質而言。

所遭遇到具體情境。但是，對「斯文以自任」的不仕之士來說，他們的出處判準，從來就無涉於外在條件；他們總是傾聽自己內在的聲音、感覺著適己的本性。

譬如建安時期的徐幹（170～217）曾任五官將文學一職，但他深植人心的形象卻是「輕官忽祿，不耽世榮」、「懷文抱質，恬淡寡欲，有箕山之志，可謂彬彬君子矣。」（《三國志》卷 21 / 頁 599，頁 602）。從徐幹身上，似乎可以把「輕官忽祿」的態度與「恬淡寡欲」的特質連結起來。那麼，前一節所述魏晉不朝之士，總是身著幅巾以應對頭戴冠冕的公府官員，就有喻意在其中。幅巾，暗示了「不仕」之志；「幅巾——冠冕」的兩端還不僅是「隱——仕」的兩極，它還隱含了「自得——權力」抉擇之後的結果。東晉李充對「士志於道」注解爲：「夫貴形骸之內者，則忘其形骸之外矣。是以昔之有道者有爲者乃使家人忘其貧，王公忘其榮，而況於衣食也。」（〈里仁〉注，頁 246）又如，何晏說：「士當志道不求安，而懷其居，非士也。」（〈憲問〉注，頁 950）意思是：士，作爲體道者、有道者，不應貪戀居處安逸而廢志；志於道者，是不會汲汲於榮祿的，此即原憲所說「無財謂之貧，學道而不能行謂之病」——貧而不病（皇甫謐，〈高士傳〉）。

這樣看來，魏晉士群「確乎不可拔之志」，與他們重新界定「幸福」與「富貴」有關。價值的轉換，使得他們更強調「循性」、「適志」，這是自我意識的彰顯。不過，「以道樂身」還隱含了如何安定一己之「身」的問題，這個問題又可分兩方面來說。其一，魏晉時期對於伯夷、叔齊「以死爲高節」的評價開始出現轉變，這意味著「死諫」不再是一種好的選項。換言之，魏晉時期對於「全身保生」的論述，不應被消極看待。其二，前文已述及魏晉高讓之士，乃「逃名」、「逃祿」而非「逃世」，而「以道樂身」與「意足」、「心安」有關，此即安心以全身之謂。

一、存身行道，唯義所在

首先，從經典詮釋的角度，來看仕隱與全身的問題。

何晏（190？～249）定義：「逸民者，節行超逸也」，伯夷、叔齊「直己之心，不入庸君之朝」是謂「不降其志，不辱其身」。在仕隱抉擇的問題，他同意孔子「無可無不可」之說，採取的是「亦不必進，亦不必退，唯義所在」的立場（〈微子〉注，頁 1285），理由在於：「毋必」、「毋固」的態度就是「用

之則行，舍之則藏，故無專必」、「無可無不可，故無固行」（〈子罕〉注，頁574）。其關鍵在於「唯義所在」的「義」字如何解釋？在何晏《論語集解》中多半是以「合宜」來注解「義」，於是答案就回到了，「直己之心」就是「是否合宜」的判準。也就是說，個人的心志意向才是出處進退問題的解答。稍後，郭象（252～312）利用《莊子》作爲詮釋文本，注爲：「天下之所惜者生也，今殉之太甚，俱殘其生，則所殉是非，不足復論。」（〈駢拇〉注，頁 326）表達了不論何種原因，死是不足多論的做法。

王肅於《孔子家語》，從世道治亂、個人志向以及是否合宜之三層次來討論其言：「世亂則隱道爲行，然亦不忍爲隱事」（〈三恕〉注）。特別的是，他標誌了「身體」在考慮出處進退問題的重要性，其言：

〔無以有己爲人子者，〕注：身，父母有之也。〔無以惡己爲人臣者〕

注：言聽則仕，不用則退，保身全行，臣之節也。（〈觀周〉注）〔註30〕

這樣看來，「全身」的目的不只在「避禍」而已。王肅從身體受之於父母的角度，論及了「保身全行」的想法。

晉廣陵太守欒肇：「道所以濟民，聖人存身，爲行道也。濟民以道，非爲濟身也。故云誠令道朝聞於世，雖夕死可也。傷道不行，且明己憂世，不爲身也。」（《里仁》注，頁 244）這裡強調的是聖人道濟天下的情懷。值得玩味的是，欒肇雖說「夕死可也」，但在他看來，這個「可」字絕非最好的選項，因爲聖人爲了濟民行道，最好是能好好地保重自己的身體。簡單的說，就是「存身以行道」。

其次，就文章觀點來看。

西晉皇甫謐所撰集的〈高士傳〉，在〈序〉中即明言其選錄的標準，其言：

采古今八代之士，身不屈於王公，名不耗於終始，自堯至魏，凡九

十餘人，雖執節若夷、齊，去就若兩龔，皆不錄也。

顯然，皇甫謐所認定的「高士」，是要能做到爵祿不能移其志、威勢不能屈其身；而伯夷、叔齊，選擇餓死于首陽山作爲「不屈身」的方法並不恰適。這裡透露了對夷、齊「以死高節」評價轉變的訊息。

事實上，夷、齊的歷史定位，早在建安時期已有不同看法。阮瑀（165？～212）的〈弔伯夷〉，從「重德輕身」、「求仁得仁」與「身沈名飛」來看待；王

〔註30〕參見韓格平主編，《魏晉全書》下冊（長春：吉林文史出版社，2006 年），頁314，頁 318。

粲（177～217）的〈弔夷齊文〉則以夷、齊「不同於大道」為論。〔註31〕有關阮、王寫作用意之異，劉勰說得最清楚，其言：「胡、阮之《弔夷齊》，褒而無聞；仲宣所制，譏呵實工。然則胡阮嘉其清，王子傷其隘，各其志也。」（《文心・哀弔》）劉勰的評論指出：東漢胡廣與曹魏阮瑀是從夷、齊「求仁得仁」的「清節」給予褒揚；王粲則批評夷、齊「忘除暴之為念」、「怨聖哲之大倫」的行為，頗有譏呵非難的意味。前者讚揚二子的清高；後者則哀傷夷齊的褊急。褒貶之間，各有其見解。不過，劉勰所謂「各有其志」的「志」，若從「志向意願」——個人生平與志向，或有另一層意思在其中。例如，胡廣「歷事六帝，禮任甚優，每遜位辭病，及免退田里。」（《後漢書》卷44／頁1510）阮瑀或亦存著「非君不事」之心，故不應曹洪徵辟；又或者因時亂避禍而有「何患處貧苦，但當守明真」的自覺價值之追求（〈隱士詩〉）。〔註32〕至於王粲參與典制之興造、時弊之針砭，俱可見其濟世之志。〔註33〕也就是說，「守真全志」或「濟世之志」，不僅呈現了個人性格傾向，也關係著對歷史人物典範的選擇。隨著文章學的發展，「弔」作為「追而慰之」——後代作者追懷其處境而給予慰藉——的文體，更多的是以典型人物來比擬自己的處境；於其中，亦可體會出作家的個人情志。〔註34〕

在阮籍（210～263）的視域中，「首陽山」已成為一種文化象徵符號。〔註35〕他在〈首陽山賦〉裡「穢羣僞之射真」一句，似乎就與「積仁潔行」

〔註31〕 參見吳雲主編，《建安七子集校注・修訂版》（天津：天津古籍出版社，2005年），頁388，頁475。

〔註32〕 參見逯欽立輯校，《先秦漢魏晉南朝詩・上冊》（北京：中華書局，1998年），「魏詩」卷三，頁381。

〔註33〕 因此，所謂「粲性躁競」或「率躁」，都應從王粲對仕進的激切來解釋。參見江建俊，《建安七子學述》，頁96，頁99，頁150。

〔註34〕 譬如，曹魏散騎常侍麋元所寫的〈譏許由〉與〈弔夷齊文〉兩篇文章（《全三國文》卷38）。前者便是譏諷許由洗耳逃隱，並沒有佐治效命之用；後者則從「謗周之主」譏評夷、齊不知順應天命猶眷戀舊朝，雖題為「弔」，但似乎夷、齊「餓死」的舉動已無所謂「求仁得仁」的深意，只剩「居聖之世，而異聖之心」的質疑了。

〔註35〕 陳伯君：夷、齊餓死的首陽山與此不同，「阮籍不過因此山名而念及夷、齊之事，因而寄意」，故無須考證。由於阮籍明記此賦寫於「正元元年秋」，加之以范陳本於文末注：「嗣宗當魏晉交代，志鬱黃屋，情結首陽，託言於夷、齊，其思長，其旨遠，其詞隱。」（《阮籍集校注》，頁24，頁28）故一般論者都從易代之際的詭譎氣氛來解讀「風飄」、「雨旋」。但本文則側重在「以死守節」到「可以不死」的轉變。意即，「首陽」多次出現在阮籍〈咏懷詩〉，它可以

的歷史夷、齊，有著同情共感。然筆鋒一轉，「二老窮而來歸。實囚軋而處斯兮，焉暇豫而敢誹？」點出夷、齊避地首陽山的原因，乃是拘囚排擠的窘境而非基於「恥」──非議的義感。緣此之故，其「餓死」乃是「肆夭壽」、「競毀譽」的行為；既不得「稱乎仁義」又「何美論之足慕」呢？這種顛覆夷、齊「求仁得仁」印象的不尋常評價，是值得推敲的。

根據上述，則有必要重新反省魏王昶（？～259）〈家誡〉所謂「若夫山林之士，夷、叔之倫」、「雖可以激貪勵俗，然聖人不可為，吾亦不願也。」關於這段話，余嘉錫強烈批評：這就是魏、晉士大夫「居其位而不事其事」的「務為自全」心理（《箋疏》，頁80）。其後，更有學者延續此觀點，發出「典午之後，風節不立，廉恥日消，此等言語為之嚆矢」的抨擊，並將其寫作目的視為「引導子弟學一種『永全福祿』的處世哲學」、「用意在保此冠冕於不墜」。〔註36〕

余先生之感慨有其背景因素。不過，既然已如前述，魏晉士群經歷了對伯夷、叔齊的歷史評價由「以死顯節」到「可以不死」的轉變。那麼，王昶所謂「夫人為子之道，莫大於寶身全行，以顯父母」云云，重點應從「寶身」二字推敲他對《孝經》「身體髮膚受之父母，不敢毀傷，孝之始也」觀點的接受。〔註37〕這一點，從〈家誡〉以「為子之道」破題，便清楚可知。再者，根據史載：

　　昶諸子中，湛最有德譽，而承亦自為名士，述及坦之並顯重於世，
　　為時盛門云。（《三國志》卷27／頁750）

雖說太原晉陽王氏「八葉繼軌，軒冕莫與為比焉」，但整體而論則可謂之「世傳清德」、「士林揚則」。〔註38〕但當東晉王述（303～368）欲上疏請退時，乃

視為高德潔行的喻象，但「高潔」與「死」不必然劃上等號，賦中「信可實而弗離兮，寧高舉而自儐」，也可以是一種選擇。

〔註36〕參見康世昌，〈漢魏六朝「家訓」研究〉（台北：私立中國文化大學，中文所博論，1996年4月），頁111～頁116。

〔註37〕王昶〈家誡〉的破題在「為子之道」，所以，「寶身」顯示了他對《孝經》「身體髮膚受之父母，不敢毀傷，孝之始也」觀點的接受。鄭玄注云：「父母全而生之，已當全而歸之」、「故行孝以不毀為先，揚名為後」（《孝經正義》，頁11），恰好說明了「寶身」──珍重父母所遺留給我的身體，乃是基於「全而歸之」的「孝」的表現。意即，從處世哲學來看待王昶所論的「寶身」並不恰當。事實上，魏晉士人對伯夷叔齊之「可以不死」的反省，也可由此角度來理解。

〔註38〕太原晉陽王氏其家門興盛，可從「八葉繼軌，軒冕莫與為比焉」（《晉書》卷75／頁1974），與「自王渾至坦之，六世盛德」得見（《世說》〈德行1〉）。當

以其曾祖父王昶〈白晉文王牋〉中不以保冠冕而不辭退官位的內容，作爲自身的訓誡。〔註39〕又或者如王坦之（330～375），其「臨終，與謝安、桓沖書言不及私，惟憂國家之事，朝野甚痛惜之。」亦是其「忠公慷慨」品格的具體說明（《晉書》卷 75／頁 1969）。可見，即便晉陽王氏「顯重」、「盛門」，但就其子孫的立身行事，很難說是只爲了「保身」、「保冠冕」而已。

二、價值的重塑：意足與適志

（一）嵇康：循性適志以拒位

　　魏元帝景元二年（261）山濤（205～283）推薦嵇康（223～262）出任吏部郎。嵇康責怪山濤不應有此舉動，遂寫下〈與山巨源絕交書〉「並以爲別」宣告絕交之意。事實上，對比〈與呂長悌絕交書〉內容，不難發現嵇康對於呂巽的背信行爲感到憤怒，「從此別矣」是眞的與之絕交；至於給山濤的書信，毋寧視作嵇康與仕途的斷交，或者說是嵇康對「適性」的一種宣示，用意即如〈嵇康別傳〉所說：「欲標不屈之節，以杜舉者之口耳！」（《世說》〈棲逸3〉注）

　　〈與山巨源絕交書〉的論點集中在：「循性而動，各附所安」則「達能兼善而不渝，窮則自得而無悶」，故無論出仕與否其關鍵只在「遂其志」。其主旨可分兩方面說之。

　　首先，嵇康列舉堯、舜、張良等留有濟世之功的聖賢人物，以及許由、接輿等遁跡濁世的隱者，只是爲了說明處世方式的千差萬別。他所申述「君子百行，殊塗而同致」，不論「處朝廷」或「入山林」的行爲，都符合「其揆一」的原則；此原則即是「循性而動，各附所安」──依循自然本性，並能心安理得。更關鍵的是，嵇康將仕隱價值等同的論述，放在「循性而動」的原則下證成。倘若說王基〈薦管寧〉一文，已初步表達了對管寧固執心志的尊重。那麼，嵇康則把仕隱問題的焦聚調整到「遂己志」，所謂激濁美俗的政治社會效益，從來就不曾在他的考慮之中。

　　　　然，王昶──王承一脈的子弟，也有像王國寶「驕蹇不遵法度」、「貪縱聚斂，不知紀極」者，或如王綏「鄙而無行」、「以薄行矜峭而尚人」，但總體來說，仍可謂之「世傳清德」、「士林揚則」的（《晉書》卷75／頁1995）。太原晉陽王氏世系，參見王伊同《五朝門第》表（三）。

〔註39〕詳見《晉書》卷75／頁1964。至於王昶箋疏中提及「及其年老，汲汲自勵，恐見廢棄，時人咸共笑之」的宗世林，其人其事詳見《世說》〈方正2〉注引〈楚國先賢傳〉所載。

其次，在「其揆一」的前提下，嵇康堅持選擇「循性而動」、「自得無悶」的生活方式。所以〈絕交書〉中有大半篇幅圍繞「性有所不堪，眞不可強」的討論。對此，嵇康又採取兩條路線進行：一是，對比自己與山濤和阮籍的性情特點；二是，重申自己放縱與疏懶的性情，難以適應官場生活，故列舉著名「七不堪」、「二不可」之理由申說。嵇康所言不堪忍受的官場儀節並非虛言，即便如張華（232～300）已位登三公，仍寫下了「吏道何其迫，窘然坐自拘」（〈答何劭三首〉之一，《晉書》卷三），顯見在權力場域中，「迫」的複雜情緒充滿胸臆。由此看來，嵇康所謂「又讀《莊》、《老》，重增其放，故使榮進之心日頹，任實之情轉篤。」仍然是以「榮──實」的兩端，強調了自己隨順本性的意向。

嵇康〈與山巨源絕交書〉除了具有公開聲明的作用外，還有幾點可以討論。第一，朋友彼此的相知相成。其言：「夫人之相知，貴識其天性，因而濟之」，故「華子魚不強幼安以卿相，此可謂能相終始眞相知者也。」此語意在藉管寧的「恬靜」與華歆「有仕宦意」（〈德行11〉注），來說明冥契之友是能隨順彼此天性而互相成全的。這裡倒沒有鄙薄山濤的意思，[註40] 仍然在強調對彼此本性的尊重，故說「不逼」、「不強」而「各以得志爲樂」。第二，嵇康對「循性而動」的說法，最後仍歸結於「志不可奪」──「志氣所託，不可奪也」。他在〈家誡〉以「人無志，非人也」破題，告誡嵇紹立志當專一不二。其中，嵇康觸及「固志之難」的問題。他指出，固守己志之難，難在「或牽于外物，或累于內欲」，易導致身心疲憊懈怠；固志之難，也難在「口與心誓，守死無二」，因爲心口一致，得先清楚自己志向之所在。所以說，「安而體之，若自然也，乃是守志之盛者」──安定順適地體現心志者，就像渾然天成，才是最佳的守志之人。嵇康這裡沒說出來的是，「安若自然」要以能依循自己本性爲依準。第三，以恬淡自得者爲欽慕的對象。嵇康自言：「吾每讀尙子平、臺孝威傳，慨然慕之，想其爲人。」尙長與臺佟雖列名於《後漢書·

〔註40〕據《晉書》所記：嵇康「以高契難期，每思郢質。所與神交者惟陳留阮籍、河內山濤」（卷49／頁 1370）。證之《世說》所載：「山公與嵇、阮一面，契若金蘭」（〈賢媛11〉），即可見山濤、阮籍、嵇康三人的交往關係。當然，這種以精神契合而相知己的關係，不若嵇康與呂安、向秀在日常生活密切的接觸。但從嵇康對其子嵇紹所說：「山公尚在，汝不孤矣」（《校注》，頁 112），頗有信任與托孤的意味。況且，山濤具有「淳深淵默，人莫見其際」（〈賞譽10〉注）與「有而不恃」（〈賞譽21〉注）的人格特質，未必不可能形成人格欽慕的關係。

逸民傳〉，但根據嵇康〈聖賢高士傳〉與皇甫謐〈高士傳〉所錄更爲清楚：

> （尚）長通《易》、《老子》，安貧樂道。好事者更饋遺，輒受之。自足還餘，如有不取也。舉措必于中和。……。（〈聖賢高士傳〉）

> 臺佟，……。不仕，隱武安山中峯，鑿穴而居，采藥自業。……。刺史曰：「孝威居身如此，甚苦如何？」佟曰：「佟幸得保終正性，存神養和，不屑營於世事，以勞其精，除可欲之志，恬淡自得，不苦也。如明使君綏撫牧養，夕惕匪忒，反不苦耶」。遂去隱逸，終身不見。（〈高士傳〉）

關於向子平的「安貧樂道」、「中和」與臺孝威的「恬淡自得」，仍得從嵇喜所說：「撰錄上古以來聖賢隱逸遁心遺名者，集爲傳贊」的意圖來看（〈嵇康傳〉，《全晉文》卷 65），關鍵就在「遁心遺名」四個字。「遁心」之意，即如嵇喜所述：「超然獨達，遂放世事，縱意于塵埃之表」，乃與看待名位的態度有關。這從臺佟「除可欲之志」與嵇康所謂「名位之傷德，故忽而不營」與「厚味之害性，故棄而弗顧」的表述，皆可見（〈養生論〉）。

於是，嵇康提出了「意足」與「自得」的新定義：

> 故世之難得者，非財也，非榮也，患意之不足耳！意足者，雖耦耕甽畝，被褐啜菽，豈不自得；不足者，雖養以天下，委以萬物，猶未愜。……。混乎與萬物並行，不可寵辱，此眞有富貴也。……。故《老子》曰：「樂莫大于無憂，富莫大于知足」，此之謂也。（〈答難養生論〉）

嵇康引用《老子》「知足者富」的觀點（〈33〉），說明富與貴是寡欲淡泊的精神自足的「不須外」。因爲，榮利尊寵是外在的，會得到也就有失去的時侯；人在這種惴惴不安的情況下，如何談得上快樂？所以，「意足」乃精神之悅樂安靜，若如向子平對他人饋贈的受取態度即是。

嵇康對富貴等世俗價值的反轉，意在避免「逐物」、「智用」、「害性」的可能性，其中還牽涉了他對於「養生」與「欲望」諸種問題的看法。這裡，只先著重這一段話，其言：「有主于中，以內樂外，雖無鐘鼓，樂已具矣。故得志者，非軒冕也；有至樂者，非充屈也；得失無以累之耳。」所謂「有主于中」，是內心有主見；那麼，就仕隱問題而論，能確認己志之所在而不隨俗即是「不以人爵嬰心」之謂（〈答難養生論〉）。在嵇康看來，他的選擇是十分清楚的。

（二）葛洪：著書立言以定志

　　葛洪（283～363）曾任東晉元帝丞相掾，後捨勢位的原因爲何？略可從個人意願來說，葛洪清楚表達：「金紫之命，非其始願」（〈自敍〉），「慾廣則濁和，故委世務而不紆眄；以位極者憂深，故背勢利而無餘疑」（〈嘉遯〉），寧可選擇簞瓢之樂。因此，他自述己志：

> 洪少有定志，決不出身。每覽巢、許、子州、北人、石戶、二姜、
> 兩袁、法眞、子龍申屠蟠之傳，嘗廢書前席，慕其爲人。念精治五
> 經，著一部子書，令後世知其爲文儒而已。（〈自敍〉，頁 710）

葛洪自陳其志向在著書立言故「不出身」，並且臚列了他所企慕懷想的高士典型。以下分別說明。

　　第一，定志的重要性。後漢郭太字林宗，以「處約味道，不改其樂」的君子形象，深植人心（〈德行 3〉注）。〔註41〕皇甫謐〈高士傳〉所載則多集中在「以孝聞」、「博洽無不通，又審於人物」。但葛洪的〈正郭〉，就是從「無固守之質」對郭太提出批評。

　　〈正郭〉篇首，葛洪從質疑秴含以「亞聖之器」稱許郭林宗的做法發問。他認爲郭太「有耀俗之才，無固守之質」，因而游移仕隱之間；雖以清談獲譽，卻「徒能知人，不肯薦舉」，反而造成「世眩名實，而大亂滋甚也」的社會現象；故以其行事而言，可謂「進無補於治亂，退無迹於竹帛」、「誠爲游俠之徒，未合逸隱之科也」。因此，葛洪的結論是「斯人乃避亂之徒，非全隱之高矣」。值得注意的是，葛洪引用諸葛恪等人對郭泰的評價作爲佐證，其中，周恭遠說：

> 夫遇治而贊之，則謂之樂道。遭亂而救之，則謂之憂道。亂不可救
> 而避之，則謂之守道。虞舜，樂道者也。仲尼，憂道者也。微子，
> 守道者也。……今林宗似仲尼而不得爲仲尼也。

這裡是以樂道、憂道、守道三種對應治亂的處世態度來說。簡單來說，郭太雖憂世道之亂，卻不能以自身器識才能有助於世道的撥亂反正，因而遭受批評。退一步說，如果郭太能固守其不仕之志，理當靜退、恬默，「祖述六藝」潛心於著述而非「交關貴游」或「心希榮利」。

〔註41〕據《後漢書》〈郭太傳〉即載「卒于家，時年四十二。四方之士千餘人，皆來
　　　會葬。」（卷 68／頁 2227）可見其爲士群所敬重。又，余嘉錫引《水經注》：
　　　「林宗之卒，心喪期年者：韓子助、宋子浚等二十四人。則其傾服林宗，可
　　　謂至矣。」（《箋疏》，頁 426）

　　第二，葛洪所企慕的對象。〈自敘〉所列舉的人物，俱見於皇甫謐〈高士傳〉與嵇康〈聖賢高士傳〉，至於子州支父與北人无擇，另可詳見《莊子・讓王》所述。這裡面，比較特殊的是姜岐，他並不列名《後漢書》〈逸民〉、〈黨錮〉或〈獨行〉各傳而是放在〈橋玄傳〉。因此，必須從兩人的關係來解讀。

　　漢陽太守橋玄（109～183）欲以姜岐爲功曹；岐稱病不就，玄怒，敕督郵尹益收之。《後漢書》對此事描述爲：「岐堅臥不起。郡內士大夫亦競往諫，玄乃止。時頗以爲譏。」（卷 51／頁 1696）並以「世著其清」、「匹夫不可奪志」評定姜岐（頁 1697），顯然是針對橋玄聘爲功曹一事而發。關於橋玄，其行事體現了「謙」、「公」與「清」特點而爲當世名臣（《三國志》卷 1／頁 2），但問題就在，「謙儉下士」的橋玄，難道不知以禮聘士而非以力逼迫的道理嗎？唯一的解釋是其「性剛急」，以致於處事的過程中，顯得粗糙而招致譏評。至於姜岐，據〈高士傳〉所載，其「治《書》《易》、《春秋》，恬居守道，名重西州。」又從他讓財與兄及「以畜蜂豕爲事」的舉動可知，姜岐在經濟營生無虞的前提下，對於財物的態度是淡然的。其中，「民從而居之者數千家」一句，說的是姜岐以其自身「孝」、「義」德行，使得「鄉里歸仁」，這是一種「感化」的效用。至於「皆不就，以壽終」，則是對姜岐堅持「不仕之志」的描述。《後漢書》對於姜岐「堅臥不起」與「有道在焉」，注爲：「橋玄之舍姜岐，以道不可違，故不得以威力逼也。」說明了橋玄深知「勢」不可脅「道」、「力」不可奪「志」。這樣看來，葛洪對於郭太與姜岐的批評與企慕，分界正是在對己志的固守與否。

　　當葛洪定志不出身時，他也從「固志」對世俗價值進行重估。其言：「醇而不雜，斯則富矣；身不受役，斯則貴。」（〈逸民〉）便將「貴」與「富」界定在外物不可移的「淡泊肆志，不憂不喜」內在心志（〈逸民〉）。換句話說，不羈於祿位的可貴之志與泰於得意之富，才是他所意欲企求的。至於「所謂祿利耳，非富貴」云云（〈逸民〉），則可視爲延繼嵇康將「富貴」定義置換成「意足」的路線；這種價值的重塑，都與自我心志的堅持有關。

三、淡然無求，安身安心

　　身體，首先是自我對個體存在感受的載體，並以此作爲與外物互動的中介。因此，不論「安身」或「安心」，都意味著「我」對「身體」的思考。值得注意是，「安身」不是消極地保生自全的說法，而是在看待欲望與名位問題

的態度上，具有個人修養的深義。

（一）身親或名重的提問

　　嵇康「意足」之說，早在《老子》便以「名與身孰親？身與貨孰多？」（〈44〉）與「吾所以有大患，爲吾有身」發問（〈13〉）。兩處的「身」字意義不同，前者暗示「身」（生命）較之名聲貨利來得重要；後者則針對「五色五音」、「難得之貨」、「蓋世之名」、「傾國之權」、「至高之位」種種根結於「身」而來的無止盡欲求之「患」。對此，老子提示以「及吾無身，吾有何患」法來對治。「無身」，只是放棄執著之意，更具體地說，就是「損之而益」（〈42〉）與「知足之足」（〈46〉）的修養工夫。〔註42〕問題在於，「足」（滿足）屬於主觀感受的認定，沒有一定的標準。所以，老子的重點更在「知足」之「知」字。〔註43〕因爲，唯有能「知足」、「知止」方可「不辱」、「不殆」，並且「可以長久」、「常足」。

　　對於名位榮利使人性異化的問題，〔註44〕莊子也假借「无足」與「知和」的對話，討論了該如何看待富貴或欲望（〈盜跖〉）。〔註45〕莊子更從「天下莫不～」，點出人性異化的嚴重性與普遍性，他將「以物易其性」、「傷性」與「殉利」、「殉名」、「殉家」、「殉天下」關聯起來（〈駢拇〉，頁 323），說明了舉凡一味奔利逐物的結果，就是以自我本眞之性作爲犧牲的代價。於此，莊子重新界定了富與貴的內容：「至貴，國爵并焉；至富，國財并焉；至願，名譽并焉」（〈天運〉，頁 499），唯有體認到一個凌駕於世俗價值之上的「至」，人們

〔註42〕劉笑敢指出：《竹本老子》記爲「罪莫厚乎甚欲，咎莫憯乎欲得，禍莫大於不知足」，似乎有從內心之「罪」到外在之「禍」的順序；「甚欲」是內心欲望、「不知足」是對外物之「得」後仍想「得」。這是老子以個人具體滿足爲標準，提出對「足」的新定義。參見《老子古今》（北京：中國社會科學出版社，2006），頁 467。

〔註43〕王淮說的好，「知足，是一種『智慧』，同時也是一種『德性』之涵養。」參見王淮，《老子探義》（台北：商務印書館，1969 年），頁 188。

〔註44〕袁保新指出：老子一再標舉「道隱無名」之旨，目的就是要破斥人心對名器的執取。「難得之貨」、「令人發狂」的說法（〈12〉），無疑是對異化的人心之提撕。參見袁保新，〈文明的守護者〉，《老子哲學之詮釋與重建》（台北：文津，1991 年）。

〔註45〕郭象對這一大段對話，只注以「此章言知足者常足」寥寥幾字（〈盜跖〉疏，頁 1015），重點仍在「知」字。成玄英疏：「無足，謂貪婪之人，不止足者也。知和，謂體知中和之道，守分清廉之人也。假設二人以明貪廉之禍福也。」可見兩人名字的隱喻（頁 1008）。

才可能對爵位、財貨、聲名，棄之不顧。話鋒一轉，莊子從「今之得志者，軒冕之謂也」切入，由於「今之得志者」並不了解「軒冕」所象徵的功名利祿，只是外在的（儻來）、暫時的（寄者），以致於在求軒冕、保軒冕的過程中，因為用盡方法而焦慮不已，終致「喪己於物，失性於俗者」的結果。對比於此，真正快意自適之「得志」乃在「无以益其樂」的「樂全」，這種無以復加的欣悅是來自於「以恬養知」的體認。要知，「得志」牽涉了個人對價值的認可或理想的追求，莊子提出以恬淡素樸、順應自然之道以避免「喪己」、「失性」，目的仍在追求「和理出其性」（〈繕性〉，頁 558）──一種出自於本性的和順與和諧。之後，郭象對《莊子》「故聖人，其窮也使家人忘其貧，其達也使王公忘爵祿而化卑」一段，注以：「淡然無欲，樂足於所遇，不以侈靡為貴，而以道德為榮」、「輕爵祿而重道德，超然坐忘」（〈則陽〉注，頁 882），就更清楚表示了「淡然」，是以「我」內在之「德」合於自然「道」以對應爵祿榮貴等外在欲求的一種態度。故謂「善為士者，遺名而自得」（〈大宗師〉注，頁 233）。

然而，足以擾亂人心寧靜的不唯對外物的欲求而已，還有個人內在情緒的變化；對於後者的洞悉，莊子以「無情」、「無心」深化與申論。莊子用柔美、剛強、烈火、寒冰來形容人的心志與情緒變化後，得到「僨驕而不可係者，其唯人心乎！」的結論，郭象注為：「皆喜怒並積之所生。若乃不彫不琢，各全其樸，則何冰炭之有哉！」（〈在宥〉注，頁 371）點出「樸」之所以得「全」的關鍵，就在「去其所以攖（人心）也」。換言之，對於究竟何者足以擾亂人心的問題的追索，莊子把眼光由外在物欲引起的無窮欲望，收回到個人內在對各種事物產生的喜怒哀樂之情緒。進而提出以不受好惡或成見干擾的恬淡素樸之「無心」、「無情」，以化解橫亙於胸中的機巧之心與愛憎之情。這仍然是處於一種「我」與「物」的對應關係之中；所謂有情或無情的區別，只在於是否能「常因自然」而已（〈德充符〉，頁 221）。以此觀之，嵇康「愛憎不棲於情，憂喜不留於意」（〈養生論〉）或兩晉「淡然」、「恬於榮辱」、「恬靜寡欲」的人物，可以說是展現了對老莊恬淡素樸思想的接受與轉化。

（二）高誘：反己清靜則安身自得

建安時期高誘將「安身」與「自得」關連起來的做法，需要說明並以之作為漢晉思想的中繼。

在高誘看來，「無為」作為「得道之法」，它的普遍性是對任何人都適用

的，所以「君子」亦能因「無有情欲，能順善以安其身也」（〈說山訓〉注，頁 526）。〔註46〕對於如何「安其身」的思考，高誘以「清淨（靜）之性」爲前提，扣緊對《淮南・俶眞》「返性於初」而「遊心於虛」之說，進行觀念的闡述。

首先，高誘採取「反」──回到質樸的本性──的論說方法，與看待欲望問題有關的「性論」中見其核心概念。借用徐復觀的話來說，《淮南子》中性論的主體是道家，它受到《莊子》影響而更多地使用「性命」一詞，因此，所謂「『體道之實』，即是把由好憎而流放於外的性，恢復它（性）內在於生命之初的原有地位。所以『反諸性』是體道的眞實內容。」〔註47〕據此而言，高誘所謂「平欲，故能合于道」（〈本經訓〉注，頁 244），就是對「性合於道」的理解。意即，返於清靜之本性的「反己」，才是重點所在。因而，所謂「好憎成形，而知誘於外，不能反己，而天理滅矣。故達於道者，不以人易天。外與物化，而內不失其情。」（〈原道訓〉）高誘注爲：

> 形，見也。誘，感也。不能反己本所受天清靜之性，故曰「天理滅也」，猶衰也。天，性也，不以人事易其天性也。一說曰：天，身也，不以人間利欲之事易其身也。言通道之人，雖外貌與物化，內不失其無欲之本情也。（〈原道訓〉注，頁 11）。

可注意到，凡與外物交接所產生的「好憎」，高誘以「情欲」二字蓋括。再者，多次使用「天，性也」、「天，身也」的解釋，表示「身」字在高誘的想法裡，並不是單純的生理肉體之「身」，而是與種種「聲色滋味」的欲望之安定有關。所以，高誘在《呂氏春秋》注中，〔註48〕論及凡能「治性清靜，不欲於物」者，即能知所輕重──「輕喻物，重喻身」（〈情欲〉注）；那麼，在物質情欲與全生二者間的選擇，當是「不以身役物」的「無爲」優先於「以物役身」的「有爲」（〈本生〉注）。

其次，基於「反己」的前提，高誘從「安其身」進而論及「自得」之義。他對「吾所謂有天下者，非謂此（筆者按：「此」指攝權持勢）也，自得而已」一段，注爲：「自得其天性也。一曰：不失其身也」（〈原道訓〉注，頁 36），

〔註46〕所引《淮南子》及高誘注，參見劉文典撰，《淮南鴻烈集解》上下冊（北京：中華書局，1997 年）。

〔註47〕參見徐復觀，《兩漢思想史・卷二》（台北：臺灣學生書局，1993 年），頁 227～頁 230。

〔註48〕參見陳奇猷，《呂氏春秋校釋》（台北：華正書局，1988 年）。

不難看出，從「有天下」到「自得」有著由外向內的脈絡。如果說《淮南子》文本所述，是對權力作用的消解，那麼高誘就更明確地將「自得天性」與「不失其身」等同起來，表述了「本所受天清靜之性」重於「人間利欲之事」的看法。所以，高誘多次強調「不以身爲物役，不以情欲亂中和之道」與「自得其天性」的說法（〈原道訓〉注，頁 34）。換句話說，唯有明白勢位爵祿「不足以概至人之志」（〈精神訓〉注，頁 235），才能確認「自得者足以適其情性」的意義（〈原道訓〉注，頁 34）。

故知，高誘所謂「安其身」、「不失身」並非就有形的身體而言，乃是置於「性論」之下來理解，目的在處理有關於喜怒、欲望的諸種問題。這樣看來，高誘所依據的詮釋文本雖不是《老子》、《莊子》，但他論述「反己」以「自得」的脈絡，與莊子重新定義「得志」以轉換世俗價值觀的做法，是具有相同用意的。這對於進一步理解魏晉士人「恬於榮辱」之意蘊，更能提供論理上的說明。

（三）潘尼：無私寡欲則篤志心安

在「意足」、「自得」價值置換了以勢位爲「富貴」的內容之後，「何謂幸福」與「如何追求幸福」就成了思想命題之一。〔註 49〕尤其，當西晉太康以後因經濟發展，使得部分人士表現爲生理感官欲求的追逐以及物品財貨的累積，逐漸形成縱情以求自適的心態與尋歡作樂的氣氛，〔註 50〕這使得「對幸福的追求」被誤導爲「愉悅感的滿足」，並且不斷地在一般印象中被強化。於是，「安身」就被誤解爲貪欲自利的「自全」心態。但從經典詮釋的角度來看，「全身以行道」與「安身以崇德」的說法，非但不消極安逸，而且還包括了自我修養的積極意義在其中。

關於「安身」的解釋，王弼與東晉韓康伯分別表述如下：

〔註49〕 幸福，往往與存在主體的體驗與感受相關聯；所謂的幸福感，乃意味著對自身生活狀況的滿意。不過，滿意與否的評價，總是受到價值觀念及原則的制約，譬如，「人也不堪其憂」，但顏回卻能「不改其樂」。顯示著，幸福更多是與理性追求有關，並與感性欲求的「快樂」有所區別。當然，個體的價值觀及其境遇，總是涉及了社會其他成員的認可與精定，也就是說，日常的幸福感，是難以疏離具體的社會關係。參見楊國榮，《倫理與存在──道德哲學研究》（上海：上海人民出版社，2002 年），頁 256～頁 266。

〔註50〕 譬如，《世說・汰侈》所錄者多與「石崇與王愷爭豪」有關；又或者如〈德行23〉注引王隱《晉書》所載「八達」之行乃「去巾幘，脫衣服，露醜惡，同禽獸。」

夫安身莫若不競，修己莫若自保。守道則福至，求祿則辱來。居養
賢之世，不能貞其所履，以全其德，而舍其靈龜之明兆，羨我朵頤
而躁求，離其致養之至道，關我寵祿而競進，凶莫甚焉。（《易·頤
卦》注，頁 352）

利用之道，由安其身而後動也。精義由於入神以致其用，利用由於
安身以崇其德。理必由乎其宗，事各本乎其根，歸根則寧，天下之
理得也。若役其思慮以求動用，忘其安身以殉功美，則偏彌多而理
愈失，名彌美而累愈彰矣。（〈繫辭下〉「利用安身，以崇德也」注，
頁 562）

兩人的注解，清楚表示「安身」是針對「求祿」、「殉功」、「役智」等等欲求
舉動而說，故標誌不競、不躁。這裡，也透露了儒家「安身」與道家「心靜」
兩種「安靜觀」的交互作用。〔註51〕

　　基於上述，解析西晉潘尼（？～311）〈安身論〉就屬必要的作為。本文將
著重在「意足」、「心安」的關係，以說明〈安身論〉的主旨在「安心」；而「心
之所安」又與如何看待或處理自身對物質欲望的問題相關。在潘尼「不為私」、
「不適欲」的論述中，表達了社會秩序的穩定與個人對欲望的「知止」相關的
意思，這似乎可以作為理解當時士人如何處理個人與群體關係的主要原則。

　　是以，重讀〈安身論〉，可以澄清部分的誤讀觀點。譬如，羅宗強將西晉
「自全」的普遍心態，概括為「不嬰世務」、「依違兩可」的行為以及「求放
任以自適」的生活態度，並將〈安身論〉放在這個脈絡下看待，其言：

自全心態，可以說是其時（西晉）士人之一種普遍心理趨向。潘尼有
一篇〈安身論〉，曲折地反映了這種趨向。……他所謂的安身，其實
就是老莊的不競爭，……他的觀點似與其時之既求名利又依阿無心以
求自全者不同。而其實，在重自身這一點上都是相同的。……（史書
稱潘尼）『從容』、『憂虞不及』，不過是在職而不盡責，於國之安危毫
不繫念的一種婉轉說法而已。（《玄學與魏晉士人心態》，頁 248）

〔註51〕甘懷真從儒道兩家的「安靜觀」，分析了「魏晉士人內心狀態是安靜的，故外
　　　在儀態是從容的」關係。詳見甘懷真，〈魏晉時期的安靜觀念〉，《皇權、禮儀
　　　與經典詮釋：中國古代政治史研究》（台北：喜瑪拉雅基金會，2003 年）。另
　　　外，徐復觀從「靜」、「敬」觀念使儒道思想得到融合的角度，有所辨析。詳
　　　見氏著《中國人性論史·先秦篇》（台北：台灣商務，1994 年），頁 451～頁
　　　452。

羅先生雖說〈安身論〉「似與其時……不同」，但一個「似」字，便透露了他的疑慮。所以，關鍵得回到「重自身」及「從容」該如何解釋的問題。

不同於上述說法，日本學者中嶋隆藏則認爲：潘尼〈安身論〉所陳述的主要內容，在以自己的心身安穩爲第一義，全體秩序的維持與確立爲第二義。根據潘尼的主張可知，不避諱自己的主張與欲望，就是他所謂「私」的核心；如何調和我與他人的意見及欲望追求，並與自己心身安穩尋求到接榫點，就是安身的關鍵。不過，只以自己爲基準的判定是不完全而且有困難的，潘尼還主張應把既有的道德價值觀，諸如「道」、「理」、「義」、「正」一併納入，這就是「公」。以「公」爲標準，即是儘可能少私寡欲、自足安分，並且把自己的命運放入天地造化之中、因循自然以爲出處進退，則能實現自身的安固；一切的存在若皆能如是，則天下的治平安定必然得以實現。〔註52〕事實上，〈安身論〉並不是中嶋隆藏的主要分析對象，但他從個人欲望追求與身心安穩二者關係調和的角度切入，則是正確的理解方向。

首先，就潘尼其人來說。

潘尼出身於文章與道德並重的官宦世家。祖父潘勗（？～215）爲建安末的尚書右丞，與王象、衛覬「並以文章顯」，〈魏公九錫策命〉即其所作；〔註53〕其父潘滿「亦以學行稱」。至於延續家風的潘尼，則是「少有清才，文辭溫雅」（《三國志》卷21／頁612），所謂「清才」乃高潔有操守之意。〔註54〕

《晉書》史臣謂之「含咀藝文，履危居正，安其身而後動，契其心而後言。」此評論可概括爲幾方面：一，就潘尼「行事居正」而言，這與他身具「士‧吏」的雙重角色有關。據〈本傳〉所載：「出爲宛令，在任寬而不縱，恤隱勤政，屬公平而遺人事。入補尚書郎，俄轉著作郎。爲〈乘輿箴〉」（《晉書》卷55／頁1512）。大凡《晉書》所謂的「人事」並非人間世事而是指賄賂之類，因此，「屬公平而遺人事」與潘尼的「清才」、「無欲」是密切相關的。

〔註52〕參見〔日〕中嶋隆藏，《六朝思想史の研究──士大夫と仏教思想》（京都：平樂寺書店，1992年），頁62。此外，他也注意到了《藝文類聚》將〈安身論〉爲誤植爲王粲所著的問題。

〔註53〕趙翼即稱潘勗爲曹操之〈九錫文〉「其文皆鋪張典麗，爲一時大著作各朝正史及《南史》、《北史》俱全載之。」參見「九錫文」條，《廿二史箚記》（北京：中華書局，2001年），頁148～頁149。

〔註54〕《世說新語》〈賞譽28〉謂東海王司馬越的府裡有三才：長才、大才、清才。劉孝標注引《八王故事》曰：「劉輿才長綜覈，潘滔以博學爲名，裴邈彊力方正」，即是以「方正廉潔」解釋「清才」。

至於〈乘輿箴〉，其篇首即以「古之為君者，無欲而至公」發論，體現了他對「身正」處世原則的強調，並以平正典重風格獲得劉勰「義正而體蕪」的評價（《文心雕龍‧箴銘》）。二，潘尼與潘岳（247～300）兩人並「俱以文章見知」，但經由對比其交往關係及性格差異，即可知「安身後動而不躁進」之意。因為，潘岳雖稱「止足」、「閑居」，但顯然他是「性輕躁，趨世利」的（頁 1504）；反觀潘尼乃「性靜退不競，唯以勤學著述為事。」（1057）他之所以和潘岳「存沒異路，榮辱天壤」的主要原因即此。由張溥所謂：「著論究人道之綱」、「其為人也，無詭隨；其為文也，無戲謔」，〔註55〕即知文如其人。

故次就〈安身論〉內容予以解析。〔註56〕潘尼於篇首破題即言：

> 蓋崇德莫大乎安身，安身莫尚乎存正，存正莫重乎無私，無私莫深乎寡欲。是以君子安其身而後動，易其心而後語，定其交而後求，篤其志而後行。

潘尼申述了君子以「存正」、「無私」、「寡欲」為立身行道依準的主旨，並具體地從「安身」、「易心」、「定交」、「篤志」四方面闡說：身安而後行動、心平而後言語、確定交往然後才有所求、心志專一然後才有所作為；這是因為一個人的「吉凶」、「榮辱」、「利弊」、「安危」與否，首要條件還是在於他能依「道」、「理」、「義」、「正」作為不妄動、不空談、不苟求和不虛行的準則。

反之，若不能依循上述的立身準則，將會面臨「身不安則殆，言不從則悖，交不審則惑，行不篤則危」的狀況，並因「自私」、「有欲」而招致外來的憂患。潘尼此處剖析了禍亂怨恨與爭鬥攻訐的關係：眾多欲求無法滿足則相互爭奪，每個人私心無法如願便交相攻擊；此即所謂「爭，則亂之萌也；伐，則怨之府也。」然一旦「爭」、「伐」萌芽後，遂形成「浮偽波騰，曲辯雲沸」、「惡相攻，與奪交戰」、「君子務能，小人伐技」頹風敗俗的情況。尤有甚者，值此禍結患至之時，還在遺憾懊悔自己的爭奪不強、攻訐不力，最後終致「大者傾國喪家，次則覆身滅祀」的結果，也是可以預想到的。這些就是「棄本要末之徒，知進忘退之士」的行徑。如果考慮到西晉朋黨之爭的影響，潘尼此處對「勢利之交」提出的嚴正批評，是具有現實意義的。

不同於上述，君子的作為則是：

〔註55〕此為張溥〈潘太常題辭〉評語。參見〔明〕張溥，殷孟倫輯注《漢魏六朝百三家集題辭注》（台北：木鐸 1982 年），頁 130。
〔註56〕潘尼〈安身論〉文長，詳見《晉書》卷 55，頁 1507～頁 1510。

知自私之害公也，然後外其身；知有欲之傷德也，故遠絕榮利；知爭競之遭災也，故犯而不校；知好伐之招怨也，故有功而不德。安身而不爲私，故身正而私全；慎言而不適欲，故言濟而欲從；定交而不求益，故交立而益厚；謹行而不求名，故行成而名美。止則立乎無私之域，行則由乎不爭之塗，必將通天下之理，而濟萬物之性。

天下猶我，故與天下同其欲；己猶萬物，故與萬物同其利。

不難發現，這段論述以及「不自貴於物而物宗焉，不自重於人而人敬焉」一段，與老子「不爭」、「後身」之說極度相似，也與劉邵〈釋爭篇〉所述的君子人格相近（詳見本文第四章）。君子不同於小人的分界，就在於君子深刻體認到「自私者不能成其私，有欲者不能濟其欲，理之至也。」──自務私欲則有損公利。因此，君子的態度總是不忮不求、不爭不校的；「遠絕榮利」、「犯而不校」、「有功不德」種種行爲，並非爲求「私全」、「欲從」、「名美」之個人目的。更重要的是，君子總是在「我──天下」、「己──萬物」的關係中，把他者納入與自己「同利」、「同欲」的整體考量。

尤其，一句「夫能保其安者，非謂崇生生之厚而耽逸豫之樂也，不忘危而已。」便確知潘尼所謂保全安身，確實有別於耽溺安逸或放蕩的「自全」心態。基於對自私自利心態的否定，潘尼回到對個人正心崇德的要求，並提出嚴肅的呼籲：

今之學者誠能釋自私之心，塞有欲之求，杜交爭之原，去矜伐之態，……，（以）名位爲糟粕，勢利爲埃塵，治其內而不飾其外，求諸己而不假諸人，……，可以處富貴，可以安賤貧，經盛衰而不改，則庶幾乎能安身矣。

明顯可見，潘尼對學者的基本要求，仍然是從修治內心開始。簡言之，即是「安身進德」四個字──心治身正，安於道且進於德。尤其，從「未有安身而不能保國家，進德而不能處富貴，治心而不能治萬物者也。」即知潘尼的想法是：「安身」以「保國」、「治心」以「理萬物」；一種由小到大、由內至外的依存關係。故知，由個人內在心身平衡，向外拓展爲不爭不伐的人我關係，正是潘尼爲整體秩序和諧之方程式所求出的解答，也才是〈安身論〉眞正的寫作意圖。

仕或隱，本就是以「致功──全志」作爲討論框架的。經由上文的討論，可以發現魏晉士人在論述隱而不仕時，更傾向於以「循性適志」與「固全己

志」作爲論點。若說魏晉時期是「個體自覺」的年代，那必定是以「遂志」、「適志」、「固志」的自覺選擇爲標誌的。不過，適志自得並不意味自私自全。在經過以「意足」、「適志」價值置換「富」與「貴」內容之後，反而更能堅定「士志於道」的方向；於此「安身即安心」之脈絡，亦可很好的理解魏晉士人追求「恬淡」、「寡欲」的人物特質。

第四節　秉志高讓的人物解析

當「養志衡門」與「因人之性」作爲隱居不仕的理由而且被普遍接受之時，要繼續追問的是：魏晉高讓不仕之士，其欲遂之「志」與所循之「性」的意涵爲何。是以，本節將以人物個案方式進行分析，以說明「養志不仕」的多種可能性。再者，由所列舉人物多身處政治局勢相對穩定之際，亦側面證明以「世亂無道」論述魏晉不仕風氣之盛，是屬於解釋效力較弱的論點。

一、「有晉高士」皇甫謐

史評「有晉之高人」，乃是以皇甫謐（215～282）作爲晉朝高士之典模。〔註57〕因此，以他作爲分析對象將可推知一時代之風向。至於，解析的線索，則以《晉書》本傳（卷51頁／1408～頁1418）與《全晉文》卷72所收錄的文章書信爲主。

羅宗強在〈正始玄學與士人心態〉一文，比較了同時期幾個人。他認爲：眞正在對應世俗，掌握恰好處的是皇甫謐。皇甫謐既讀《老》、《莊》也通儒家經典，「不完全是玄學思潮造就的人物」。所以晉武帝詔書：「與流俗異趣」，意味著皇甫謐的立身高潔，而不是像嵇康的「以己爲高潔，以世俗爲污泥」的對立；他雖屢辟不就，也不曾如嵇康一般菲薄名教，反而同時讓皇帝增加了禮賢下士的美名，遂得以善終。〔註58〕這樣的說法，明顯是爲了突出嵇康

〔註57〕本文標之以「有晉高士」的理由，除了史評「有晉之高人」一句外，還可從皇甫謐與左沖的關係推知。皇甫謐是否爲左沖〈三都賦〉寫序，無法確定。因爲，在《晉書》載爲：「有晉徵士故太子中庶子安定皇甫謐，西州之逸士，耽籍樂道，高尚其事，覽斯文而慷慨，爲之都序」（卷92／頁2376）。但在〈左思別傳〉卻記爲：「皇甫謐西州高士，摯仲治宿儒知名，非思倫匹。劉淵林、衛伯輿竝蚤終，皆不爲思賦序注也。」（《世說》〈文學68〉注）唯一可以確定的是，皇甫謐在當時是以「徵士」、「逸士」、「高士」形象有名。

〔註58〕參見羅宗強，《玄學與魏晉士人心態》，頁130～頁131。需要說明一點，皇甫

過於執著、直切的性格。但問題在於，嵇康被殺的理由，〔註59〕難道只在那一紙〈與山巨源絕交書〉的適志不仕之聲明？再者，朝廷對皇甫謐徵辟，是從魏元帝景元初（260）直至晉武帝咸寧二年（276）。所以應該要追問的是，皇甫謐「與流俗異趣」的實質內容爲何？更爲重要的是，晉武帝徵詔發於咸寧二年，此時距離曹魏正始與嵇康被殺事件，已一段時日；況且此時已是天下統一之後、內亂未起之「民和俗靜，家給人足」景況。並沒有險峻的政治情勢，足以突顯羅宗強所謂「遂得善終」的意義。何況，史載：「（皇甫）謐固辭篤疾。帝初雖不奪其志，尋復發詔徵爲議郎，又召補著作郎。司隸校尉劉毅請爲功曹，並不應。」（頁1416）這意味著徵辟的動作是多方面且持續不斷進行的。如此看來，皇甫謐「固辭」、「不應」的態度，理應有更深層的因素。

（一）皇甫氏的謙退家風

皇甫謐爲「漢太尉嵩之曾孫」，東漢靈帝徵辟皇甫嵩（？～195）爲議郎，從史傳所載，略可推知其重要事跡包括：「爲人愛愼盡勤」、「折節下士」與「夙夜在公，心不忘忠」；無移神鼎之心，異於董卓。最重要的一點，是他不伐、不爭之德行，史載：

> （華）歆稱：『時人說皇甫嵩之不伐，汝豫之戰，歸功朱儁，張角之捷，本之於盧植，收名斂策，而己不有焉。蓋功名者，世之所甚重也。誠能不爭天下之所甚重，則怨禍不深矣』。如皇甫公之赴履危亂，而能終以歸全者，其致不亦貴乎！故顏子願不伐善爲先，斯亦行身之要與！（《後漢書》卷71／頁2314）

皇甫嵩將其生平最重要兩場戰役的勝利，歸功於朱儁與盧植；其不爭、不伐的舉動，范曄認爲可以和顏回「不伐善」相比擬，故以老子「不居不伐」贊之。就皇甫嵩的事例來看，就很難將其「不爭」、「歸全」的態度完全歸之於老莊道家的思想，意即，「功成而弗居」的詮解是需要釐清的。〔註60〕

謐與嵇康（223～262）生平經歷差不多同時期，但皇甫謐卒年之時西晉已建立，因此，本文將皇甫謐定位在「有晉之高人」來進行討論。

〔註59〕 嵇康之死，應從鍾會「宜因釁除之」之「譖」的解釋。因爲，嵇康只是申述「循性而動」、「性情不堪」的不仕理由，他並沒有做出任何害時亂教的舉動。因此，司馬昭「尋悟而恨焉」（《晉書》卷49／頁1374），這是對錯殺嵇康的覺悟。等到鍾會逆謀叛亂，司馬昭的憾恨感覺就更深了。

〔註60〕 從袁宏與范曄的評論可看出，兩人將儒家「不伐」之「謙」與老子的「功成

從皇甫嵩不爭功名的行事，到其曾孫皇甫謐對名利的淡泊，如何解說其中的異同？或許可以把「士」的自我意識視為重要的線索。這一段史料，袁宏在《後漢紀》中將「世之所重」記為「蓋功名者，士之所甚重也」。〔註61〕於是，「誠能不爭天下之所甚重」一句所突顯的意義，就完全從「士」的自我價值取向而非世人眼光來說，「不爭」的姿態較之於外顯的「功名」是更為優先的。準此，「士」以「不爭」作為「行身之要」，即能無怨無禍而「終以歸全」。證之於皇甫謐的行事風格，似乎可見謙退家風在他身上延續著。

但家風的維持，談何容易！皇甫謐也經歷一段轉折，其叔母任氏曾斥責：「修身篤學，自汝得之，於我何有！」爾後，皇甫謐感於警惕才開始「帶經而農」、〔註62〕「博綜典籍」的勤學生活；性格始從「游蕩無度」轉為「沈靜寡欲」。其中，「有高尚之志，以著述為務」一句最值得注意。因為，這表示皇甫謐清楚地選擇以著述立言作為個人志業，那麼，「斯固有晉之高人者歟」的史評，就不只是從「不事王侯」的角度立論。反而，以「不仕」作為個人志向的抉擇來解釋，會有更好的說明。理由就在於「門人摯虞、張軌、牛綜、席純，皆為晉名臣」這句話，〔註63〕它透露兩個訊息：一，皇甫謐不只著作甚多，他同時還從事「教授」的活動。二，皇甫謐自己堅持「不仕」的志向，但他的幾名學生卻是晉朝名臣。足見，他並不鄙薄出仕為官的行為。以此之故，他對於濟陰太守文立上疏「以命士有贄為煩，請絕其禮幣」一事，嚴厲指斥這種廢除聘賢之禮的行為，將導致失禮而失賢之弊，實可謂之「亡國之臣」的意見。

由此可見，皇甫謐和管寧相似，其「不仕」的選擇是為了「全志」而非「守高」。這樣，基於自我意識而明確人生價值取向之所在，於〈守玄論〉與〈釋勸論〉有更清楚的表述。

不居」，做了程度上聯結的做法，或許可依此推論：「謙之德」，同是包含了儒家的「不伐善」與道家之「不爭」的思想成分。

〔註61〕參見張烈點校，《兩漢紀》下冊（北京：中華書局，2005年），頁523。

〔註62〕《世說新語》〈文學68〉注引王隱《晉書》：「（皇甫）謐族從皆累世富貴，獨守寒素」，故所養叔母有此慨歎。參見《世說新語箋疏》，頁247。安定皇甫氏世系，可參見王伊同，《五朝門第・下冊》（香港：中文大學出版社，1978年）「表（51）安定朝那皇甫氏」。

〔註63〕其中，摯虞裁成《晉禮》又寫《文章志》、《流別集》，為最有名。詳見《晉書》卷51。

（二）沈靜寡欲，閑居養疾

對於他人勸以務求名聲、廣泛交友的意見，皇甫謐以為：「非聖人孰能兼存出處，居田里之中亦可以樂堯舜之道，何必崇接世利，事官鞅掌，然後為名乎！」（頁1409）於是作〈玄守論〉對此問題有所回應。

關於出處與名利的問題，顯然皇甫謐不認為勤於公務、倉皇勞累，只為了汲汲於名位的追求，會是人生的首要項目。其言：

> 人之所至惜者，命也；道之所必全者，形也；……。若擾全道以損性命，安得去貧賤存所欲哉？……。至道不損，至德不益。何哉？體足也。……。

扣緊「道之所必全者，形」來看，〈玄守論〉主要在申述不耗損精神以保生全身的想法，但這並不意謂著皇甫謐的自私自全。因為，他認為必須珍重個人生命形體，乃是因為身體性命是理想與道義的載體。因此，若有人為了全道而損傷性命，又怎能冀望他可以捨棄貧窮以保存道義？這樣的說法，銜接了魏晉「全身以行道」的觀點，也同時支持了皇甫謐以體弱殘疾作為不仕的理由。至於，「貧者士之常，賤者道之實，處常得實，沒齒不憂，孰與富貴擾神耗精者乎！」則表明他並不願意過著食人之祿、懷人之憂的生活；反過來說，他可以不顧榮利官祿，而對清貧生活能泰然處之。又，皇甫謐並不因梁柳的名位高低而改變對其態度，也可視為他淡泊名利的佐證。

對於出仕與否及其所持理由，皇甫謐於〈釋勸論〉有進一步的陳述。史載：魏元帝景元時期（261～263），相國司馬師曾舉辟皇甫謐，他不應辟命；其後鄉親勸他應辟命任官，他才寫作〈釋勸論〉，目的在「以通志焉」。重點就在「通志」一詞，一般而言是指「通天下之志」的濟世之意；但皇甫謐的「通志」，顯然是以文章向他人說明自身志向之所在，以「消釋勸仕」之意。開首即言：

> 夫進者，身之榮也；退者，命之實也。設余不疾，執高箕山，尚當容之，況余實篤！

皇甫謐把問題鎖定在「上有寬明之主，下必有聽意之人，天網恢恢，至否一也，何尤於出處哉！」的假設前提之下，以問答形式進行論說。

其次，他以「唯余疾困」、「實力不堪」的健康因素，不斷強化無法出仕任官的理由。這與〈守玄論〉中「食人之祿者懷人之憂，形強猶不堪，況吾之弱疾乎！」的原因一致。在上表晉武帝即明言：「右腳偏小，十有九載。又

服寒食藥，違錯節度，辛苦荼毒，于今七年」（〈讓徵聘表〉），以此推測其健康狀況欠佳的原因，除了因病導致半身不遂，又與服用寒食散所造成的衰疲有關。故可推知，「於今困劣」、「所苦加篤」皆爲屬實之言。

〈釋勸論〉首段借「客問」表述一般人的勸進觀點：第一，以時勢而言，當「皇禪之朝」乃「時清道眞」之時，若「棄通道之遠由，守介人之局操，無乃乖於道之趣乎？」第二，從個人性命與名位而言。先以「五教班敍則人理定」定調王命難違，故「子獨栖遲衡門，放形世表，遜遁丘園，不眄華好，惠不加人，行不合道」，其後果可能是「身嬰大疢，性命難保」。反之，倘若選擇出仕爲官，則「存則鼎食，亡爲貴臣，不亦茂哉！」且毋需「抱弊褐之終年」。可見，客問的重點，始終環繞名器與安危的世俗價值而發問。

皇甫謐的回答，則從名勢對人格的異化談起，[註64] 其言：

> 若乃衰周之末，貴詐賤誠，牽於權力，以利要榮。……是以君無常籍，臣無定名，損義放誠，一虛一盈。……斯皆棄禮喪眞，苟榮朝夕之急者也，豈道化之本與！（《晉書》卷51／頁1413）

「棄禮喪眞」者，即是受掣於榮利勢位而選擇捐棄內心眞誠，以致損害君臣義合之「義」與君臣名分之「禮」。與此有別者，則是「能棄外親之華，通內道之眞」的「不名之臣」，其重點在忘棄榮華而達於內在道義的本眞；此「眞」乃是與欺詐相對的「眞誠」。其次，由文中「道化之本」可推知，皇甫謐對「聖帝之世」的設想乃是「欲混混若玄流，不欲蕩蕩而名發」之「溫溫而和暢」局面。意即，這種和順暢達、渾然淳醇的理想國政，與士人不佚蕩於圖利名聲的心態密切相關。換言之，皇甫謐對「棄禮喪眞」的觀察，是從「非名」與「不名」的角度所得到的結論。

其次，又從「寄身聖世」的時勢說起，進而指出客問「未喻聖皇之兼愛也」。所謂的「兼愛」是指在位者具有「含羅萬類，旁薄羣生」的器度，故能「進者享天祿，處者安丘陵」；在此「大同」、「至通」的氛圍中，是不必憂慮身家性命的問題。因此，他進一步從正反立論仕與不仕的問題。從反面來說，即如上述戰國士人因名位榮勢致使人格異化的情形。再就正面的「道化之治」而言，在上位者的「明主」當能以其「溫溫而和暢」之「德」形成「上有勞謙之愛，下有不名之臣；朝有聘賢之禮，野有遁竄之人」的聖治局面。皇甫謐巧妙地從「聖

[註64] 西晉王沈（？）「疾世而作」的〈釋時論〉，對當時「談名位者以諂媚附勢」的情態有深刻描述。參見《晉書》卷92／頁2382～頁2383。

皇」當「兼愛」的權力置高點，消解了客問「性命難保」的疑慮。但其間所展露對名位使人性的異化問題之警醒，才是更值得注意的地方。

在不多的資料文獻中，更值得細讀的應是他與辛曠的往來書信。〔註65〕就辛曠〈贈皇甫謐詩〉與〈與皇甫謐書〉來看，〔註66〕詩與書信內容，同樣可從聖治的「有道之時」以及個人才德條件分爲兩部分。

辛曠先從時勢背景切入，引用《詩》云「顒顒朝士」、「與帝同心」、「山無逸民，水無潛鱗」，說明當此「大晉合天地之中和」之時，應是「巖穴出其隱」、「願立名迹，思在利見大人」之勢。然而「先生固執沖虛，塞淵其心，殉文人之耿介，忘宣尼之所沽」，實屬不解。其次，辛曠又從德行來說，「伏惟先生，黃中通理，經綸稽古，既好斯文，述而不作，將邁卜商于洙泗之上，超董生于儒林之首」，此即〈贈皇甫謐詩〉「克量德音。茂哉先生」之謂。

對辛曠勸以出仕的盛意，皇甫謐於〈答辛曠書〉也選擇從政治背景起始，其言：「箕山之叟，超迹于堯帝之世；首陽之老，抗操于有周之隆。故能名奮百代，使聞之屬節，皆經聖明之論，所以邈世卓時者也」。可以看見，「箕山之志」、「首陽之操」是被放在聖王治世下論述的。意即，「有道」之君，當如帝堯「全彼人之志」。其次，從自身狀況來看，「才頑行穢，疾奪其志」、「疾與榮競，巾車順命，非劣懦所堪也」，在健康與名位之間，皇甫謐的選擇很清楚；他的不仕並非有意守高謙讓，實是難以勝任。

綜觀上述，史臣評論做了很好的概括：

> 皇甫謐素履幽貞，閑居養疾，留情筆削，敦悅丘墳，軒冕未足爲榮，
> 貧賤不以爲恥，確乎不拔，斯固有晉之高人者歟！（頁1436）

皇甫謐閑居不仕的理由，是因爲養病也是因爲留心著述；在長達十多年的徵辟過程中，皇甫謐「竟不仕」、「終不就」的態度就是「固志」的呈現。回到晉武帝詔書「與流俗異趣」的意涵來看。顯然皇甫謐的立身高潔，是來自於「沈靜寡欲」的人格特質，因而能栖心衡門、忘懷榮秩，此即其確乎不拔之志。

仍然是恬靜謙退家風的延續。皇甫謐之子皇甫方回（？～315）「永嘉初，

〔註65〕 辛曠，未見於《晉書》，生卒年不詳，但以《全晉文》所收傅咸〈答辛曠詩序〉來看，則可推測辛曠與皇甫謐的交往，當屬西晉之時。

〔註66〕 分別見於逯欽立輯校，《先秦漢魏晉南朝詩》（北京：中華書局，1998年）卷2／頁586。以及《全晉文》卷72。

博士徵，不起」，「先人後己，尊賢愛物，南土（荊州）人士咸崇敬之」；百姓的崇敬應是來自於對人格的禮敬。由兩件事得知：一，荊州刺史陶侃（259～334）以謙沖有名，每次前往造訪，皆「著素士服，望門輒下而進」，意思是藉由著幅巾、下馬車的動作除去官職身分，以示禮敬之意。皇甫方回雖未擔任官職，亦以友人身分對陶侃有所勸告。二，後來王廙（？～322）代領荊州，為樹威望，只因為皇甫方回不來拜詣「乃收而斬之。荊土華夷，莫不流涕。」（頁 1419）後來，王廙亦因戮殺一事，失去荊土民望、使人心背離。

時至東晉安帝元興二年（402），桓玄（369～404）認為歷代都有肥遯隱居之士以顯世治主明，遂「徵皇甫謐六世孫希之為著作，并給其資用，皆令讓而不受，號曰高士，時人名為『充隱』。」（《晉書》卷 99／頁 2593）沒有更多的資料可以說明皇甫希其人其事，但皇甫氏成為「高士」的指標，則是可以確定的。

二、孝養不仕的李密

李密（224～278）以其孝烝之性，奉事祖母劉氏，故名列《晉書‧孝友》。晉武帝於泰始初徵辟李密為太子洗馬，李密在為人所傳誦的〈陳情表〉明白寫道，就是在「盡節」與「報養」的抉擇，突顯了他「進退狼狽」的處境。這是以「供養無主」遂不應命的典型。晉武帝覽〈表〉後，稱許：「士之有名，不虛然哉！」遂停召（頁 2274）。

明代陳獻章（1428～1500）在面對旁人尊賢勸進之時，一方面以身老母病為由，另一方面則舉李密〈陳情表〉以說明決定不出仕的原因。在出處問題上，「無愧於密」一句，無疑地透露出李密對白沙的指標性意義。因為，李密的行事彰顯了「隨時處宜」與「自安於心」兩項價值；重點在「盡孝」的「盡」字，盡則情真而無偽。因此，出處的判準應順從個人的選擇。〔註 67〕這種「盡孝」之真誠，又是出自於自我的反省。西晉夏侯湛（244～292）以詩句「苟違親以從利兮，匪曾閔之攸寶。視微榮之瑣瑣兮，知吾志之愈小。獨申愧于一心兮，以報德之彌少。」（〈離親咏〉《全晉文》卷 68）道出了出仕與事親的兩難。所有的「利」、「榮」，都因遠距任官無法報養雙親；〔註 68〕在

〔註 67〕 參見朱鴻林，〈陳白沙的出處經驗與道德思考〉，《中國近世儒學實質的思辨與習學》（北京：北京大學，2005 年），頁 206，頁 213。

〔註 68〕 夏侯湛〈離親咏〉：「剖符兮南荊，辭親兮遐征」，其中「南荊」當是指其擔任

這種慚愧與內疚的情緒催化下，產生了對「志」再次的內省與深化。

李密爲了奉養祖母而選擇不仕，有人則是爲侍親而選擇出仕。例一，東晉何琦「事母孜孜，朝夕色養」，但他卻明白表示：「所以出身仕者，非謂有尺寸之能以效智力，實利微祿，私展供養。」是以，待其母逝後，遂「養志衡門，不交人事，耽翫典籍，以琴書自娛。」以著述爲業。這是「祿養而仕」的典型。〔註69〕由於何琦本就無仕宦之志，因而對榮利產業並不經心，即便簡文帝不斷詔徵，他始終不應。值得注意的是，何琦是司空何充（292～346）的從兄，卻能「不營產業，節儉寡欲，豐約與鄉鄰共之。」多少可以說明何琦寡欲的性格與淡泊勢位之間的關連（《晉書・孝友》，頁2293）。

又如西晉的趙至，他感於母親教誨而「自恥士伍，欲以宦學立名，期於榮養」，後詣師受業，這說明他選擇進身仕途，目的在祿養雙親。可是，又爲何當趙至將離家遊學時，其母禁止他前往？之後，趙至十四歲於太學初遇嵇康；十六歲再遇嵇康，卻又改名爲趙浚？最匪夷所思的是，趙至回到家鄉洛陽時「母已亡，父欲令其宦立，弗之告，仍戒以不歸。」趙至遂以郡計吏身分返還遼西，並未爲母服喪。這些不尋常的舉動，可說已背離了榮養父母的原意，甚至可說不孝。令人不解的地方在於，如果他是基於孝親理由而選擇進身仕途，又爲什麼不能在具備「良吏」身分之時贍養父母？唐長孺指出：趙至的難處在於「士伍」一詞，意指士兵世襲的特殊身分，因此趙至必須變更身分。〔註70〕於是可以說，趙至雖以「斷九獄，見稱精審」展現其政治幹才，但他選擇進身仕途立名的原意，並非基於「濟世之志」，而是他期於榮養雙親的志願。這也就是當趙至得知其母身亡，而他孝養之志願始終未曾實現之時，遂「號憤慟哭，歐血而卒」（《晉書・文苑》，頁2379）。

「南陽相」的經歷。

〔註69〕 西晉華嶠曾區別「祿養」與「孝養」二者，其言：「干祿以求養，是以祿親也」，「推至誠以爲行，行信於心而感於人，以成名受祿，可謂能孝養」（〈江革毛義論〉，《全晉文》卷66）。

〔註70〕 唐長孺扣緊「士伍」一詞，對此疑問提出解答。這裡所謂的「士」，指的是「兵士」，兵士及其家庭成員稱爲「士家」，屬於低賤的特殊階級；士家子弟稱「士息」是世代當兵的。所以，趙至佯狂、改名甚至落籍遼西的各種不合理行爲，就在於他不可改變的「士息」身分。唐先生是從保存曹魏士家制度的史料價值來解讀〈趙至傳〉。參見唐長孺《〈晉書・趙至傳〉中所見的曹魏士家制度》，《魏晉南北朝史論叢・外一種》（石家莊：河北教育出版社，2000年），頁28～頁34。

三、不能固志，名聲減半的鄧粲

東晉鄧粲（？～384？）「少以高潔著名，與南陽劉驎之、南郡劉尚公同志友善，並不應州郡辟命。」（《晉書》卷 82／頁 2151）所謂「同志友善」，指的是鄧粲的高尚純潔與劉驎之崇尚質樸的同氣相投。於是，當鄧粲決定應辟時，兩人就產生了歧見。劉驎之認為此舉乃「忽然改節，誠失所望」；而鄧粲以笑答回應，其言：

> 足下可謂有志於隱而未知隱。夫隱之為道，朝亦可隱，市亦可隱。
> 隱初在我，不在於物。（頁 2151）

鄧粲對「隱」的論說，常被用來引證東晉時期所流行的「朝隱」、「市隱」理論與風氣。不過，若是改換以〈桓沖傳〉與〈棲逸 8〉所述為觀察角度，去深思鄧粲應辟後「名聲減半」的意涵，就不難發現「朝隱」的論調，並非被全面接受的。

首先就桓沖（328～384）「謙虛愛士」的表現來說：

> 命處士南陽劉驎之為長史，驎之不屈，親往迎之，禮之甚厚。又辟
> 處士長沙鄧粲為別駕，備禮盡恭。粲感其好賢，乃起應命。（卷 74
> ／頁 1952）

重點在舉辟者與被舉薦者之間的微妙關係。若從桓沖臨終「喪下江陵，士女老幼皆臨江瞻送，號哭盡哀」來看，他必定是具有某種人格特質或德行，因而他的「好賢」絕非只是「備禮盡恭」的舉動而已。那麼，鄧粲感於桓沖「好賢」而應辟，是有其道理可說。再者，桓沖的好賢備禮，又表現在先行登門拜會劉驎之的父親，劉驎之在得到辟命後，選擇登船、當面向桓沖辭官；〔註71〕這樣的互動，說明兩人以不同的做法表達了對彼此的禮敬之意。

這樣說來，對辟命的「應」與「不應」都非關桓沖個人的因素。從劉驎之自身質性而言，乃「少尚質素，虛退寡欲。好遊山澤閒，志存遁逸。」顯然，游弋山水會是他的優先考量。至於鄧粲，他因父親鄧騫有忠信之言而不被世人所知，「乃著《元明紀》以紀念其父。值得注意的是，唐修《晉書》

〔註71〕即便劉驎之當面自陳「無用」而選擇「翛然而退」的姿態，但從他「升舟，悉受所餉」來看，實質上已完成了應辟的程序。這從本傳所載：「有一孤姥，病將死，歎息謂人曰：『誰當埋我，惟有劉長史耳！』」可見，「劉長史」就是桓沖辟請他的職位。只能說，他始終堅持遁逸之志而不仕，至於「升舟」、「受餉」等動作，則可從他對桓沖的敬意來推測。

因爲鄧粲以編年體形式寫作《晉紀》十一卷，〔註72〕而將之與陳壽、王隱、干寶等史學家列名同傳。那麼，從鄧粲「祖述前史」、「昭法立訓」的用心來看，顯然和劉驎之「志存遁逸」相距甚遠了。至此，鄧粲應辟後的聲譽衰減，並不是貶抑他出仕，而應該從他「改節」——對「己志」不能「一以貫之」的堅持來推測。

回到對自我志向的抉擇。劉驎之雖列於〈隱逸傳〉與〈棲逸篇〉，但他始終關懷人間而非冷眼旁觀，史載：「驎之雖冠冕之族，信義著於羣小，凡厮伍之家婚娶葬送，無不躬自造焉。」〔註73〕又，「凡人致贈，一無所受」，「其仁愛隱惻若此。卒以壽終。」（〈隱逸傳〉，頁 2448）他的仁愛之情體現在爲孤姥治棺殯送；此外，他更做到「衣食有無，常與村人共」（〈棲逸8〉），而爲鄉里百姓感到懷戀而愛戴的人物。有意思的是，對劉驎之的描述，竟大半來自於鄧粲的《晉紀》，余嘉錫即謂：「（鄧）粲所紀驎之事，乃親所見聞，皆實錄」（《箋疏》，頁 657）。故說，劉驎之雖堅持不仕之志，但從他與村人鄉閭間的良性互動可知，他的寡欲絕俗，是指其對物欲厚秩的淡泊。

另一例子，是東晉翟湯（271～343？）與周邵的關係。史載：

> 南陽翟道淵與汝南周子南少相友，共隱于尋陽。庾太尉說周以當世之務，周遂仕，翟秉志彌固。其後周詣翟，翟不與語。（《世說》（〈棲逸9〉）

> 庾公欲起周子南，子南執辭愈固。庾每詣周，庾從南門入，周從後門出。庾嘗一往奄至，周不及去，相對終日。庾從周索食，周出蔬食，庾亦彊飯，極歡；并語世故，約相推引，同佐世之任。既仕，至將軍二千石而不稱意。中宵慨然曰：「大丈夫乃爲庾元規所賣！」一歎，遂發背而卒。（《世說》（〈尤悔10〉）

還是得從翟湯「秉志彌固」說起。翟、周二人從小就結識爲友，後來周邵應辟出仕，翟湯以「不與語」表示他的不認同。根據史載，尋陽翟氏一脈：翟湯——翟莊——翟矯——翟法賜，皆具高操而屢辭辟命，可謂其家風是累世

〔註72〕鄧騫以「常推誠行己」、「有節操忠信，兼識量弘遠」（《晉書》卷70／頁1866）。至於鄧粲所著《晉紀》，今可見於〔清〕湯球黃奭輯，喬治忠校注，《眾家編年體晉史》（天津：天津古籍出版社，1989年）所收。

〔註73〕劉驎之的世系不清楚，依本傳所載爲光祿大夫劉耽（？～403）之宗族，而劉耽乃魏侍中劉廙、西晉豫州刺史劉喬之後，故言「冠冕之族」。參見王伊同，《五朝門第——附高門權門世系婚姻表》表（九）「南陽安眾劉氏」。

有隱行而不仕。至於周邵與庾亮的互動，根據劉孝標注引《尋陽記》所載：庾亮至江州時，是同時詣見了翟、周兩人；會談後便知周邵是可以勸以出仕，這就是〈尤悔〉所記兩人談論時事變化、相約合作濟世的情形。事實上，庾亮在〈與子南書〉中便清楚明示酉陽郡乃是貧困多事之處，他並沒有任何欺瞞。但周邵的「一歎」，則顯然是對自己出仕的決定感到悔恨。這也是對自己不能堅守初衷的慨歎吧！

第五節　小　結

　　隱而不仕，是一種個人理想實踐的方式；以道樂身，則是意志之自由與精神之超越的呈顯。魏晉的不仕之士，總是置身於權力場域之外，而選擇投身於州閭地方的實存空間，以文化傳衍的角色開拓出人文的意義世界。在公私空間的轉換與政治文化角色的選擇中，魏晉不仕之士的秉志固持，是對自身志向的反覆確認。

　　本章所述，乃以魏晉時期一時標的之人物為論。不難發現，他們都以「恬淡寡欲」為人格特點。其所顯示的意義是，緣於自身的「寡欲」而能安心自得；由此內在自足所形塑成的恬淡人格，又反過來吸引其周遭的人物，使得「自──他」關係調整為一種共振的頻率。在此場域中，「人──我」乃是平等的友朋關係，即便是「師之」、「慕之」或「欽德」，都不存在著「下對上」的效法，毋寧說是一種心靈的貼近與「德」的召喚力量。魏晉人物的多樣性與可欣賞，應當從這個角度來說。另一方面，從〈安身論〉內容的解析即知，魏晉士人對於社會秩序如何穩定的問題，並非從既存的「名教」存廢來思考，而是將「身──家──國──天下」的維繫，訴諸於每一個內在自足的個體。如是，所謂的「自足」、「自得」就不僅僅只是個人對於物質欲望的修養工夫而已；「安身」所展示的也不是偏安自全的心態。至少，就管寧與劉驎之等人所身處的鄉里州閭之實存空間而言，由其高潔人格所形成的勸俗效益，是必須給予肯定的。

第四章　「謙容無私，具德在身」的人格範型

　　美國漢學家郝大維與安樂哲所提出的「焦點——場域」理論，意在將中國傳統理想人格所具之「德」，視爲兼具個性化的能力以及與他人整合的能力。也就是說，理想的人格範式，一方面是眾人眼光注目的焦點，另一方面又因「德」而能不斷地擴展到他的影響力所及之區域。「德」這個焦點，構成了社會秩序的聯結點，並且很好地說明了自我與社會的相互貫通。〔註1〕在此意義上，本章將扣緊「無身無私則公」這條線索，以說明政治層面的「公正無私」之外的另一套語彙。意即，此處的「公」，是「有德者」、「體道者」環繞著「身體」展開如何「無私自有」以向他人「敞開自身」的論述；這個帶有「公眾」性質的「公」，乃立基於「有德者」的「無身無私」而來。

　　是以，本章節目安排如下。第一節「劉劭論『犯而不校』的君子」，著重說明君子謙讓不伐的品格，因置於「自——他」的和諧關係加以證成，而更顯其重要性；並以西晉樂廣的謙和寬容、與物無競之人格特質，輔以說明。第二節「王弼論『與天合德，體道大道』的人格」，先以「容公無私」的聖王理型，說明「公」包含「中」、「正」、「誠」、「信」諸種意涵，並針對「後其身」提出「無爲於身則無私」的詮釋。次以「盛德質眞」體道之士之「不矜」、「尙謙」的特質，作爲「後其身」而「不爭」的補充說明。第三節「嵇康論『體亮心達』的無措君子」，乃以嵇康〈釋私論〉的分析爲主，並試圖從「忘

〔註1〕參見〔美〕郝大維、安樂哲著，施忠連譯，《漢哲學思維的文化探源》（南京：江蘇人民出版社，1999 年），頁 44～頁 48。

其爲身」切入，提出「釋私」之意乃在「超出繫於所欲的身體」。

第一節　劉劭論「犯而不校」的君子

劉劭《人物志》三卷十二篇的內容，〔註2〕一般看法都認爲其寫作目的在解決政治上量材授官之名實問題，並著重從聖人的「中和之質」切入人物才性的討論。

相關的研究成果裡，有從漢末人倫識鑒風氣之結晶給予定位的。諸如：湯用彤所指出：《人物志》「雖非純論理之書，然已是取代漢代識鑒之事，而總論其理則也。」意即，此書之性質已不只單就具體人物進行品評，更能對於人物品評的標準做出原則性的探討與歸納。〔註3〕牟宗三從「才質之性」的角度切入，認爲：「《人物志》之品鑒才性即是美的品鑒與具體智悟之混融的表現」，「對於個體的生命人格所作的『品鑒的論述』是很其特殊價值的。」〔註4〕徐復觀亦言：「（漢末人倫識鑒）其關鍵之點，則在於通過可見之形，可見之才，以發現內在而不可見之性，即是要發現人之所以爲人的本質。」徐先生並區別兩種識鑒：一種是劉劭基於政治實用目的，並以分解方法構成判斷的人倫識鑒；另一種則是竹林、中朝名士「藝術性的欣賞」的識鑒。〔註5〕

另外，還有從玄學前期思想的重要性來評介劉劭。譬如，湯一介將漢末魏晉思想主題歸結爲才性、有無、一多與聖人四項，而四項內容都與宇宙人生的

〔註2〕劉劭生卒年不詳。《三國志》寫作劉劭，一般研究寫作劉邵。本文寫作劉劭，相關資料依準於江建俊《漢末人倫鑒識之總理則——劉劭人物志研究》（台北：文史哲出版社，1983年）。本文所引劉劭《人物志》及劉昞注，參見任繼愈、傅璇琮主編，《文津閣四庫全書·第280冊·子部》（北京：商務印書館，2005年），頁345～頁355。行文以（〈九徵〉）形式隨文夾注。

〔註3〕參見湯用彤，〈讀人物志〉，《魏晉玄學論稿》（上海：上海古籍出版社，2005年），頁10。

〔註4〕參見牟宗三，〈「人物志」之系統的解析〉，《才性與玄理》（台北：臺灣學生書局，1989年）。延續「才性」的觀點，鄭毓瑜指出：《人物志》以「量官授材」爲論辨人物的目的，但在析論個別材性時，又採「即形以知性」的原則，這種「重視個人姿態、具有美感的品鑒方式，這多少已擺脫了道德上或政教上的限制」。此說將「文氣」觀念與人物品題結合起來，梳理了魏晉「才性論」到「辭氣論」的發展脈絡。參見氏著《六朝文氣論探究》（台北：國立臺灣大學出版委員會，1988年），頁59。

〔註5〕參見徐復觀，「第三節　玄學的推演及人倫鑒識的轉換」，〈釋氣韻生動〉，《中國藝術精神》（台北：學生書局，1992年），頁152。

存在根據爲何的提問有關；劉邵雖爲政治理論家，但「調和儒道的趨勢已肇其端」。〔註6〕江建俊更從劉邵「循理究源」的思維與以總攝繁的論證方法，評予《人物志》「先玄學」的思想史定位。〔註7〕意同於此，余敦康說：《人物志》不僅是曹魏時期名理學的總結性著作，其意義和價值更在於「它站在更高的理論層次探索了理想君主的問題，爲玄學的產生作了重要的鋪墊。」〔註8〕以上諸說，都從玄學思想的方向建構做出了評論。

值得注意的是，上述各家都不約而同的論及了書末最後〈釋爭〉篇的特殊性。湯用彤說：《人物志》書末章加有釋爭一篇，似與鑒人序材之題無涉；但從〈釋爭〉教人卑弱自持以立身，可知劉邵深契賞於《老子》之說（〈讀人物志〉，頁15）。王曉毅即對〈釋爭〉做出解題：「本篇旨在論證人材在競爭中所應遵循的總原則──以屈求申之道」；所謂「釋爭」，就是消除人材之間的競爭。〔註9〕其意見應該是從劉昞注「釋忿去爭」四字衍繹而來。雖然，〈釋爭〉的部分內容與劉寔〈崇讓論〉的「推賢讓能」說法相合轍（詳見第二章第二節），都以「讓賢」的想法回應了當時任材授官的問題。但若只偏重從人材競爭的角度來看，似乎尚未深究〈釋爭〉內容體例不同於他篇的寫作用意。〔註10〕

於是注意到，從政治用人與鑒賞意義之外，另闢研究視角的說法。唐君毅指出：〈釋爭〉的重點在觀人是否自矜其才、是否能讓，進而提出一種「觀人之如何自處其才，以觀人之德，而達於觀人之極致」的想法；從〈九徵〉

〔註6〕 參見湯一介著，《郭象與魏晉玄學‧增訂版》（北京：北京大學出版社，2000年），頁27～頁28。

〔註7〕 參見江建俊，〈「先玄學」──由劉邵「徵質」到王弼的「崇本」〉，《六朝學刊》（台南：成功大學中文系，2004年），頁173～頁195。此篇文章於「前言」部分，詳細評介了各家對於《人物志》的解讀與定位，可自行參見。

〔註8〕 參見余敦康，《魏晉玄學史》（北京：北京大學出版社，2004年），頁45。

〔註9〕 參見王曉毅，《中國古代人才鑒識術──《人物志》譯注與研究》（長春：吉林文史出版社，1994年），頁217。

〔註10〕 〔日〕岡村繁則從政治層面提出他的觀點，其言：《人物志》的撰寫意圖是爲確立中央集權官制體系而提供理論，其本質是爲了迎合魏朝君主親政的人事需要。所以〈釋爭篇〉「所謂『卑讓降下』的忠告，其實無非是想封死被鑒識者及批判者的口舌，藉此抑制人們的抱怨不平，使人聽憑人物鑒識之主宰者隨意挑選擺布」。參見〔日〕岡村繁著、陸曉光譯，《岡村繁全集 第參卷：漢魏六朝的思想和文學》（上海：上海古籍出版社，2002年），頁253。筆者雖不同意這樣的看法，但必須承認岡村繁在〈第九章 《人物志》劉注校箋〉一文，對於經典引用的說明，仍具參考價值的。

到〈釋爭〉可謂之「始於形體，終於德行」的觀人之材性的思路。〔註11〕江建俊亦從《人物志》篇目結構安排上，提示了：「首尾相應，首『九徵』，以人之質量中和者最貴，末『釋爭』，以歸性情之純，此乃眞人品之所出焉。」（《總理則》，〈序〉，頁2）此說乃以反無名之朴、以歸性情之純作爲〈釋爭〉之法眼，以爲人格之成全。

從「歸性情之純」、「終於德行」的角度來看，使得兩個問題必須被注意到：一是，〈釋爭〉對於老子「不爭」想法的汲取，是在怎樣的論述脈絡下產生關聯，最後又歸結爲性情與德行問題。二是，劉劭在〈釋爭〉對歷史人物的引用說明，顯然不同於其他篇章的歸納分析之論述方式。〔註12〕那麼，重新反省〈釋爭〉的寫作意圖，顯然是有必要性的。

首先，從思想史的發展來看，〈釋爭〉的論述方式與引用的人物典故，在後來王弼《老子注》乃至於東晉袁宏的〈去伐〉都可看見。尤其，王昶的〈家誡〉也表述了相同的觀點。這些都意謂著不自矜伐的修養問題，在魏晉時期始終是被持續關注的議題。但是，若只將謙退不伐視爲對老子「不爭」想法的接受與衍繹，又太過於簡單。理由就在於，〈釋爭〉「內勤己以自濟，外謙讓以敬懼」一句，便表明謙讓不只關乎個人修養，它由「內——外」隱含了「自——他」的人我關係於其中。據此，本文將以「焦點——場域」的「自——他」論述方式，扣緊〈釋爭〉「犯而不校」的君子，作爲論述主軸。在此意義上，將〈釋爭〉的寫作意圖定位在：將「人倫」意涵，從對人物品評、人材鑒別的關注，轉而投向彼我的人際關係。〔註13〕如是，〈釋爭〉論述方式何以不同於他篇的原因，也就得到解答。

其次，由劉劭對歷史人物的援引及其所突顯之君子現實性格的意義，才是本文的主要關心。因此，對於《人物志》所標舉之質性最純的「中和平淡」聖人，並不打算詳述；關於「平淡」問題的處理，則選擇以樂廣爲分析個案，加以說明。這一方面是因爲當樂廣被評爲「道韵平淡」，便使得「平淡」意涵

〔註11〕 參見唐君毅，《中國哲學原論・原性篇》（台北：臺灣學生書局，1989年），頁147。

〔註12〕 譬如「明有四家，情有九偏，流有七似，說有三失，難有六構，通有八能」（〈材理〉），便是分析與歸納的基本模式。

〔註13〕 「人倫」一詞，在魏晉的使用，既指人物品評亦有人際關係的描述。劉劭對人際關係意義「人倫」的使用，本文已從〈八觀〉：「人情之質有愛敬之誠，則與道德同體，動獲人心，而道無不通也已」，有所說明，詳見第五章第一節。

出現了轉向現實人物品評的意義；另一方面以樂廣爲例，可以說明魏晉對「容與」、「恬淡」人格的企慕，並由此彰顯本文「具德在身」的問題意識。

一、「犯而不校」的不爭君子

《人物志》篇首第一句便說：「蓋人物之本，出乎情性」（〈九徵〉），因此《人物志》所列〈九徵〉、〈體別〉兩篇，便是針對人物剛柔、善惡、智愚諸種不同質性，以徵質明性方法加以分判的說明。不過，劉卲對人物的洞察，更在於他從人物情志的剖析以洞燭其情感好惡的深刻性；在他所提出的八種觀人法中，尤其注意到所謂的「觀其情機，以辨恕惑」，這是以六種心理情感變化的樞機，作爲判別君子與小人的依據，其言：

> 夫人之情有六機：抒其所欲則喜，不抒其所能則怨，以自伐歷之則惡，以謙損下之則悅，犯其所乏則媢，以惡犯媢則妬。此人性之六機也。夫人情莫不欲遂其志，……。人情莫不欲處前，故惡人之自伐。……。人情皆欲求勝，故悅人之謙。……人情，陵上者也。……凡此六機，其歸皆欲處上。（〈八觀〉，頁351上）

劉卲從高興、抱怨、厭惡、愉悅、慍怒、妒恨六種情緒反應，梳理了人的心理變化與其個人好惡欲望是否得到滿足有關；最後並將這六種情緒變化的關鍵，歸結於「處前」、「陵上」的心態。其中，「以自伐歷之則惡」及「以謙損下之則悅」正好對比出常人欲凌駕他人的強烈企圖，劉卲說：

> 自伐，皆欲勝之類也。是故自伐其善，則莫不惡也，是所謂自伐歷之則惡也。人情皆欲求勝，故悅人之謙。謙所以下之，下有推與之意。是故人無賢愚，接之以謙，則無不色懌，是所謂以謙下之則悅也。（〈八觀〉，頁351上）

凡是會自我誇耀的人，必定含有自以爲強過他人的心理因素，因而，誇口炫耀己能者往往被他人所厭惡。反過來說，謙下的姿態能讓他人感覺被尊崇，所以不論賢愚都喜歡與這樣的人交往。依照劉昞注：「抗己所能，以歷眾人，眾人所惡」、「卑損下人，人皆喜悅」來看（頁351上），就更清楚點出劉卲所論自伐、自謙點明了「己──眾人」的關係，並說明了自伐與謙損不只是「我」的態度而已，它還會牽動「他」的喜悅厭惡的情緒反映。

另外，劉卲還從人物談吐與神色觀察，得到「觀其感變，以審常度」的經驗法則乃「測之益深，實也。假合炫耀，虛也。自見其美，不足也。不伐其能，

有餘也。」（〈八觀〉，頁 350 中）。意即，測之益深且探之愈精的是有實力的人；牽強附會他人以賣弄炫耀的是無知失實之人。會到處自我吹噓的人，正好反映了他內心的空虛與才智的不足；相反地，不誇伐、不自滿的往往是才德有餘之人。這裡不難發現，劉劭對《老子》二十四章「自見者不明，自是者不彰，自伐者無功」的接受；自是、自見與自伐，都是一種自顧己身而難以考慮他人的「自以為是」。在劉劭看來，自美與不伐，不僅是「恐人不知」與「不畏不知」的區別，〔註14〕也是小人與君子的分界所在。

（一）不伐而謙讓

劉劭藉由小人自伐以勝人的心態，對比出一個不自誇、不自美的君子形象，其言：

> 是以君子接物，犯而不校。不校，則無不敬下，所以避其害也。小人則不然，既不見機，而欲人之順己。以佯愛敬為見異，以偶邀會為輕，苟犯其機，則深以為怨。是故觀其情機，而賢鄙之志，可得而知也。（〈八觀〉，頁 351 上、中）

這裡，明顯區別了君子「犯而不校」與小人「欲人順己」的不同志量。就才德君子而言，他總是謙以接物，即使被冒犯也不計較，因而可以避免很多無謂的傷害。至於爭尚小人，不但未見「人情六機」，更欲居人之前、欲使眾人順從己意；一旦被他人觸犯自身忌諱，便深結怨恨且思忖睚眥必報。其中，「犯而不校」出自於《論語》，何晏認為曾子所說「見侵犯不報」者，指的是顏淵（〈泰伯〉注，頁 524）。朱熹（1130～1200）曾回答弟子：「（犯而不校）是他力量大，見有犯者，如蚊蟲、虻子一般，何足與校！如『汪汪萬頃之波，澄之不清，撓之不濁』。」（《朱子語類》卷 35）或許朱子接受了黃憲在漢末「顏淵復生」享譽的看法，故以之比擬顏回的君子氣象。對此，范曄史評謂之「（黃）憲隤然其處順，淵乎其似道」（《後漢書》卷 53／1745），所謂「隤然」，即是「柔順貌」。但如果從顏子「不遷怒」來看，〔註15〕則黃憲的「體道」形象，

〔註14〕在《論語》的脈絡，君子為學求道是為己而非求外在之名。因此，何晏對「不病人之不己知也」的看法，是「君子之人，但病無聖人之道，不病人之不知己」（〈憲問〉注，頁 1102）。東晉李充：「凡人之情，多輕易於知人，而怨人不知己」（〈學而〉注，頁 59），二人皆把重點放在求諸己的脈絡，但後者更點出了「怨」的情緒。小人唯恐他人不知己、君子則不畏不己知，其差別正在此處。

〔註15〕何晏注「不遷怒、不貳過」為：「凡人任情，喜怒違理。顏回任道，怒不過分」

更應當從以沖虛自持而外顯爲和諧的「自──他」關係來解讀。〔註16〕

深究爭尙好勝小人不解人情妒怨禍害之機變，箇中原因就是小人自以爲是、自矜己能的心態，遮蔽了自身與他人溝通的明智；反之，謙謙君子通達明智，〔註17〕能以謙沖之德消弭人我之間的忿怨，這是一種反求諸己的行爲。是以，劉卲從「豈有躬自厚責，以致變訟者乎！」發問，解析了謙退沖讓的作用，其言：

> 君子能受纖微之小嫌，故無變鬪之大訟。小人不能忍小忿之故，終
> 有赫赫之敗辱。怨在微而下之，猶可以爲謙德也；變在萌而爭之，
> 則禍成而不救矣。……禍福之機，可不慎哉！（〈釋爭〉，頁354上）

兩種對待尋釁間隙的態度，正是禍福契機之所在。君子基於通達人情變化的明智，所以不會讓小嫌隙釀成大衝突；這是防微杜漸的聰明，也是以謙德弭訟的智慧。易言之，倘若人我彼此都能自我要求，是不會有爭訟之事發生的。「躬自厚責」的君子，因爲能以居下謙遜與推崇他人的態度立身處世，即便面對他人的冒犯也能不計較，故能不與人結怨或者更能形成一種和睦的關係。再者，由於君子深明競爭尙人的危險，即便「我賢而彼不知」，也不存一絲埋怨他人的情緒，故始終能以謙讓推與立身自持。於是「躬自厚責」的重要性由此突顯。〔註18〕

（〈雍也〉注，頁367），即見何晏認爲，顏回能以「道」爲立身尺度，故無妄怒於所不當怒，可謂懷道深遠、虛心知道的賢者。

〔註16〕吳冠宏指出范曄史評之意暗合於《老子》十五章「微妙玄通，深不可識」的體道之士形象，並以「黃憲現象」討論了漢魏新型理想人格的孕育。參見吳冠宏，〈漢末顏子復生與玄儒典型──黃憲〉，《聖賢典型的儒道義蘊詮釋》（台北：里仁書局，1990年）。本文則將人格理型置於「體道之士」的位階，偏重於「自──他」關係的論述。

〔註17〕〈八觀〉：「見事過人，明也」、「以明爲晦，智也」、「聖之爲稱，明智之極名也」，由此可見，劉卲對聰明智慧的看重。但若考慮到「聖」字本義有突出「耳」、「口」的溝通意涵，則「犯而不校」的君子以「不自是故明」的「明」，應該可以從通達人事之理來說。

〔註18〕事實上，「躬自厚責」與「人不己知」是一體兩面的。在《論語》〈學而〉「人不知而不慍，不亦君子乎！」便是以人不知己而無所怨念，作爲「君子」的特質。因此，注意魏晉《論語》注家對「躬自厚責而薄責於人，則遠怨矣」的詮釋。何晏注：「責己厚、責人薄，所以遠怨咎也」（〈衛靈公〉注，頁1097）。東晉蔡謨（281～356）則認爲何晏此說「雖於義無違，而於名未安也」，故注爲：「厚者，謂厚其德，而人又若己所未能而責物以能，故人心不服。若自厚其德而不求多於人，則怨路塞」（頁1098）。意思是，人能不責求他人達到與「我」相同的標準，即是「厚德」。筆者認爲這種解釋存在著一種相向的關係：

　　相對於自我要求的君子，小人「以下眾爲卑屈」、「以陵上爲高厲」的尚爭心態終「不能自反」的關鍵，就在「内恕不足，外望不已」（〈釋爭〉）——自己存心不夠寬厚、對他人的要求過高。也正是「自以爲賢人」心態的作祟，所以小人「矜功伐能，好以陵人」的行爲會造成兩方面的傷害。一方面對己來說，因「或怨彼輕我，或疾彼勝己」之心，故「怒而害人」的結果是可想而知的；另一方面對外而言，易因「好勝」、「陵人」觸犯他人，而不自覺他人對己的妒害怨恨，終致「在前者人害之，有功者人毀之，毀敗者人幸之」的結果（〈釋爭〉，頁 353 下）。換言之，好勝爭之人，只因爲不能忍受細微的不滿，又不能在嫌怨將要爆發成衝突之初始，以謙讓化解紛爭，最後終招致辱敗禍成的局面。

　　劉劭引用歷史人物，證成篇首立論「善以不伐爲大，賢以自矜爲損」、「矜奮侵陵者，毀塞之險途也」。﹝註19﹞ 其言：「郤至上人，而抑下滋甚；王叔好爭，而終於出犇。」（〈釋爭〉，頁 353 下）這裡借用春秋晉大夫郤至的矜功凌人而遭殺身之禍，以及東周王子叔因好爭權而被迫奔逃的典故，其意在說明君子尚讓則和睦爲福、小人好爭則結怨成禍的差異。值得注意的是，王弼（226～249）曾以「郤至之行」來解釋「自伐無功」的意思（《老子》〈24〉注）；東晉袁宏（328～378）亦引用「郤至矜善，兵在其頸」來闡述「克讓不伐者，聖賢之上美；矜善上人者，小人之惡行也。」、「能讓而不自賢」的觀點。﹝註20﹞ 易言之，不論從劉劭「先玄學」的思想史定位或袁宏「融會於儒，通貫於道」的思想內蘊來看，﹝註21﹞ 相同的詮釋觀點，正好說明了謙虛自損本就屬於儒道思想共同關注的問題；而且謙己讓人的說法，還涉及了人我的和諧關係。

　　　　由於「我對他」的不責求，故而「他對我」沒有埋怨，遂能使「我」遠咎。
　　　　從劉劭論「躬自厚責」到蔡謨的「不責求於人」，都是從自省的角度提出對「君
　　　　子」品格的界定，這是值得注意的發展脈絡。
﹝註19﹞ 此説是極具現實意義的。證之西晉伐吳有功人物，王濬「自以功大，而爲渾
　　　　父子及豪強所抑，屢爲有司所奏，每進見，陳其攻伐之勞，及見枉之狀，或
　　　　不勝忿憤」；姻親范通明言：「卿功則美矣，然恨所以居美者，未盡善也」，遂
　　　　引藺相如讓廉頗之事爲喻。相較於同傳的唐彬能不伐、推功，故有「唐彬畏
　　　　避交爭」、「退讓之風，賢於（王）渾、（王）濬遠矣」的史評。參見《晉書》
　　　　卷 42／頁 1220。
﹝註20﹞ 參見袁宏撰、張烈點校，《兩漢紀·下冊》（北京：中華書局，2005 年），頁
　　　　101。
﹝註21﹞ 參見張蓓蓓，〈袁宏新論〉，《魏晉學術人物新研》（台北：大安出版社，2001
　　　　年）。

　　以上所述，均見劉劭將賢鄙之別與禍福分途的關鍵，繫於個人是否能自修謙德這一點。除此之外，劉劭還考慮到一種狀況：「兩賢未別，則能讓者爲雋矣」（〈釋爭〉），意即，同樣是賢者，又以能讓不爭者爲優。這表明了謙與讓的密切關係，〔註22〕而且從「賢而能讓」爲上等的論斷，可以推知劉劭對謙退能讓的重視。劉劭還跳脫君子與小人的對比，進而以「三等」序列了人格的高下：

　　　　超等：逍遙玄曠。

　　　　上等：功大而不伐，賢而能讓，急己寬人。

　　　　中等：有功而伐之，賢而尚人，急己急人。

　　　　下等：無功而自矜，愚而好勝，緩己急人。

「讓」、「尚」、「勝」都是放在「己──人」關係脈絡之下。而且十分明確的是，人品的高下，皆是以不自伐善矜能的謙遜之德作爲判準。如前所述，〈釋爭〉陳述方式，不同於其他篇目對人材能力的分解排列，它大半內容採用了「彼──我」對比的方式進行。尤其，順著「人──己」的語脈來看，它意味著「不伐」、「能讓」不只是「我」自身的謙虛行爲而已，這些行爲舉動必定有一個「他者」的對象存在。以劉昞的說明作爲補充，其注：

　　　　推功於物，歸善於物，謹身恕物。故爲上等。

　　　　自伐其能，自美其能，褊戾峭刻。故爲中等。

　　　　空虛自矜，不自量度，性不恕人。故爲下等。〔註23〕

其注或許可以解讀成：「（己）不伐於人」、「（己）不尚於人」，而且劉昞似乎傾向從「推功」、「歸美」來解釋「能讓」、「不伐」的意思。這裡不存在過度詮釋的問題，因爲他是從劉劭引用《老子》二十二章「夫惟不爭，故天下莫能與之爭」而得的看法。故知，「推」與「歸」字所顯示的就不只是「不自～」的謙遜，還涵具了推功歸美於他人的器度，進而呈現了將「眾」、「天下」的「他者」納入「我」的視域的積極思考。〔註24〕

─────────────

〔註22〕 這與劉寔〈崇讓論〉所謂「推讓之風行，則賢與不肖灼然殊矣」的觀點十分類近，詳見本文第二章的分析。只是，劉劭更重在材均而能讓，故以藺相如繞道迴避廉頗，終能消弭爭尚爲例。

〔註23〕 這裡採用江建俊對原文歸納的簡表，參見《漢末人倫鑒識之總理則》，頁126。

〔註24〕 之所以如此說，一方面基於筆者對〈釋爭〉分析的結果，另一方面也是從唐君毅對老子形上道體表現於人事的分析而得。唐先生分析老子之「道」有六義，其中就作爲個人修德積德的方法之義而言，不論是致虛守靜、謙下自居、不求勝人，都是「整個生命情調與活動的收斂」；勿矜、勿伐、不爭「即是對

　　當然，謙退能容還是得基於「知自損」的前提。所以劉邵說：

> 彼君子知自損之爲益，故功一而美二；小人不知自益之爲損，故一
> 伐而並失。由此論之，則不伐者，伐之也；不爭者，爭之也；讓敵
> 者，勝之也；下眾者，上之也。（〈釋爭〉）

這就對比出君子之自謙之「損」與小人自伐之「益」的效益與危害。君子由
於自謙，使其才能與修養的表現反而獲得了加倍的讚美，或者說，君子之「自
損」、「不爭」、「不伐」正是他得以美德聲望可以媲美古代聖賢的主要原因。

　　據此，劉邵提出重要的結論，其言：

> 夫惟知道通變者，然後能處之。是故，孟之反以不伐獲聖人之譽，
> 管叔以辭賞受嘉重之賜。夫豈詭遇以求之哉？乃純德自然之所合
> 也。（〈釋爭〉，頁 354 中）

劉邵借用兩件史實來說明不爭、不伐的意涵。一是，春秋魯國大夫孟之反，
不自伐殿軍拒敵之功；二是，管仲對周襄王以上卿之禮待之的辭讓。其中，
孟之反所獲「聖人之譽」，指的是《論語》裡孔子以「不伐」稱許一事。事實
上，孟之反不斷地被援引爲例證，其原因就在「去自賢之心」的展現。〔註25〕
值得參照的是，何晏注：「不伐者，不自伐其功」、「孟之反賢而有勇，軍大奔，
獨在後爲殿。人迎爲功之，不欲獨有其名。曰：『我非敢在後距敵也，馬不能
前進耳』。」（〈雍也〉注，頁 396）在何晏看來，孟之反對於戰功不僅不自矜
伐，更重要的是孟之反所展現「不欲獨有其名」的意向。這是超脫於「名」
的獨佔意識之上進而展現的「非名」、「不名」姿態；並在「不欲獨有」的同

人之態度之收斂」，故《莊子》〈天下篇〉以「懦弱謙下爲本」言老子之教。
故知：不爭，是自我精神的凝聚也是對他人態度的收斂。參見唐君毅，《中國
哲學原論・導論篇》（台北：臺灣學生書局，1986 年），頁 380，頁 411。至於，
有關《老子》的「損道」與《易》〈損卦〉意義的說明，詳見下一節王弼「與
天合德，體道大通」的人格理型。

〔註25〕 袁宏謂：「君子則不然，勞而不伐，施而不德」、「孟側殿軍，策馬而入」、「其
所以降身匿迹，如此之甚也何？誠知民惡其上，眾不可蓋也」，是十分雷同於
〈釋爭〉所述的（《後漢紀》卷 6／頁 102）。至於，張湛《列子注》以「夫驕
盈矜伐，鬼神人道之所不與：虛己以循理，天下之所樂推」，注解「去自賢之
行」，亦是著眼於「己——人」的關係而說（〈黃帝〉注，頁 81）。朱子謂：「欲
上人之心，便是私欲」、「人之矜伐，都從私意上來。……孟之反不伐，便是克、
伐不行，與顏子無伐善施勞底意思相似」（《朱子語類》卷 32）。倘若說魏晉思
想家將「不伐」置於「不名」的脈絡，並由拓展成人我關係的論述，那麼，朱
子將矜伐凌人之心歸爲私意，從「去私」討論，正好呈現思想史的發展。

時，將功勞與美名推與他人。

其次，劉卲認為處上等而不失者謂之「知道通變」者，並非矯情以求高名的。也就是說，謙讓君子之所以得到稱譽與賞賜，完全是「純德自然所合」——因純粹德性，所得到自然的回應；乃是知「道」而後「以道行之」的結果。那麼，君子「真人品」之「真」在「非假」、「不詭」即可知。因為，〈釋爭〉中謙讓君子與爭勝小人的對比，已然超出人材質性的剖析，而直探了人物行為所蘊含的根本精神。其意義彰顯了劉卲對「情性之理，甚微而玄」、「能知精神，則窮理盡性」的探求（〈九徵〉），以及「思心玄微，能通自然」的終極關懷（〈材理〉）。尤其，從劉卲「豈詭遇以求之哉」的反問句，便說明了去偽存真、純德自然的思致。劉昞注「純德自然」：「豈故不伐辭賞，詭情求名耶？乃至直發於中，自與理會也。」（頁 354 中）便清楚地說明，這是一種不夾雜為名利而有所偽飾的質真人格；所謂逍遙玄曠，即就此而言。

最後，藉由反省既有的研究觀點，將有助於釐清「知道通變」之「道」以及謙讓的相關問題。林俊宏從道家政治思想定位《人物志》，並針對〈釋爭〉「善以不伐為大」至「有功者人毀之」一段，分析其中所蘊涵的兩層意義，其言：

> 第一，處時代的惡劣政治環境中，應有的自處之道；第二，柔弱處後的老子哲學：對於第一個意義而言，揭示了漢魏之際的政局，從而主張懂得自處之道是處亂世的最高原則，……。
> 從〈釋爭〉的論說中，我們看到道家『反者道之動』政治哲學的身影，同時也看到了儒家式君子的雙重身分，……，從劉卲對於『道』、『無為』及君臣論的道家性格依附特性看來，道家的政治思想在漢魏之際乃至於魏晉時期，無疑地有其主導性的意義，……。〔註26〕

作者的用心與推斷，無非是要論證漢魏之際所呈現的「援道入儒」及「道家政治思想」兩項特點。〔註27〕

本文基於「無為」與「謙」、「虛」本是儒道共同關注的問題，想提出兩點不同的意見。第一點，其所謂「儒家式的君子」應有的「道家政治哲學操

〔註26〕參見林俊宏，〈魏晉道家政治思想之演變〉（台北：台灣大學政治學研究所博士論文，1996 年），頁 80～頁 81。

〔註27〕關於「援道入儒」的辨義，參見本文〈緒論〉。筆者的立場較傾向採取「儒道會通」之說，「會通」意謂傳統思想資源的同時作用、並時發酵；既是「融通交會」，就很難從特定思想家的論說，去劃分出儒或道的區塊。

持」，這句話包括了兩個值得商榷的問題。問題之一，是關於「君子」的定義。如果考慮到《莊子》中「君子」的序列在「神人」、「真人」之後；又或者嵇康〈釋私論〉中的「無措君子」，都很難用「儒家式的君子」概括。這也是本文認為「犯而不校」之君子，自具其意義而予以析論的原因。況且如上所述，〈釋爭〉對老子處後不爭思想的闡述，更重要的是放在「人──我」關係的和諧脈絡下證成的。

問題之二，其所謂「『處弱與處後的政治哲學』與『反者道之動』的政治哲學」所隱含的誤解。重回〈釋爭〉的文脈即可知，劉卲所謂「物勢之反，乃君子所謂道也」，乃是以「君子知屈之可以為伸，故含辱而不辭；知卑讓之可以勝敵，故下之而不疑。」（頁354上）來說明「屈而可伸」、「讓而能勝」的涵意。以此，劉昞才會以《易·繫辭下》「尺蠖之屈以求伸」的說法來注解。若就〈繫辭〉所言，意在說明人道當觀寒暑交替、日升月沈而知屈伸乃自然之理，即可推知：劉卲論「物勢之反」，不論是「反向」的相對作用或「反覆」的循環作用，都彰顯了「道」的運作於其中之意；這才是君子「知『道』通變」的精義所在。〔註28〕這樣看來，「反」字應該具有比政治哲學更為深刻的意涵才是。

第二點意見，〈釋爭〉所提及的「險途」、「怨難」並非就「時代的惡劣政治環境」，劉卲的意思只在強調因「顯爭」而招致他人的「害」、「怨」。因此，若只直接聯結到處亂世的政治險惡因素，便會忽略了〈釋爭〉更意在藉由不爭弭忿以達致人我和諧的特殊意義。

此外，許尤娜以「釋爭倡讓」四字，把《人物志·釋爭》定位在「隱逸的品鑑線索」，則是比較特殊的觀點。〔註29〕不過，此篇文章所提出的兩項觀點，有其再研議的必要。其一，將〈釋爭〉區分為「不爭」的消極說法與積極的「能讓」之意；其二，劉卲對「退讓不仕」者的看法，正在具有「讓而

〔註28〕這裡借用王淮的看法，他認為修道之士依「反者動之動」的原則所顯「與物反」之意，即「觀於道理，明於道用，常能免禍求福，轉敗為功。雖其所見似與俗異，所行與物（眾也）相反，然詼詭譎怪，道貫為一，實乃順合自然之常理」。參見王淮，《老子探義》（台北：商務印書館，1969年），頁161～頁162，頁255。本文認為，不爭君子作為「知道者」，所顯示的意義即此。此外，由於劉卲在〈八觀〉說：「《易》以感為德，以謙為道」，即可見劉昞以〈繫辭〉來解釋「物勢之反也是有其根據。

〔註29〕參見許尤娜，《魏晉隱逸思想及其美學涵義》（台北：文津出版社，2001年），頁88～頁96。

越俗」的性情。事實上，劉劭所謂「能讓」的脈絡，是指「謙讓」而非〈伯夷列傳〉「讓位不仕」的意思。但由於許氏將「讓」字偏重於「讓位」之意，而有此誤解。回到〈釋爭〉內容，劉劭所列舉「讓賢」人物，像是戰國的藺相如、廉頗與東漢的寇恂、賈復，都身具官職，即可證劉劭意在借居高位之人物以突顯「能讓爲優」的意思。其次，劉劭所謂「越俗乘高」之意，較偏重在「功大不伐」、「賢而能讓」的心態來說，它意謂著能對世俗名利無懷於心，此乃「知道」、「體道」後的自然呈顯。這一點在前文對「孟之反不伐」等典實的分析結果已得知。因此，即便後來嵇康、葛洪的理論出現「不爭」或「讓」概念，也不意謂〈釋爭〉與隱逸思想有任何關聯。

可惜的是，許文曾引用程兆熊所說：「人物與人物之間，只因不爭，遂盡有其開闊，盡有其『裕』。」但顯然作者忽略了「人物與人物之間」一句的意思，遂將「讓賢」之「自謙能讓」轉向了「禪讓」（或讓位）的方向，因而出現了對〈釋爭〉解釋與析論的誤差。

相較於上述各家的研究觀點，本文選擇以「犯而不校」──人犯我而己不校報的「人──我」和諧關係，作爲探究劉劭論述「不伐」、「不爭」的新視角，並進而確認其「君子」人格的定位，應是更較爲恰適的做法。

（二）慎言以自脩

〈釋爭〉篇「犯而不校」的君子人格，除了從謙讓不爭來討論之外，或許從「行之以道」與「論辯」的角度切入，亦能得些許況味。劉劭對於「通材」之人的說明，是以不尚人、勝不矜的態度而能與他人達到良好溝通爲特點的，其言：

> 通材之人，既兼此八材，行之以道。與通人言，則同解而心喻；與眾人言則察色而順性。雖明包眾理，不以尚人；聰叡資給，不以先人。善言出己，理足則止；鄙誤在人，過而不迫。……。方其盛氣，折謝不恡；方其勝難，勝而不矜。心平志諭，無適無莫，期於得道而已矣！是可與論經世而理物也。（〈材理〉，頁348上）

「通材」與同樣是「全材」的人交談，能彼此心領神會；與一般人交談，則能順應其性質的偏好展開討論。重點在於，通材之人雖然明瞭一切道理、聰明過人，但他始是以「不尚」、「不先」的態度對待他人，此乃「恒懷謙下，故處物上。常懷退後，故在物先。」的「不爭」姿態（頁348上）。又或者，兼美通人在交談或論辯的過程中，被人挫敗不覺得羞辱、戰勝對方也不感到

驕矜；這是能以「不怢」、「不矜」的態度面對勝敗。心平氣和志意明確，不抱偏見也不介入是非爭執，只期於能符合「道」的原則而已！既然能符合「道」的規律，也就可以討論治國的問題了。

如是，「心平」與「得道」顯然是通材之人與他人應對的重要原則。這裡，有兩個重點需要說明：一是，劉昞注：「曠然無懷，委之至當。是以世務自經，萬物自理」，明白地將「曠然無懷」視爲「得道」的內容；而且，「曠然無懷」又一定程度上與「不貪勝於求名」的心態與「付是非於道理」的做法，密切相關（頁 348 上）。第二，劉邵通過辯論的情況來說明通材之人的不陵人、不處先的態度，是有其意義的。觀其所云：「敵難既構，則是非之理必溷而難明。溷而難明，則其與自毀何以異哉？」（〈釋爭〉，頁 354 上）意思是，既然已無法分別是非而強去爭辯，所得的結果無異於自取誹謗。對此，劉昞注：「俱自是而非彼，誰明之耶？」似乎便點出了其中關鍵就在「自是／彼非」的態度。

此處之所以特別強調劉邵對論辯之爭的重視，除了他對論辯過程中的「六構，變之所由興」、「各陳己見，則莫知所由矣」的觀察之外（〈材理〉，頁 348 上），更重要的理由是魏晉時期對於「言說」的重視，很大程度上是放在「辯」乃「言說之爭」的脈絡下。譬如，老子重視「道與言」的關係，王弼以「不言之教」作出回應；所謂「大辯若訥」（〈45〉）或「善者不辯」（〈81〉）即是。《莊子》直言「自是而非彼」乃一切爭執的根源所在，郭象則闡述爲：「並逐日競，對辯日爭」而「物皆自是，故無非是」（〈齊物論〉注，頁 85），明白指出「爭」的含意，某種程度便是就「辯論」而說的。就〈齊物論〉意旨而言，重點之一便是對是非爭議、勝負得失「未定」的反省；〔註30〕是非勝負未定，又將致使「與己同則應，不與己同則反；同於己爲是之，異於己爲非之」的情況產生（〈寓言〉，頁 948）。就此可說，〈釋爭〉的「爭」不只是競爭的意思，它還包括了對各持己見所產生是非爭執的「爭論」之反省。

此外，從通材之人的心平志和來看，劉邵不僅延續老子「處後不爭而能和」的想法；對於論辯中的怢、矜、忿、怒、怨各種情緒的討論，似乎也深觸莊子對喜怒之情的反省。因此，當劉邵由「以推讓爲利銳，以自修爲棚櫓。靜則閉嘿泯之玄門，動則由恭順之通路。」來界定「犯而不校」君子之時，便知他主要著眼於君子之「爭不形」、「怨不構」且「悔怢不存於聲色」的特

〔註30〕詳見牟宗三講述、陶國璋整構，《莊子〈齊物論〉義理演析》（香港：中華書局，1999 年 1 月再版），頁 54～頁 69。

點。所謂的「閉嘿泯」〔註31〕與「悔悋不存」，意指一種默然無辯以及懊悔憾恨的種種情緒不存於心、不外顯形於聲色的態度。所以，當我們將〈釋爭〉定位在一種「人——我」和諧關係來說明的同時，必須強調一點，劉卲對於君子的「不校」始終是從「我」自身的「推讓」、「自修」出發。意即，「君子」內在的「自修」——「歸性情之純」的「自——我」關係之和諧，才是「人——我」協和關係的基始點。

據此可知，劉卲雖推重「質素平淡」、「純粹之德」的聖人（〈九徵〉，頁346上），但畢竟中庸聖德、生而上哲，不世而有；反而由內勤己以自脩的君子的持續自我修養，反襯了「以道行之」的現實意義。所謂「士君子得知，爲治性修身之檠栝。其效不爲小矣，予安得不序而傳之？」或許就是明代阮逸視《人物志》爲珍寶，而欲刊刻廣爲宣揚的主要原因。

如上所述，〈釋爭〉以「犯而不校」之君子，闡述了自伐自矜之患與求毀譽之禍的意旨。可與之相互發明的，是曹魏王昶（？～259）的〈家誡〉，其言：

> 夫人有善鮮不自伐，有能者寡不自矜；伐則掩人，矜則陵人。掩人者人亦掩之，陵人者人亦陵之。故三郤爲戮于晉，王叔負罪於周，不惟矜善自伐好爭之咎乎？故君子不自稱，非以讓人，惡其蓋人也。夫能屈以爲伸，讓以爲得，弱以爲彊，鮮不遂矣。

> 夫毀譽，愛惡之原而禍福之機也，是以聖人慎之。……人或毀己，當退而求之於身。……聞人毀己而忿者，惡醜聲之加人也，人報者滋甚，不如默而自脩己也。（《三國志》卷27／頁745）

王昶從對歷史人物「好爭之咎」的反省，進而歸結到「屈以爲伸，讓以爲得」觀點，豈不是與劉卲所謂「物勢之反，乃君子所謂道也」的論證相合嗎？而且，王昶指出：君子不自我稱揚的行爲，並非是謙讓態度而已；所謂「惡其蓋人」，意指君子是基於不願意因爲自我稱許而遮掩了他人長處的心態。

尤其，毀謗稱譽總是帶有是非成見的判斷語言，因而它是愛憎的根源、禍福的關鍵。庸碌之人輕率地詆毀或稱揚他人，是不能慎言的表現；不能慎言的結果，將招致他人的「怨」、「忿」。因此，王昶告誡子弟想要停止他人對

〔註31〕「玄門」比較難理解。王曉毅引用《老子》第一章，解譯爲：「當社會形勢需要安靜不動時，就應寂然無爲，沈浸於深奧玄妙的體『道』境界中」（頁228）。另外，陳喬楚則譯爲：「安靜的時侯，就閉上嘴與耳目的神妙門户」（頁317）。筆者以爲：「門」指的是對外的「門徑」；「嘿泯」意指口之「默」與耳目之「沒」——不視、不聞。

自己的謗議，最好的方法莫過於自脩己德、沈默以對。

綜觀「掩人」、「凌人」、「讓人」、「蓋人」以及「彼毀己」、「反報人」的用詞，便可見王昶對於矜伐或毀譽的問題，始終是置於「人——我」關係的論述脈絡下進行的。更重要的是，能避免爭強的禍患或制止他人誹謗，關鍵仍在自我修養的加強。此無異於劉卲所謂「躬自厚責」的表述以及「說之三失」、「論之六構」的關注——將「人——我」關係置於「自——我」的脈絡下來證成。

不過，王昶所謂「默而自脩」並非一種「永全福祿」、「務爲自全」的自私心態，〔註32〕這從他告誡諸子以之爲師法對象可窺見，其言：

> 北海徐偉長，不治名高，不求苟得，澹然自守，惟道是務。其有所是非，則託古人以見其意，當時無所褒貶。吾敬之重之，願兒子師之。……樂安任昭先，淳粹履道，內敏外恕，推遜恭讓，處不避洿，怯而義勇，在朝忘身。吾友之善之，願兒子遵之。(《三國志》卷 27／頁 746～頁 747）

東晉伏滔評論青、楚人物時，即列舉管寧、徐幹與任嘏三人爲曹魏時期的代表人物，並謂「此皆青土有才德者也」（《世說》〈言語72〉），足見徐幹與任嘏的德聲流衍。先就任嘏來看。參照〈任嘏別傳〉所說：「爲人淳粹凱悌，虛己若不足，……其脩身履義，皆沈默潛行，不顯其美。」（《魏志》卷 27／頁 748）即見不自顯才德之美與處卑恭謙的關聯性。這與其自標舉之「賢人者，至德以爲己心，行道以爲己任。處則不求私名，仕則不求私寵。」的說法是一致的；〔註33〕此處可見「虛己」與「不名」意識產生的聯繫。至於徐幹（171～218），驗之〈先賢行狀〉所載：「篤行體道，不耽世榮」之評，即可知其行事以「持身清亮、六行脩備」著稱，可謂樹立了醇儒的典範。〔註34〕

由王昶所列舉師之友之的人物可見，其所謂「退而求之於身」的「自脩」，乃是以恬淡寡欲、虛己謙退作爲效法典範的。當然，這也與王昶親見當世魏諷之「言不根道，行不顧言」、「熒惑當世，挾持姦慝」的虛僞傾邪行逕有關。

〔註32〕如康世昌即持此意見。參見氏著〈漢魏六朝「家訓」研究〉（台北：私立中國文化大學，中文所博論，1996 年），頁 111～頁 116。有關王昶所說「寶身全行」並非保冠冕之意，詳見本文第三章第二節的論析。

〔註33〕參見任嘏，〈道論〉，收於〔清〕馬國翰，《玉函山房輯佚書》（日本京都：中文出版社，1979 年），頁 2730。

〔註34〕參見江建俊，《建安七子學述》（台北：文史哲出版社，1982 年），頁 110。

〔註35〕證之於魏諷的舉動，劉劭曾從「人情莫不趣名利，避損害。名利之路，在於是得」的心理出發，指出：「務名者，樂人之進趨過人，而不能出陵己之後」、「譽同體，毀對反，所以證彼非而著己是。」（〈七謬〉）前者點明了凡是追逐功名的人，是不能忍受有人超越自己的；一旦有人勝過自己便忿恨不平。後說則深入了結群以相互標榜的行為，往往是摻雜了憎惡毀之、親愛譽之的黨同伐異之因素。那麼，考慮到劉劭與王昶生平活動與所處年代的重疊，就必須承認他們對「不伐」、「慎言」與「謙讓」的關注，是具有時代共識的意義。

　　綜言之，對於不伐與慎言所涵具的時義，本文不從政治的險惡來解讀，而是選擇從「自——我」之「謙」與「人——我」之「讓」的脈絡來證成。理由之一是，「犯而不校」始終是先有一個做出冒犯舉動的「他」者，然後才有「我」的不予計較可說。意即，「犯而不校」的自脩君子，必定先有「知道通變」、「謙讓不伐」的自我修養，但也唯有爭先好勝的小人或輕毀譽的庸庸之徒以「有意義的他者」——作為自脩君子的參照系而存在，才更顯君子「不爭」的難能可貴。理由之二，〈家誡〉這種體例，無疑是父兄對宗族子弟表達自身價值取向的一種方式。如果考慮到嵇康（223～262）在〈家誡〉中也不斷對嵇紹申述「謹言」的重要性，那就必須承認，魏晉士群對於作為人我溝通工具的言語談論，是十分重視的。

　　試回想《莊子》〈天下〉以「取後」、「常寬容於物，不削於人」來概括老子思想特點（《集釋》，頁1095），便可推知：劉劭所謂「君子之道，豈不裕乎！」（〈釋爭〉）乃是以反問句式，貞定了「不爭」的核心價值；人我之間的寬敞餘裕，始終是與自身取後、謙下的姿態密切相關的。於是，可以注意到劉劭與王弼在「不爭」人格的詮釋上，都顯示了類近的思致——「我」的居後不先，是為了確保他人沒有被侵犯削奪之感，進而使我與他能彼此相容。甚至可以說，在反省《老子》思想的同時，〈釋爭〉所突顯「犯而不校」的君子形象，將促使王弼在思索個人與群體互動關係中，必須有所考慮並加以闡述的。而這，就是劉劭實質上對後來玄學理論的影響之一。

〔註35〕劉廙即從交友之道告戒其弟：「吾觀魏諷，不脩德行，而專以鳩合為務，華而不實，此直攪世沽名者也。卿其慎之，勿復與通。」（〈戒弟偉〉，《全三國文》卷34）亦說明魏諷結黨邀譽的行為，乃基於利益因素的「鳩合」，與之交往難保自全。

二、從「平淡」到「曠淡」

劉邵以「平淡無味」、「中和之質」標誌聖人之德（〈九徵〉），王弼亦以「至和之調，五味不形；大成之樂，五聲不分；中和備質，吾材無名也」描述聖人品德（〈述而〉注，頁506）。〔註36〕二人在人物考察與治道內容上的觀念相通，爾後王弼更進一步從「無名」意涵予以論證。〔註37〕不過，當東晉郗鑒以「道韵平淡，體識沖粹」來評論樂廣（？～304）的同時（《晉書》卷67／頁1797），就意謂著「平淡」一詞已由聖人質性的獨佔話語，如其自身「無味」、「調和」的特質向眾人敞開；兩晉以來對平淡人格的企慕，〔註38〕當從這裡說起。

（一）平淡無味的聖人

劉邵在《人物志》篇首便提出：「中和之質，必平淡無味」、「五常既備，包以澹味」（〈九徵〉）或所謂「中庸之德，其質無名」（〈體別〉），都是以「平淡」作為聖人質性的標誌。因為，「平淡」是最本真的味道，也可以是一種整體的基調性；唯有「平淡」才能「調成五材，變化應節」（〈九徵〉），並在確保多元與完整的同時不至於「偏至」。意即，唯「無味」能調和眾味、唯「無名」能通達變化。

劉昞扣緊無味、無名的「平淡無偏」、「通變無滯」特點，進一步闡述：

> 惟淡也，故五味得和焉。若苦則不能甘矣，若酸也則不能鹹矣。……

〔註36〕 在王弼的詮釋裡，「道之出言淡無味，……然乃用之不可窮極也」（〈35〉注），或是「以恬淡為味，治之極」（〈63〉注），乃是偏重從清靜治道的角度來討論中和與平淡。

〔註37〕 參見余敦康，《何晏王弼玄學新探》（北京：方志出版社，2007年），頁261，以及江建俊，〈「先玄學」——由劉邵「微質」到王弼的「崇本」〉，頁184～頁185。

〔註38〕 關於「平淡」用以描述現實人格，本文粗略勾勒發展輪廓如下：老子「道之出口淡乎其無味」（〈35〉）→莊子「游心於淡」之「淡漠」→劉邵「中和平淡」→郭象「無心」；淡與淡泊名利的「高情遠致」及寵辱不驚的「雅量」或簡曠等概念都有關聯。以太原晉陽王氏為例。王渾欣然說「生子（王濟）如此，足慰人心」，其妻鍾氏笑曰：「若使新婦得配參軍，生子故不翅如此」（〈排調8〉）。「參軍」指的是王渾之弟王倫，注引〈王氏譜〉載：王倫「醇粹簡遠，貴老、莊之學，用心淡如也」（《箋疏》，頁788）。根據史載三兄弟特質：王渾「沈雅有器量」；王淪「用心如淡」「醇粹簡遠」；王湛「沖素簡淡」、「器量隤然」，可謂各有所長。鍾琰所言雖有戲謔之意，但她以王倫為例，則可知在「簡」的人格特質中，「用心如淡」或許是更可欣賞的。

道不可以一體說，德不可以一方待。育物而不爲仁，齊眾形而不爲德。凝然平淡，與物無際，誰知其名也。（〈九徵〉注，頁 345 上，頁 346 上）

「與物無際」是沒有彼我分別，卻絕非混同的意思。劉昞的說法觸及了這樣的涵意：淡而無味，才能使不同質性彼此聯繫而不生衝突。譬如水，其無味，而能調和酸甜苦辣鹹五味；其無色，才能調成白青黃赤黑五色。「平淡」的無偏、無滯，使得不同質性的融合溝通成爲可能，而且還能讓各種成分發揮透顯其原有的特性。這是聖人「兼德而至」、「無德而稱」的描述，也是君子人格不爭、不伐的具現；更是劉邵對「道也者，回覆變通」的體悟（〈八觀〉，頁 351 中）。平心而論，劉邵雖然未能以「道」的深度對聖人何以「其質無名」提出說明，但他對「平淡」的界定，已無異於王弼由「不炎不寒，不溫不涼，故能統包萬物，無所犯傷」來描述「道之深大」的意思（〈35〉注）。

關於劉邵「平淡」觀念的考察。法國漢學家余蓮將「平淡」作爲儒道對話的共通點，並以劉邵「徵神見貌，即形求質」作爲觀念的轉折。他認爲劉邵的「平淡」，乃是將「可感覺的表象」（徵）與「精神的向度」（神）聚焦於和諧與清澈；這種從純粹角度的關懷，下啓三世紀中國在美學上發展出的「淡的意識」，並形成一種對平淡人格的賞識。〔註 39〕錢穆則認爲劉邵提出「平淡」二字，其中有著極深的修養工夫，其言：

平者如置放任何一物，放平處便可安頓；放不平處則不易得安頓。

淡則能放進任何物，而使其發生變化而不致拘縛在一定格上。總之，

平淡之性格可使人之潛在性能獲得更多之發現與成就。〔註 40〕

錢先生再三咀嚼劉邵「觀人察質」之「質」兼有「性質」與「體質」二義，〔註 41〕故主張應從觀察其人性格能否平淡來解讀；並由不好名、不求人知的心志意向提出對平淡性格的看法。事實上，這樣的說法已跳脫劉昞「群材必御。致用有宜」、「官材授方，舉無遺失」的解釋脈絡（頁 77），進而探究了

〔註 39〕 參見〔法〕余蓮（Francois JULLIEN）著、卓立譯，《淡之頌：中國思想與美學》ELOGE DE LA FADEUR（台北：桂冠圖書，2006 年），頁 40～頁 45。

〔註 40〕 參見錢穆，〈略述劉邵《人物志》〉，《中國學術思想史論叢》（合肥：安徽教育出版社，2004 年），54～頁 55。

〔註 41〕 江建俊則分析「觀其至質」應爲「達至的品質」之意，並對《人物志》中之「至」兼有「極至」與「達至」、「分至」的不同意涵，以及「質」兼有「本質」與「品質」二義，提出使用脈絡的說明。參見〈「先玄學」──由劉邵「徵質」到王弼的「崇本」〉，頁 180～頁 181。

個體自身性格及其潛能得以彰顯的原因。這個提示，使得重回劉劭「觀人察質」語脈是必要的，其言：

> 是故觀人察質，必先察其平淡，而後求其聰明。聰明者，陰陽之精。
> 陰陽清和，則中叡外明。聖人淳耀，能兼二美，知微知章。自非聖
> 人，莫能兩遂。（〈九徵〉，頁 345 中～下）

在劉劭看來，「叡——明」涵蓋了「中——外」、「陰——陽」、「微——彰」多層關係，故知聖人之所以難得，就在他能兼具聰明，並能達到內智外明、陰陽清和與動靜得宜的整體協和。換句話說，「平淡」就是不突顯自身的某項能力，以使之成為個人特徵。因為，一旦成為個人的特徵或標誌，就落入所謂的定格套式；其他能力發展必定受限是可以想見的。

所以，劉劭曾說：「聰明秀出謂之英，膽力過人謂之雄，此其大體之別名也。若校其分數，則互相須。」（〈英雄〉，頁 349 下）意思是，不論「英」所包括的「聰」、「明」或是「雄」所含具的「膽」、「力」質性，都只是「未能平淡，能各有名」的呈顯，或說是一種特殊能力的展現。正因為如此，劉劭才會強調「相須」——「英」與「雄」二者的相濟相成。這與「中和平淡」聖人不突出某種能力，進而使得自身性格得以完整呈顯，是相同的表述；不自矜伐且純德自然的君子人格，也應當具有這樣的意義。錢穆所謂潛在能力的發現，亦可做如是解。

再者，從「聖」的本義字形來看，「聖」字突顯出了「耳」與「目」兩項能力；所謂的「聖人」，無非意指所有人之中溝通能力最強的人。那麼，平淡聖人所昭示的典範意義，應當從「自——我」能力的協調，拓展成「我——他」關係的和諧；以其自身平淡性格維持多元性與整體性。以「道韵平淡」的樂廣為例，將可以適度地說明「平淡」概念的這兩層涵義。

（二）道韵平淡的樂廣

樂廣與王承同屬於「中朝名士」（〈文學 94〉注）。王衍（256～311）曾將王承比擬於善清言的樂廣（〈品藻 10〉），若不以人廢言，其著眼於兩人說理辯物、約而不煩的特點的看法是有道理的。不過更應該注意到，兩人同時都呈顯「淡」的人格特質，這從郗鑒評樂廣「道韵平淡，體識沖粹」，或史料所記王承「清淡平遠」（〈言語 72〉）、「沖淡寡欲」（〈政事 9〉）等等均可證。根據《晉書》本傳所載：

> （樂）廣孤貧，僑居山陽，寒素為業，人無知者。性沖約，有遠識，

寡嗜慾，與物無競。尤善談論，每以約言析理，以厭人之心，其所不知，默如也。……所在為政，無當時功譽，然每去職，遺愛為人所思。凡所論人，必先稱其所長，則所短不言而自見矣。人有過，先盡弘恕，然後善惡自彰矣。（卷 43／頁 1244）

（王承）清虛寡欲，無所修尚。言理辯物，但明其指要而不飾文辭，有識者服其約而能通。……政尚清淨，不為細察。……其從容寬恕若此。承每遇艱險，處之夷然，雖家人近習，不見其憂喜之色。……承少有重譽，而推誠接物，盡弘恕之理，故眾咸親愛焉。渡江名臣王導、衛玠、周顗、庾亮之徒皆出其下，為中興第一。（卷 75／頁 1961）

對照兩人生平行事，有不少共通點可說。一，善談論，並以簡約析理為特色。不過，就樂廣扮演了清談「絕而復續」的關鍵角色而論，相對更顯其重要性。〔註 42〕二，樂廣為官，雖無立即贊譽功勞可舉，但每次離職後輒為民思懷，這與王承任東海太守的清靜儉約，不重枝微末節類近。三，就「沖約」、「清虛」所顯的寡欲而言，自然與樂廣淡泊的情性以及王承無所修飾尊尚的行為有關。某種意義上，是對名利權勢欲求弱化的呈顯。也正因為如此，樂廣能不具爭心、王承能受眾人親愛；這與「沖淡」、「沖曠」的謙和平易絕對密切相關。四，寡欲不競的修養，外顯即是「弘恕」的特質，這是由不爭的姿態而有對他人的寬容。不過，樂廣寬弘謙和的性格，並非不辨善惡是非，則是很清楚的。借用傅咸〈鏡賦〉所寫：「不將不迎，應物無方，不有心于好醜，而眾形其必詳，同實錄于良史，隨善惡而是彰。」（《全晉文》卷 51）便把樂廣不論人短、恕人之過的特點表露無遺。

這裡注意到，王承身為渡江名臣首位，顯然不是就政治功業而得的評定。東海王司馬越曾敕誡其子：「諷味遺言，不如親承音旨。王參軍人倫之表，汝其師之。」（卷 75／頁 1961）便是從親受教誨的言行身教角度來說。如是，依照樂廣與王承相近的人格特質而言，有必要重新反省一般依「廣與王衍俱宅心事外，名重於時。故天下言風流者，謂王、樂為稱首焉。」（卷 43／頁 1244）進而將樂廣與王衍的「祖尚虛浮」相提並論的做法。至少，就史評「夷

〔註 42〕 清談「絕而復續」，指的是魏嘉平末（254）至西晉太康初（280）這一段空白。唐翼明將樂廣列為「元康談坐」，與此相關的人物、題目與發展，詳見唐翼明，《魏晉清談》（台北：東大圖書公司，1992 年），頁 219～235。

甫兩顧，退求三穴。神亂當年，忠乖曩列」與「樂令披雲，高天澄澈」來看（頁 1246），顯然優劣高下已判。〔註43〕

首先，從虞預《晉書》載：「樂廣字彥輔，南陽人。清夷沖曠，加有理識。累遷侍中、河南尹。在朝廷用心虛淡，時人重其貞貴。」（〈言語 25〉注）即可見樂廣與所謂「不以物務自嬰」的「王衍之徒」是不同的。

其次，是尚書令衛瓘（220～291）對樂廣的贊語：「此人，人之水鏡也，見之若披雲霧覩青天。」（〈賞譽 23〉）此條注引王隱《晉書》所載：

> 衛瓘有名理，及與何晏、鄧颺等數共談講，見廣奇之曰：「每見此人，
> 則瑩然猶廓雲霧而覩青天。（《箋疏》，頁 434）

水、鏡、青天，顯然不是形容樂廣的清談講論，而是偏重在他性格爽朗、心靈瑩徹的人格特質；此即史傳所述之虛淡、夷曠。可作為旁證的，是三國穎川的司馬徽，他以「有大度，不說人之短長」而獲得「水鏡先生」美稱的。〔註44〕值得注意的是，樂廣與司馬徽都有「水鏡」之譽、也都不議論他人短處過失，這豈不就是劉邵〈八觀〉中能洞悉「人情皆欲掩其所短，見其所長」的謙讓君子嗎？再者，衛瓘與樂廣見面之後，有明潔爽朗之感，故命其子弟前往拜訪，這豈不是和東海王敕子親近王承的用心一致嗎？因此，夏侯玄能識鑒時年八歲的樂廣具有「神姿朗徹」而有「當為名士」、「能興門戶」的潛能（〈樂廣本傳〉），應該也是從人格特質來說的。

再次，參照衛瓘之孫、樂廣之婿的衛玠（286～312）的人格特質。裴楷曾以「妻父有冰清之姿，壻有璧潤之望，所謂秦晉之匹也。」來稱美二人（〈言語 32〉）。〈衛玠別傳〉：

> 玠穎識通達，天韻標令，陳郡謝幼輿敬以亞父之禮。論者以為出王
> 眉子、平子、武子之右。世咸謂「諸王三子，不如衛家一兒」。（《箋
> 疏》，頁 94）

〔註43〕 王衍「雖居宰輔之重，不以經國為念，而思自全之計」，後來石勒破京師猶言己不豫事以求自免，石勒斥之「破壞天下，正是君罪」（《晉書》卷43／頁1238）。反觀，潘京是在尚書令樂廣的鼓勵下「遂勤學不倦」能「明於政術」，而後以「良吏」之名入史（〈良吏傳〉，頁2335）；這是樂廣識才而能舉荐的表現。其次，愍懷太子被廢，詔令舊臣故吏不得辭送；樂廣將冒犯禁令的官屬全數釋放而無所畏懼，故史評：「懦夫能立志者也」（頁1246）。顯然二者有別。

〔註44〕 參見《世說》〈言語9〉注引〈司馬徽別傳〉「婉約遜遁」、「智而能愚」。〈文士傳〉：「司馬徽字德操，穎川人，有大度，不說人之短長。所諮請，莫問吉凶，悉稱好，終不言惡」俱可見。（《箋疏》，頁69）

重點應從謝鯤（？～322）對衛玠的敬重以及後人「神清」的評語來解讀。參照《晉書》所載：「（衛）玠嘗以人有不及，可以情恕；非意相干，可以理遣，故終身不見喜慍之容。」（卷 36／頁 1067）說的是衛玠與人應對交往中，只要是「非意相干」者，便「不見喜慍」，這是從人情上來理解：沒有人是完人而能不犯錯，所以只要不是故意冒犯，便可按人情事理處理、喜怒情緒也得以排遣。因而，衛玠被人許之以「玉潤」——像玉一樣的溫潤；樂廣能寬恕人過，亦是此意。

那麼，對照史書對王濟（字武子？）的評論：「然外雖弘雅，而內多忌刻，好以言傷物，儕類以此少。以其父之故，每排王濬，時議譏焉。」（《晉書》卷 42／頁 1205）就說明了王濟雖有名卻矜才負氣、[註45]易因嫉妒苛刻之心而以言語傷人，又以取牛心互競豪奢（〈汰侈 6〉），如何能獲得同儕的敬重推愛呢？是以，王武子雖「雋爽有風姿」，但見到衛玠也不得不發「珠玉在側，覺我形穢」之嘆（〈容止 14〉）；這種自慚形穢之感，顯然已不是單從風度儀態之美來說了。再看王玄（字眉子？）「少慕簡曠，亦有俊才，與衛玠齊名。」卻因「有豪氣，荒弊之時，人情不附。」（頁 1238）推測其不得人心的原因，應與王澄不欣賞他「志大其量」的性格有關（〈識鑒 12〉）；王玄自恃名家之後，高居人上且雄心大於器量，後果如王澄所料，死於非命。即便眉子性格如此，卻說：「何有名士終日妄語？」（〈輕詆 1〉）對其叔王澄（字平子 269～312）頗有輕鄙之意。如是，衛玠在待人接物優於王家三子之處，就不言可喻了。

最後，回到樂廣的相關資料，史載：

> 體道而言約，……樂廣與（裴）頠清閒欲說理，而頠辭喻豐博，廣自以體虛無，笑而不復言。（〈文學 12〉注）

> 王平子、胡毋彥國諸人，皆以任放爲達，或至裸體者。樂廣笑曰：「名教中自有樂地，何爲乃爾也！」（〈德行 23〉）

這兩段資料通常用來說明西晉元康時期的放達風氣，或是從裴頠〈崇有論〉切入自然名教的論題。但這裡，筆者想從樂廣之「笑」說明其「『沖』曠」、「清

[註45] 劉卲認爲：賢而能讓的可貴，即在「使怨讐不延於後嗣，而美名宣於無窮」（〈釋爭〉）。證之於史，王濟不滿王濬與其父王渾在伐吳事功上的恩怨，對王濬加以排擠，故史臣：「王濟遂驕父之褊心，乖爭子之明義，儁材雖多，亦奚以爲也」（卷 42／頁 1220）。

『夷』」之「平和恬靜」之義。

首先，樂廣的「宅心事外」，很容易與趙王倫篡逆而樂廣親授印璽一事相提並論；東晉李充遂以此認爲其伯父李重的「雅正」與「清尚」，是樂廣所無法相提並論（〈品藻46〉）。〔註46〕但是重新再讀郗鑒所說：「彥輔道韻平淡，體識沖粹，處傾危之朝，不可得而親疏。及愍懷太子之廢，可謂柔而有正。」（卷67／頁1797）〔註47〕便可得知，樂廣在身不由己的局勢裡，〔註48〕仍保有貞正性格的。那麼，〈本傳〉所載「值世道多虞，朝章紊亂，清己中立，任誠保素而已。時人莫有見其際焉。」（頁1245）應當從其「寡嗜欲」來說。意即，樂廣始終以自身中和純粹的「沖粹」特質，力抗政治權力漩成的欲望黑洞。

其次，樂廣笑說「名教中自有樂地，何爲乃爾也！」但《晉書》本傳後面接的卻是「其居才愛物，動有理中，皆此類也。」（頁1245）這句話表示，樂廣自居才德而且行爲舉動皆能得禮之中，但他卻以「笑」表達了對任達之士的愛惜寬容。以此之故，這條資料才會被收入《世說》〈德行〉篇。

因此，重點就回到樂廣「體道」、「體虛無」的內容爲何？筆者認爲，樂廣對「道」的體認就是「不爭」這一點，而且這是藉由論辯的態度呈顯的。理由在於，「約言析理，以厭人之心，其所不知，默如也」一句，樂廣原本就以簡約的語言風格著稱，但他對不甚了解之事並不大放厥辭，而是採取沈默的態度，便是自謙的表現。然而，他與裴頠清談論理的「笑而不復言」，卻是另一種沈默的態度；這不是他對論理或言說的闕如，而是他以沈默表示他對裴頠豐富論理的聆聽。語言的功用在溝通，但語言從來都不能充分表達「意

〔註46〕但據史載，李重並非恥仕亂朝仰藥自盡，而是有疾不治而亡的。參見余嘉錫《箋疏》，頁525。那麼，樂廣身爲成都王穎的岳父，在八王亂中「竟以憂卒」，又如何解說？所以，郗鑒的意見是客觀正確的。

〔註47〕郗鑒的評論是有意義的。史載郗鑒其人「少有體正，躭思經籍，以儒雅著名。」（〈德行24〉注）又，余嘉錫案語：「（郗）鑒志存謙退」並引《中興書》「雖在公位，沖心愈約。勞謙日仄，誦翫墳索」以茲證明（《箋疏》，頁99）。田餘慶則詳析了郗鑒對東晉政局具有的重要性及關鍵作用。參見田餘慶，〈論郗鑒〉，《東晉門閥政治》（北京：北京大學出版社，2005年）。

〔註48〕王盛鳴：「趙倫王之篡，樂廣號玄虛，仍奉璽勸進，而劉琨則爲倫所信用，晉少貞臣如此！」參見〔清〕王鳴盛著、黃曙輝點校，《十七史商榷》（上海：上海書店出版社，2005年），卷49／頁366。廖蔚卿即對身處門閥與朋黨政治漩渦的張華，仍對其人格提出：忠、肅、清、直的評論，其分析角度可做爲對樂廣的參照。參見廖蔚卿，〈張華的政治立場及其人格與風格〉，《中古詩人研究》（台北：里仁書局，2005年）。

見」或完全表述「真理」。那麼，樂廣的「不言」、「約言」，不就是對老子「知者不言，言者不知」（〈56〉）的體悟嗎？

倘若說東晉習鑿齒所謂「樂令無對於晉世」之說（〈言語 72〉注），還可能摻雜他對楚地人物的認同而有溢美之嫌。那麼，再以西晉傅玄（217～278）「強直之姿」對照兩種不同性格，就更清楚。史家對傅玄作為諍臣所顯之貞正風骨予以肯定，但評論角度卻更偏重從「性乖夷曠」描述其性格曰：「然而惟此褊心，乏弘雅之度，驟聞競爽，為物議所譏，惜哉！」（《晉書》卷 47／頁 1333，頁 1334）意即，由於傅玄的性格過於直切不能平和寬弘，又喜與人爭強好勝，故為時人輿論所譏諷。

反觀，樂廣清夷曠淡、與物無競的性格。由「樂令既允朝望」（〈言語 25〉），可見其性格施之於政事朝務而能「用心虛淡」，遂獲時人對其貞貴特質的推重。再者，「孫秀初欲立威權，咸云：『樂令民望不可殺』。」（〈賢媛 17〉）從「民望」可推知，樂廣是當時受到民眾仰望成為典範的指標性人物，孫秀受制於社會觀感因而不敢妄動。從「朝望」與「民望」來看，都說明了樂廣在朝野人物中所享有的名聲稱譽；而這些，都不應該只從清談風流宗主的角度來看待。在缺乏更多資料證明的情況下，本文從其平淡夷曠性格來理解，或許是一種可行的方式。

成玄英曾將老子所說「常寬容於物，不削於人」疏解為：「退己謙和，故寬容於物；知足守分，故不侵削於人也。」（〈天下〉疏，頁 1098）其說便已透露謙退與知足二者間的關聯性。上面對樂廣的分析，亦足以證明這一點。

是以，本文探究劉卲「犯而不校」的君子與「中庸平淡」的聖人兩種人格類型，意在說明〈釋爭〉的謙讓不爭之君子，乃是以聖人理型為圖像並在現實中不斷地自我修養以求貼近「平淡中和」之理念者。更深一層的理由在於，〈釋爭〉將「他者」納入「我」的視域以求和諧「人——我」關係的討論方式，在後來王弼闡述老子「後其身」之說與嵇康所謂「無措君子」以及潘尼〈安身論〉的觀點裡，都不斷出現。也就是說，延續《人物志》〈釋爭〉的關注，我們將可以勾勒出魏晉思想家論述從「知止」到「不爭」的重要線索：「知止」，強調個人如何看待自身欲求，側重在「自——我」的身心和諧關係；「不爭」則以「知止」的個人修養為基礎，向外拓展成和諧的「我——他」關係。〈釋爭〉在魏晉思想史上的意義，於此昭然若揭。

第二節　王弼論「與天合德，體道大通」的人格

在劉邵與王弼的思想體系中，不約而同地以聖人人格，表述了政治效益與人格範式的雙重意義。湯用彤從兩人對道家學說的吸收角度，比較了二者對「人君之德」的看法並概括爲：「《人物志》言君德中庸，僅爲知人任官之本，《老子注》言君德無名，乃證解其形上學說，故邵以名家知見，而弼則爲玄學之秀也。」〔註49〕依此觀點，湯氏更進一步闡發：「無」是王弼論述宇宙萬物與社會人生的本原、依據之所在，〔註50〕並由此開啓了魏晉玄學以「有無本末」爲研究的新視角。〔註51〕但誠如徐復觀所說：老學的動機與目的，仍然是由人生的要求向上推求，逐步推求到宇宙根源的處所，以作爲人生安頓之地。意即，人唯有經由「與道合體」的「體道」過程，才能得到一個使個人與社會都安全長久的立足點。〔註52〕準此，對於援引《老子》作爲思想資源的劉邵或王弼而言，人生理想與價值這個層面的問題，必定亦在他們的考慮之中。

換言之，《人物志》裡「中庸聖德」之「達眾善而成天功」，或王弼《老子注》中「無爲聖人」所具有「成濟萬物，以明其功」的政治效益，絕對是促使社會秩序穩定的重要因素。但必須注意到，魏晉思想家對秩序問題的思考，還包括自我心身和諧這一面向；將具有「不爭」、「至足」人格特質的個體納入整體秩序來考量，正是魏晉時代新義之所在。本文以「焦點──場域」作爲人格理型解析的框架，便意在說明魏晉「自──他」關係，其實質包括了政治秩序意義上的「個──群」關係以及與社會和諧的「我──人」關係；而這兩層關係，卻始終是以魏晉士群內在「自──我」作爲基始點拓展證成的。

本文將「與天合德，體道大通」的人格，分成兩部分說明，並不意謂它

〔註49〕湯用彤，〈讀人物志〉，《魏晉玄學論稿》（上海：上海古籍出版社，2005年），頁18。

〔註50〕湯用彤，〈魏晉玄學流別略論〉，《魏晉玄學論稿》。

〔註51〕康中乾對於學界論述王弼「無」論的研究成果，有詳細的整理分析，他並提出王弼「無」論的三種意涵（五個方面）：本體義、生成義、抽象義、功能義與境界義。參見康中乾，《有無之辨》[0]（北京：人民出版社，2003年），頁157～頁200。

〔註52〕參見徐復觀，《中國人性論史‧先秦篇》（台北：台灣商務，1994年），頁325～頁328。

們可以截然劃分開來。二者俱是「與道同體」的理型，差別只是在位與否。

首先，就「容公無私的聖王」而言，將從三方面予以說明。（1）詳解王弼對「容乃公」詮釋，以作為「無為聖人」概念的主要特徵。（2）論述聖人效法「天道之公」在政治層面施行的「蕩然公平之無私」。其中，「用心存公」是聖王對自身忠信的要求，然後「推誠與民」；而聖人之誠意信實又與其無所欲求的態度有關，於此等同於「無私」之意。（3）以「水」及「谷」的意象隱喻，說明「容」字之「虛而能受」，並由此與「後人」、「不伐」之「謙」產生關聯。毫無疑問的，有關於「容公無私」聖王之人格範式的說明，〔註53〕將偏重在「周普」、「公平」的政治社會面向來說明，以便與漢晉政論思想家標舉「天之道」以論「公平」的觀點相對照。當然，王弼從「道法自然」切入所展現的特殊視野，則是本文用力著墨之處。

不過，「道」除了「有所由，然後謂之道」意義（〈25〉注），在王弼看來還具有「導」的意思。所謂「大道蕩然正平，而民猶尚舍之而不由，好從邪徑，況復施為以塞大道之中乎？」（〈53〉注）前一句的坦途大路，便落實為「道」之「可供人行」之原始本義；後面的「況復施為」，顯示了在位者對於一切有意施行作為的謹慎態度。簡言之，在王弼的想法裡，「以道治國」的聖人必須擔負「以道『導』民」的責任。此一意見，本文已於第五章第一節，針對「推誠」、「無為」的聖人，以其忠信兼容之精神，對於民心歸於淳厚所產生的召喚力量做出詳述。但是，王弼既以「式，模則也」注解「知其白，守其黑，為天下式。」（〈28〉注）便表明他對聖人作為天下人之範式模則的肯認。是以，此處從聖人「無私」、「無為」所具有的典範意義談起，也是必要的。

其次，「建德質真的不矜君子」。其首出意義在彰顯「道者，物之所由也；

〔註53〕本文對「聖王」的使用，是放在「內聖外王」脈絡下來說。就王弼注的觀點而言，所謂「聖人達自然之性，暢萬物之情，故因而不為，順而不施」（〈29〉注），乃是一種「無為而為」的意態，目的仍是要尋求「善治之極」的模式（〈58〉注）。與此同時，聖人又必須以「處下」、「不爭」諸種「知足知止」的「修其內」方式（〈33〉注），才能「與道同體」。在這個意義上，朱哲的意見必須有所保留。他以《老子》書中出現「吾」字22次、「我」17見、「自」20見，據而證明老子具有鮮明的主體意識與自我精神。其說參見《先秦道家哲學研究》（上海：上海人民出版社，2000年），頁142。筆者認為，《老子》體例不同於《論語》的對話體，固然其「自」字，確實有強調個體行為的功能或作用，但更多時侯是針對聖人、侯、王而說的。

德者，物之所得也」的「道——德」關係（〈51〉注），〔註54〕並非爲聖人所獨佔的話語，凡是「質眞而不矜其眞」者，皆能以其「不矜」的態度通向修德復道之途。關鍵還在以「尙謙履道」自持的每個個體，從謙退之「讓開一步」的姿態體現「虛」與「容」的精神。若就「容受」——將「他者」納入「我」的視域這一點來說，「容公無私」聖人仍是以「君——民」的上下縱向關係來呈現。反之，「不矜之士」則直從人我俱有「得之於道」的「質眞」前提，平等地看待彼此的關係；所謂「以虛受人，物乃感應」（〈咸卦〉注，頁374），說的便是在一種虛懷謙下的場域中，彼此以自謙敬讓的心志相互交感著。〔註55〕就欽德慕行以展現強烈交往意識的魏晉士群而言，此說無疑地更具有理論影響力。以下，分別論之。

一、容公無私的聖王理型

《老子》嘗謂「道大，天大，地大，王亦大」爲「域中四大」（〈25〉），其實從「人法地，地法天，天法道，道法自然」的陳述方式，便知此章重點在突顯「人——天」關係。王弼的詮釋有三點可注意：一是，「無稱不可得而名，故曰域也。道、天、地、王皆在乎無稱之內，故曰『域中有四大』者也。」這是將宇宙空間之「區域」轉向了消解稱謂名分界限的「非名言之境域」。二是，「法，謂法則也」；「道不違自然，乃得其性」、「自然者，無稱之言，窮極之辭也。」（〈25〉注）「法」字的雙重意涵包括了：「仿效」義的「道順自然——天法道——地則天——人象地」之效則序列。至於「不違自然」義，依其所說「無知守眞，順自然」（〈65〉注），可推知所謂效法自然而然的原則，意在藉由對外在束縛制約的擺脫，最終復歸於自然本性的「樸，眞」脈絡（〈28〉注）。三是，「王」雖是「處人主之大也」（〈25〉注），但「人主躬於道者」將依準於「道」的尺度（〈30〉注）。故知，所謂「王亦大」並非對在位者「王」之權位的讚嘆，而是強調其能「法自然」、「體於道」，足以使人心有所歸往者，才是天下所有人裡面之「大」。

〔註54〕王弼在〈38〉與〈51〉都重點強調了「道——德」關係。這意謂「德」乃得之於「道」者；又或者說「德」乃「道之功」、「道之用」。本文以爲，學界從「一／多」、「本／末」、「體／用」視角論述王弼思想，其實質就是在陳述「道——德」、「天道——人道」的關係。再者，由「德者，物之所得」來說，萬物所具之「德」也是呈現「一／多」關係的，本文以「焦點——場域」申述。

〔註55〕王弼對「咸」卦的說明，是「感之爲道，不能感非類者」，故本文作此解。

這樣看來,王弼所謂「天地之性人爲貴,王是人之主,雖不職大,亦復爲大。」(〈25〉注)首先是就聖王效法天道自然,進而能「輔萬物之自然而不爲施」而成立的(〈27〉注)。〔註56〕其次,「聖王雖大,以虛爲主」(〈38〉注),便點明了虛懷謙下、容受天下人的意思。其中,注意到「聖」的字形結構突顯了「耳」、「口」,這意味了「聖人」善聽善言,是所有人之中最善於溝通的;聖人作爲溝通的典範,其意不在辯明論題、取得共識,而是在使自己與他人都能開展自身之德,共同復歸於道。〔註57〕換言之,由「萬物歸焉而不爲主」所得到的啓發(〈34〉),正是聖王對天下人的容受與無所不周普的表現;其深義更在敞開自然人性本眞的場域,此乃由「無私」而顯其「大」與「公」。

以上所說,經由解析《老子》第十六章「容乃公,公乃王,王乃天,天乃道,道乃久」的章旨,將可得到很好的說明。

(一)「容乃公」之釋義

唐君毅從老子言道之第六義「爲事物及心境人格狀態之道」的角度,闡述《老子》十六章的意旨,其言:

> 所謂『容乃公,公乃王,王乃天,天乃道,道乃久』者,即謂彼能容能公者,其心境與人格形態,即同於王,同於天,而同於道,並同於道之長久也。此同於道,即謂有一合於道之心境與人格形態,而此道及道之久,即可轉化爲此心境與人格形態之狀辭。此處之道與久,乃皆附於人而說,故於下文又曰『沒身不殆』也。
> ……至於後之爲老學者,能暢發此容公之義,以言『不塞其原,則物自生;不禁其性,則物自濟……物自長足,不吾宰成;有德無主,非玄而何』之義者,則爲魏晉之王弼。……此則老學進一步之發展,非老子之本旨所能限,而更有其勝義者也。〔註58〕

〔註56〕 牟宗三:「法自然者,即道以自然爲性,非道以上,復有一層曰自然也。」參見《才性與玄理》(台北:臺灣學生書局,1989年),頁153。錢穆亦持此見,並謂:《老子》書言「自然」僅五見,而王弼注則有二十七條,「其說以道爲自然,以天地爲自然,以至理爲自然,以物性爲自然,此皆《老子》本書所未有也。然則雖謂道家思想之盛言自然,其事確立於王弼,亦不過甚矣。」參見《莊老通辨》(北京:生活・讀書・新知三聯書店,2002年),頁366。此處,偏重在自然本性意義的使用。

〔註57〕 參見沈清松,〈老子人性論初探〉《中國人性論》(台北:東大圖書公司,1990年)。

〔註58〕 參見唐君毅,《中國哲學原論・導論篇》(台北:臺灣學生書局,1986年),頁

首先，唐先生將「容」與「公」之德視爲「知常者」的狀辭，以作爲得道有德之理想人格「同於道」境界之說明。其次，他從「有德無主」──用沖虛成玄德、體空無即從道，〔註59〕對於王弼暢發容公之殊義，予以肯定。不過，唐先生並未詳述「容」與「公」之「德」的內容。所以，回到王弼對「知常容，容乃公」一段的看法，其言：

> 常之爲物，不偏不彰，無皦昧之狀，溫涼之象，故曰『知常曰明』也。唯此復，乃能包通萬物，無所不容。失此以往，則邪入乎分，則物離其分，故曰不知常則妄作凶也。無所不包通也。無所不包通，則乃至於蕩然公平也。蕩然公平，則乃至於無所不周普也。無所不周普，則乃至於同乎天也。與天合德，體道大通，則乃至於窮極虛無也。窮極虛無，得道之常，則乃至於不窮極也。（〈16〉注）

王弼的意見，可分就三點說明。第一點，「常之爲物」至「妄作凶也」一段，須從三方面給予解釋：（1）「常」在此展現了「道」的「無所偏私」之特點。「不偏不彰，無皦昧之狀，溫涼之象」幾句亦出現於〈老子指略〉，是用「明／暗」、「善／不善」、「厚／薄」的對比，來說明「常」並不偏屬於具體事物的特殊質性，故能包通萬物；就這一點而言，「常」即是「無」、「常」即是「道」。〔註60〕

（2）在王弼的詮釋脈絡中，「常」又與平和、和諧之「和」的概念相關。其言：「物以和爲常，故知和則得常也。」（〈55〉注）又言：「立善以和萬物，則便復有妖之患也。」（〈58〉注）前者意在以「赤子」之「無求無欲，不犯眾物」來形容「含德之厚者」與他者的關係；既不犯於物，故亦「無物可以損其德、渝其眞。」（〈55〉注）但後一句「和萬物」則說明了物我和諧關係的形成，並非由在位者施以「立刑名，明賞罰，以檢姦僞」之有意舉措得以達至的（〈58〉注）；相反地，在有意作爲中潛藏著妖邪不善的可能。

（3）「物離其分」一句是針對有意妄爲而說，意近於「若以有爲心，則異類未獲具存矣。」（〈復卦〉注，頁337）反之，只要「復命則得性命之常，

383，頁413。

〔註59〕 高晨陽對於「不塞其源」一段，列有「有德無主之辨」標目，解析內容詳見《儒道會通與正始玄學》（濟南：齊魯書社，2000年），頁231～頁239。

〔註60〕 此即王弼注：「大象，天象之母也。不炎不寒，不溫不涼，故能統包萬物，無所犯傷。主若執之，則天下往也。」（〈35〉注）其意亦在表述不偏與包通的關係。

故曰『常』也」即可（〈16〉注）。於是，「復命返本」就回到人人俱有之自然本真之性的「道——德」脈絡。〔註61〕上述有關「常」的三項說明，又匯集於王弼對「從事於道者，道者同於道」的看法：

> 從事，謂舉動從事於道者也。道以無形無爲成濟萬物，故從事於道者以無爲爲居，不言之教，緜緜若存，而物得其眞。與道同體，故曰『同於道』。（〈23〉注）

「從事於道」，是在位聖人對「道」的體認、體驗，並進而將其體會實踐爲「無爲」、「不言」之原則；此亦「有德無主」之意。所以，第十六章最末 句「沒身不殆」，王弼注爲：「無之爲物，水火不能害，金石不能殘」，實則與「道不亡乃得全其壽。身沒而道猶存，況身存而道不卒乎。」之「死而不亡」的意義相同（〈33〉注）。唐君毅所謂「合於道的心境與人格形態」，即就此「與道同體」的精神境界而說的。

　　第二點，作爲「從事於道」的在位聖人，如何展現「道」之「無所偏私」的性格？王弼側重在「容乃公」的解析。由引文可見，王弼是以「無所不包通」解「容」字；〔註62〕又以「蕩然公平」釋「公」字。尤其，王弼以「蕩然公平，則乃至於無所不周普」解釋「公乃王」；而「周普」又與「無所偏私」具有程度上的關聯性。這是否暗示著「域中四大」之「王」必須以「蕩然公平」、「無所不包通」作爲人格特質？

　　這裡，必須先解決文獻上「公乃王」是否應作「公乃全」的問題。第一種看法是，勞健主張「王」字乃「全」字之缺壞誤傳，故應改爲「公乃全」；陳鼓應同意此說。〔註63〕第二種是高明的《帛書老子校注》，他比對出土帛書甲、乙本與王弼本後，主張王弼今本無誤，其注十分貼切經文原意。此外，

〔註61〕　關於「善復爲妖」一句，陳鼓應或劉笑敢諸家均從老子的正反互轉、循環伏倚來說明。但從王弼注「立善」以及「善治之極」來看，顯然他更在意的是「悶悶」之「無政可舉」的政治體制的說明；其原因在於「反其眞」的思路。對此，詳見本文第五章第二節的說明。

〔註62〕　參照魏晉之際的袁準《正論‧悅近》所言：「聖人體德居簡，而以虛受人。夫有德則謙，謙則能讓，虛則寬，寬則愛物。」（《全晉文》卷54）其意指：爲上者，「寬得眾」、「虛受物」則天下歸之。不過，袁子所持論據卻是「孔子曰：『爲上不寬，吾何以觀之？』」一語。這顯示了，「寬」與「容」本就是儒道思想以及魏晉士人共同的關注。

〔註63〕　參見陳鼓應，《老子今注今譯》（北京：商務印書館，2004年），頁138。值得注意的是，此書爲最新修訂版本，陳先生雖於〈校後記〉自言受高明教授的《帛書老子校注》啓益頗多，卻對於「公乃王」一句，仍持舊說。

尹振環亦贊同王弼解無誤，理由在於：《老子》中的「吾」、「我」、「聖人」指的就是侯王，而作爲史官的老聃或太史儋，其職司就是向執政者提供諮謀與箴諫。〔註64〕第三種是劉笑敢的折衷意見，他認爲就現有資料來看，作「全」字的解釋，只有推理而沒有根據。但是，對於帛書是否就可以定論爲最早的古本，則態度上有所保留。〔註65〕

本文立場傾向於接受高明的解釋，理由在其論據的兩個重點：一是，《說文》謂「王，天下所歸往也」，王弼注以「無所不周普」，有「周溥」、「普遍」之意。「無所不周普」與「天下所歸往」，皆是對「王」字的詮釋，可謂文異而義同。二是，高明認爲〈洪範〉「無偏無黨，王道蕩蕩。無偏無黨，王道平平」，可作爲「公乃王」最好的注腳。尤其第二點，使得我們聯想到王弼《論語釋疑》中對「聖人有則天之德」的看法，其注：「蕩蕩，無形無名之稱也」、〔註66〕「若夫大愛無私，惠將安在？」（《王弼集校釋》，頁 626）「惠」字，具有施予恩惠的對象性與目的性，所以「大愛」仍是以「道」的「無所偏私」作爲底蘊；故「大」即是「無所不周普」之意。至此可見，「王」之「大」首出特徵便在「公正」與「無私」。

第三點，既然「蕩然公平」乃至於「天下所歸往」的局面，是可以想見的。那麼，「與天合德，體道大通」的意思爲何？值得注意的是，這句話還出現在王弼對「天之道，損有餘而補不足」的解釋中，其云：

> 與天地合德，乃能包之如天之道。如人之量，則各有其身，不得相均。如惟無身無私乎？自然，然後乃能與天地合其德。言誰能處盈而全虛，損有以補無，和光同塵，蕩而均者？唯有道者也。是以聖人不欲示其賢，以均天下。（〈77〉注）

這段引文將聖王與天道的關係點出來了，並且具體陳述了聖王對「道」之「均平調和」的體認。其中，「聖人不欲示其賢」，是用來形容聖人「處盈全虛」

〔註64〕 參見高明，《帛書老子校注》（北京：中華書局，1998 年），頁 304。尹振環，《楚簡老子辨析》（北京：中華書局，2001 年），頁 235。

〔註65〕 參見劉笑敢，《老子古今》（北京：中國社會科學出版社，2006 年），頁 203。

〔註66〕 對比何晏與王弼對「蕩蕩」的解釋是有意義的。何晏注：「蕩蕩，廣遠之稱。言其布德廣遠」（〈泰伯〉注，《論語集釋》，頁 550），又以「寬廣貌」釋「君子坦蕩蕩」（〈述而〉注，頁 505）；朱子《集注》皆意同於何晏注。反之，晉江熙注：「君子坦爾夷任，蕩然無私」（頁 505），包含了君子對名勢榮利役使的擺脫的意思。似乎在語意脈絡上反而接近了王弼「與天合德者」之「無身無私」的「蕩然公平」之意。

及「損有補無」之作為，不過聖王的一切作為，卻又是能夠使「萬物皆歸之以生，而力使不知其所由。」（〈34〉注）其中，「『力使不知』其所由」便與「功成『不名』有」的意義重合。〔註67〕如是，聖王方可謂「以其終不自為大，故能成其大」（〈34〉）。至此，「大」不再是「道」之「彌綸充滿而不可極窮盡」的狀辭（〈老子指略〉），「大」的意義轉向了聖王對天下人所創發最大限度的可能性。於是，作為「人之主」的「王」效法天道而有的廣大與均平，主要就在於能體現「包之如天」的「全安」、「全載」、「全覆」之「無所不周普」與「無所不包通」的意涵。

要知，「唯有道者」正是對照一般人限於自身考量而無法顧及他人的「人道」而說。反言之，聖王「蕩而均」之所以可能，正是以其「無身無私」——「為而不恃，功成不處」作為前提的；而「功成不處」又與「心存公誠」密切相關。是以，下面先就「蕩然公平」之「公」的意涵予以申述，其次再述「無身無私」的內容。

（二）「公」的多面向詮釋

所謂「公正的」，是對正確做法與規範意義的強調；至於「公正地」，則是說行為主體依其自身品格的內在要求而「知道如何做」。由上文已明顯得見，王弼對於「如何公正地」的思考，乃依準於「道」而來。是以，延續「與道同體」的觀點，此處將集中在王弼《周易注》裡「全以人事明之」的思致（〈乾卦〉注，頁216），以說明王弼對「中」、「正」、「誠」、「信」的強調與重視，但他有時又以「无私」、「不私」的反論形式來呈現；這些都可以歸攝於一「公」字。

首先，「公」包含有「中」與「正」的意涵。

王弼根據《周易》的爻位觀念，將「中正」確立為一種對社會成員要求承擔道義責任與人際關係處理的原則，凡是其注使用「居中」、「履中」，都意味著不偏私且合於中道的行為。〔註68〕對此，王弼：「大人，體中正者也。通

〔註67〕「功成」意謂仍必須有所施為，只不過若能依「道」而行，便能收「居無為之事，行不言之教，不以形立物，故功成事遂，而百姓不知其所以然也」之效（〈17〉注）。詳見本文第五章第二節的析論。

〔註68〕高晨陽指出：王弼根據爻位確立了中正——「中則不過」、「正則不邪」的意義。中正，既是人之所當有之德，又是判斷人之行為得失的重要尺度。但「所以為中正者」的「自然之道」才是王弼更為關心的。參見《儒道會通與正始玄學》，頁339～343。

聚以正，聚乃得全也。」（〈萃卦〉注，頁444）意思是，在位者（包括一般行政官員）之所以能聚財蓄民而無咎害，便在能依中正原則行事；反之，「心懷嫌疑，故『有孚不終』也。不能守道，以結至好，迷務競爭，故『乃亂乃萃』也。」（頁445）說明了若不能持守中正原則，就會出現爭與亂。就王弼的詮釋意向來看，他從聚民蓄財的角度來解釋「萃」，並著重在依「正」的準則以消弭人聚則亂而苟且、事聚則紊而爭亂的一切可能。顯然，「正」是與「偏」、「倚」的對反。

就日常生活經驗來說，什麼時候最需要公正的原則或公平的對待？王弼在〈訟卦〉注文裡，從人我爭執而起訴訟之成因以及執法者應持公正原則以決訟斷案說起。其言：

> 「聽訟，吾猶人也，必也使無訟乎！」无訟在於謀始，謀始在於作制。契之不明，訟之所以生也。物有其分，職不相濫，爭何由興？訟之所以起，契之過也。故有德司契而不責於人。（〈訟卦〉注，頁249）

王弼將爭訟的原因歸結成「見犯乃訟」〔註69〕與契約制訂之不明確二者。但如同東晉韓康伯（332～380）所言：「書契所以決斷萬事也。」（〈繫辭上〉注，頁560）足見，由於契約訂定不明確而引起的糾紛，較之於他人冒犯於我而起爭執的問題，更值得重視。其中，「有德司契」一句，又見於《老子》七十九章，〔註70〕其注：

> 不明理其契，以致大怨已至。而德以和之，其傷不復，故必有餘怨也。左契，防怨之所由生也。有德之人，念思其契，不令怨生而後責於人也。（〈79〉注）

古代契約合同分作左右以為對質，「左契」由債權人收執。王弼所說「左契，防怨之所由生也」一句，便明確地將怨懟的主因歸之於「不明理其契」的處理態度。可見，重點並不在收執左契者是否具有寬容不責之德。在王弼看來，

〔註69〕 「見犯乃訟」是指人與人之間的爭訟。但是，王弼提出「安貞不犯……為仁由己」、「柔體不爭」的態度應對。即可見，「不犯」、「不爭」是保有人際關係和諧的基本做法，而且很明顯的，「由己」是對每個個體的自我要求而說的。

〔註70〕 陳鼓應主張採取嚴靈峰的意見，應將六十三章「報怨以德」移七十九章「有餘怨」之句下。參見陳鼓應，《老子今注今譯》，頁341。但是依照王弼注文的脈絡來看，可以看出兩章的不同脈絡。故本文採取劉笑敢的意見，他在對勘各版本後指出：竹簡本很有可能有「報怨以德」的句子，但卻漏抄一、二簡，使得註家誤以為錯簡。參見《老子古今》，頁600～頁601。

先行對契據明確之制訂，才是「不令怨生」的做法，此較之爭執既起而後方思「以德和怨」或不責求於人來得更重要。就人我和諧的關係而言，「必也使無訟」是各家共同的看法，值得注意的是，王弼基於其一貫「謀之於未兆，爲之於未始」的思維方式（〈老子指略〉），提出明確制訂契約對於弭訟的重要性，與儒者先行以德教化導而使爭訟不興的論點，〔註71〕大異其趣的。

人與人相處總是難以避免糾紛與磨擦，這時候，善於聽斷的仲裁者就是解決紛爭訴訟的必要條件。其云：

> 處得尊位，爲訟之主，用其中正，以斷枉直。中則不過，正則不邪，
> 剛无所溺，公无所偏，故「訟元吉」。（〈訟卦〉注，頁 251）

王弼提出善於聽斷的判準就是「中」、「正」與「公無所偏」。值得注意的是，「中」即是恰如其分的「用中」而無過與不及的問題；「正」即是對比奸邪的「貞正」；「剛」是審斷裁決的剛毅果決。綜合以上，便是「公无所偏」則不失度的結局。

王弼對「公无所偏」的重視，還表現在象徵決斷的卦象注文，其言：「夬者，明法而決斷之象也」，「決而能和，美之道也」，故「君子處之，必能棄夫情累，決之不疑。」（〈夬卦〉注，頁 434，頁 435）意思是，爭訟的決斷最後還是要回歸於怨尤的消解與彼此關係的和諧；其中，能果決做出判斷的君子則居於關鍵地位。這是因爲，君子決斷必定是公開無私隱的，而其公開公正的態度又與不受私情牽累有絕大關係。

附帶說明一點。王弼的理想政制雖然是「不造不施，因物之性，不以形制物也。」（〈27〉注）但如果考慮到他身處曹魏律令修訂逐漸完備並且以國家體制形式存在之時，那麼，其所謂「謀始在於作制」，事實上還包括了國家律令制定施行的層面。理由在於，漢代廷尉張釋之所謂「法者天子所與天下公共也」（《漢書》卷 50），後來演繹成「夫人君所與天下共者，法也」的說法（《晉書・刑法志》卷 30／頁 936），不論「公」或「共」字，都充分表達了魏晉時期對於國家律法所具有的公共性質之認識。曹魏時期，魏明帝雖責成劉劭與荀詵、庾嶷等人依《漢律》刪定成魏新律十八篇並頒布施行，但仍然

〔註71〕 關於以德教化的問題，後漢王符《潛夫論・德化篇》已有申論。魏何晏即引王肅語「化之在前」來注解「必也使無訟」。而東晉孫綽卻說：「夫訟之所生，先明其契，而後訟不起耳。若訟至而後察，則不異於凡人也。此言防其本也。」（〈顏淵注〉，《論語集釋》，頁 861）其明訂契約以預防爭訟紛爭的意見，近似於王弼。

避免不了因條文繁苛造成輕枉執法的事實。〔註 72〕正因爲如此，杜恕（？～252）於《體論》述及相關問題，其言：「雖過乎當，百姓不以爲暴者，公也」，「雖及于刑，必加隱惻焉，百姓不以我爲偏者，公也」；「聖人之于法也已公矣。」（〈法第六〉《全三國文》卷 42）其觀點便是從「不過」與「不偏」來定論執法者的公正之心。〔註 73〕以上這些，都是王弼生平經歷的一部分。於是可說，王弼對興訟原因的探究以及對決訟者提出中正公允的要求，是基於現實情境所提出之適時適用的觀點。

有關王弼於《周易注》所揭櫫之「中正」的準則與價值，余敦康已多所闡發。他並由二爻臣位與五爻君位之剛中與柔中的應和，得到這樣的結論：就王弼來說，「中」比「正」來得重要。〔註 74〕若從王弼注文多用「中道」一詞來看，確實如此。不過，本文更意在指出「中」、「正」都可涵攝於「公無所偏」之義。也就是說，上述弭訟「君子」所體現「公無所偏」的品格，仍是偏重於國家體制下各級層官員以公正之心執法的屬性。〔註 75〕至於「君德」，在王弼的解釋系統裡本就以「居中不偏」作爲主要特徵，不言而喻的，人君自身行爲當然必須符合中正原則。只不過，居於典範位置的「聖王」所體現「公」之價值，應當還有「中」、「正」之外的豐富意義。

其次，「公」含有「誠」與「信」的意涵。

王弼：「志在濟物，心存公誠，著信在道，以明其功，何咎之有！」（〈隨卦〉注，頁 304）便體現了以開務成物爲基點的價值取向。對此，楊國榮解析說：

> 「公」指向群體，濟物則意味著現實廣義的群體之利。……王弼強調「公誠」、「濟物」而反對自專，其內在的涵義便是以群體的原則否定自我中心。在這方面，王弼無疑是上承了先秦儒家的價值取向。

〔註 72〕譬如「賊鬥殺人」與「復讐」便是王弼所謂被人冒犯的情況。又如，「肉刑」的恢復與廢除，之所以成爲重大議題被反覆討論，原因不在德刑之辨，而更在於肉刑是否成爲減弱經濟生產力的原因；又或者可以改採罰金的方式贖罪。這些都與百姓生活密切相關。參見程樹德，〈魏律考〉《九朝律考》（北京：中華書局，2003 年）。

〔註 73〕魏晉時期關於「律」、「令」、「刑」、「法」的意思都相近，更多時侯用「刑法」或「法律」稱之。譬如魏桓範、蔣濟便以「刑」論、杜恕用「法」；晉傅玄《傅子》則有〈問刑〉、〈釋法〉與〈法刑〉篇目。

〔註 74〕參見余敦康，《何晏王弼玄學新探》（北京：方志出版社，2007 年），頁 230。

〔註 75〕這一點可由〈乾卦〉九二注：「德施周普，居中不偏，雖非君位，君之德也」得到證明（頁 211）。首先，「周普」與「不偏」的確是「君德」的內容；其次，九二雖以陽爻居陰位，卻能展現不過不邪的「中正」的品德。

〔註76〕

其所謂先秦儒家的價值取向，應是就「公」字所蘊涵的群體義以及用「誠」、「信」解釋「有孚」這兩點來說的。〔註77〕這樣的看法並沒錯，因為著眼於政治秩序，王弼自有其群體利益的思索。對此，他標舉「用心存公，進不在私」之準則（〈乾卦〉注，頁212），意指凡是公眾的、群體的，都優先於自身進退的考量。若然，在人材舉用上亦能做到「无私无偏，存乎光大」（〈泰卦〉注，頁277），那麼朋黨營私之「不能大通，則各私其黨而求利焉」的情況（〈同人卦〉注，頁289），自不復見。〔註78〕

不過，王弼所說「無私之誠」與「不疑之信」，顯然還有其他的意義需要進一步說明。因此，他從不營私求利進一步推論：唯「心无係吝」——心中無所偏私吝嗇（〈同人卦〉注，頁289），〔註79〕方能「和同於人」，達於「無所不包容」的「大有」之象，其注：

> 君尊以柔，處大以中，无私於物，上下應之。信以發志，故其孚交如也。夫不私於物，物亦公焉；不疑於物，物亦誠焉。既公且信，何難何備？不言而教行，何為而不威如？為〈大有〉之主而不以此道，吉可得乎？（〈大有〉卦注，頁291）

王弼將「中」原本含有的「上下通達」意思，轉而詮釋成人君「用中」的態度，而且「用中」將能使得上下產生相互交流感應的和諧關係。這裡面包括了幾個層次：一是，王弼定義：「上下應之，靡所不納，大有之義也。」（頁

〔註76〕 參見楊國榮，《善的歷程》（台北：五南圖書，1996年），頁225，頁226。

〔註77〕 王弼《周易注》都以「誠」或「信」解釋「孚」，如：「其言實誠，故曰『有孚』」、「不疑於下，……有孚則見信矣。」（〈革卦〉注，頁466）陳鼓應則詳列歷來注家對「有孚」的解釋，可另行參見《周易今注今譯》，頁78～頁79。

〔註78〕 王弼〈泰卦〉注：「无私无偏，存乎光大，故曰『朋亡』也」，樓宇烈以「無朋黨之私」解釋「朋亡」之意（《校釋》，頁277），是正確無誤的。這一點可以從王弼所謂「和同於人」所顯示的意向來看，他把不能「包弘上下，通夫大同」而造成物類相分的原因，歸咎於「不能大通，則各私其黨而求利焉」，即可見。再者，王弼兩次強調「用心偏狹，鄙吝之道」則「眾所不與」，以說明：用心無私方能和同於人。（〈同人卦〉注，頁289）

〔註79〕 伊川先生進一步闡述：「同人者，以天下大同之道，則聖賢大公之心也」、「既不繫所私，乃至公大同之道」、「无所繫應，是无所偏私，同人之公者」，便將重點集中在「至誠无私」的「公心」。就公與私的思想史發展脈絡而言，這是極為重要的線索。參見《二程集》全二冊（北京：中華書局，2004年），頁763，頁765。

290）此說便近似上述「王」之「無所不同普」的意思，此亦王弼以「包容萬有」隱含「物歸之」的做法。〔註80〕二是，王弼用「无私於物」、「不私於物」兩次說法，來強調人君無所偏私的重要性；它一方面具有觸發眾人無所偏私的效益，另一方面也能因自身的「無私」而不受眾人質疑，與此同時人我互信的關係便形成。三是，在人我互信建立的關係裡，是不需要有所防備，此即「不言而教行」之意。

　　尤其，就「應者，同志之象」而言（〈周易略例〉，頁 604），顯然「上下應之」是基於彼此共通的價值取向。這從王弼以誠信作爲人我關係樞機的看法可窺知，其言：

> 夫以不信爲比之首，則禍莫大焉，故必有孚盈缶，然後乃得免比之咎，故曰「有孚，比之无咎」也。處比之首，應不在一，心无私吝，則莫不比之。著信立誠，盈溢乎質素之器，則物終來，无衰竭也。親乎天下，著信盈缶，應者豈一道而來？故必有他吉也。（〈比卦〉注，頁 261）

引文的分析，可扣緊「應不在一，心无私吝，則莫不比之」一句展開。意思是，心裡若不偏執於特定的親近對象，那麼願意與之親近的人必定來自四面八方；「親乎天下」同時隱含了「萬物歸之」的意思。值得注意的是，心无私吝，還包括了「无私於物，唯賢是與」這一層次（頁 262），意即任才用人必秉之以公心，才能避免「所親者狹」的情況。至於「質素之器」，借用伊川先生（1033～1107）的看法，可以得到很好的說明，其言：

> 相比之道，以誠信爲本。中心不信而親人，人誰與之？……誠信充實於內，若物之盈滿於缶中也。缶，質素之器。言若缶之盈實其中。外不加文飾，則終能來有他吉也。他，非此也，外也。若誠實充於內，物无不信，豈用飾外以求比乎？（《二程集・下冊》，頁 739～頁 740）

「盈溢乎質素之器」，意即「誠」與「信」的眞情實感充滿內心，此皆毋需假以文飾的眞誠；「著誠立信」則意味我以此種滿溢的內在眞誠與他人交往。

─────────────

〔註80〕王弼注〈損卦〉其意在以居尊處柔的「損道」來說明得人心歸服之意。值得注意的是「得臣无家」一句，注爲：「爲物所歸，故曰『得臣』；得臣則天下爲一，故『無家』也。」（頁 423）顯然，王弼是從無遠近內外之分別來說，因而異於一般「不閒居於家」的解釋。

重點回到了「應」的關係：我以誠信待人、他人必以眞誠回應；這種回應不是禮尚往來的「回報」，而是在「同志」的場域中，彼此以眞心誠意互相照映。但是，王弼何以能如此樂觀？其云：「不徇於外，任其眞者也。立誠篤至，雖在暗昧，物亦應焉。……唯德是與，誠之至也。」（〈中孚卦〉注，頁516）所謂「任其眞者」，便點出了王弼是依「眞，樸」的自然本眞之性（〈28〉注），來解釋這種「同志之應」的關係，乃是先摒除了一切向外營求的因素，而純粹回歸於彼此自身之「德」的召喚；這種「應」又是至誠的展現。就「應者豈一」而言，存在著「一／多」的關係，也是符合本文「焦點　場域」解釋模型的思致。

至此可說，不私於物則「公」、不疑於他則「信」（或「誠」），是以發自於內在眞誠無假的情感為首出條件的，然後才有「推誠相與」、相互交感的可能。此即王弼所謂：「處中誠以相交之時，居尊位以為羣物之主，信何可舍？故有孚攣如，乃得无咎也。」（〈中孚〉注，頁517）〔註81〕至於「有孚攣如」之意，乃指九五居中得正並能以自身忠信感通他人，同於上文「有孚交如」。就「聖王」具有的典範意義而論，「无私」而能「物公」、「不疑」而能「物誠」，便可以理解成人與人之間的重要交往原則了。〔註82〕

概括而論，王弼以自然本眞之性為前提，所演繹人我互信不疑的大信與公心，正是其「蕩然公平無所不周普」之所以可能的主要理據；其說之所以超越政論思想層面亦在此。尤其，王弼從「無身無私」反面的論述手法證成「容公」之精蘊，更是其慧心神解的展現。

（三）無為不爭，無身滅私

劉笑敢通過《老子》原文對聖人的行為描述，將「無為」一詞概括成兩項特點：一是，「無為」是以否定形式表達的行為和態度，包括了社會治理者的干涉性行為以及個人驕傲欲求等等傾向與習慣。二是，「無為」不是單獨的概念，它是一個集合式的「觀念簇」，包括了一系列與世俗價值或一般慣例對反的方法

〔註81〕關於「中孚」，樓宇烈校為：孚，信。孔穎達疏：「信發於中，謂之中孚」。中，一為內心；一為中正。（《校釋》，頁518）本文主張以「內心」解釋，較為恰適。

〔註82〕這裡借用東晉殷仲堪的說法，其言：「推誠相與，則殊類可親。以善接物，物皆不忘以善應之。是以德不孤焉，必有鄰也。」（〈里仁〉「德不孤」注，《集釋》，頁280）這裡明確將「推誠」視為「接物」的主要原則。王弼所論「聖人──百姓」或「君上──臣下」關係，便拓展成平列的「我──他」關係。

性原則。〔註 83〕檢索王弼《老子注》所使用的十九次「無爲」,〔註 84〕可以說其文意脈絡亦是符合上述兩項特點。以此爲理據,筆者意欲通過解析王弼「無爲」否定論述形式中所呈現的「無私」意涵,以作爲上述「周普公平」的補充。

在《老子》文本,「聖人之道,爲而不爭」與「功成而不居」,同時說明了聖人無爲不爭並非無所作爲。至於「我有三寶」之「不敢爲天下先」(〈67〉),也是「不爭之德」的呈顯。其中,「不敢爲先」可能是安於原狀而不爭先,也可能是雖先而不自居於先,但這兩種「不爲先」的精神都是無爲的外在體現。〔註 85〕王弼曾言:「爲治者務欲立功生事,而有道者務欲還反無爲」(〈30〉注),他以區別「爲治者」與「有道者」的詮釋方法,延續了老子不爭不爲的思想。再者,既然聖王是「與道同體」而顯「容公無私」者,那麼聖人由「後其身」——「後外其身,爲物所歸」(〈67〉注)——不爭先、不居前的姿態,就顯現了聖王對「功遂身退,天之道」的體悟(〈9〉)。這也是以一般「人之量,則各有其身,不得相均」作爲對比參照而得的結論。是以,聖人無爲則無私的深義,還需從「身」字展開解碼的工作。〔註 86〕

首先,王弼從「道常無爲而無不爲」申論「吾將鎮之無名之樸,不爲主也」的想法(〈37〉注)。要知,「鎮」並非壓制強迫之意而應解作「安定」,句意是:聖人只要能效法道的順任自然,天下便自然復歸安定。換言之,道治聖人的作爲就只是「達自然之性,暢萬物之情,故因而不爲,順而不施。」(〈29〉注)其如此簡易的原因在於,人的自然本眞之性乃是「自然已足」(〈20〉注)。由此可知聖人「無爲」的兩個層次:一是,基於「自然已足」的前提,「益之則憂」(〈20〉注)、「爲之敗也」(〈2〉注),因而聖人所需作爲者就只是「順物自然」、「因物之性」,亦即「順自然而行」而「不造不施」(〈27〉注)。二是,既然聖人所爲只是因順萬物自然之性的「抱樸無爲」(〈32〉注),就要

〔註 83〕 他並統計《老子》原文「無爲」的出現次數,總計十二次。參見劉笑敢,〈無爲:老子思想中的原則性方法〉,《老子》(台北:東大圖書公司,1997 年)。

〔註 84〕 參見〔日〕北原峰樹編,《老子王弼注索引》(北九州:北九州中國書店,1987 年),頁 145~頁 146。

〔註 85〕 參見劉笑敢,《老子》,頁 126~頁 127。

〔註 86〕 對於「身」字的考量,可注意到何晏對《論語》「子絕四」的解釋,其注:「以道爲度,故不任意。用之則行,舍之則藏,故無專必。無可無不可,故無固行。述古而不自作,處羣萃而不自異,唯道是從,故不自有其身」(〈子罕〉注,頁 574)。顯見「毋我」是以「身」作爲「我」的存在標誌,而且是要以道作爲尺度的。

體認到「因物而用，功自彼成，故不可居也。使功在己，則功不可久也。」（〈2〉注）此處點明聖人並不自認功成在己，唯其能從獨佔功名的意識超脫出來與他人共享，才能使得既成之功如天地般的長久。這是王弼對「為而不恃，功成而弗居」的理解，也是從「天之道，不爭而善勝」得到體悟（〈73〉），最後並歸結於「無名」──「則天之德」的蕩蕩無名（〈泰伯〉注，《校釋》，頁 626）。

此外，聖王還從至柔至弱之「水」的意象，觸發了兩種想法：一是，「虛無柔弱，無所不通。無有不可窮，至柔不可折。以此推之，故知無為之有益也。」（〈43〉注）由「無為之有益」，更進一步明白了「用水之柔弱，無物可以易之」、「是謂天下王」的道理（〈78〉注）。不過，單就水之趨下居卑的特性而言，還未能呈現「王」的周普涵容的意義。因此，引申出「水善利萬物而不爭」的第二種想法，王弼因而肯定水是「幾近於」道的，二者的差別只在「道無水有」的具象與否而已（〈8〉注）。然則，聖王利澤天下如同水之潤澤萬物本屬自然之事，但是為何在最後一句又再次強調了「不爭，故無尤」想法呢？推測其用意，乃緣於一般人只要做出利於他人的舉動，便產生了期望得到回饋與報答的心理；若不得到讚賞褒揚，埋怨咎責的情緒也油然而生。故知，這裡的「不爭」便從水的柔弱意象轉為不居功、不爭名的意思。

於是看到，「聖人不積」結合了「天之道，利而不害」與「聖人之道，為而不爭」兩種意涵。王弼注：

> 無私自有，唯善是與，任物而已。物所尊也。物所歸也。動常生成之也。順天之利，不相傷也。（〈81〉注）

「無私自有」，說明了聖人效法天道，對於既有成果並不據為己有。重點還在聖人能「給與」以達到利物而不害的關係。聖王由「能與」所形成「既已為人而己愈有」、「既已與人而己愈多」的關係中，「有」與「多」的內容不是物質性的，乃是一種尊敬與歸心的態度。故知，人民所尊所歸的對象，是聖王的「無私自有」的「德」。

如果注意到「既以與人，己愈多」語脈所表露的人我關係，那麼，「不爭」的意義還不僅止於「我」之「與物無爭」的態度；「不爭」的深義，還在於我的「不有」意識──從「不與人爭」到「不占有」進而能「給與」他人。「能與」，意謂著我從「自環為私」的獨佔意識走出，並將他人納入我的視野。如是，「不爭」才從「我」的待人接物之態度，轉而形成「不爭無尤」的人我關係之準則。

若說無私自有的「無私」，還是僅就「不私自有名」之意而說，那就再進一步注意王弼對「以其不自生，故能長久。是以聖人後其身而身先」的看法，其言：

> 自生則與物爭，不自生則物歸也。無私者，無爲於身也。身先身存，
> 故曰「能成其私」。（〈7〉注）

重點在聖王不先自營己之生存，故能不與物爭。也就是說，聖王無爲於自身的「無私」與「不自生」，方能「爲物所歸，然後乃能立成器爲天下利，爲物之長也。」（〈67〉注）這是聖王因先人後己、薄己厚人，反而獲得天下人的禮敬的結果；這種結果是聖王「與道同體」的呈現，並非存心有意的「以不爭爲手段」所達至的客觀效果。〔註87〕至於「無私」而能「成其私」，或許可以這樣解釋：聖王能先去除爲己的自私之心，與此同時，其自身的容公之德亦得以實現。反過來說，聖王在體現容公之德（「成其私」）的同時，〔註88〕其包通萬物而無所不周普的意義，便由「成其私」——顯現其不私於自身——得到彰顯。

由於王弼所謂「無爲於身」顯然與「因物自然而不爲」的「無爲」有著不同意涵。況且，郭象也以「不與萬物爭鋒，然後天下樂推而不厭，故後其身。」（〈天下〉注，頁 1098）來概括老子「人皆取先，己獨取後」的想法，故知其視焦也是放在「後其身」的解讀。那麼，從功遂「身退」乃至聖人「後其身」而爲物所歸的脈絡，就有說明的必要。

王弼《老子注》對「後其身」的解釋有兩個方向。第一種解釋是，聖人後其身而物自歸。相關於注文如下所引：

> 雄，先之屬。雌，後之屬。知爲天下之先者必後也。是以聖人後其

〔註87〕 本文認爲：以不爭爲「手段」的看法，有待商榷。譬如，許建良說：「『不爭』是手段，『物歸』或『天下莫能與之爭』則爲客觀的結果」，「由於身有成『私』的危險，所以必須『後其身』」。參見，《魏晉玄學倫理思想研究》（北京：人民出版社，2003 年），頁 152。其說法有兩個問題：一是，就「上德之人，唯道是用」而論，是具有「不求而得，不爲而成」的效果，但其前提更在不是有意爲之的「無以爲」。若將不爭視爲手段，便已淪於王弼所謂「以有心爲」則名美僞生的情況。二是，老莊道家對於欲望問題集中於身體來討論，這是沒有錯的。但就王弼此段注文的詮釋脈絡，顯然「成其私」具有「完成個人價值」的積極意義，而非許氏所說「成爲有私」的危險。

〔註88〕 陳鼓應：「後其身」者，正因爲能爲人著想，反而能成就他的理想生活（《老子今注今譯》，頁 101）。劉笑敢：兩個「私」字的意含不同。「無私」之「私」是自私自利之心；「成其私」之「私」是指個人的價值或目標之實現（《老子古今》，頁 146）。本文據此二說，將「成其私」定義爲聖人容公無私之德的呈顯。

身而身先也。豁不求物，而物自歸之。（〈28〉注）

天門，謂天下之所由從也。開闔，治亂之際也。或開或闔，經通於
天下，故曰「天門開闔」也。雌應而不唱，因而不爲。言天門開闔
能爲雌乎？則物自賓而處自安矣。（〈10〉注）

江海居大而處下，則百川流之；大國居大而處下，則天下流之，故
曰「大國者下流」。天下之所歸會者也。靜而不求，物自歸之也。以
其靜，故能爲下。牡，雌也。雄躁動貪欲，雌常以靜，故能勝雄也。
以其靜復爲下，故物歸之也。……言唯修卑下，然後乃各得其所
欲。……。大國修下，則天下歸之。……。（〈61〉注）

前兩段文字是王弼對「知雄守雌」的理解。關於「守雌」又有幾點說明。其一，
「守雌」是「知爲天下之先者必後」的意思，它和「以謙退哀慈，不敢爲物先」
（〈69〉注），說明了「不敢爲天下先」的「不敢」，乃是聖人確知自己將居於萬
物前導而自覺地以謙退的姿勢「向後」，以讓出一步的空間來消滅壓迫的感覺。
於是，由「必後」二字點出了，不果敢堅決的站在前導位置的「不敢」，是有意
識的不爭先、不居前。再者，從第二段的「治亂之際」與「經通天下」可以得
知：守雌，是聖人道治無爲的體現。聖人守雌，自能使得萬物自來歸附。

其二，守雌，同於「谿」之「以靜處下」的喻意。谿即谿谷，指的是山
谷間能自然匯聚水渠的低窪之處。對此，河上公注本標目六十一章爲「謙德」，
強調了治國者安靜謙下的態度；王弼以「修卑下」注解「或下以取」意同於
此。需注意，「修卑下」即是「以柔居尊，而爲損道，江海處下，百谷歸之。」
（〈損卦〉注，頁423）尤其，「歸」字本具的「返」、「聚」含意，則「物自歸」
隱喻了人民如同河川旁支流向主幹或歸向大海；「物歸之」與「得民心」只是
說法不同的相同表述而已（〈隨卦〉注，頁304）。於是「居下流」而能成其「大」，
也就不言可喻了。

這兩方面，皆從聖王「後其身」而能成爲「天下之所歸會者」的包容涵
納之精神來說。

王弼對聖人「後其身」的第一種解釋是，無爲於身則無私；其特殊處在
連結身體與欲求。此一想法出現在王弼「以無爲用」的詮釋脈絡，其言：

何以得德？由乎道也。何以盡德？以無爲用。以無爲用，則莫不載
也。……。是以天地雖廣，以無爲心；聖王雖大，以虛爲主。故曰
以復而視，則天地之心見；至日而思之，則先王之至覩也。故滅其

私而無其身，則四海莫不瞻，遠近莫不至；殊其己而有其心，則一體不能自全，肌骨不能相容。是以上德之人，唯道是用。……夫大之極也，其唯道乎！雖德盛業大，富有萬物，猶各得其德，〔而未能自周也。故天不能為載，地不能為覆，人不能為瞻。萬物〕雖貴，以無為用，不能捨無以為體也。……。（〈38〉注）

從「道──德」關係，〔註89〕可以確定「得德」與「盡德」的意義：人從「道」得到內具之「德」，但人得之於道的德，還必須通過「無」的作用才能充分實現。如果考慮引文括號內的樓宇烈之補校內容，那麼「皆賴無以為用也」的，就不只是車、皿之器具（〈11〉注），「以無為用」的主語應是「萬物」。再者，從上文所引「天地之性人為貴，而王是人之主」的看法（〈25〉注），已表明從「與道同體」的聖王切入討論是恰當的。於是，便可聚焦於「聖王雖大，以虛為主」所展開的論述。

由王弼使用「四海／一體」的解說方式，可見他以身體作為「隱喻」（metahor）所展開的「身體政治論」想法；〔註90〕「遠近莫不至」與「物自歸之」，隱含了群體的認同。重要的是，這種整體的認同與一體觀的形成，〔註91〕乃是以聖王「滅其私而無其身」的「不私」為基始的。樓宇烈：「殊其己，即所謂『有身』。有其心，即所謂『有私』。」（《校釋》，頁97）其說認為「殊己」即「有身」，但他如何連繫二者的解釋脈絡並不清楚。本文認為，「有身」、「有心」而「有私」，乃是延續了上述「人之量，則各有其身，不得相均」而來；量，為心量，包括了器量與思量。也就是說，一般人限於自身的優先考量或器度不足，而無法與他人產生均衡周普的關係。因此，將《老子》「吾所以有大患者，為吾有身」作為解鑰（〈13〉），會有更好的說明。

〔註89〕 王葆玹：王弼解釋「德畜之」有「道畜萬物而使得德」的含義，此乃依其「道德一元論」而來。究其《老子注》不分《道》、《德》二經，其深意正在「以道為本體，德為末用，體用一如，道德不二」的想法。參見《玄學通論》（台北：五南圖書，1996年），頁423。

〔註90〕 參見黃俊傑，〈中國古代思想史中的「身體政治論」：特質與涵義〉，《東亞儒學的新視野》台北：喜瑪拉雅基金會，2002年）。

〔註91〕 這裡值得注意王葆玹的解釋。他將「舍一」而裂、滅與「一體不能自全」二者並觀，提出：「所謂『不能捨無以為體』，是說舍棄本無便不能保持形體的完整，其中的『體』字乃取本義，指形體而不是指本體，指有而不是指無，指身而不是指心。」參見，《正始玄學》（山東：齊魯書社，1987年），頁275～頁276。

事實上，老莊道家對於欲望與死生問題的探究解答，正是環繞「身」字展開的，此即老子「及吾無身，吾有何患！」之說（〈13〉）。徐復觀分析說：無身，「並不是否定人的生理存在，而是不要使心知去強調生理存在的價值」，「淺言之，不以自我爲活動中心；深言之，即與萬物玄同一體之精神狀態。」（《中國人性論史》，頁342）意思是說，正因爲有這個具在的身體，使得我總是存著與他人有所區別的「殊己」心態，因而無法做到「無所偏爲」、「無所偏私」（〈38〉注）；這也就是「若其以有爲心，則異類未獲具存矣」（〈復卦〉注，頁337）——無法把其他人　併納入我的視域。至於要做到不以自我爲中心，又與如何看待名利欲求的方式有關，王弼的看法如下：

> 寵必有辱，榮必有患，寵辱等，榮患同也。爲下得寵辱榮患若驚，
> 則不足以亂天下也。大患，榮辱之屬也。生之厚必入死之地，故謂
> 之大患也。人迷之於寵辱，返之於身，故曰「大患若身」也。由有
> 其身也。歸之自然也。無物可以易其身，故曰「貴」也。如此乃可
> 以託天下也。無物可以損其身，故曰「愛」也。如此乃可以寄天下
> 也。不以寵辱榮患損易其身，然後可以天下付之也。（〈13〉注）

王弼開頭便對一般人樂於接受恩寵的心態提出告誡。「人迷之於寵辱」，是形容一般人在欣悅地享有外來榮寵之時，並未察覺失寵羞辱將隨之而來的可能；「迷」，是迷惑於受寵又失寵，進而產生患得患失的心情。反觀，聖王雖有宮闕華麗生活卻「不以經心」（〈26〉注），其根柢原因就在於，作爲「從事於道」的典範，他能如同赤子般「不以求離其本，不以欲渝其眞」而歸於自然本眞之性（〈50〉注）。王弼基於聖王對「無物可以易其身」的體認，又從「名與身孰親？」的質問，對比另一種不同型態的執求之「愛」，其言：

> 尚名好高，其身必疏。貪貨無厭，其身必少。得多利而亡其身，何
> 者爲病也。其愛，不與物通；多藏，不與物散。求之者多，攻之者
> 眾，爲物所病，故大費、厚亡也。（〈44〉注）

原則上，「爲腹」務內的基本需求是必要的。所以，無厭、多藏、求多，指的是不能以「耳、目、口、心，皆順其性」爲尺度，卻無止盡地追求物質利欲的滿足感；在欲望與自我漩成「以物役己」的狀態後（〈12〉注），終至無法自拔。於是，對內便出現得利而亡其身，對外便爲眾所攻、爲物所疾的交迫。

但問題在於，爲何聖王愛身、常人愛名，會有不同的結果？借用郭象注「愛以身於爲天下，則可以寄天下」的看法，其云：「若夫輕身以赴利，棄我

而殉物,則身且不能安,其如天下何!」(〈在宥〉注,頁 371)便很清楚知道,王弼所謂「無物可以易其身」的「貴身」與「無物可以損其身」的「愛身」,並非把身體看得很重要的意思,二者是指不受名利榮辱牽制的無欲無求的精神。〔註 92〕換言之,貴身、愛身就是「無身」──不為一己具存之身而有所營求。像這樣的人,就可以放心的將「天下」(人間權力榮耀的極致象徵)交付給他;像這樣的人,才能做到「四海莫不瞻,遠近莫不至」的景況。至此,聖王「滅其私而無其身」,就可以這樣的解釋:去除以己為重的心態,能在不考慮自己私益的前提下,顧及「包通萬物」並達到「無所不容」的和諧關係。

那麼最後要解決的是,如何論述聖王「滅其私而無其身」與「以無為用」之間的關係?如上所言,「無身」乃是不以自我為優先考量的想法,而非捨棄具在身體的意思;反倒從「無私,無為於身」和「滅其私而無身」兩句,突顯了「身」之重要。佔有具體空間的身體或形體之所以重要,乃在於聖王「以虛為主」、「以無為心」都是從「後其身」、「外其身」的姿勢來呈顯其深義的。至此,可以下一結論:「聖人『體』無」的重要涵意之一,就是「聖王無『身』」。

二、盛德質真的體道之士

上文所述,重點集中於在位聖王「與道同體」所呈顯的「容公之德」,其意涵又可從「有德而不知其主」的特點,概稱為「玄德」或「上德」。但必須說明的是,王弼所有注文語彙裡未曾使用過「聖德」一詞,本文將「與天合德」者概括為兩種人格範式,只是為了方便相關問題的討論。本文對「盛德質真之士」的考慮,來自於王淮說法的觸發,他曾列有「盛德之士」一詞,並從「大成」之「體」、「若缺」之「相」與「不弊」之「用」三方面說明其德性充實、態度謙虛,且能產生深遠的人格感召作用。〔註 93〕據此,本文另列「盛德」與「聖德」相互發明,以便深入且完善本文對王弼思想的說明。

於是,把眼光拉回「德者,得也」的前提以及「物皆各得此一以成」的定義(〈39〉注)。這表明了在王弼的想法裡,「上德」不是被在位聖人壟斷的話語,它是向每個「居成而不失為功之母」的個體所敞開的場域。換言之,凡是「舉動從事於道者」皆可謂之「與道同體」者;皆可謂之「上德之人」,

---

〔註 92〕 就一般人而言,若能「惟身是寶,不貪貨賂」、「無所欲求」(〈80〉注),便可安居樂俗。就社會秩序的安定而言,這仍是重要的力量。

〔註 93〕 王淮,《老子探義》(台北:商務印書館,1969 年),頁 183~頁 184。

並體現其人格特徵爲「不德其德，無執無用，故能有德而無不爲。不求而得，不爲而成，故雖有德而無德名也。」（〈38〉注）因此，下面的討論將以「不德其德」爲關鍵，先說明「盛德質眞之士」的定義，再集中於「質眞不矜」與「履道尚謙」的人格特質，以作爲「後其身」而「不爭」的補充說明。

（一）質眞不矜

就「道——德」的關係來說，「道」是對每個具有意願「舉動從事於道」的個體敞開其自身的。在此參與過程裡，又有因參與者的態度不同，而顯其對「道」之體悟的程度差異，此即「上士聞道，勤而行之；中士聞道，若存若亡；下士聞道，大笑之」之意旨所在（〈41〉）。從「明道若昧」至「質眞若渝」各句，可以看到王弼對體道之士的描述，其言：

> 光而不耀。後其身而身先，外其身而身存。……。不德其德，無所懷
> 也。知其白，守其黑，大白然後乃得。廣德不盈，廓然無形，不可滿
> 也。偷，匹也。建德者，因物自然，不立不施，故若偷匹。〔註94〕
> 質眞者，不矜其眞，故若渝。……。（〈41〉注）

首先，注意到王弼將「建德」、「質眞」用來形容道之質性的詞語，轉而詮釋成體道之士的特點，並突出了「不德其德」——「雖有德而無德名」（〈38〉注）。從引文「不耀」、「不矜」所透露的訊息來看，不以德名居處的想法，並不是因爲「德」的無可名狀，其深義更在體道之士自身有德，而不誇伐其德的做法。理由在於，王弼從「上德若谷」之「無所懷」，強化了「無德名」之「非名」意識。這裡的詮釋使用了「谷神」的喻象——「谷中央無者」（〈6〉注），先由「谷」的處卑、守靜，貼合上德之人的深邃、內斂特徵；再進一步，從沒有任何一物橫梗的「中央無者」，來描述體道之士對於外在之名的不以經心。重點還在，「谷」的無所懷而可無所不懷的喻意；〔註95〕因而，知白守黑而得「大白」之「大」，乃剋就包容萬物而說。在這一點，顯示了與聖王之知雄守雌而物自歸的「體道大通」的相同意義。

〔註94〕樓宇烈：「偷匹」，文義不明。《校釋》，頁114。本文解釋重在質眞者的論述。
〔註95〕除了谿、谷之外，王弼注：「惟以空爲德，然後乃能作從道。」（〈21〉注）或者「大盈〔充〕足，隨物而與，無所矜愛，故若沖也。」（〈45〉注）以及「橐，排橐也。籥，樂籥也。橐籥之中空洞，無情無爲，故虛而不得屈，動而不可竭盡也。」（〈5〉注）以上這些，都來自於「道沖而用之不盈」的啓發，故謂：「沖而用之，用乃不能窮，滿以造實，實來則溢。故沖而用之又不復盈，其爲無窮亦已極矣。」（〈4〉注）

其次，體道之士從道得到了兩種啓示：一是，由「明道若昧」了解應含蓄收歛光芒的「光而不耀」；二是由「進道若退」得到了「後其身」而不爭先的想法。不過，體道之士雖然低調不矜誇，但其人格特質總是向他人敞開自身，欲以「同志相應」的方式召喚他人一起趨近於道的境界，其言：

> 含守質也。除爭原也。無所特顯，則物無所偏爭也。無所特賤，則物無所偏恥也。（〈56〉注）

顯而易見的，老子原文的「塞」、「閉」、「挫」、「解」，是以否定式的作爲去除負面價值，目的在以不露鋒芒、消解紛爭、收歛光采、混同塵世、泯除物我分別的做法，促進人我關係的和諧。這就是沒有親疏利害區分或物我貴賤對立的「玄同」之境。〔註96〕

須知，王弼關於超越人我隔閡、渾然包通的「玄同」義，主要還是先基於個人對一切物欲障礙的排除，爾後能趨近「冥默無有」之「玄」（或「道」）的意義上來證成的（〈1〉注），〔註97〕此即「能滌除邪飾，至於極覽，能不以物介其明，疵其神乎？則終與玄同也」之謂（〈10〉注）據此，體道之士「含守質」必須回到「務塞兌閉門，令無知無欲」以「反其眞」的解釋脈絡（〈65〉注）。也就是說，行爲主體得先藉由「塞兌」、「閉門」以平息外在感官欲求的干擾，以安定的「自——我」關係，然後才有可能完滿無爭的「自——他」和諧關係，故言：

> 天下有道，知足知止，無求於外，各修其內而已。故卻走馬以治田糞也。貪欲無厭，不修其內，各求於外，故戎馬生於郊也。（〈46〉注）

王弼把「禍莫大於不知足，咎莫大於欲得」的解釋重點，放在欲求不滿則爭戰興起的因果關係。這裡透露了一點訊息：是兵馬倥傯還是局勢安定，端視每個個體是否知道「自然已足」而不向外營求。於是，一種「獨異於人」的

〔註96〕老子所說的「玄同」，意在消除個我的固蔽與一切隔閡，超越於世俗人倫關係的局限，以無所偏的心境對待一切。或可說，是從生命根源之地——德，以超越物我、是非的相對，並由「德」加以含融萬物的理想境界。簡言之，玄同於萬物，即玄同於道。參見陳鼓應，《老子今注今譯》，頁279與徐復觀，《中國人性論史・先秦篇》，頁346，頁350。王弼所論有此涵意，但就其所論體道之士「知止」、「修內」的觀點來看，應是先由自身進德的「與『玄』同」，然後才是「與物玄同」的關係。

〔註97〕〈老子指略〉：「夫『道』也者，取乎萬物之所由也；『玄』也者，取乎幽冥之所出也」、「是以篇云：『字之曰道』，『謂之曰玄』，而不名也」。意即，「道」、「玄」都只是在描述那「不可道、不可明」的意思。

人格特質，便顯現於下：

> 若將無欲而足，何求於益？……眾人迷於美進，惑於榮利，欲進心
> 競，故熙熙如享太牢，如春登臺也。言我廓然無形之可名，無兆之
> 可舉，如嬰兒之未能孩也。……眾人無不有懷有志，盈溢胸心，故
> 曰「皆有餘」也。我獨廓然無為無欲，若遺失也。……。(〈20〉注)

這裡借用「我」與「眾人」的對比，揭示兩種不同的價值取向，並且隱含了
「從事於道者」的少數、而惑於躁欲、迷於榮利者之眾的意思。眾人的「有
餘」，是指對過多的營求競爭橫梗於心；反之，如同赤了般地心無所繫於聲色
貨利，便是體道之士「若遺失」的內容。固然，體道之士呈現的是無欲而足
的精神，但從王弼所謂「我之所欲唯無欲」(〈57〉注)，仍可見其中存在著一
種對於「無欲」的「欲求」──「欲無欲」的意向，這就是「聞道，勤而行
之」的趨動力量所在。

　　凡是具有「獨異於人」之價值取向者，皆是以「自──我」身心的均衡狀
態，貼近於不役使心知的質樸赤子、純真嬰孩，此種人以「無物可以損其德、
渝其真」為特徵，可稱之為「含德之厚者」。但顯而易見的，這種「自──我」
之和諧必須向外拓展成「自──他」的諧和，所以王弼才會說：「赤子，無求無
欲，不犯眾物，故毒螫之物無犯於人也。含德之厚者，不犯於物，故無物以損
其全也。」(〈55〉注) 從「無犯」與「不犯」的使用，可以看出無欲而足、反
歸本真而無利益糾葛的自我，始終是置於自他、物我的關係下來說的。

　　於是，回想王弼所說：「夫居盛德之位，與物校其競爭，則失其所盛矣。」
(〈中孚卦〉注，頁 517) 便點明了盛德不存競心、不矜德名。〔註98〕這樣看
來，盛德質真的體道之士，除了在個人修養異於惑利眾人而顯不矜名、復歸
於德性之真，他還從「不犯」提示了一種「不爭，無尤」的人我關係。這就
必須從王弼依實踐履行角度所詮釋的〈履卦〉談起。

（二）履道尚謙

　　在王弼「盛發『詭辭通無』之玄理」的《老子注》中，〔註99〕不得不注

〔註98〕值得注意的是，張湛對於楊朱遇老子一段，注為：「與至人遊而未能去其矜夸，
　　　　故曰不可教者也」、「不與物競，則常處卑而守約也」。顯見張湛是從去矜伐、
　　　　不生競心來解讀「大白若辱，盛德若不足」意涵的。參見楊伯峻撰，《列子集
　　　　釋》（北京：中華書局 1997 年），頁 80。

〔註99〕此乃牟宗三語。所謂「詭辭通無」，乃意指王弼視無以為體，並以「守母以存
　　　　子」，即「正言若反」，亦即「辯證詭辭」的遮撥方式來討論道。參見《才性

意到他以春秋人物郤至的自矜自伐來討論人格修養問題。劉卲《人物志‧釋爭》也同樣以郤至爲例，足見這是個極典型的人物以及具有現實意義的問題。王弼的看法，表述在「企者不立」、「自伐無功」﹝註100﹞一章，其言：

> 物尚進則失安，故曰「企者不立」。〔不自見，則其明全也。不自是，則其是彰也。不自伐，則其功有也。不自矜，則其德長也。〕其唯於道而論之，若郤至之行，盛饌之餘也。本雖美，更可藏也。本雖有功而自伐之，故更爲肬贅者也。（〈24〉注）

企，同「跂」，有踮起腳跟向前跂望，用以形容準備大步跨前進於榮利的意思。這與「後其身」的姿態顯然不同。郤至，是春秋晉國大夫，於晉楚鄢陵之役獲勝後屢稱其功；其事載於《左傳‧成公十六年》，杜預注：「郤至顯稱己功，所以明怨咎。」（《校釋》，頁62）其評論是從郤至炫耀己功所引發他人之咎責埋怨的角度切入。王弼引用「郤至之行」爲例，並用了兩次「本雖～，更～」的句法，其意在強調：能建立功業固是好事，但郤至不斷宣稱己能、恃功矜寵的行爲，只能用剩飯、贅行來形容它的輕躁與多餘。﹝註101﹞因而，王弼又說：「人之才美如周公，設使驕恡，其餘無可觀者。言才美以驕恡棄也。況驕恡者必無周公才美乎！」（〈泰伯〉注，頁535）一般人並不具備周公才多且美的條件，遑論會恃才凌人的人必定無此才德之美。

　　引文的重點應從「物或惡之，故有道不處」來看（〈31〉），王弼很明確地表達了對於驕矜者不值得談論的態度。原因在於，傲慢驕矜並不能使得自我與道日進；不論「自是」、「自見」的自炫其智識或「自伐」、「自矜」的自恃德能，都是一種自以爲是而漠視他人存在的心態。故知，王弼所說「不自矜而德長」之意是：不對外誇耀「我」怎樣、宣稱「我」如何，而是將自我向

與玄理》，頁164。

﹝註100﹞ 東晉李充便以「自伐者無功，自矜者不莊」注解顏淵「願無伐善」之意（〈公冶長〉注，頁356）。又以「矜尚其行，向廉潔也。矜善上人，物所以不與，則反之者至矣，故怒以戾與忿激也。」解釋「古之（民）矜也廉，今之（民）矜也忿戾」（〈陽貨〉注，頁1224）。如此，李充除了援引老子想法之外，其所述：自矜而欲居人之上，則忿戾多怒好爭的意思，近似於劉卲〈釋爭篇〉所發明。這說明了魏晉思想家對於「自伐」、「自矜」問題，是從人我關係給予之關注的。

﹝註101﹞ 高明：「餘食贅行」是句貶義的古老成語，老子用以比喻矜伐之人的行爲，在有道者看來是多餘的。由於來源與確切含義無法確定，爲了幫助經義的理解，也可以以王弼之說解釋。參見高明，《帛書老子》，頁337。

內收斂，然後逐漸內收爲一種謙退的生命情調，唯有如此，「不爭之德」方有與日俱增的可能。

　　王弼在注解《老子》時，有其特殊解釋句法。〔註102〕譬如，原文是「自矜者不長」，「長」字不論解釋爲「長久」或「領導」，〔註103〕都不是王弼「不自矜而德長」，著墨於「德」之意。又如「自伐無功」，原意是指自我炫耀的做法，反而會將原有功勞抵消，其更深一層的意思是，凡是會自我標榜功勞事蹟者，必定是愈來愈遠離「以德進道」之途的。對此，王弼解爲「不自伐，則其功有也」，重點放在功成且有，是不同於聖王「功成弗居」的脈絡；此「功」字是就個人修養進德而說，〔註104〕所以如何有功、如何能功長且久才是重點。這包括兩部分的內容：一方面對己而言，就是要能在「物皆各得此一以成」的前提下，對居成而舍「爲功之母」（道或一）的警覺，〔註105〕其言：

> 各以其一，致此清、寧、靈、盈、生、貞。用一以致清耳，非用清以清也。守一則清不失，用清則恐裂也。故爲功之母不可舍也。是以皆無用其功，恐喪其本也。清不能爲清。盈不能爲盈，皆有其母，以存其形。故清不足貴，貴在其母，而母貴無形。貴乃以賤爲本，高乃以下爲基。故致數輿乃無輿也。玉石瑓瑓、珞珞，體盡於形，故不欲也。（〈39〉注）

〔註102〕事實上，老子原文中〈22〉「不自見故明，不自是故彰，不自伐故有功，不自矜故長」與〈24〉「自見不明，自是不彰，自伐無功，自矜不長」，便是這種對反的句式。前者重在以「不自～」的方式呈顯「德」自身的明、彰、功、長；後者則重在事實的描述。王弼的解釋，則是由後者現實情境反推如何呈顯理想價值的思路。

〔註103〕分見陳鼓應，《老子今注今譯》，頁 168。任繼愈，《老子繹讀》（北京：北京圖書館出版社，2006 年），頁 52。

〔註104〕周大興：「王弼主張謙而公，公謙合一，形上本體之道是公，聖人必須有不敢爲天下先的謙德，來知止、不殆；這是『不自伐故有功，不自矜故自長』（〈22〉章）的謙下功夫，方能成就生而不有、爲而不恃、長而不宰的玄德。」參見《自然‧名教‧因果──東晉玄學論集》（台北：中研院文哲所，2004 年），頁 28。這是從自然與名教關係切入的觀點，故將公與謙分而論之。本文認爲，能謙退者必能有所容，容而後能無所不包通，就體道的聖王與盛德之人而言，「容乃公」就是他們對公謙合一的體現。

〔註105〕劉笑敢：此章突出了「一」的地位，此「一」不同於四十二章的「道生一」；此「一」突出了世界根源和總根據的統一，可說就是「道」的體現。《老子古今》，頁 414～頁 415。尹振環說：「得一」即「德的純一無私，始終如一」之意。《帛書老子再疏義》（北京：商務印書館，2007 年），頁 36。據此，本文以「得一」而不失，作爲上德之人唯道是用的說明。

此章雖強調「一」而未見「道」字，但從「吾不知其名，字之曰道」一句，便已確知「道」不是「可以爲天下母」的本名（〈25〉）。本文在此意義上說「一」與「道」具有相同意涵。於是，當王弼界定「一，人之眞也」之時（〈10〉注），其視焦就轉移到這樣的問題：對每個「得一」個體來說，如何於存在的活動中持續地「以『無』爲用」或「守『一』不失」，進而體現「上德之人，唯道是用」的「無以爲」之德，才是重點。

其次，「各以其一」的「各」包括了天、地、萬物、侯王的一切存在，顯然「一」指涉了「多」的面向。因而，貴賤、高下對反語的使用，除了將事物對立面納入考慮之外，更重要的意義是：「高以下爲基，貴以賤爲本，有以無爲用，此其反也。動皆知其所無，則物通矣。故曰『反者，道之動』也」、「有之所始，以無爲本。將欲全有，必反於無也。」（〈40〉注）「反」，意謂「返回」起始點「無」；萬物若不執著於具體形狀而能「復」──「乃能包通萬物，無所不容」（〈16〉注），此即「物通」、「全有」之意。在此意義上，呈現了與「容公無私」聖人無所不包通的相同意義。

再次，王弼以「言人能處常居之宅，抱一清神能常無離乎？」的疑問句（〈10〉注），提示了不受物欲累害的「抱一」原則。引文中的「輿」乃「譽」字，「體盡於形」，則是形容玉石堅硬質地外顯於形、不能深藏的意思；王弼以「不欲」表達了他對各種不能含蓄收歛行爲的保留態度。因而，質眞之士深知最高的稱譽是「無譽」──德的顯化而不必有稱能之名。在這一點上，接近了「以其同塵而不殊，懷玉而不渝」的聖人（〈70〉注）；二者皆是懷眞抱樸而不彰顯的範式。

另一方面，體道質眞之士除了自身「守一」而不驕矜之外，他還有著復通萬物的精神；這也使得他的謙退姿勢，是爲了讓開一步以容納各各「得一」的人與物。《莊子·天下》嘗以「常寬容於物，不削於人」概括老子思想，便是著眼於退己謙和使得人我之間有轉圜的餘裕空間而說；王弼所述「後其身」亦含具「取後不先」之深義。但更要注意到，王弼所說「安夫卑退，謙以自牧」即可無所憂慮、無有咎害（頁445），乃是將謙退放在〈萃卦〉「群聚」的脈絡下。換句話說，內具於身的「不爭之德」，必須從一種居卑處下的修養態度，外顯爲一種「無爭，無尤」的交往原則；從自身的均衡向外拓展成人我的和諧關係，才是重點所在。

於是，必須進一步說明，王弼在《周易注》糅合謙退與柔和精神的「謙

挹君子」。〈繫辭下〉有「履，德之基」、「謙，德之柄」之謂。基，有基始、基礎之意；柄，則爲把柄、關鍵的意思。王弼由此得到靈感，將〈履〉、〈謙〉二卦做了程度上的連結而謂之「履道尚謙」。

就〈謙卦〉來說。在《周易》六十四卦中，唯有〈謙卦〉是六爻皆吉的，王弼注：「是以六爻雖有失位、无應、乘剛，而皆无凶咎悔吝者，以謙爲主也。『謙尊而光，卑而不可踰』，信矣哉！」（〈謙卦〉注，頁296）「皆无凶咎悔吝」便說明了，凡是能以屈己下物、先人後己之謙道自持，必能與物感通而無咎吝。因此，工弼借〈謙卦〉六四爻位來說明謙道的重要性。依〈謙〉六四位置來看，它居三爻之上而能用謙沖，乃「自上下下之義」；居五爻之下而能謙順，是爲「奉上下下之道」。六四能恭謹奉上、卑巽讓下，即是「指撝皆謙，不違則也」〔註106〕——無處不以謙遜自處的意思（頁296），足以見得，王弼視謙道爲人際交往的重要原則。

其次，關於〈履卦〉。〈履卦〉除了六三爲陰爻之外，其餘皆爲陽爻，王弼對此特別注意並謂：「陽處陰位，謙也。故此一卦，皆以陽處陰爲美也。」（〈卦略〉注，頁618）〔註107〕由注文不難發現「以陽處陰爲美」是從「以謙爲本」來解釋的。尤其重要者，當王弼對〈履卦〉的理解偏重在「踐履」之意，而非依循《釋文》「履者，禮也」解釋之時（〈序卦〉注，頁581）。王弼遂將沖心謙退作爲人生踐履之本，並凝結成「履道尚謙」的想法。其注：

（初九）處〈履〉之初，爲〈履〉之始。履道惡華，故素乃无咎。處履以素，何往不從，必獨行其願，物无犯也。

（九二）履道尚謙，不喜處盈，務在致誠，惡夫外飾者也。而二以陽處陰，履於謙也。居内履中，隱顯同也，履道之美，於斯爲盛，故履道坦坦，无險厄也。在幽而貞，宜其吉。（〈履卦〉注，頁273）

素，是質樸；以質樸之志向作爲踐履的開始，便將向外的、華浮的欲求轉而

〔註106〕陳鼓應解釋「不違則」爲：合乎修己養謙之道。他將《周易》與《老子》相通處加以比對，並進一步指出：養謙内聖之功要發揮在治謙濟世方面，才是完整的謙道。參見《周易今注今譯》，頁157～頁158。本文則傾向從人際交往來看待王弼所理解六四爻的「指撝皆謙」；至於六五與上六兩爻位，則可從陳鼓應的治謙濟世來看待。

〔註107〕針對陽爻居下位、處陰位的情況，戴璉璋以「在陽爲無陽，陽以之成」，說明王弼《周易注》返於「無」以全「有」的玄思。參見《玄智、玄理與文化發展》（台北：中研究文哲所，2002年），頁63～頁68。

成爲向內自省。此即上述「獨異於人」的價值取向。或者說,「物無犯」的結果,乃是先基於不向外伸展以使他人感到被侵犯,那麼人我之間的衝突便可能因此消弭。至關重要的是,若依照王弼所擬定的基本詮釋原則來看,其言:「凡言无咎者,本皆有咎者也,防得其道,故得无咎也。」(〈略例下〉,頁615)即得知:咎與過,是可以預先防備的,而防範咎悔發生的最佳方法便是「處履以素」。據此,王弼將〈履卦〉「以陽居柔」的九二爻,視爲最能體現謙道精神的;貞吉,是就其能貞固專一於純正知止之志向而說。

　　眞正能以謙道自處而實踐人生理想的,就是「謙謙君子」。有關詮釋的趣味在此展現,王弼注:

> 　　(初六)處〈謙〉之下,謙之謙者也。能體謙謙,其唯君子,用涉
> 　　大難,物无害也。(〈謙卦〉注,頁295)

初六爻以柔順處謙、又居一卦之最下,故有「謙而又謙」的「謙謙」之意。王弼之所以用「體謙謙」字,是因爲「謙」是作爲「履之道」的核心。意即,唯有處於卑位仍能以謙沖精神自我修養的君子,是最能「體會」、也是最能「體現」謙退意義的人;體會是對己而言,體現是對外而論。不過,對「卑以自牧」——以謙卑之道自我修養的君子來說,並不會有謙遜太過而失去原則的疑慮。因爲,在王弼的解釋裡,「貞」有「正」的意思,所以謙挹君子的謙卑柔順並不等於流於柔弱卑佞。

　　最後,回想王弼對體道質眞之士「廣德不盈,廓然無形,不可滿」的描述。再對照精通《周易》的管輅(208～256)對當時「爲人好貨」、「合徒黨,鬻聲名於閭閻」的鄧颺(?～249)所說的話:〔註108〕

> 　　位峻者顛,輕豪者亡,不可不思害盈之數,盛衰之期。是故山在地
> 　　中曰謙,雷在天上曰壯;謙則裒多益寡,壯則非禮不履。未有損己
> 　　而不光大,行非而不傷敗。(《三國志》卷29／頁820)

鄧颺對管輅所言,譏之以「老生常談」;鄧颺對謙損之說的不以爲然,也是他終以逆謀之罪伏誅的原因。因此,王夫之從「鄧颺之躁,徵於形之躁」且「蔽於驕」來解釋。意即,他不認爲管輅有神測之能力,管輅之所以評言而屢中,

---

〔註108〕管輅的發言乃應何晏之問而答,後爲鄧颺所譏諷。有關何晏思想,詳見本文第五章第二節所述。這裡則依據何晏未列於當時「浮華友」名單的史實,單就鄧颺爲人行事而論。「浮華」的相關討論,參見方詩銘,《三國人物散論》(上海古籍出版社,2000年),頁269～頁273。以及周一良,《周一良集・卷二・魏晉南北朝史札記》(瀋陽:遼寧教育出版社,1998年),頁51～頁53。

不過是「察形徵神」的結果而已。〔註109〕

引用這段史實，目的之一，在說明以謙損柔道自處，實為魏晉時期的共識。證之於葛洪（283～363）《抱朴子》〈行品篇〉對各種行為品格及表現情態的歸納，所謂「每居卑而推功，雖處泰而滋恭者，謙人也」、「捐貧賤之故舊，輕人士而踞傲者，驕人也。」即是明顯對比。〔註110〕目的之二，劉卲、王弼對老子不爭柔道的解讀，選擇以郤至作為自矜自伐而得咎的典型史例，其做法可謂既具現實眼光又賦予經典詮釋活化的因子。王弼從「盈必溢也」（〈15〉注）、「滿而益之，害之道」（〈益卦〉注，頁 428）明白了「道沖」 「沖而用之又不復盈」之理（〈4〉注），進而揉合成「履道尚謙」、「不爭無尤」之精義，並由體道之士將「若樸」、「若谷」的人格特質呈顯出來。可見，在王弼玄理辯證的思維中，對於生命存在及主體修養的實質，亦是重要的思考向度。

綜言之，「與天合德，體道大通」的第一層意義，是就在位聖人「大愛無私，至大無偏」所彰顯的「無私」意涵來說。故知，「大」不再是形上之「道」的形容詞，而是依「道——德」之「上德」發用於「人（物）——我」關係後，所得到「無所不包通」的「周普」效果。簡言之，即是「不為主」而可名「大」；獨佔意識的消減。尤其值得注意，王弼對「容乃公」的注解。他從「谷」的「中央無物」變成「心中無私」的喻象；並在包含受納萬物的同時，證成了無所不周普與無所偏私之「公」。

第二層意義，則是由盛德質真之士的知足知止、自修於內之謙退柔順精神所呈顯。因為，「知止」得以消除過多的欲望。能不為名利所惑而有「自——我」的和諧且不役於物；能不起爭競之心則能有「人——我」的和諧，故無咎無禍。故知，「安身莫若不競，修己莫若自保」（〈頤卦〉注，頁 352），並非只求自身安處的消極；這種「寡欲」的自我修養，理當從安定個人心志的角度重新看待。

第三節 嵇康論「體亮心達」的無措君子

嵇康（223～262）在〈釋私論〉清楚地提問：「豈為身而繫乎私哉？」文中

〔註109〕參見王夫之著、舒士彥整理，《讀通鑑論》（北京：中華書局，2002 年），頁287。

〔註110〕參見楊明照，《抱朴子外篇校箋‧上冊》（北京：中華書局，1996 年），頁 540，頁 547。

並以「棄名任實以自反」的脈絡展開論述。顯然，嵇康所說「匿非」、「藏情」等負面意義的舉動，都環繞著「身」字展開，而這就是他對老子「有身所以有大患」的闡發。至於「無措於是非」，則是他對莊子「以是其所非而非其所是」的「是非之爭」的深究（〈齊物論〉）。如前所述，「身」與「言」也不約而同地被王弼、劉邵與王昶所關注，顯見〈釋私論〉的論題亦扣緊時代焦點。

一、顯情爲「公」，矜匿爲「私」

誠如牟宗三所說：「〈釋私論〉乃嵇康文中最有哲學意味者。理趣既精，辨解亦微。」（《才性與玄理》，頁 344）正因爲如此，學界已累積了相當豐富的研究成果。藉由不同視角的觀察結果，可以更全面地掌握〈釋私論〉的解讀方向。

（一）坦蕩無措即爲「公」

日本漢學家福永光司〈嵇康的自我問題——嵇康的生活和思想〉一文，其第五節「關於嵇康倫理性疏離的回復——顯情的倫理」，便以〈釋私論〉爲主軸。他認爲：對嵇康而言，「問題不是由選擇置身於政治社會之內或外來解決的，而是超越那個更爲本質性的人間應有的理想狀態、自己的眞實性生活方式。」意即，先於政治的倫理問題（包括各種價值和規範，對自己生命內在欲求有什麼意義），才是他更根本性的關心所在。這裡清楚指出人的本質性與倫理性問題的優先性。不過，在福永光司詮釋，突出的是嵇康克服宗教異化的求道精神及形象。〔註111〕二是，西順藏從生存方式與權力社會的關係切入，他認爲：「思想是嵇康等人的生存方式」，「如果無法擺脫權力社會，又該如何貫徹自己的志向」的思索，是嵇康企圖尋找的答案。西順藏所謂的「思想」，指的是一種心理活動，而不只局限於反省和概念世界而與現實生活脫節的東西；而這，又與外在社會環境及內在自我規範交互作用有關。因此，西順藏指出：〈釋私論〉所標示的「公」其實質就是「私」；「釋」就是「解消」。嵇康從心境的私匿與否來討論，與傳統公私觀念的看法不同。〔註112〕三是，中嶋隆藏選擇把《莊子》〈駢拇〉中萬物對本來常然狀態的回復與〈釋私論〉

〔註111〕參見福永光司，〈嵇康における自我の問題——嵇康の生活と思想〉，（《東方學報》32 號，1962 年 6 月）。
〔註112〕參見〔日〕，西順藏，〈嵇康の釈私論の一つの解釈〉，《中國思想論集》（東京：筑摩書房，1969 年），頁 141。

並觀，再對比〈太師箴〉倫理性行爲與內心眞情的關係，進而提出〈釋私論〉的重點在於：眞僞之辨與君子小人之別。相較於曹義〈至公論〉和袁準〈貴公〉的政治性質之論述，嵇康〈釋私論〉是以「無措」作爲公私判斷的標準，完成了倫理道德的論述觀點。〔註113〕以上諸位漢學家，都把問題核心放在嵇康對外在文化社會的反應。

　　反之，牟宗三先以「道家思想辨公私」爲〈釋私論〉定調，其言：

　　　　嵇康以道家思想辨公私，並予『君子』以新定義。此所謂『君子』
　　　　即『至人』也。此純從內心之『無措』論。『無措』即『無所措意』，
　　　　普通所謂『無心』也。……有所匿，即『私』，於人則爲小人，故坦
　　　　蕩而『無措』，則爲公，於人爲君子。是故工夫之大者，惟在能忘。
　　　　忘則無事矣。忘者，渾化也。『氣靜神虛』，『體亮心達』，『越名教而
　　　　任自然』等等，皆所謂渾化也。（《才性與玄理》，頁338）

牟先生從「無措」、「無心」來認定「道家思想」的內容，並由此區別了君子與小人；他明確指出文中的「君子」即是道家思想的「至人」。岑溢成則認爲《莊子·齊物論》「是亦彼也，彼亦是也。……。莫若以明」一段，就是〈釋私論〉主旨「心無所措乎是非」的意思。所謂「『心無所措乎是非』就是不執著於特定的標準或立場，更不可把任何特定的標準或立場絕對化。」〔註114〕

　　針對嵇康「任心」的詮解，有兩種不同的說法可以注意。周大興認爲嵇康〈釋私論〉的「君子」賦予了莊學新意，其言：

　　　　言行善惡以心境的淑亮坦蕩爲標準，……。魏晉玄學的發展，至此
　　　　乃以心境情感的眞假問題取代了道德是非的善惡標準，標誌了越名
　　　　教而任自然的竹林玄學對於『傲然忘賢而賢與度會，忽然任人而心
　　　　與善遇』的自然眞實的名教的理想色彩。……而任心無邪、顯情無
　　　　私的境界卻不能有什麼積極的內容。〔註115〕

在周大興看來，「無措」可以無患的理論，之所以有理想性而又不能有積極內容的關鍵，就在於嵇康以性情的眞假公私取代了現實禮法的是非標準。

〔註113〕參見〔日〕中嶋隆藏，《六朝思想の研究》（京都：平樂寺書店，1992年）之
　　　　〈第一章　漢末魏晉期の精神課題〉第三節「道德觀の諸相」。
〔註114〕參見岑溢成，〈嵇康的思維方式與魏晉玄學〉，《鵝湖學誌》第九期（1992年
　　　　12月）。
〔註115〕參見周大興，〈王弼玄學與魏晉名教觀念的演變〉（台北：文化大學哲學研究
　　　　所博論，1995年），頁162。

　　楊祖漢則解釋「越名教」的「越」不是衝破，而是「無措」、「忘」或「渾化」，故說：

> （嵇康）他所謂的「越名教而任自然」，不是不要仁義道德，而是要
> 使仁義道德成為發自內，不加考慮的一種自然而然的要求。只要做
> 到了這一點，那麼任心而行，事事都會合於仁義道德，人們在精神
> 上也就不會因是非善惡的種種思量考慮，甚或匿情為非而痛苦了。
> 〔註116〕

簡言之，「越」是針對人的「有措」而言，並不是就名教本身而說。這個觀點，從「『越名教而任自然』是對『如何是表現道德禮教的最好方式』一問題的思考」，反省了越名教以致流於放縱恣意的說法。

　　異於上述各家的視角，林朝成從「『公』的言說論域」提出看法，其言：

> 嵇康所以創新的界定「公」、「私」，並以「公」理為判準，檢驗善惡
> 公私之間的分合，其目的在建設一個『是非之情不得不顯』的真誠
> 社會。……。「公以盡言為稱」的定義在嵇康的論述中並不是一致的
> 原則，……（意即）「公」的判準就不是「盡言」，而是心理動機與
> 心態的明察。其著重點在於真誠社會所開創的社會資本，甚至是（大
> 治之道）的政治理想。……。（相較於程朱公私觀純粹是道德化的身
> 體）嵇康的公私論落實到真誠言說的論域，反而具有社會的行動
> 力，……。〔註117〕

此說使得〈釋私論〉詮釋的焦點，從「心」轉移到「言」；思考方向從「無法建立客觀性原則的道家玄智」轉向「具有社會行動力」之可能。

　　如果考慮到本文前一節對王弼「心存公誠，著信在道」與「無身則無私」的分析，乃是置之於群體利益與整體和諧的脈絡下證成。那麼，把嵇康「豈為身而繫乎私哉？」的提問與「大道之治」的關懷連結起來，或許是一種可行的討論方式。以下的分析將說明，當嵇康將「越名教而任自然」精煉成「越名任心」之時，就表明其用意不在向外批評名教禮法，而是向內標誌「不存有措」的「淑亮之心」才是「大治之道」的關鍵所在。這些，又是以「安心

〔註116〕 參見楊祖漢，〈論嵇康的「越名教而任自然」〉，收入《魏晉南北朝文學與思想
　　　　 學術研討會論文集・第三輯》（台北：文津，1997 年）。
〔註117〕 參見林朝成，〈魏晉士人的公私之辨與生命情境的抉擇〉，發表於「第一屆台
　　　　 南哲學學會學術研討會：再思生命哲學與文學」，2007 年 12 月。

全身」的心身關係展開的論述；因此，把〈養生論〉與〈答難養生論〉的觀點一併納入討論，乃是必要的做法。

（二）釋私：超出繫於所欲的身體

嵇康〈釋私論〉的首段，便以「心——身」為主軸展開，他引用了《老子》「及吾無身，吾又何患」以及管子所謂「君子行道，忘其為身」，〔註118〕加以證成「君子用心豈為身而繫乎私哉」的論點。

所謂「忘其為身」，並非捨棄這個具在實存的身體，而是對老子所說「吾所以有大患，為吾有身」的再思考（〈13〉），這是因為生理的「形體」匯集了各種感官欲求活動，其中還包括個人對勢位榮寵想要「集於一身」的企圖。因此，嵇康所設想的「無措君子」，第一層意涵便是從「有身之有大患」的消解來說，其言：

> 君子之行賢也，不察於有度而後行也；任心無窮，不議於善而後正也；顯情無措，不論於是而後為也。是故傲然忘賢，而賢與度會；忽然任心，而心與善遇；懭然無措，而事與是俱也。（〈釋私論〉，頁 235）

「不察」、「不議」、「不論」，說的是君子的行為並不預先有所忖度考慮與算計，這就是心任自然、坦蕩而無所措意之「任心」。但別忘了「越名任心」是一體的兩面，唯有先以「非名」的意態做到「心不存乎矜尚」與「情不繫於所欲」，才有可能隨任自然真誠之心。此即嵇康〈養生論〉所說的：

> 知名位之傷德，故忽而不營，非欲而強禁也；識厚味之害性，故棄而弗顧，非貪而後抑也；外物以累心不存，神氣以醇白獨著。曠然無憂患，寂然無思慮，又守之以一，養之以和，和理日濟，同乎大順。……。無為自得，體妙心玄，忘歡而後樂足，遺生而後身存。（〈養生論〉，頁 156～頁 157）

不以名位、厚味等外物存於心以致於勞神費心，才是重點所在。因此，牟宗三說：「養生雖是生理之事，而亦必在心上作工夫。」（《才性與玄理》，頁 327）便突出了嵇康「養心」重於「養形」的意思。依本文前章所述，「心安」的首出意義是「白——我」身心和諧關係的呈顯，那麼，「養心」以「安心」進而得以「安身」的脈絡，就應該推擴成「人——我」的關係。〔註119〕這也就是

〔註118〕《管子》書中並無此句，因此《晉書》本傳並無「管子」二字。
〔註119〕明代心學家王艮對於身體的重視，是值得參考對照的觀點。他在「淮南格物」提及：「身與天下國家一物也。……。不知安身便去幹天下國家事。是謂之失

〈釋私論〉在清楚定義「公」、「私」、「是」、「非」概念之後，必須從社會層面論及「行私者無所冀」且「立公者無所忌」方爲「大治之道」的原因。

「無措君子」的第二層涵意，需從「抱一無措」來解釋，嵇康說：

> 然無措之所以有是，以志無所尚，心無所欲，達乎大道之情，動以自然，則無道以至非也。抱一而無措，則無私無非。兼有二義，乃爲絕美耳。（〈釋私論〉，頁 243）

沒有隱匿之「私」，也沒有措意之「非」；能同時觀照二者即是具備最好品格的「無措君子」。顯然，「無措於心」與「抱一」的概念相關，那麼「抱一」的內容又爲何？基於嵇康「人之眞性無爲」的看法，〔註120〕再借用王弼「一，人之眞也」的解釋（《老子·10》注），則嵇康所謂「抱一」，應該也可以從「自然之質」，確認其「無措君子」是以「體道者」的身分，〔註121〕展現了他與自然之道爲一且順循自然而動的淳美性情。

現實中，能清楚地對顯「抱一無措」君子之可貴者，便是懷藏居心企圖的小人。〈釋私論〉寫道：

> 君子者，心無措乎是非，而行不違乎道者也。……。言君子，則以無措爲主，以通物爲美；言小人，則以匿情爲非，以達道爲闕。何者？匿情矜吝，小人之至惡；虛心無措，君子之篤行也。（〈釋私論〉，頁 234）

君子是「心無矜尙」，小人是「匿情矜吝」。「矜尙」是同義複詞，與「矜夸」

本也」。〔日〕島田虔次：王艮喜歡用「身」這個表現方法來代替「良知」或者「心」。參見島田虔次著、甘萬萍譯，《中國近代思維的挫折》（南京：江蘇人民出版社，2005 年），頁 39。祝平次則說：王艮以身爲本的思想，其重點在生理性的身的「存在」；並以「師」作爲「身」的一種理想身分，解決（或滿足）了進退不失本末的要求。簡言之。王艮是從「身」來理解個人的社會存在。參見祝平次，〈社會人倫與道德自我——論明代泰州平民儒者思想的社會性〉，收入鍾彩鈞、楊晉龍主編，《明清文學與思想中之主體意識與社會》（台北：中研院文哲所，2004 年）。

〔註120〕所謂自然本眞之性，依照牟宗三定義「性」之「自然義」，乃「在實然領域內，不可學，不可事，自然而如此。」（《才性與玄理》，頁 3），故說嵇康「人之眞性無爲」之謂（〈難自然好學論〉），乃強調了「自然本性之眞」的意思。至於王弼論「性」亦謂「自然已足」（《老子》〈20〉注），均可證。

〔註121〕王淮說：「一」，是「道」的別名；抱一，有保而守之之意。聖人抱一，即意謂聖人棄「知」去「行」無「心」無「我」，與道合一。或者說，抱一，像是莊子「心齋」的「境界」描述。參見王淮，《老子探義》（台北：商務印書館，1969 年），頁 41，頁 95。

意同；「矜」、「夸」、「尚」都因自以為「己」高於「人」的心態，外顯成「驕」、「自伐」的姿態。「吝」「悋」，則有難以坦陳、以言語掩飾之意。所以，小人最大的問題就在隱匿情實並以言語假飾，以致其外顯的行為舉動就是：

> 唯懼隱之不微，唯患匿之不密。故有矜忮之容以觀常人，矯飾之言以要俗譽；謂永年良規莫盛于茲，終日馳思，莫窺其外，故能成其私之體，而喪其自然之質也。于是隱匿之情必存乎心，偏恡之機必形乎事。（〈釋私論〉，頁240）

這是嵇康對「匿之以私」、「措之為惡」的批評。小人基於一種「懼」、「患」的惴惴不安心態，只好以驕矜的神態、修飾的語言去對待他人；此即「言小人，則以匿情為非」之意。「匿情」，是小人以「不言」或「假語」方式，對他人隱藏或掩飾自己的情感想法。事實上，這兩種狀況都是對人我信任關係的一種強力破壞，也是喪失自然淳樸本質的作為。因此，小人「成其私之體」的做法，正好和君子通達人情物理的「通物」是相對反的。前者的眼光永遠只向內想到私欲滿溢的個體，而看不到其他人；至於後者，即如宏達先生所說：「寥落開放，無所矜尚，彼我為一，不爭不讓。」（〈卜疑〉）那是一種彼我分界泯然之後的和諧關係。其中，關鍵仍在「心——形」關係，小人因為「不忘其身」而「成其私之體」，君子則因為「忘身」而能「虛心」。君子以其能棄名任實，又能以「無措於是非」上接莊子所論「道通為一」之境。

先就越名任心與棄名任實之意涵來說。

> 抱私而匿情不改者，誠神以喪於所惑，而體以溺於常名；心以制於所懾，而情有繫於所欲，咸自以為有是而莫賢乎己。未有攻肌之慘，駭心之禍，遂莫能收情以自反，棄名以任實。（〈釋私論〉，頁240）

神喪、體溺、心制與情繫，都是形容人被外在的名利物欲所牽引制約而喪失「自然之質」的意思；而這些又都源於「自以為是」的心態作祟。一般人除非遭遇到痛徹心扉或驚心動魄的事件，否則很難警覺自己情欲的流蕩而有所收束。事實上，嵇康是以「自然本真之性」作為「自反」與「任實」的前提，所以他才會如此著墨於「性」外顯發用之「情」的論述，並以「坦蕩無曲私」之心作為行事的依準。

事實上，「越名」與「棄名」的「名」是一切欲求的代稱，大體而論包括了「名利」、「喜怒」、「聲色」、「滋味」與「神慮」五項。嵇康針對上述「役身以物，喪志于欲」的狀況，提出了價值置換的策略，其言：

蓋將以名位爲贅瘤，資財爲塵垢也。安用富貴乎？故世之難得者，
非財也，非榮也，患意之不足耳！（〈答難養生論〉，頁 173）

嵇康引用老子「無憂爲樂」、「知足爲富」的觀點，反轉了一般的世俗價值。
誠如謝大寧所說：嵇康所強調的「自然」，是具有回歸此一自在自足之主體自
身的人格實踐意義；於是，「自然」成爲了一個道地的價值性概念。意即，嵇
康建立終極價值的用意，是爲了回歸更根本的「恬默自足的主體」。〔註122〕

次就「無措於是非」延續莊子論「是非」之說法來看。嵇康所謂「無措」
之精義，即在去除「爭是」或「自是」的心態。

郭象：「夫自是而非彼，美己而惡人，物莫不皆然。」（頁 43）即知〈齊
物論〉的用意，乃在去除「自以爲是」的心態。王叔岷即言：

欲了解莊子，須明三種境界：一，常人，迷於是非毀譽。二，智者，
爭於是非毀譽。三，大智，超乎是非毀譽。莊子，智人也。⋯⋯。莊
子乃通達是非毀譽之後，而超乎是非毀譽者也。（《莊子校詮》，頁 40）

嵇康所謂「無措乎是非」的君子，當如莊子超乎是非毀譽之通達。值得注意
的是，「無措乎是非」的君子，還不只是自身做到超越是非毀譽，他還要能夠
「審貴賤而通物情」。「審」字，意味著要先能具備明辨是非的能力，所以，
嵇康提出對「似非而非非」與「類是而非是」要有所分別。有了辨別的能力，
然後才能通曉物理人情而不偏任，此即「和之以是非，而休乎天鈞，是之謂
兩行」（〈齊物論〉）；不固執成見，才能做到全景式的整體觀照。在莊子，「因
是因非」或「兩行」的說法，無非是強調「道通爲一」；在嵇康，「無措於是
非」的君子，「以通物爲美」亦是此意。

又，郭象注解莊子「是非之彰也，道之所以虧也。道之所以虧，愛之所
之成」一段爲：「無是非乃全也。道虧則情有所偏而愛有所成，未能忘愛釋私，
玄同彼我也。」（〈齊物論〉注，頁 76）郭象所說的「忘愛釋私」乃意指因喜
愛之情而有所偏頗，於是產生彼我的分界；不能渾然爲一，故說是道的虧損。
嵇康也從愛惡之情來說：

言無苟諱，而行無苟隱；不以愛之而苟善，不以惡之而苟非。心無
所矜而情無所繫，體清神正，而是非允當。忠感明天子，而信篤乎
萬民。寄胸懷于八荒，垂坦蕩以永日。斯非賢人君子，高行之美異

〔註122〕參見謝大寧，《「歷史的嵇康」與「玄學的嵇康」》（台北：文史哲出版社，1997
年），頁 111～頁 115。

者乎！（〈釋私論〉，頁242）

這裡的「情無所繫」之「繫」，意指心境不受喜愛憎惡情緒的牽繫；不因自身的愛惡而對他人做出「有意為之的」之稱善或非議的舉動，故謂之「體亮心達」的君子。其中，「言」、「行」顯然是就「我」對「他人」的關係來說，故知，「忠感天子」、「信篤萬民」與「八荒」、「永日」，是用來形容君子「抱一無措」之真誠坦蕩所發用的對象及其所具深遠長久的推擴效益。

二、愛惡不爭，方中美節

（一）機心不存的宏達先生

嵇康在〈卜疑〉所描述的「宏達先生」與「無措君子」，在身具絕美品格的形象上有了重疊。其言：

> 有宏達先生者，恢廓其度，寂寥疏闊。方而不制，廉而不割。超世獨步，懷玉被褐。交不苟合，仕不期達。常以為忠信篤敬，直道而行之，……。是以機心不存，泊然純素；從容縱肆，遺忘好惡。以天道為一指，不識品物之細故也。（頁135）

關於「忠信篤敬」是否從儒家德目來解釋，還需有所辨析。理由在魏晉時期對於忠信禮敬的看法，一般多從出自於內心的真誠實意來說（詳見本文第五章）。不過，「方而不制，廉而不割」、「懷玉被褐」則明確引自於《老子》五十八章與七十章，王弼以「懷玉者，寶其真」（〈70〉注），將之定位在合光同塵的體道者。至於「機心不存」則典出《莊子》「機心存於胸中，則純白不備」（〈天地〉），這需要從嵇康對「智行則前識立」的反省來看，其言：

> 所以貴知而尚動者，以其能益生而厚身也。然欲動則悔吝生，知行則前識立；前識立則志開而物遂，悔吝生則患積而身危。（〈答難養生論〉，頁168）

> 夫不慮而欲，性之動也；識而後感，智之用也。性動者，遇物而當，足則無餘；智用者，從感而求，倦而不已。故世之所患，禍之所由，常在于智用，不在于性動。……，豈識賢愚好醜，以愛憎亂心哉！君子識智以無恆傷生，欲以逐物害性；故智用則收之以恬，性動則糾之以和。（〈答難養生論〉，頁174～頁175）

牟宗三認為：嵇康此段文字與郭象注：「夫名智者，世之所用也。而名起則相

軋，智用則爭興」意同（〈人間世〉注，頁 138）故可謂向、郭之注，明顯由
嵇康而來，亦不背於老莊原意（《才性與玄理》，頁 333）。於是，扣緊「性動」
與「智用」之別，還需要進一步說明。所謂「性動」，乃天性本能的欲求，譬
如飢則覓食、渴則飲水，一旦滿足後便沒有多餘的要求。「智用」，則是經過
思索後決定順從自己的情感向外追求，因此容易陷於無法滿足的疲憊。「性動」
與「智用」的分歧點，就在「愛憎亂心」，而愛憎亂心與「前識」又有複雜的
關係。前識，意為「先於行動之前的認識」，這種緣於好惡情緒而來的主體意
識，會逐漸積澱與強化自身的愛憎之情，於是凝結成價值判斷：對內，因有
了愛憎的成見，於是更容易受到同質性外物的誘惑，是謂「物遂」。對外，由
於個人依其心的經驗之知，使得賢愚之「別」、美醜之「異」，更強化了「以
我觀人」的偏狹與對立。這與宏達先生的「遺忘好惡」──不去區別事物些
微差異的坦蕩從容態度，是迥然不同的。

　　問題在於如何才能不以愛憎亂心？關鍵即在「泊然」。嵇康曾謂「愛憎不
棲于情，憂喜不留于意，泊然無感，而體氣和平。」（〈養生論〉）具體表徵即
為宏達先生的「泊然純素」形象，簡言之，即是超脫物累牽繫而向內觀照的
「虛心」。所謂的「虛」，是對心知作用所積習前識智用的消解，也是對以自
我為中心之成見的剝落；在此過程中，不被外在物欲所煩擾而能趨於「靜」，
方可謂「體亮心達」之境。〔註123〕因此，太史貞父雖然沒有對宏達先生的提
問做出具體回答，但他卻以宏達先生的人格特質作結，其言：

> 若先生者，文明在中，見素抱樸。內不愧心，外不負俗。交不為利，
> 　仕不謀祿。鑒乎古今，滌情蕩欲。夫如是，呂梁可以遊，湯谷可以
> 　　浴；方將觀大鵬于南溟，又何憂于人間之委曲！（〈卜疑〉，頁 142）

只要「滌情蕩欲」──不為利、不謀祿，便可不再憂慮人世間的是非曲折。
當然，這還是以「抱樸」為主旨。值得注意的是，「文明在中」，意指個人包
容寰宇的心量，這是一種不與他人計較的品格，〔註124〕因此，「內不愧心，外
不負俗」一句，應當是放在人我內外和諧關係的脈絡下來說。也就是說，只

〔註123〕參見曾春海，〈嵇康的人性觀〉，收入臺大哲學系主編，《中國人性論》（台北：
　　　　東大圖書公司，1990 年）。
〔註124〕「抱樸」典出《老子》十九章「見素抱樸，少私寡欲」。「文明」典出《易》
　　　　〈明夷〉卦「內文明而外柔順」。王弼《周易注》凡是有關「文明」的解釋，
　　　　多從彼此不犯的人我和同關係來論述，尤其「以文明為德」似與嵇康所言類
　　　　近，可以互參。王弼所述，詳見本文第五章第二節。

要自身能做到知足恬和之「安心」，則「呂梁」、「湯谷」、「南溟」所隱涵之「遊」的詩意，就在個體日常的實際生活空間展現；這是嵇康對《莊子》「虛己以遊世」的接受與體會。〔註125〕這樣看來，倘若將宏達先生視爲嵇康所企慕的理想人格，那麼，歷來對嵇康「儁傷其道」或「愛惡不爭於懷」的兩種極端評價，似乎還有研議的空間。

（二）不論人過，與物無傷

《晉書》對阮籍描述是：「外坦蕩而內淳至」（卷 49／頁 1361），這不就是嵇康所謂「顯情無措」——彰顯自己的真情、坦蕩而無所隱匿的意思嗎？

嵇康自知「剛腸疾惡，輕肆直言，遇事便發」的個性，曾言：「阮嗣宗口不論人過，吾每師之而未能，乃至性過人，與物無傷」（〈與山巨源絕交書〉，頁 118），除了點出阮籍從不議論他人過失的長處之外，重點更在阮籍以其曠達天性待人接物而無犯傷。顯然，嵇康認爲這些是他可以師法學習的。其中，「與物無傷」典出於《莊子》「聖人處物不傷物。不傷物者，物亦不能傷也」（〈知北遊〉，頁 765），意指聖人與物相處不傷物、物也不會損傷他。尤其，當郭象注：「至順也。在我而已」（《集釋》，頁 767），便意味著和順而不傷的物我關係，乃是先取決於「我」的態度。那麼，嵇康從「口不論人過」來理解人我關係，應當是著眼於此。

〈齊物論〉：「道未始有封，言未始有常，爲是而有畛也」，意即道之所以虧損並形成封域、畛界，都是因爲人們爲了爭一個「是」字而產生。針對莊子言是非由論辯難有正確判斷的看法，嵇康選擇從日常生活中與人交往言談所引發的爭執來看。

嵇康〈家誡〉（《校注》，頁 315～頁 324）的大半篇幅在敘說「謹言」的重要性，其意欲就在告誡弟子：「夫言語，君子之機，機動物應，則是非之形著矣，故不可不愼。」意即，言辭話語乃君子立身處世之樞機，話一說出則是非黑白立即顯現。所以，在常人閑坐論議的場合，要謹守「非義不言」的原則，因爲愼言則能避免尤悔。此外，要知有人反目爭執的「相與變爭」狀況乃「將鬥之兆」，最好的對策是起身離席，否則也應當「默以觀之」。不然，

〔註125〕《莊子‧山木》所說「虛己以遊世」，重點仍是環繞「洒心去欲」、「去名與功」展開。其中，「虛船觸舟」是一個很好的比喻，一般人若是被無人小船撞上並不會生氣（《集釋》，頁 676），「虛己」與「無心」的深意，即就此種能包容且不爭的精神而說。

坐視爭語將使自己陷於兩難的局面：我若發言表態，必定有一方認定我「有私於彼，便怨惡之情生矣」；反之，我若端坐旁觀已清楚明白雙方的是非，卻選擇不表示裁制爭執的意見，這是缺乏道德勇氣「於義不可」的行為。尤其，可注意「凡人自有公私，慎勿強知人知」這一段話。嵇康特別告誡子弟切勿探他人隱私；但倘若身處他人議論言語之邪惡凶險的情形時，基於「君子不容偽薄之言」的最高原則，應當以嚴肅的態度糾正他。又或者遇到別人對其他人的「竊語私議」或「戲調蚩笑」，最好的對策就是「莫應」、「不言」。

嵇康以平實的筆調，觸及了人我之間的言語爭執及其可能產生的後患之種種狀況，並歸結於慎言以防過失。就此而論，嵇康與劉卲〈釋爭〉的論點有了共鳴。故知，「慎言」並非有所恐懼而唯唯諾諾，嵇康用意仍在尋求一種不起衝突的人我之和諧關係。此外，又據〈嵇康別傳〉所載：

> （嵇）康性含垢藏瑕，愛惡不爭於懷，喜怒不寄於顏。所知王濬沖
> 在襄城，面數百，未嘗見其疾聲朱顏。此亦方中之美範，人倫之勝
> 業也。（《世說》〈德行 16〉注）

以「愛惡不爭」、「喜怒不寄」作為「方中」與「人倫」的特點，顯然是就人我關係來說。這一點值得注意的原因在於，《晉書》本傳對嵇康的描述是：「恬靜寡欲，含垢匿瑕，寬簡有大量。」（卷 49／頁 1369）也唯有寬和簡淡的心量，才能於臨刑之際，不怨不怒且「神氣不變」（《世說》〈雅量 2〉），以從容的態度面對死亡。

綜觀「無措是非」、「機心不存」與「與物無傷」，可推知嵇康在意的是一種和諧的人我關係。就其思致而論，〈釋私論〉所謂「公以盡言為稱」，公開表露心跡的言論乃是以不存先見的坦蕩為其底蘊，故知，「心」的概念在嵇康思想裡的重要。意即，「君子用心，豈為身而繫乎私」的提問，才是解讀〈釋私論〉的關鍵；超出一己之身的考量，才能做到「意足」、「安心」、「恬和」。這樣看來，嵇康自身「寬簡有大量」的品格，與其在〈家誡〉提示嵇紹「當大謙裕」的用心，是一致的。

第四節　小　結

因為有這個具在的身體，使得我總是與他人有所區別；這種「殊己」心態，正是破壞「自——我」身心均衡與「人——我」關係和諧的主要原因。

因此，「具德在身」的人格，便依其對「道」的體悟，從「身」字展開對「無私」的思索。

　　本章討論的內容，以《老子》「後其身」與「及吾無身，吾何有患」爲主要線索。前者申述了不爭君子以「後退一步」的「謙退」姿態，留予他人與我共處的餘裕空間。後者扣緊王弼「無爲於身」與嵇康「忘其爲身」的觀點，說明了此時期「無私」概念的主要意義在於，如何超出個人欲求的身體並將眼光投向他人。以本章所述心得爲基始點，將可以更好的理解東晉「公謙之辨」的討論脈絡。再者，王弼曾從不營私求利的「無私之誠」，申述一種「既公且信」的人我關係，若對照宋代程伊川以「至誠无私」論「公心」的做法，似乎可以說，這正是魏晉與宋代思想家論述公私觀的重要接榫點。

第五章　公共禮法與個人情實的協和

　　魏晉時期乃是國家律令逐漸完備的歷史階段，由《晉書·刑法志》所說的兩段話，可以看到魏晉的「情──禮」議題，不論在形式與內容上都結合了「公」、「私」意涵於其中。先就形式來看，「若每隨物情，輒改法制，此爲以情壞法。」（〈刑法志〉，頁 939）此處便是以私人情感（物情）與公共禮法對舉。再就內容而言，「相隱之道離，則君臣之義廢」一句（頁 939），乃針對父子相隱「親親之恩」的私領域與「君臣義合」的政治性公領域來說，它意謂著魏晉律令的制定，在人情與理法的拿捏仍試圖尋求情理的平衡點。〔註 1〕不僅如此，魏晉時期還存在著法令明定「禁復私讎」與眾人表彰忠孝烈節「公共德行」的爭議；〔註 2〕因爲，個人忠孝烈節之所以成爲被眾人稱許的公德，乃是透過手刃仇人的行爲方得彰顯。最典型的「私讎與公德」衝突事例，即是曹魏龐淯之母趙娥手刃李壽以報父讎一事。事後，趙娥向官府自首，而長官尹嘉因感其義烈孝行而不忍定其死罪，遂「解印綬去官，弛法縱之」；尹嘉選擇解除執法者的身分，避免了公法私情的衝突。（《三國志》卷 18／頁 549）由此可見，魏晉不乏以孝道人情爲優先考量的實例與觀點。

　　那麼，究竟是情意濃重優先還是禮儀整備重要？其實，二者皆反映了行爲主體對於「禮意」──禮的眞義之詮解。本章將試圖說明，不論是主張「以禮治國」的政論家，或王弼、何晏對「禮之本質」的詮釋，都在提出一種對

〔註 1〕　譬如，東晉范甯對「父爲子隱，子爲父隱，直在其中矣」的看法是：「若父子不相隱諱，則傷教破義，長不孝之風焉，以爲直哉？故相隱乃可以爲直耳。今王法則許期親上得相爲隱，不問其罪，蓋合先王之典章。」（〈子路〉注，頁 925）其說便是以父子天屬與王法典制對舉。

〔註 2〕　關於魏晉禁止私人復仇的法令，詳見程樹德，《九朝律考》（北京：中華書局，2003 年），頁 203，頁 263。

內在真情實感要求的論述。於是，不論「稱情而直往」或「稱情以立文」，都在尋求個人情感與公共禮法的平衡。當國家律法成型，社會秩序亟待整頓之時，此乃重要的課題之一。

第一節　貴「信」著「誠」的思考向度

以人倫和諧與社會秩序的恢復為首務的魏晉思想家，提出了「誠」與「信」作為最簡單的人際機制。〔註3〕「誠」有「成其所言」的「真實無妄」意思；「信」與「誠」又都與言語有關。晉代《論語》注家對於「信」提出了如下看法：凡是稱為「君子」者，最低限度要能做到「言必行，行必果」，故謂「言必合乎信，行必期諸成，君子之體，其業大哉！雖行硜硜小器，而能必信必果者，取其共有成，抑可以為士之次也。」（〈子路〉注，頁 928）只因君子行己有恥故有所砥礪，遂以「將出言，則恥躬之不逮」作為自我要求（頁 929）。〔註4〕由此可見，「信」從春秋時期作為國家交往的重要準則，到孔子轉變為「士」的個人德行之標準；〔註5〕而魏晉思想家則又從內在德行，向外強化了「信」作為人際交往的首要原則。〔註6〕是以，本文從「誠」與「信」之發自內心的「真」情「實」感之角度，切入魏晉士群對禮治與秩序問題以及名實真偽的析辨。

一、以禮治國，彝倫敘定

（一）徐幹：懿德君子，可以經人倫

建安時期的徐幹（171～218），史傳有「篤行體道，不耽世榮」評斷（《三

〔註3〕 魏晉對「人倫」一詞的使用，包括了人際關係的「人道」、「人理」以及人物識鑒評述兩層意涵。此處所論乃就人倫之道而言。

〔註4〕 兩段注文分別為晉繆協《論語說》與東晉李充《論語集注》的解釋，此處所引皆見程樹德，《論語集釋》（北京：中華書局，1990 年）。值得注意的是，李充對「言之不出恥躬之不逮」注以：「夫輕諾者必寡信，多易者必多難。是以古人難之也。」（〈里仁〉注，頁 276）這段話出自於老子六十三章，劉邵《人物志‧效難》亦言：「輕諾似烈而寡信」。此外，皇侃疏謂：「有言不虛妄之德為信。」（〈為政〉疏，頁 129）均可見魏晉人物對於真實可信言語之重視程度。

〔註5〕 春秋時期之「忠」、「信」、「義」等德目內涵的衍化，參見陳來，《古代思想文化的世界》（北京：生活‧讀書‧新知三聯書店，2002 年），頁 277。

〔註6〕 譬如，魏晉之際王祥（184～269）的〈遺令〉便寫道：信德孝悌讓五者，乃立身之根本。其中，「言行可覆，信之至」，亦是以行為實踐自己對他人的允諾；而「信」列為句首，其重要性不言可喻。參見《晉書》卷33／頁 989。

國志》卷 21／頁 599），可推知其以「持身清亮、六行脩備」行事著稱，並由此樹立當代醇儒的典範。〔註7〕身處於漢末「聖人之道息，邪偽之事興」的背景下，徐幹基於「上求聖人之中，下救流俗之昏」的心態（〈中論序〉），寫著《中論》二十篇。《中論》主旨可用「欲以明大道之中」概括（〈覈辯〉），可見，徐幹欲以「中」作爲一種體現聖人之道的重要原則。〔註8〕其中，「聖人不作，唐虞之法微，三代之教息，大道陵遲，人倫之中不定。」（〈考僞〉）即可見聖人之道與人倫關係的密切程度。於是，所謂的士或君子便肩負著「奉聖王之法，治禮義之中」的重責（〈譴交〉）。不難發現，徐幹有意以「禮義之中」作爲貞定「人倫」的核心內涵。

　　首先，徐幹《中論》以「夫禮也者，人之急也，可終身蹈，而不可須臾離也。」（〈法象〉）確立了禮的重要性；並於其中呈現了由「禮儀」轉向對「禮義」的思致。其言：

> 孔子稱安上治民，莫善於禮；移風易俗，莫善於樂。存乎六藝者，
> 著其末節也。謂夫陳籩豆、置尊俎、執羽籥、擊鐘磬、升降趨翔、
> 屈伸俯仰之數也，非禮樂之本也。……故禮以考敬，樂以敦愛，射
> 以平志，御以和心，書以綴事，數以理煩。敬考則民不慢，愛敦則
> 群生悅，志平則怨尤亡，心和則離德睦，事綴則法戒明，煩理則物
> 不悖。六者雖殊，其致一也。（〈藝紀〉）

這一段引文有兩個重點。第一，就禮、樂、射、御、書、數「六藝」而言，雖屬「德之枝葉」，但君子卻必須做到「藝能度乎德行」的兼具德藝。與此同時，還要注意到「藝」存有情實華飾的分別；相較於敏捷之華與威儀之飾，顯然「恭恪廉讓，藝之情也；中和平直，藝之實也」是更爲重要的部分（〈藝紀〉）其中，「考敬」、「敦愛」意指成全禮敬、敦厚友愛，則不會有倨傲怠慢之姿態，且能有歡欣愉悅之感。「怨尤」也可消解而「離德」得以和睦，人我關係獲得了充分的和諧；六藝「致一」的指歸，應是就這一點而說的。

　　第二，即便徐幹認爲君子必須「行必有檢」，就是舉止行爲要能依法式而能「周旋中規，折旋中矩」、「動靜有常，帥禮不荒」（〈法象〉），但「升降」、「俯仰」顯然不是所謂「禮樂之本」。那麼，關乎治亂的禮樂根本精神之意趣，

〔註7〕　參見江建俊，《建安七子學述》（台北：文史哲出版社，1982 年），頁 110。
〔註8〕　參見徐湘霖，〈前言：君子之辯，欲以明大道之中〉，《中論校注》（成都：巴蜀書社，2000 年）。此處所引《中論》皆見於此書。

究竟由「本」字顯示了怎樣的意涵？其云：

> 夫禮也者，敬之經也；敬也者，禮之情也。無敬無以行禮；無禮無以節敬。道不偏廢，相須而行。是故能盡敬以從禮者，謂之成人。(〈法象〉)

徐幹以「敬」作爲「禮」的實質內容，顯示了一個足以讓人竭盡內心敬意外顯禮敬的「他者」。「盡敬從禮」包括了兩層意思：「禮以節敬」意味著他人的尊敬之情需以禮來調節；「敬以行禮」意思是行禮需有恭敬之心作爲根柢。簡言之，「禮敬」不只是人與人關係的描述語，它首先需要發自於我內心的眞實情感。於是，上段引文中「敬」、「愛」、「平」、「和」也有著相同思致：由我內心的中和平直，外顯爲對他人的恭敬禮讓；這樣的人我關係自然是一種禮敬樂和的雍熙和度。

　　基於上述「禮之本」的界定，徐幹認爲禮制不該只是一成不變的制度；在定制當中必須灌注人情的成分，其言：

> 人情之至痛，莫過乎喪親。夫創巨者其日久，痛甚者其愈遲。故聖王制三年之喪，所以稱情而立文，爲至痛極也。(〈佚文·復三年喪〉，《校注》，頁304)

「稱情而立文」說明了「禮義之『中』」是在「人情」與「禮文」二者間必須有所折衷與合宜。後來魏晉禮律的制訂以「稱情而立文」爲主要準則，亦體現同樣的精神(詳見本章第四節)。

　　其次，針對漢末悠悠之徒「知富貴可以從眾爲也，知名譽可以虛譁獲也」的現實情況(〈譴交〉)，徐幹依準「貴名乃所以貴實」(〈考僞〉)，確立了「實先名後」的立場。他於〈考僞〉篇首即說明，由於「大道陵遲，人倫之中不定」的背景讓惑世盜名之徒得以「生邪端、造異術，假先王之遺訓以緣飾之」。這些「文同而實違，貌合而情遠」的違實緣飾行爲，實可謂之「大亂之道」；尤有甚者，更造成「天下之民，莫不離本趣末，事以僞成，紛紛擾擾，馳騖不已，其流于世也。至於父盜子名，兄竊弟譽，骨肉相詒，朋友相詐」各種流毒。事實上，聖人並不認可求名的舉動，箇中原因就在於「名者，所以名實也，實立而名從之，非名立而實從之也。」有實則有名，二者關係乃「無爲而自成者也」，故無需外求虛譽。反之，「爲名者，使眞僞相冒、是非易位」(〈考僞〉)，則是亂德傷性的僞善者。

　　徐幹從「名實之不相當」的社會風氣，反省了「流俗之士」之所以能獲

致「聲名彰徹」，只因其能曲己媚俗；不同於此，大賢君子則能藉由「不與時爭是非，不與俗辯曲直，不矜名，不辭謗，不求譽，其味至淡，其觀至拙」的作爲挺立住其人格（〈審大臣〉）。此一「淡」字，多少含有對名聲稱譽的「恬淡」意思，這從「心澄體靜，恬然自得，咸相率以正道，相屬以誠慤，姦說不興，邪陂自息矣」一句即可知（〈譴交〉）。換言之，人人若能愼修己德而心靜樂道，自然不會有交游請託諸種求勢逐利的舉動。

於是，徐幹基於誠摯恭謹可止息邪妄的想法，標舉了「反本愼德」之君子人格。所謂「君子者能成其心，心成則內定，內定則物不能亂，物不能亂則獨樂其道，獨樂其道則不聞爲聞、不顯爲顯。」（〈考僞〉）說明了能誠心、定志、樂道的君子，〔註9〕必能「先務其本」且「德建而怨寡」（〈脩本〉）；其「本」便是先要求一身自治的「自見」、「自慮」、「自省」。故「君子常虛其心志，恭其容貌，不以逸群之才，加乎眾人之上。」（〈虛道〉）意思是，能虛心求道、自儆自省的君子，自可不經心於外在的稱譽，也能避免由此產生恃己儁才、以凌駕他人的優越心態。「怨寡」與「眾人」，顯示了君子的虛心脩本，不只是內具的道德修養而已，它還涉及了與他人關係是否和諧的層面。意即，君子之「務本」乃「反求諸己」之意；君子之所以能不矜名求聞、不求譽以顯的根本關鍵，更在於以「虛」爲德。如是，「不爭」、「不辯」、「不矜」、「不求」的「虛心恬志」就呈現了往「非名」或「無名」方向發展的跡象了。

（二）杜恕：禮爲治體，養心以誠

杜恕（？～252）以「君」、「臣」、「言」、「行」、「政」、「法」、「聽察」、「用兵」爲題分爲八篇，著成《體論》。〔註10〕其言：「夫禮也者，萬物之體也。萬物皆得其體，無有不善，故謂之《體論》。」（《體論》〈自敘〉）可知他以「禮」爲核心貫穿政治理論與社會層面；這種思考與杜恕身處「今之學者，師商、韓而上法術，競以儒家爲迂闊，不周世用」的背景（《三國志》卷16／頁502），有著密切的關係。

與杜恕同時期的高堂隆也持「禮樂者，爲治之大本」的觀點。他認爲「至治之美事，不朽之貴業」的目標達成，須將明道化‧崇禮樂作爲「政理」之

〔註9〕「成」字，解爲「誠」。參見徐湘霖，《中論校注》，頁169。君子「誠心」，必定是發自內心眞實者，故徐幹以〈貴驗〉、〈貴言〉兩篇，述及君子「篤行」、「貴言」方可取信於人。

〔註10〕文中引用杜恕《體論》，見於《全三國文》卷42。

本。特殊的是，他對人所內具的六情五性之分析：

> 夫六情五性，同在於人，嗜欲廉貞，各居其一。及其動也，交爭于
> 心。欲彊質弱，則縱濫不禁；精誠不制，則放溢無極。，則人不堪
> 其勞，物不充其求。勞求並至，將起禍亂。（《三國志》卷25／頁713）

所謂「六情五性」是喜怒哀樂好惡六種情緒與仁義禮智信五種性情。高堂隆
注意到情性交爭的問題：倘若嗜好欲望之需求太過強烈，將隨任好惡而沒有
限度，以致禍亂的萌發。在他看來，唯有以禮義之制定分，方可遠害興治。
高堂隆以禮樂為至治政理的想法，杜恕表述為「以禮為體」，兩人都延續了荀
子以禮定分治亂的思路。但在「交爭於心」這一點上，杜恕則提出了「以誠
養心」的深刻說法。

　　首先，杜恕將君臣關係置於篇首，意味對名教問題的重視。他以「肱股
一體」論述了「君臣相須」的關係，其言：

> 夫聖人之脩其身，所以御羣臣也，所以化萬民也。其法輕而易守，
> 其禮簡而易持，其求諸己也誠，其化諸人也深。（《體論》〈君第一〉）

倘若人君以真心誠意對待人臣，則君臣關係即如身體與四肢的密不可分；這
種說法，自然是針對「尊君而卑臣」的法術思想而發。因此，杜恕以「布衣
之交，猶有務信誓而蹈水火，感知己而披肝膽」為喻（《三國志》卷 16／頁
501），切入「君臣一體，相須而成」的信任關係，其言：

> 故臣之事君，猶子之事父，而加敬焉。父子至親矣，然其相須，尚
> 不及乎身之與手足也。身之于手足，可謂無閒矣，然而聖人猶復督
> 而致之。故其化益淳，其恩益密，自然不覺教化之移也。（〈臣第二〉）

但杜恕的新意更在於「自然不覺」四字，它意味著從外顯的君臣「誠信」關
係內收為「求諸己」的「誠意」問題，故云：

> 是以古之聖君之于其臣也，疾則視之無數，死則臨其大斂小斂，為
> 撤膳不舉樂，豈徒色取仁而實違之者哉？乃慘怛之心，出于自然，
> 形于顏色，世未有不自然而能得人自然者也。色取仁而實違之者，
> 謂之虛。（〈君第一〉）

「虛」暗指了「偽」、「假」的可能。〔註11〕所以，杜恕以人君對臣屬的探病、

〔註11〕杜恕曾以萍與菱之浮於水以及日華與柰樹的兩種「相似」為喻，説明「虛偽之
　　　　態，與真實相似也，虛偽敗而真實成。」（〈篤論〉，《全三國文》卷42）由此可
　　　　見，「似是而非」足以「亂德」的問題，不僅與名實問題密切相關，也是魏晉

撤膳舉動來說明「眞／僞」關係。他認爲倘若人君好名「則必僞行要名，而姦臣以僞事應之」則「君以僞化天下，欲貞信敦樸，誠難矣。」（〈君第一〉）但顯然「聖君」並不是爲了獲致名聲才有這些行爲，而是純粹出於內心眞實的憂心，才有視疾多次與愁苦容色的表現。換言之，「出於自然」的眞心誠意與「違實之虛」的「不自然」，不可相提並論。

但問題是，人君之誠和以禮爲治體的關聯何在？或許這段話可以提供線索，其言：「德之爲政大矣，而禮次之也。夫德禮也者，其導民之具歟。太上養化，使民日遷善，而不知其所以然，此治之上也。」杜恕以「太上」與「其次」說明他對「治道」的序列，前者所能達到的是「和民心，是故令不再而民從，刑不用而天下化治」的效用，這應屬儒家「德治」思想的發揮。所以，他認爲想要以「廣耳目以效聰明，設倚伏以探民情」之「弊俗偷薄」的政治措施（〈政第五〉），獲得人民的信任是困難的。由「自然不覺」與「不知其所以然」兩句可以推知，杜恕將人君之「誠」，視爲自然無僞且足以成爲淳厚教化的關鍵所在。

其次，杜恕論述了誠道之於人倫關係的重要性，其言：

> 君子之養其心，莫善于誠。夫誠，君子所以懷萬物也。天不言而人推高焉，地不言而人推厚焉，四時不言而人期焉，此以至誠者也。誠者，天地之大定，而君子之所守也。天地有紀矣，不誠則不能化育；君臣有義矣，不誠則不能相臨；父子有禮矣，不誠則疏；夫婦有恩矣，不誠則離；交接有分矣，不誠則絕。以義應當，曲得其情，其唯誠乎！（《體論》〈行第四〉）

君臣義合出自於誠心而能親近、父子禮敬出於誠意而能不疏離、夫婦恩情出於眞誠而能不離心。可見，「誠」乃貫穿天地人倫並且以貞定力量的樣態存在。故知，「至誠」之所以爲「至」有兩層意涵：一是，「天地有紀」的「綱紀」，有「推高」、「推厚」的「極致」意思；二是，「誠」的施用涵蓋一切人際關係，而有「周至」之意。

這裡，杜恕標誌了「養心」的「君子」人格。似乎意味著凡是異於「枉行以取容」、「徼訐懷詐以爲智」之「小人」的其他所有人，若能做到以誠養心、定心者即是「君子」。至於養心君子之所以能「懷萬物」，就在「君子寬

思想家的重要論題。所以，杜恕亦對人臣提出「夫名不可以虛僞取也，不可以比周爭」的要求，仍是以「修諸內而讓之于外」爲前提的（《體論》〈臣第二〉）。

賢容眾以為道」（〈行第四〉）；此道即是「誠道」。不必諱言，杜恕所謂的養心君子，有時還就兼具人臣身分的人而言。其言：「名不可以虛偽取也，不可以比周爭也，故君子務修諸內而讓之于外，務積于身而處之以不足。」（〈臣第二〉）所謂的「處之以不足」，正說明了謙沖推讓的表現，它包括了兩方面：「修於內」，以誠定心的修養遂能「成功而不處」，爾後有「不傲世以華眾，不立高以為名」的作為；「讓於外」，則是「推賢讓能，而安隨其後」（〈臣第二〉）。這兩方面都與如何看待「名」有關，所以杜恕強調：「名，所以名善者也。善脩而名自隨之，非好之之所能得也。」（〈君第一〉）他表明了「名」不是「好之」、「求之」而來，向內求諸己的修養與對外不好名的心態，才是「『寬』賢『容』眾」的方法；不論人君、人臣皆然。

杜恕雖未如徐幹明言「虛以求道」，但推讓之「謙虛」則顯示相同的思致，這或許和他自身「推誠以質，不治飾」的性格不無關係。這一點，對比李豐（？～254）的「顯仕朝廷」與杜恕之「居家自若」，即清楚可見。史載，李豐「砥礪名行以要世譽」，當世人卻不免有「名過其實」之疑慮，故其時「識量名輩」的傅嘏（209～255）對其評論為：「飾偽而多疑，矜小失而昧於權利，若處庸庸者可也，自任機事，遭明者必死。」（《三國志》卷 21／頁 628）後來，李豐果因共謀廢易司馬師，事泄被殺夷三族。反觀，杜恕以「誕節直意」、「被褐懷玉」顯示了與李豐殊異的志趣；又因「任其自然，不力行以合時」故「少無名譽」（《三國志》卷 16／頁 498），也與一般游說交援結黨的傾向不同。從杜恕「自若」、「自然」的意態看來，則其不務虛名，實乃出於其真誠不飾之質性，是可以確定的。

二、信結人心，民誠政平

（一）信而不疑，人道定矣

分析魏晉之際袁準所著《正論》內容可知，[註12] 他在不廢法令刑罰的前提下，主張「治之本」在「先之以仁義，示之以敬讓，使民遷善日用而不知也」的「禮教之治」（〈禮政〉）。他之所以視「設禮明分」為政略大綱，仍與名實問題相關切。其言：「名不可以虛求，貴不可以偽得，有天下坦然知所去就矣。本行而不本名，責義而不責功，行莫大于孝敬，義莫大于忠信，則

───────────

〔註12〕袁準《正論》見於《全晉文》卷 54、卷 55。

天下之人，知所以措身矣。」（〈政略〉）也就是說，人之所「貴」者不在其爵位，而在於能以「言忠信」、「行篤敬」的行為自持立身。若然，行深以著厚德自可長久流遠。

其次，袁準對比「措禮則政平，政平則民誠，設術則政險，政險則民僞」（〈政略〉），提出政局之「平／險」與民心之「誠／僞」的樞機，乃在人君所奉持的「大信」。故言：「聖人者，以仁義爲本，以大信持之」則「物莫不由內及外，由大信而結，由易簡而上安，由仁厚而下親」。這是由於「以虛受人」的聖賢，是不以苛察爲「明」或視忌諱爲「深」的，故能達至「寬則得眾，虛則受物，信則不疑，不忌諱則下情達，而人心安」的效果（〈悅近〉）。〔註13〕所以，「凡有國者，患在壅塞，故不可以不公；患在虛巧，故不可以不實；患在詐僞，故不可以不信。」（〈治亂〉）故知，「大信」之「信」連結了「內」、「外」「上」、「下」的關係；「大信」之「大」則從「安」、「親」之效，強化了「信」作爲「治之要」的地位。然而，「信」不只關乎國家治亂或人心歸附的問題，所謂「唯君子爲能信，一不信則終身之行廢矣，故君子重之。」（〈用賢〉）即從個人修養顯示了「信」的普遍意義。總的來說，袁準對「信」的強調，已然超出了「人言爲信」之恪守承諾的意涵。

西晉傅玄（217～278）於其所著《傅子》裡，亦表述了「以禮教興天下」的主張，〔註14〕並以君臣、父子、夫婦三者爲「禮之大本」（〈禮樂〉）。其中，特別的是傅玄對「信」的社會效用的強調，其云：

> 蓋天地著信，而四時不悖；日月著信，而昏明有常；王者體信，而萬國以安；諸侯秉信，而境內以和；君子履信，而厥身以立。古之聖君賢佐，將化世美俗，去信須臾，而能安上治民者，未之有也。……講信修義，而人道定矣。若君不信以御臣，臣不信以奉君，父不信以教子，子不信以事父，夫不信以遇婦，婦不信以承夫，則君臣相疑于朝，父子相疑于家，夫婦相疑于室矣，小大混然而懷奸心，上下紛然而競相欺，人倫于是亡矣。（〈義信〉）

〔註13〕 此可證之於荀彧評論曹操「四勝」於袁紹的史實。其中，袁紹「貌外寬而內忌，任人而疑其心」而曹操「明達不拘，唯才所宜」乃「度勝」；袁紹「從容飾智，以收名譽」而曹操能「以至仁待人，推誠心不爲虛美」故爲「德勝」（《三國志》卷10／頁313）。不論荀彧之論是否誇大溢美，兩相對照的結果意味著，推誠不矯、持信不疑仍是號召人心的最好方式。

〔註14〕 《傅子》見於《全晉文》卷47～卷50。

傅玄依身份的不同，將「信」的效用區分為：「安國」的王者之信、〔註15〕「和境」的諸侯之信以及「立身」的君子之信。但一開始他就提升「信」德的高度，認為這是與天地、四時般的不可動搖。由人道貞定於講信修義、人倫毀亡於懷奸相欺，即已見「信」作為人道之本與治道之基的重要性。

從「不信」則「懷奸」、「相欺」看來，顯示傅玄所謂的「信」已非純就諾言實現而說的。他深知「無信」將造成「信者亦疑，不信亦疑」的窘境，故謂「推心及物，天下歸之。以信接人，天下信之。」（〈補遺上〉）所謂「天下」，就意味著「信」所連結的對象，還包括了君臣父子夫婦之外的其他人。尤其，當傅玄引用《老子》「信不足焉，有不信也」（〈17〉）之說，〔註16〕來強調「以信待人，不信思信；不信待人，信斯不信」的觀點，便突顯了人我溝通交往重要原則，就在「互信」。

（二）推誠相與，不臆不信

何晏曾謂：「為國者舉事必敬慎，與民必誠信。」（〈學而〉注，頁25）可見，魏晉思想家對「誠信」在政治層面的作用，以共振的頻率呼應著。上述袁準所謂「治國之要有三，一曰食，二曰兵，三曰信，三者國之急務，存亡之機，明主之所重也。」（〈治亂〉）明顯本於《論語·顏淵》「民無信不立」之說法而來。對此，何晏引孔安國注：「死者古今常道，人皆有之。治邦不可失信。」（〈顏淵〉注，頁838）顯示了以「信」為首要的價值序列。錢穆即說：「民無食必死，然無信則群不立，渙散鬥亂，終必相率淪亡，同歸於盡。」去食存信，乃為政者教民導群的原則；〔註17〕袁準「存亡之機」之謂，亦含此意。

同一觀念的詮釋出現分歧，乃緣於思想家的視域不同，但多角度的詮釋

〔註15〕 值得注意的是，傅玄所謂「王者之信」乃「象天則地，履信思順，以壹天下。」（〈義信〉），不只是一種設想。證之於史實，孫吳陸抗與西晉羊祜兩軍長期對峙，又能保乂境內安撫百姓的歷史佳話即是。對此，孫盛《晉陽秋》或習鑿齒《漢晉春秋》都從「增脩德信」與「信順者萬人之所宗」提出史家的評論。參見《三國志》卷58／頁1357）。

〔註16〕 筆者按：此處有斷句的分歧。王弼注本為「信不足焉，則有不信，此自然之道」，樓宇烈認為這是王弼不解「焉」字作「於是」義而增字解之。參見《老子周易王弼注校釋》，頁42。劉笑敢則以為原文應為「信不足焉，有不信」。參見《老子古今》，頁207。

〔註17〕 參見錢穆，《論語新解》（北京：生活·讀書·新知三聯書店，2002年），頁310。

正好反過來豐富概念的含意。

典型的例子是，各注家對「子使漆雕開仕。對曰：『吾斯之未能信。』子說」一章的詮釋。何晏注：「仕進之道未能信者，未能究習」乃採取漆雕開未能自信不疑的角度，意即漆雕開自認尚未精進於學問德業而不願遽然從政，故孔子對此謙退感到欣悅。東晉范甯順隨何晏之說並發揮爲：「（漆雕）開知其學未習究治道，以此爲政，不能使民信己。」（〈公冶長〉注，頁 298）意思是漆雕開對自己從政能力尚有保留，則百姓難以信而不疑。特殊的是，晉朝張憑：「夫君臣之道，信而後交者。君不信臣，則無以授任；臣不信君，則難以委質。魯君之誠，未洽於民，故曰未能信也。」（〈公冶長〉注，頁 297）要知，「委質」或「委贄」含具「質己之誠」之意，張憑從「君臣義合」的角度，把「未能信己」置換成「未能信之」，便從個人德業問題轉向了君臣與君民雙向關係〔註18〕──由臣對君的不信任、君對民的不誠信兩方面，豐富了「信」的意涵。

東晉李充《論語集注》中，同時關注了「禮治」與「誠信」的問題。首先，李充認爲「禮」具有調和作用，故能成爲蒞民教化之道的核心，故知「安上治民，莫善於禮也」（〈衛靈公〉注，頁 1121）。既然李充以禮教爲先，便表示他意識到「以刑制物者，刑勝則民離」的問題，因此他提出有德君子作爲至治之關鍵。在他看來，凡是稱謂「君子」者，皆「德足軌物，義兼君人，不唯獨善」──具德在身的君子有肩負兼善天下的責任。故以有德君子居其位，則能發揮「導之以德，則安其居而樂其俗，鄰國相望而不相與往來，化之至」的效用（〈里仁〉注，頁 251）其次，李充還述及「信」在政治層面的作用。其言：「施信不以結心，而民自盡信。言民之從上，猶影之隨形。負子以器，言化之所感，不召而自來。」（〈子路〉注，頁 898）此處的「上」，除了「人君」之外，當然還包括懷德居位的「君子」。意即，在位者以出自於內心的信實施之於民，而百姓「盡信」且絲毫不存疑；此意同於張憑所論「君誠民信」的雙向關係。但李充「施信不以結心」的語法似乎更在強調「無目的性」的「自然而然」意思。

由於李充掘發了「自然而然」的意涵，使得他對「信」字的解釋，乃以

〔註18〕與此相同的是，晉江熙將「君子信而後勞其民。未信，則以爲厲己也。」注爲：「君子克厲德也，故民素信服之」；民之「不信」只因「信不素立」（〈子張〉注，頁 316）。他扣緊了《易·隨卦》「有孚在道」之說，將重點集中在君與民彼此的誠意交孚。

對象的普遍化和內轉化而顯新意。就對象的普遍化而言，所謂「與朋友交則信」（〈述而〉注，頁486）就把君上民下的縱向關係，平列爲同志相求的友朋關係。如果考慮到三國諸葛靚亦說：「朋友思信」（《世說》〈言語21〉），那就反映了魏晉時期對朋友一倫的重視，進而關注於「信」的言之有實、義在不欺的意涵。其次，再就內轉深化爲個人修養而言，〔註19〕李充表述在「不逆詐，不億不信，抑亦先覺者，是賢乎！」的注文，其言：

> 物有似眞而僞，亦有似僞而眞者。信僭則懼及僞，人詐濫則懼及眞。
> 人寧信詐，則爲教之弘道也。人而無信，不知其可也。然閑邪存誠，
> 不在善察。若見失信於前，必億其無信於後，則容長之風虧，而改
> 過之路塞矣。億，音憶。夫至覺忘覺，不爲覺以求先覺，先覺雖覺，
> 同詐逆之不覺也。（〈憲問〉注，頁1014）

「逆詐」意思是他人未必以欺詐待我，我卻先以詐意逆猜之；「不億不信」意乃他人未必對我不信實，而我先有揣測臆想以防備之。李充引用〈爲政〉「人而無信，不知其可也」作爲理據，〔註20〕顯見他認可「信」之於人的重要性。

但問題的困難就在於，人們對於「似眞而僞」、「似僞而眞」的情況，如何能不感到遲疑而不改初衷？李充認爲「閑邪存誠，不在善察」是很好的方法。也就是說，我能事先察覺他人的詐僞與不誠信，是因爲我有「先覺」之明；然而若我無此覺明以致生疑，豈不無異於詐僞不信者嗎？所以，關鍵不在於我的「善於覺察」，而是在於我先「自存其誠實」。換句話說，「賢者」雖先覺於人情眞僞，但卻不刻意分辨而有寬人之意的「至覺忘覺」，〔註21〕方是「容長」、「閑邪」的最佳方式。〔註22〕所以，李充強調「存誠」而「忘覺」

〔註19〕李充對「君子有三變」之「聽其言也厲」的注解，表達了他對「有德者必有言」的觀點。其注：「厲，清正之謂也。君子敬以直內，義以方外，辭正體直，而德容自然發，人謂之變耳，君子無變。」（〈子張〉注，頁1315）意即，禮敬仁德存於中而後發爲清正言論。

〔註20〕《論語》此章原意是將「信」比喻爲使車身行進安穩的「衡」與「軏」，借以形容人須有「信」方能立身行遠。錢穆的解讀是：人類社會雖有契約禮俗，但「信」卻是貫通於心與心之間者，使彼此之間聯繫而又有活動的餘地，正如車之輗軏。錢穆，《論語新解》，頁47。

〔註21〕對此，李充謂之「賢者」，但在劉卲則標誌「聖人」。劉卲基於「偏材之性不可轉移」的前提，故謂「信者逆信，詐者逆詐」：唯有「其質無名」的聖人方可避免這種偏失。「無名」與「忘」，是魏晉論述聖賢人格的重要特徵。

〔註22〕關於「閑邪存誠」，李充的論點應是延續了王弼與郭象的觀點。詳見本章第二節與第三節。

——以內心真誠待人，而不必以人情真偽的察覺爲先；但「不爲覺」而「忘覺」正是以「存誠」方爲可能者。

綜上所述，可見魏晉思想家皆自「誠」、「信」於政治層面的作用力，作爲理論支點。但是，當「誠」、「信」被喻爲天地之紀、四時之常的時侯，就意味著至誠大信乃人倫關係維繫之樞機，亦是每個社會成員的共同準則。從君臣間的互相不疑，延伸至「誠以養心」、「履信立身」的君子人格及「忘覺」之賢者，於是就有了向內深化的發展。

不過，魏晉時期能以「循理究源」之本質思維，就人之隱微處進行辨質性、剖情志、燭僞謬等推尋以總攝繁者，是劉邵的《人物志》。〔註23〕眾所周知的，《人物志》寫作宗旨始終環繞在「用人」與「知人」展開，相關研究也多從人物美學或才性思想角度切入。可以說《人物志》與「人」的問題是密切相關的，尤其，當劉邵提出以愛與敬來標志人倫之道時，就已關涉了人我關係的倫理問題。

三、愛敬之誠，人道之極

劉邵在《人物志・序》中，明確陳述其寫作意圖在「眾材得序」、「庶績業興」以歸於「達眾善以成天功」。其中，在達至利於天下之大功的方案裡，可注意到劉邵提出「制禮樂，則考六藝祗庸之德」與「疾悾悾而無信，以明僞似之難保」兩點（《人物志・序》）。前者意謂要制訂禮儀和樂教，然後稽考是否能對六藝持之以恆地恭謹學習；後者是厭惡外表誠懇而不守信用的人，以說明人材似是而非的難以察覺。故知，劉邵仍對禮樂教化與名實真僞的問題，有著程度上的關注。

先就名實真僞而論。劉邵以「名非實，用之不效」爲理據，主張要在美名稱譽與實質效用二者間有所辨析。倘若能注意到究查實情真相而不輕信虛譽，便能避免「隨行信名，失其中情」的缺失（〈效難篇〉），並跳脫人材精微難知與舉薦之難的窘境。〔註24〕值得注意的是，其論說特點更在於他對何以名實相悖

〔註23〕有關劉邵《人物志》「徵質」、「明性」的思考理路，及其所具之「先玄學」的思想史地位，詳見江建俊，〈「先玄學」——由劉邵「徵質」到王弼的「崇本」〉，《六朝學刊》第一期（台南：成功大學中國文學系，1994 年）。

〔註24〕或者說，劉邵對名實的考察以「觀其至質，以知其名」爲主綱。所謂「觀其所至之多少，而異名之所生可知矣」（〈八觀〉），意即「質」以定「名」、「名」依「質」彰。更重要者，篇中提及的「若然而不然」的假象，或「似非而是」、

的追究。劉卲對比「尤妙之人，含精於內，外無飾姿；尤虛之人，碩言瑰姿，內實乖反」兩種特殊人物，說明由於人物實質內蘊的難辨，而導致「或以直露為虛華，或以巧飾為真實」的謬誤經常發生（〈七謬〉）。於是，提出「八觀」之說──八種「尋其質氣，覽其清濁」的觀人方法〔註25〕──以作為檢驗人物言行名實是否相符的指標。此中，最可注意的是「觀其愛敬以知通塞」這一點。因為，劉卲列舉的八種觀人法，其他七項都是就人物內在的矛盾心理、好惡情緒或聰敏明察立說；唯有「通過愛敬的多寡，以推知其人處世際遇的順遂或艱難」這一點，論及了「人──我」的互動關係，在漢魏思想型態轉換之際，「愛敬之誠，動獲人心」之說，自有其思想史的特殊意義。

劉卲對於「愛」與「敬」的論述，如下：

> 蓋人道之極，莫過愛敬。是故，《孝經》以愛為至德，以敬為要道。
> 《易》以感為德，以謙為道。《老子》以無為德，以虛為道。《禮》
> 以敬為本，《樂》以愛為主。然則人情之質有愛敬之誠，則與道德同
> 體，動獲人心，而道無不通也。（〈八觀〉）

意思是，藉由個人與他人的愛與被愛、敬與被敬及由愛生敬、由敬生愛的互動情況，去推知在交往活動中「彼／我」情感的交流是否通達。尤其，「人道之極，莫過愛敬」一句，顯示劉卲有意將「愛」、「敬」標誌為人倫關係的最高德行與最重要之準則所在；這同時也是劉卲自身對《孝經》、《易》、《老子》、《禮》各種經典的接受與詮釋。

至為關鍵的一句是「人情之質有愛敬之誠，則與道德同體，動獲人心，而道無不通也」，它傳達了這樣的意思：當我以本具的「愛」、「敬」之真情實感與他人交往時，同時也能得到他人同樣誠心的感應。故知，劉卲將「物順理通」的基本原則，維繫在「愛」與「敬」的情感之真實性，並視之為「人──我」關係得以達至和諧的最簡單方案。

這裡不可輕忽的是，劉卲首先確立了「人情之質有愛敬之誠」的前提，意即愛與敬乃是人與生俱來的真實內在情性。就同出於性情之理而言，愛敬二者存在著相須相資的關係，其言：

「似是而非」的情狀，已屬於更隱微的人情解析了。

〔註25〕江建俊：「人物志八觀篇多申察質之法，使人物徹內徹外，通上通下，一無滯礙，而人物志之意締亦結穴於此矣。」他並以「微質法」、「衡鑑法」、「觀審法」與「考驗法」四項統括《人物志》的觀人方法。參見《漢末人倫識鑒之總理則》（台北：文史哲出版社，1983 年），頁 129。

愛不可少於敬。少於敬，則廉節者歸之，而眾人不與。愛多於敬，
則雖廉節者不悅，而愛接者死之。何則？敬之為道也，嚴而相離，
其勢難久。愛之為道也，情親意厚，深而感物。是故，觀其愛敬之
誠，而通塞之理可得而知也。（〈八觀〉）

即便如此，若就人先有父子之親看來，則「愛」、「敬」又非等量齊觀的關係，
顯然「愛」較之於「敬」更具優位性。對此，江建俊說道：

愛敬之理，同出於性情之理，本乎愛敬，則道無不通，然愛少於敬，
常有違於和，而見其窒塞處。且父子之親先於君臣之義，必齊家而
後能治國，由內及外，本末先後，由茲可明。緣愛生敬，以臻情禮
兼到，人際關係，因而協和。（《漢末人倫識鑒之總理則》，頁 79）

此即錢穆所說：劉劭以「愛」與「敬」兩項「人之最高道德性格」論人物，
乃其「從功利觀點來講人之德性」的新義之所在。因為，若任何人能愛敬他
人，便能動獲人心而無所不通、無所不順。〔註 26〕故知，錢先生所謂「道德
性格」或「德性」的意涵或許更接近「倫理」的意思。唯如此方可知「人道
之極」乃以「情真」為底蘊，〔註 27〕最後聚焦於「齊」、「治」乃至協和的人
我關係。〔註 28〕

　　此處，尚有兩點需要解析分說。

　　第一，「《孝經》以愛為至德，以敬為要道」一句，顯示劉劭對《孝經·
士章》「資於事父以事母而愛同，資於事父以事君而敬同」的接受與歸納。劉
昞注以「愛生於父子，敬立於君」、「起父子之親，故為至德。終君臣之義，
故為道之要」雖具補白作用（〈八觀〉注），卻也指實了「人道」——「人倫
總則」在君臣與父子關係，不但有狹化「人倫」意涵的疑慮，而且還有將愛
敬對象分判為父君兩端的問題。反觀，宋代邢昺疏：「愛之與敬俱出於心」卻

〔註 26〕 參見錢穆，〈略述劉劭《人物志》〉《中國學術思想史論叢（三）》（合肥：安徽
　　　　教育出版社，2004 年），頁 54。

〔註 27〕 老子所謂「復孝慈」之說，其反對的是視「仁義」為道德條目；故從「復」
　　　　字來強調純粹自然的真實情感。這一點，未必不可視為劉劭對老子思想的接
　　　　受。

〔註 28〕 鄭玄對〈禮記〉「樂者，通倫理者也」注為：「倫，猶類也。理，分也。」孫
　　　　希旦進一步說：「樂通倫理，謂其通於君、臣、民、事、物五者之理也。」參
　　　　見〔清〕孫希旦撰，《禮記集解》（北京：中華書局，1998 年），頁 982。兩人
　　　　都說明了「倫理」一詞，主要指涉「人倫之理」：社會成員處理人際關係的原
　　　　則與規範。劉劭所謂「人道」亦具同樣意涵。

是比較貼近劉邵的想法；〔註29〕因為重點不在愛父或敬君的對象區別，而在於愛敬的情感是內心眞實的表露。換言之，中古社會關係雖以父子君臣之倫為主，但劉邵所謂「動獲人心」的「人」，顯然是泛指在「我」之外的「他人」；至少，友朋關係就不可忽略。

第二，傳統的思想多謂「禮」主「敬」、「樂」主「和」，劉邵卻說「《樂》以愛為主」，其轉折原因為何？不當忽略這樣的事實：劉邵曾於魏明帝景初年間（237～239）上疏：「以爲宜制禮作樂，以移風俗，著〈樂論〉十四篇。」（《三國志》卷21／頁620）只可惜，其所作〈樂論〉已佚。或許參照曹魏時期思想家的觀點，有所助益。譬如：何晏即謂君子所學「禮樂之道」可有「樂以和人」之效（〈陽貨〉注，頁 1189）；王弼所述「大音」之和諧純美；阮籍所論能使人精神平和的「和樂」抑或是嵇康所謂的「和心」，都將「樂之和」指向了主體內在的平和心境。〔註30〕諸家說法表明，「和」除了音樂客觀的和諧性之外，還指向一種主體自足無待之境界；樂之移風易俗論之可能，便是建基在主體的自足平和這一點。〔註31〕於是，問題就在劉邵為何置換成「《樂》

〔註29〕 參見李學勤主編、鄧洪波整理，《孝經注疏》（台北：臺灣古籍，2001 年），頁17。劉昞注有將愛敬分判為兩端且有對象狹化的另一證明是，曹魏王肅的《孝經王氏解》注：「至德，孝爲德之至也。要道，孝爲道之要也」、「事父兼愛與敬」，他扣緊「孝」立論，符合了《論語》「心養」重於「物養」之意，即養而能愛、愛而能敬的意思。王肅《孝經》注，參見韓格平主編，《魏晉全書·冊二》（長春：吉林文史出版社，2006 年），頁 274。

〔註30〕 參見戴璉璋，〈玄學中的音樂思想〉，《玄智、玄理與文化發展》。又，謝大寧分析嵇康〈聲無哀樂論〉中「盡於和域」的觀點，認為嵇康論樂在移風易俗與心境平和的關聯上，並未突破傳統樂論範疇。參見謝大寧，《「歷史的嵇康」與「玄學的嵇康」》，頁203～頁 206。這一點證之於〈樂記〉便十分清楚。由快樂的情緒提升為和樂的心境，方是「樂者樂也」的本意。如是，劉邵論制禮作樂以移風俗，應與此相差不遠。

〔註31〕 可注意到劉邵表述「平和」與「治世」、「禮教」關聯的兩條資料。一是，「通材之人」雖「明包眾理」又「聰叡資給」但卻能「不尚人」、「不先人」，顯然這與已涉及「人——我」關係。尤其，劉邵所謂「心平志諭，無適無莫，期於得道而已矣！是可與論經世而理物也。」（〈材理〉）便是將對他人或事物無所偏頗的心態，進而可以與之討論經營世務和治理政事原理，繫之於通材者的內心平和與志向清明。二是，劉邵又有所謂「質性平和，能論禮教，辯其得失，義禮（理）之家也。」（〈材理〉）可見，他所設想的是質性中和平正者，方可以成爲論議禮儀教化、或分析其價值意義的專家。因此，王曉毅直接將「義禮之家」解釋為「倫理學家」，也是恰當的說法了。參見，王曉毅，《《人物志》譯注與研究》，頁 117，頁 128。

以愛爲主」的說法？這要從劉卲對「親愛」與「慈愛」的區別來說。

首先，考察《說文》「慈，愛也」的界定，即知「慈」的本義就是「愛」。但二者稍有區別：其一，「慈」較側重於上對下的關係；其二，「慈」更強調「愛」之深。〔註32〕於是，劉昞將「愛敬之誠」注爲「篤於慈愛」乃是對出自於內心的愛之深厚的強調。那麼，這滿溢的愛包括了：父對子的憐愛（子對父的敬愛）、君對臣的慈愛（臣對君的忠敬）、夫妻之間的恩情愛意、兄弟間的恭敬悌愛以及同志友朋間的相知友愛。足見，劉卲所論愛敬的對象乃擴及於「我」之外的「他」人；各種社會關係的連結，就凝聚在「我」對「他」無所分別、不具利害關係的眞切深愛這一點。故知，「愛」之所以較「敬」更爲重要者，乃由其內具之「意厚」、「深感」、「情通」特點。

其次，「親愛」一詞，劉卲是置於「愛惡之意」語脈下使用的。〔註33〕這是他對人物察鑒扣緊「愛憎兼之，其情萬原」——夾雜主觀好惡與多種情感因素——使得「接物有愛惡之惑」（〈七謬〉）所得到的結論。劉卲對「惑於愛惡者」的思考，乃透視了一般人「以己觀人」的行爲中，總是摻雜個人喜好憎惡情緒，以致終將產生有失公允或難以周普的錯誤。這是由於常人容易因「適有一能，則所達者偏」（〈材理〉）而有自以爲是的心態；又或者「能識同體之善，而或失異量之美」（〈接識〉）以致受限於本具的質性，而無法察知不同類型人物長處的偏失。故《人物志》篇首所謂「人物之本，出乎情性。情性之理，甚微而玄」（〈九徵〉），即對此人情之萬端難測而發。於是，就不難理解「平淡」、「中和」而「不偏至」的聖人人格，〔註34〕爲何在《人物志》體系中占有如此重要的位置了。

但現實的問題是，並非多數人都能生具平淡質性，如何能在現實層面避免「推情從心」的偏失呢？其答案還是在「愛敬之誠」的「誠」字，一種出自於我內心的眞情實感、並使我得以感通他人心靈的力量。所以，回到劉卲所說「《孝

〔註32〕 這一點，似乎可以考慮劉卲對《老子》的接受。劉笑敢對《老子》論「慈」的分析是：「慈」乃是對人的、向外的感情基礎；而聖人之慈之深，從「不有」、「不恃」可知是單向不求回報的境地。參見氏著，《老子古今》，頁654。

〔註33〕 「親愛」出現兩次的文脈，一是〈七謬〉「親愛同體而譽之」，一是〈接識〉「有親愛之情，稱舉之譽」；指的都是「偏材之人」對「同體之人」的親近與喜好。

〔註34〕 劉卲對「中和」的解釋是有其思想史意義的。何晏注「中庸之爲德」，爲「中和可常行之德」從「世亂，先王之道廢，民鮮能行此道久矣」（〈述而〉），可以推知此德乃一般人皆可行者。但劉卲《人物志》〈自序〉則：「歎中庸，以殊聖人之德」，「殊」即是以中庸之德來標志聖人質性。

經》以愛爲至德，以敬爲要道」與「《禮》以敬爲本，《樂》以愛爲主」兩句話，
它透露了一種「愛⇆敬」雙向迴複的關係：先愛後敬、敬然後愛。

　　劉卲先以縱向的父子自然血緣之「愛」爲始點，進而以這種無利害、無計
較的關係，拓及於橫向平列的他人；在一片眞切深意中與他人互相感動會通。
不過，在橫向的人際交往中，要避免愛憎夾雜的「親愛」，則必須存有對「他者」
的升舉之情，以作爲「我」內在禮敬情感得以發用的對象，並藉此興起自我的
向上之情。〔註35〕不過，單純的禮敬卻有「嚴離」、「難久」的疑慮，是以，最
後仍回到「《樂》之愛」的主軸，以形成一種相續無間的愛敬之情。

　　倘若考慮劉卲對〈樂論〉的寫作，那麼推論得遠一點，或許從他對〈樂記〉
「樂者異文合愛者也」一句的接受，可以勾勒出劉卲將「樂主和」置換成「樂
主愛」的用意。所謂「異文合愛」的意思是，樂能使各種異質歸趨於和諧；「樂」
與「愛」之可以並論，原因在二者本質──「和」的相通之處。〔註36〕簡言之，
作爲人倫之道的愛與敬，顯然是先去除了對他人的喜惡愛憎之情，〔註37〕而返
回要求「我」自身心境的「平和」才成立。在這個意義上，可以說劉卲意在要
求去除任何可能對本眞情感產生「僞」、「妄」的變因；就「純德自然所合」的
「君子」人格是如此、就每一個與「他」共在的「我」亦是如此。換言之，不
摻雜利害與計較的「厚愛」，正是使「人──我」有著深感情通的互動交流，並
使「彼──此」關係趨向穩定和諧的重要力量。

　　本節主要就魏晉時期以禮教治國的政論思想家之觀點進行分析。基於東
漢「以名爲教」弊害反省的前提，杜恕、袁準這些人都注意到「禮教」──
以禮教化，而不拘於名──內容的界定是有必要的。就立人道、定人倫的目
的看來，他們仍是思索著社會秩序如何得以維持穩定的方案。總結此時期「貴
信著誠」的論述，可注意兩點：

　　第一，以禮治國的思考，無非是著眼於彝倫敘定的和諧秩序。可是，就

〔註35〕「氣清而朗者謂之文理，文理也者，禮之本也」、「簡暢而明砭，火之德也」（〈九
　　　　微〉），這兩句的意思是：禮，外顯爲對他人的恭敬之意，此升舉之情如火之
　　　　升物；火氣又具有使人明朗簡暢之用。這種比配五行五德五常與形體關係所
　　　　進行的論述，可略見劉卲「微神見貌」與「即行以知德」的思路。詳見唐君
　　　　毅，《中國哲學原論·原性篇》（台北：臺灣學生書局，1989 年），頁 154～頁
　　　　158。
〔註36〕關於〈樂論〉論「和」，參見徐復觀，《中國藝術精神》（台北：臺灣學生書局，
　　　　1992 年），頁 15～頁 17。
〔註37〕詳見本文第四章第一節劉卲論：「犯而不校」的君子人格。

本節所討論的諸位思想家，似乎對「禮敬樂和」的傳統，只偏重於「禮敬」關係的論述。像徐幹將「樂」置於「六藝」之一的位置約略述及；傅玄《傅子》題目標有〈禮樂〉篇，也偏重在「禮」；劉卲則將「禮樂」置換成「愛敬」形成了另一種論述方式。似乎，他們對於「審樂知政」或「樂者樂也」的和悅和樂（〈樂記〉），並不關注。由杜維明對禮敬關係的表述，或許可以補充人心和樂的部分。其言：「『恭敬之心』是以被恭敬的某物或某人的存在爲前提的」，那麼「它必然地牽涉到一種關係或建立關係過程。因此，自身與他人發生聯繫就是『禮』的深層結構。」也就是說，禮敬關係是先依個人內在平和的心境「履」行「禮」，並察覺他人的存在並予以我的敬意，然後才建立起一種和諧的關係。〔註38〕

　　於是，再回到〈樂記〉所謂「禮也者，理之不可易者也」、「著誠去僞，禮之經也」與「唯樂不可以爲僞」，便知：著誠去僞使得姦邪不生，正是人我關係達致和諧的關鍵所在。可以說，諸位思想家對「樂和」傳統的接受，乃是將之融入了「禮敬」場域；這同時促使思想家把眼光收回行爲主體自身，深思「著誠履信」與「以誠養心」的君子人格所涵具的「平和」與「眞誠」之意義。

　　第二，倘若「著誠履信」的「著」、「履」還帶有向外、對他的意味，那麼，「以誠養心」則純屬個人的內在修養。更重要的是，它首先必須做到「定心」，而心之靜定又與外在稱譽名聲的淡泊密切相關。於是，一個「以誠養心」或「虛志求道」的人格典型呼之欲出，它以「無名」的姿態對當世競名逐利、姦邪萌生的風氣，展現了個人心志的貞定力量。事實上，劉卲強調無利害計較的「愛」，也勢必得提出「無名」、「虛感」、「謙接」的人格，方能形成論述。

　　倘若說老莊道家「非名」思想，觸發了魏晉思想家對「名教」的反省，進而提出對「禮之本意」的界定。那麼，此時虛志誠心「無意稱名」的君子，亦可視爲對「非名」的貞定力量；而且，君子人格對「非名」的自覺及其對「自然」本質的強化，是同時並行的。於是，何晏對「虛心知道」的關注以及王弼對「致虛守靜」的論述，就將外放的眼光內收於己，以「無名」概念連上「天人之際」的問題，進而展開了思想體系的完備。

〔註38〕參見杜維明，《人性與自我修養》（台北：聯經，1992年），頁28。

第二節　德合自然，尋禮本意

　　何晏（190？～249）嘗見王弼（226～249）《老子注》精闢奇妙，爾後遂發「後生可畏。若斯人者，可與言天人之際矣！」之語（〈文學 7〉）。由「天人之際」四字推知，何晏自身的關注與他所讚嘆王弼慧解之處，便在「際」字：由「天──人」的「分際」界限轉向了「相際」的會通向度；〔註 39〕而天人之際所引申的問題，又是與人事需要以及倫理秩序二者緊密相連的。於是，當何晏、王弼將「天／人」置換成「道／器」、「本／末」、「無／有」等語彙，並進一步提出「如何相與爲際」的思考，便凝聚成兩人在思想史上的卓識神解。對此，學界普遍認同「名教出於自然」可用來指稱正始時期的名教觀，實即隱含了「名教」成了毋需討論的既在前提的意涵。於是，問題的深化就必須從「出於自然」所涵具的「原出於自然」與「合乎於自然」兩層意思，繼續予以討論。

　　此處將「名教出於自然」論題置於「天人之際」的脈絡下審視，乃是基於兩個並列等重的問題。之一，是何晏與王弼對於「自然」內涵的確認，仍有一「名教」或「人倫之道」作爲參照系數。譬如，何晏所謂「體天作制，順時立政」、「治邦不可失信」或王弼陳述「以道治國」、「信立而後邦乃化」的理念，〔註 40〕都說明了兩人不廢名教的立場以及未曾忽略貴信著誠之政治效益的觀點。之二，當「名教」與作爲「人倫之道」的「人道」，同樣指向維護社會和諧秩序的意義之時，則「名教」與「禮」產生聯結。〔註 41〕上述問題顯示了「天──人」相通與「人──我」交會的兩層意義；尤其後者才是何晏與王弼的視焦所在。易言之，兩人對於「禮別異」或以「名分」作爲人我分際的問題並不關注，這和他們對「禮之本意」的看法密切相關。其中，《論語》「林放問禮之本」（〈八佾〉）及「禮云禮云，玉帛云乎哉？」（〈陽貨〉），

〔註 39〕何晏認爲：「際」乃「交會之間」（〈泰伯〉注，頁 558）。王弼對於二卦之際或「剛柔際」的解釋，亦有交際、親比的意思（《周易注》，頁 364）。依史書所載，魏高堂隆與晉郭璞都從「天人感應」的角度論及「天人之際」，然其思路乃從聖哲明王畏天命、循陰陽而脩德之層面述說，與何晏、王弼的想法有異。高、郭之說，分見《三國志》卷 25／頁 713 與《晉書》卷 72／頁 1901。

〔註 40〕分別見於何晏〈景福殿賦〉與〈顏淵〉注，頁 838 與王弼《老子》〈58〉注、《周易‧中孚》注，頁 515。

〔註 41〕「禮別異」是指禮對名位或名分的區別作用；「立於禮」則是以此名分置於人倫關係中。在這個意義上，名分與禮意產生了意義上的重疊。

又適足以綰合上述兩個子題並呈現兩人對「禮」的界說。以下分述之。

　　首先，「禮之本」的意義爲何？何晏的看法是：「言禮之本意失於奢，不如儉也。喪失於和易，不如哀戚也。」（〈陽貨〉注，頁 145）此乃以「奢」、「儉」的禮儀繁文與「哀」、「戚」的內在情感相對舉。〔註42〕王弼則言：「時人棄本崇末，故大其能尋本禮意也。」（頁 144）故知他所說的「本」，是從「禮之本意」──「禮的根本意義」來解說。〔註43〕基於這樣的界定，本文即從何晏、王弼論述情感之眞僞及其情僞如何歸眞的角度，探究其「禮之本」的義蘊。

　　其次，藉由玉帛鐘鼓所顯現的禮樂精神爲何？何晏採用鄭玄與馬融的看法注爲：「禮非但崇此玉帛而已，所貴者乃貴其安上治民」、「樂之所貴者，移風易俗，非謂鐘鼓而已。」〔註44〕晉朝繆播從「假玉帛以達禮，禮達則玉帛可忘」區別分了「禮之用」與「禮之本」（頁 1217），則可視爲對何晏「禮樂所貴者非玉帛鐘鼓之謂」的贊成與補充。〔註45〕對此，王弼則說：「禮以敬爲主，玉帛者，敬之用飾也」、「于時所謂禮樂者，厚贄幣而所簡於敬」（頁 1217），直把禮的核心內涵指向了「敬」；禮儀的目的在表達「我」個人的敬意。尤其，當他把「采詩」、「制禮」、「作樂」視爲「三體相扶，而用有先後」關係（〈泰伯〉注，頁 530），並將「因俗立制」的禮樂精神的基礎放在「喜怒哀樂，民

〔註42〕　「易」字有兩種解釋：一爲「平易」，如履平地使人心輕放；二是「治辦」，依衾棺槨一切治辦而哀情不足。意即：奢過於文飾而流於浮華；儉不及於過程儀節而嫌於質樸。奢乃外有餘而內不足；內不足則本失矣，故重點在「與彼寧此」以求「本」。參見錢穆，《論語新解》（北京：生活・讀書・新知三聯書店，2002 年），頁 55。

〔註43〕　樓宇烈根據《玉函山房輯佚書》作「尋禮本意」四字，故本文做如是解。參見樓宇烈，《老子周易王弼注校釋》（台北：華正書局，1983 年），頁 634。

〔註44〕　何晏對「禮之本」與「禮之器」是有明確分辨的。他在解釋曾子告誡孟敬子不應舉動任情一章中，注「君子所貴乎道者三」爲：「此道，謂禮也」而「敬子忽大務小，故又故戒之以此。籩豆，禮器。」（〈泰伯〉注，頁 521）意指子敬乃在位之卿大夫，所重者應在自身的「動容貌」、「正顏色」、「出辭氣」，以使他人能敬其儀、達其誠、樂其言；這與專職禮器管理者所重是不同的。

〔註45〕　繆播原注全文爲：「玉帛，禮之用，非禮之本。鐘鼓者，樂之器，非樂之主。假玉帛以達禮，禮達則玉帛可忘；借鐘鼓，以顯樂，樂顯則鐘鼓可遺。以禮假玉帛於求禮，非深乎禮者也，以樂託鐘鼓以求樂，非通乎樂者也。苟能禮正，則無持於玉帛而上安民治矣。苟能暢和，則無借於鐘鼓而移風易俗也。」（頁 1217）關鍵在必須先確立「苟能～則無持～」的前提，否則「借～以達禮」仍屬於必要手段。再者，繆播對「小人之過也必文」的看法是：「小人之過，生於情僞，故不能不飾，飾則彌張，乃是謂過也。」（〈子張〉注，頁 1314）表達了文飾之過與情僞之變二者的關係，是與何晏觀點相同的。

之自然，應感而動」進而由此衍繹出的創造性詮釋，〔註46〕不但從「民之自然」揭示了「名教出於自然」的主張，同時也呈現了他深究「所以然」問題的思維。〔註47〕

　　簡單地說，何晏所謂「安上治民」或王弼「有爲政之次序」之謂，俱表述了「禮」與政治秩序、社會和諧的關聯性。但可以確定的是，兩人對於「禮」所外顯應對的禮節儀文並不關心。〔註48〕意即，何晏與王弼從哀戚之情與敬禮之意的實感角度出發，探究「禮之本意」所在，及由此所貞定之「原出於自然」或「合乎於自然」的前提，才是形成魏晉「自然與名教」論題的基始點。本節標以「德合自然，尋禮本意」的用意即此。

一、何晏的詮釋觀點：「絕繁禮」以「反民情」

　　何晏對社會政治秩序的關注，可由後人的評論意見窺見：一是，王夫之曾以「厚植人材於曹氏也」重新評價何晏擔任吏部尚書的經歷，〔註49〕這說明何晏對政治事務的積極參與，並非倚勢用事或「虛而不治」的態度（《三國志》卷28／頁759）。二是，東晉王坦之（330～375）〈廢莊論〉曾謂：「何晏云『鬻莊軀，放玄虛，而不周乎時變』。」（《晉書》卷75／頁1965）由此可推知，何晏對隨時世變的考慮，也正反映了他的「好《老》《莊》」乃存在著程度上的差異。基於這樣的考量，下文試圖就何晏《論語集解》及〈景福殿

〔註46〕王弼對於「興於詩，立於禮，成於樂」的解釋，是放在「有爲政之次序」（〈泰伯〉注）的脈絡下看待。簡言之，這種「因俗立制」的根本就在人民之喜怒哀樂的自然情感。王曉毅認爲，這是王弼論證禮樂制度與人類真情之關係的最重要的資料。參見王曉毅，《王弼評傳》（南京：南京大學出版社，1996年），頁320。另外，余敦康則以爲，王弼的解釋發掘了孔子禮樂思想的深層文化理想。參見《何晏王弼玄學新探》（北京：方志出版社，2007年），頁258。

〔註47〕參見林麗真，《王弼》（台北：東大圖書公司，1988年），頁150～頁151。

〔註48〕證明之一，何晏與王弼對於〈堯曰〉「不知禮，無以立」與〈季氏〉「不學禮，無以立」兩章，均未作注。對此，程樹德謂：「禮，止指禮文而言耳。」（《集釋》，頁1378）證明之二，何晏對於「麻冕，禮」或「拜下，禮」的看法是：冠帽材質或行禮位置的差別並非禮的真意所在，因此在態度上既可「從眾」亦可以「違眾」（《集釋》，頁571）。至於王弼所說「形以定名，字以稱可」、「凡物有稱有名，則非其極」（《老子》〈25〉注），便知他對具體的名號與條目並不關心。

〔註49〕王夫之反駁史載何晏「曲合曹爽政黨，典選任官多拔擢故」的觀點，並以「孤忠」重新定位何晏。參見王夫之，《讀通鑑論》（北京：中華書局，2002年），頁283～頁284。

賦）以及〈奏請大臣侍從游幸〉兩篇疏文〔註50〕所呈現的觀點，以說明何晏對「聖人作制」的認可，以及他對「道」的理解仍未脫略「人可由之」的本義；〔註51〕而這兩方面又都與他對「禮之本」的看法密切相關。

（一）聖人作制，德者無為

何晏於〈景福殿賦〉寫道：「規矩既應乎天地，舉措又順乎四時」，則可「絕流遁之繁禮，反民情於太素」而臻於「優遊以自得」、「淡泊而無所思」的「至治」景況。顯然，何晏的關心仍在「如何達於至治」。所以，他提出「體大作制」、「順時立政」作爲根據，申述了「遠則襲陰陽之自然，近則本人物之至情」的想法（〈景福殿賦〉）。其重要性在於，何晏嘗試以「思其反」──由用以求體、由體而及用──的方法聯結本體與現象，並藉此提出名教本於自然的思想。〔註52〕

從「規矩」、「舉措」「作制」與「立政」字詞的使用，可以看出何晏對儒家「聖人作制」的接受；尤其是何晏借孔安國對「天將以夫子爲木鐸」的話語表述爲：「木鐸，施政教時所振也。言天將命孔子制作法度，以號令於天下。」（〈八佾〉注，頁220）〔註53〕這意味著他承認一切政制設置的合法性，只不過「作制」──制作禮樂〔註54〕──需依從「體天」、「順時」的原則。故知，何晏所謂「絕繁禮」，純然只意在對繁文縟節的絕棄而已。另一方面，何晏又以「本至情」與「反民情」，強調了「本於自然」，乃是「源出於自然」且「自然而然」的意思，此其思想新義之所在。於是可知，何晏所說的「自然」包括了兩個層面：一是，聖哲帝皇的作制立政，當效法天地陰陽的「自然而然」，

〔註50〕 〈景福殿賦〉寫於魏明帝太和六年（232）；〈奏請大臣侍從游幸〉則爲齊王芳正始八年（247）秋天擔任吏部尚書的上疏文。全文詳見《全三國文》卷39。

〔註51〕 古代對「道」字的七種用法，參見汪中江，《道家形而上學》（上海：上海文化出版社，2001年），頁104～頁105。

〔註52〕 余敦康以「思其反」作爲何晏對社會政治倫理的探索原則。參見氏著《何晏王弼玄學新探》（北京：方志出版社，2007年），頁85。

〔註53〕 何晏《論語集解》：「聖人受命，則鳳鳥至、河出圖。今天無此瑞，吾已矣。夫者，傷不得見也。」（〈子罕〉注，頁589）不論孔子原意是自傷不得王天下抑或是傷時無明王而已不見用，當何晏引孔安國注「聖人受命」即已隱含聖人受天命而立政制的意思。

〔註54〕 何晏與王弼對「述而不作」的解釋偏重在老彭對古事的傳述，但皇侃疏：「述者，傳於舊章也。作者，新制作禮樂也」，「夫得制禮樂者，必須德位兼並」，「所以然者，制禮樂必使天下行之」（《論語集釋》，頁435），便「作／述」之別，說明了「聖王作制」的想法。

此處另有將政治上「自然無爲」含具於內的用心。二是，聖王所設立制度，其所「順」與所「應」的內容，還需以「人物之情」與「民情」爲主；此處展現了他以「人情」作爲禮制主要內容的思致。

無可否認的，何晏〈景福殿賦〉乃奉命應時而作。不過，從「上則崇稽古之弘道，下則闡長世之善經」的立詞，以及「感物眾而思深，因居高而慮危」、「除無用之官，省生事之故」的各項內容來看，何晏於賦文所欲寄寓意者，乃在期盼魏明帝曹叡（205～239）能「想周公」、「慕咎繇」進而達至「家懷克讓之風，人詠康哉之詩」的至治局面。於是，不難看出何晏以三皇五帝的「聖王」形象作爲「至治」的理想指標，這使得進一步說明何晏對體天作制層面的「自然無爲」之意涵爲何，是必要的。

首先，對比何晏與王弼詮釋「唯天爲大，唯堯則之。蕩蕩乎！民無能名焉。巍巍乎其有成功也，煥乎其有文章！」（〈泰伯〉），適足以呈現看待政制的兩種態度：

〔何注〕：則，法也。美堯能法天而行化。蕩蕩，廣遠之稱。言其布德廣遠，民無能識其名焉。功成化隆，高大巍巍。煥，明也。其立文垂制，復著明也。

〔王注〕：聖人有則天之德。〔註55〕所以稱唯堯則之者，唯堯於時全則天之道也。蕩蕩，無形無名之稱也。……故則天成化，道同自然，……。功成而不立其譽，罰加而不任其刑。……。（《集釋》，頁550）

兩人都從效法天道自然的角度切入。但對「蕩蕩」二字的詮釋，便透露了兩人觀點的歧異：王弼主要是針對等級名分區分後所產生的「私」、「偏」、「不周」的問題，進而以「不立～」、「不任～」的句法，闡述對有形有名之名分制度的一種存而不論之態度，〔註56〕此即「修本廢言，則天而行化」（〈陽貨〉注，頁1227）。反之，何晏乃以「布」、「立」、「著」等強調聖人依循天道而有所作爲的字眼，呼應了《論語》文本使用兩次「巍巍」的用意：前一次是對堯的法天之「德」的讚嘆；後一次則是對堯設立典章制度，〔註57〕仿若敷彩

〔註55〕 牟宗三：此明示孔子深契於堯舜之渾化與無爲之境界，「王弼出而以道家言指點而豁醒之，其功豈得謂小哉？」《才性與玄理》，頁122。

〔註56〕 王弼：「左契，防怨之所由生也」（〈79〉注），是他唯一承認契約規矩具有效力的地方。但他的重點仍在有書契爲據可以從容以待、避免餘怨的產生。

〔註57〕 另外，可資證明的是，何晏對「郁郁乎文」注爲：「周文章備於二代，當從之。」

煥然之「功」的稱美。但必須注意者，何晏重點仍放在制度乃效法天地自然而有，具體的施設內容則非其關心所在。〔註58〕

如是，似乎何晏更貼近的是儒家思想的「無為」意涵。證諸於《論語集解》及其他文章，不乏儒家的聖王形象可知。首先，「欽先王之允塞，悅重華之無為」一句（〈景福殿賦〉），重華指的是舜。但重點在於，舜所承繼與傳遞的「道」的內容為何？何晏對「無為而治者其舜也與」的看法，是「言任官得其人。故無為而治」（〈衛靈公〉注，頁1063），重點在這句話是何晏自己下的注語；「得其人」則「無為」，此即所謂：「舉正直之人用之，廢置邪枉之人，則民服其上。」（〈為政〉注，頁117）原因在於「舉用善人而教不能者，則民勸勉」（〈為政〉注，頁120），藉著扶掖有德之人來教導其他人，這也就是「導之以德，齊之以禮」的最佳詮釋。〔註59〕此外，何晏還將民心悅服的關鍵，指向了從政居位者（這裡包括一般出仕任官者）當深知「為政之道，居之於身，無得解倦，行之於民，必以忠信也。」（〈顏淵〉注，頁862）可以注意到，孔子對子張問政的回答只有「行之以忠」，也就是唯有出於真誠地盡心愛民，才不致有所懈怠；何晏則以「忠信」強化了上述「允執其中」——誠信不欺的意涵。也就是說，要獲得人民盡心忠敬的回應，最好方式就在「君能上孝於親，下慈於民，則民忠。」（〈為政〉注，頁120）這仍是以在位者出自於內心的孝親慈民作為首出條件。因此，何晏將「凡此二帝三王所以治也，故傳以示後世」的內容，歸納為兩項原則：「為政信執其中」與「政教公平，則民說矣」——盡己忠信與任賢用善（〈堯曰〉注，頁1349，頁1368）。

其次，「德者無為」，顯見「無為」概念與人君自身之「德」相關；而且

〔註58〕（〈八佾〉注，頁183）此處的「文章」，就是指周公制禮作樂的典章法度。這種論述方式，可以西晉「著論究人道之綱」的潘尼相參照。潘尼於〈乘輿箴〉描述了從「元元遂初，芒芒太始」的「上下弗形，尊卑靡紀」往「皇極啟建，兩儀既分。彝倫永序，萬邦已紛」的一種歷史發展觀。（《晉書》卷55／頁1514）也就是，從天地分判之後，帝則開始建立且人道隨之有了相應的永恆等序。舉凡魏晉人使用「元元」、「太上」、「其次」、「末世」，都是將「治世」理想的序列蘊藏於時間觀的用法。

〔註59〕「道之以德」何晏引包咸注「德為道德」（〈為政〉注）。另外，在「善人為邦」一章，亦表達了能在不用刑殺的情況下，使殘暴之人不為惡也（〈子路〉注）。唐君毅：齊，乃齊平而非整齊之齊，「即平齊地施此禮敬之心以為政，則教民之守禮之意，自在其中」。參見《中國哲學原論・原道篇・卷一》（台北：臺灣學生書局，1986年），頁99。事實上，這種非強制性的德化，即是儒家「無為」思想的表徵。

還包括在位者以自身德行引導人們建立自己的德性。

何晏以「德者無爲」爲「爲政以德」下了註腳（〈爲政〉注，頁 64）。此中關鍵仍在「無爲」的內容所指爲何？它與「德」的關係爲何？王夫之《讀四書大全》：「若更於德之上加一無爲以爲化本，則已淫入老氏無爲自正之旨。」據此，錢穆依朱子「德之爲言，得也，行道而有得於心也」（《集釋》，頁 64），進一步申述：「德者德性，即其人之品德」、「惟德可以感召，可以推行，非無爲。」（《論語新解》，頁 24）意即，爲政者當以一己之德性爲治人之本。徐復觀引用了同樣朱子注的另一句：「爲政以德，則無爲而天下歸之」（《集釋》，頁 64），進而定義了「德治即是無爲之治」——不以私意或強制手段治民；而是「人君以自己內外如一的規範性的行爲（德）來從事於政治」，使人民在自己良好的影響下得以「自爲」。簡言之，內外合一的「德」，是先從「人之德」的意義確立後，才是「人君之德」；而「用人得當，便是人君之德」，所以何晏的解釋是非常得當的。〔註 60〕依此可說，何晏對「脩己以敬」、「脩己以安百姓」的論述還是回到了「敬其身」的脈絡（〈憲問〉注，頁 1041）。所以，何晏對於季康子問政二事，直接從「民之化於上」聯繫了孔子的「子之不欲」〔註 61〕與「子欲善而民善」的答案，所指仍意在「其身正」的正當行爲。正是基於「將立德，必先近仁」的觀念（〈景福殿賦〉），時任齊王芳尚書的何晏，才會以〈奏請大臣待從游幸〉疏文提出建言：「善爲國者必先治其身，治其身者愼其所習」，「是故爲人君者，所與游必擇正人，……然後邪心不生而正道可弘也。」（《三國志》卷 4／頁 122）從「身正令行」，直指了君主之德對民心風化的關鍵作用。

延續「譬如北辰，居其所」的維度，何晏以舜的「恭己正南面」聖王形象，作爲人君（或各級居位者）自身「修己」以至教化人民的指趣，最後歸結於「爲國者舉事必敬愼，與民必誠信。節用者，不奢侈也。國以民爲本，故愛養之也。」（〈學而〉注，頁 25）所謂「敬事而信，節用愛人」包括了兩

〔註 60〕 參見徐復觀，《中國思想史論集》，頁 211，頁 219。

〔註 61〕 參見〈顏淵〉注，頁 865，頁 866。值得注意的是，何晏引孔安國注「欲」爲「情慾」，是《論語》出現 40 次「想要」的「欲」字之外，很特殊且重要的解釋。於是，東晉李充引用《老子·57》「我好靜而民自正」來詮釋此章，正與王弼所謂「上之所欲，民從之速也」（〈57〉注），故需以「崇本息末」爲方法的意旨相通。這顯示了魏晉思想家對「政者，正也」的共同表述。《論語》相關字詞索引，詳見楊伯峻，《論語譯注》（北京：中華書局，1980 年），頁 276。

層意思：一者，如上所述，在位者須敬謹於政務而不驕肆，且必以無欺誠實
取信於民。二者，「愛人」直指為「愛養人民」的責任與行為，於是注意到「舉
直錯諸枉」除了「任官得人」之外的第二種用法：「舜有天下，選於眾，舉皋
陶，不仁者遠矣」，如是方為「愛人」之意。易言之，舉任正直賢能者，除了
有「廢置邪枉之人，則皆化為直」的效用之外，它還有「選擇於眾」的「公
義」思想於其中（〈顏淵〉注，頁 873，頁 875）。

　　「選於眾」之所以是一重要概念，即其含具了《春秋》「譏世卿」的深義；
此乃對家族身分制度的翻轉，清楚地指出禮的基礎在「義」　　就是以與私
利相反的社會共同利益為前提，所形成事物之所當然為客觀準則。孔子所說
的禮的新內容，即是在此共同利益要求下，規定出一套與之相應的立身處世
的行為形式；此即禮的基礎：乃發自內心的仁。〔註 62〕就何晏與曹魏時期多
篇舉薦疏文內容來看，〔註 63〕皆流露出任官授職並非出於私相授受的公共意
識；此即基於「公義」前提而有的人材選用觀。

　　綜上所述，可用「則天行化」概括何晏的論述：效法天地自然的部分就
由「德者無為」所涵攝的相關內容呈現；至於落實施行教化的具體舉措，就
可用「為國以禮」來說明。〔註 64〕

（二）禮用貴和，民德歸厚

　　何晏對禮作為人道之要，有兩點看法：一是，何晏對「三綱五常」禮典之
損益因革，採取「文質禮變」的立場（〈為政〉注）；意即「制」與「秩」的變
易裁益，都以「禮」作為人道綱常而展開。二是，何晏認為禮的損益是以「文
質得中」為尺度的，故謂：「凡繪畫先布眾采，然後以素分布其間，以成其文，
喻美女雖有倩盼美質，亦須禮以成也。」（〈八佾〉「繪事後素」注，頁 159）所

〔註 62〕參見徐復觀，《中國思想史論集》（台北：學生書局，1993 年），頁 237～頁 238。
〔註 63〕譬如曹操譬蔣濟為丞相主簿西曹屬（《三國志》卷 14／頁 540），而蔣濟《萬
機論‧政略》亦申述「君正之治，必須賢佐」：盛德之治、慎在擇人的觀點（《全
三國文》卷 33）。又或者如陳羣薦管寧疏皆是此意（《三國志》卷 11／頁 358）。
〔註 64〕此處，可注意到魏高貴鄉公於甘露元年（256）親蒞太學問諸儒經義的內容。
一是，《易》之深義在說明「聖人化天下」、「近取諸物，遠則天地」以及「變
易」之義。二是，講《尚書》重在「唯天為大，唯堯則之」的詮釋，由此引
申聖人揚仄陋、舉賢能以符眾人心意。三是，從《禮記》「太上立德」申述五
帝三王教化之異，在於「時有樸文，化有薄厚」（《三國志》卷 4／頁 138）。
如果對照本文對何晏觀點的解析，那麼這三項內容，至少呈現了代表曹魏正
始至甘露年間，知識群體對經典接受與詮釋上的共識。

謂「以素喻禮，故曰禮後」的「後」字，似有本末先後之意；意即「美質」仍
有待「禮文」來完善，二者並非可斷然分為兩截或有價值上的高低之別。

由於何晏將人君與在位君子定位在「務所以化導民之義」（〈雍也〉注，頁
407）。在此基調下，「智者」當「樂運其才知以治世，如水流而不知已」（頁 409）；
與此同時，還要注意到「智能及治其官，而仁不能守，雖得之必失之」、「動必
以禮，然後善也。」（〈衛靈公〉注，頁 1121）故就治民之道而言，雖能以智得
民也要能以仁心而不失民；唯能以義理節文安民情，方有秩序之和善。

是以，何晏在《論語集解》有兩處，認可了孔子「為國以禮」的想法並
加以闡述。一是，「為國以禮，禮貴讓，子路言不讓，故笑之。」（〈先進〉注，
頁 814）夫子深知子路有治國之志向與才能，故笑其直言不讓。二是，「以禮
讓為國乎？何有？不能以禮讓為國。如禮何？」何晏從問句的反面「何有者，
言不難。如禮何者，言不能用禮。」承認了以禮治國是最簡單的方式。晉代
江熙的看法，可視為補充，其言：「人懷讓心，則治國易也。不能以禮讓，則
下有爭心，錐刀之末，將盡爭之。」（〈里仁〉注，頁 256）可見，「禮」是以
「讓」為實質內容的；〔註65〕而且聖王制禮意欲使人心平和而國治久安，其
所以可能的關鍵即在此。至於禮讓之具有定民志、弭爭亂、國與立的效用，
何晏主要是從「節」與「和」兩方面論述的。

先就個人的節制約束而言，何晏解讀「克己復禮為仁」一章，其謂：

> 克己約身。復，反也。身能反禮則為仁矣。一日，猶見歸，況終身
> 乎？行善在己，不在人也。知其必有條目，故請問之。此四者，克
> 己復禮之目。（〈顏淵〉注，頁818）

何晏主張「克己」乃約束檢括自身之意；〔註66〕「復禮」則是使失禮的行為能
反於「禮之中」。至於克己復禮的條目「四勿」——非禮勿視、非禮勿聽、非禮
勿言、非禮勿動，意味著禮並不專就社會禮儀風俗而言，舉凡自身言行舉動皆
是禮；所以說能自省己身之不合於禮處者即是「仁」。「為仁為己」說明了這種
自省的仁心是內在的；「一日克己」與「天下歸仁」的對比是用來強調仁心效應
之速。重點還在，為仁之事雖切己而與他人無涉，但由「己／人」對舉另外隱

〔註65〕 錢穆：此章獨舉讓，乃緣於在上者若誤認禮為下尊上，即不免有爭心，事實
上，「禮必兼雙方，又必外敬內和。知敬能和，斯必有讓。故讓者禮之質。」
參見《論語新解》，頁 96。

〔註66〕 因此，在何晏看來，即便恭、慎、勇、直都是美好的德行，若「不以禮節之」
仍會產生失誤。〈泰伯〉注，頁 514。

喻了這樣的意義：「復禮」是要求己身舉止合於禮度；而這種自省的仁心始終存著將「他人」納入的想法，此即「禮用貴和」的想法。

　　其次，在「禮之用，和為貴」的看法，何晏表述為：「人知禮貴和，而每事從和，不以禮為節亦不可行。」（〈學而〉注，頁 48）在人際關係中，「我」的禮讓不爭是促進彼我和諧融洽的先決條件；當然，一味地求和順人心而不以禮為節限，以致失去人我分際也是不可以的。就「禮讓而和」來看，可注意到晉欒肇所謂：「以爭名施於小人，讓分定於君子也。」（〈八佾〉注，頁 155）似乎突顯了「不爭」、「為仁」的君子形象。同樣，何晏說：「君子心和，然其所見各異，故曰不同。小人所嗜好者同，然各爭利，故曰不和。」（〈子路〉注，頁 936）強調了君子「不爭」故曰「心和」，心和而後能與人和；這當然與上述「約身反禮」的自省工夫是分不開的。事實上，更關鍵的是由「君子責己，小人責人」態度，對比出君子「責己厚，責人薄，所以遠怨咎也」的結果（〈衛靈公〉注，頁 1103，頁 1097）「遠怨咎」的意思是，責於己者必先自治修身而無暇指責他人，自然免卻對他人或來自他人的怨懟咎悔。這都是藉由我的「後退一步」，所留給彼此餘裕空間，而能共存於禮樂生活實踐場域的仁心。

　　固然，自修君子具有「心和」的貞定力量。不過，既然何晏有「以禮為國」的想法，自然他更重視在位君子的引導作用，故言：「器者各周其用，至於君子，無所不施。」（〈為政〉注，頁 96）要知，其無所不施用與所欲誘導的對象當然是人民，此即如夫子喻子貢之材用乃「瑚璉之器」──「宗廟之器貴者」，借江熙注釋：「瑚璉置宗廟則為貴器，然不周於民用也。」（〈公冶長〉注，頁 293）便揭示了魏晉思想家始終以是以務民之義作為價值依歸的。再者，無所不施之周遍如何可能？答案即是在位君子乃以「忠信為周」而不以私利私情結合（〈為政〉注，頁 101），故得博施濟眾為「仁」，此即上述以忠信居身施行於民之意。此處，已透顯何晏是從訴諸於內心真實情感的角度，來看待禮與仁的關係。〔註67〕

　　何晏所謂「言人而不仁，必不能行禮樂」（〈八佾〉注，頁 142），乃是基於這樣的前提：「仁者，行之盛也，寡能及之，故希言。」（〈子罕〉注，頁 565）

〔註67〕有兩段注文可證明。一是，宰子問「三年之喪」，何晏對夫子答以「予之不仁」
　　　　注為：「責其無仁恩於親，故再言『汝安，則為之』」（〈陽貨〉注，頁 1237），
　　　　即是從不忍之情與反求諸己來論證。二是，「巧言令也鮮矣仁」，何晏是從「巧
　　　　言無實，令色無質」（〈陽貨〉注，頁 1225）來解讀。

這兩句話論及禮與仁的關係，而且還包括「禮」之本在「仁」的意思。要知，仁不僅是人與人之間互感的眞情厚意，〔註68〕在何晏看來，它還涵具了「仁者功施於人，故可倚」之意（〈述而〉注，頁443）。因此，何晏所謂「道，謂禮樂也。樂以和人」（〈陽貨〉注，頁1189），便是從禮樂可提昇仁的精神之發用而說，〔註69〕這也正是「君子學道則愛人」的內蘊所在。於是注意到他對「君子篤於親，則民興於仁」的看法，其注：

> 興，起也。君能厚於親屬，不遺忘其故舊，行之美者也，則民皆化之。起爲仁厚之行，不偷薄。（〈泰伯〉注，頁515）

引文說明了仁者「行之盛」的內容以及「仁之功」之效益；二者結合即是己立立人的「爲仁路徑與方法」──「仁者之行。方，道也。但能近取譬於己，皆恕己所欲而施之於人。」（〈雍也〉注，頁428）何晏扣緊「近取」二字，詮釋了行仁之「道」之具體意義，於此貼近了「可供人行」的「道路」本義。事實上，最切近人們生活並且可於其中體現仁德眞情的事件，就是喪與祭，其言：

> 愼終者，喪盡其哀也；追遠者，祭盡其敬。人君能行此二者，民化其德而皆歸於厚也。（〈學而〉注，頁37）

何晏始終以「盡敬」與「致敬」所作爲「祭」的核心，故謂「故不致肅敬於心，與不祭同」（〈八佾〉注，頁176）。「致」字的重點，還不只是親臨與祭弔喪而已，更在於我的到場以致獻出滿懷誠敬之意。也正是基於這種心理而說：「喪者哀慼，飽食於其側，是無惻隱之心。」（〈述而〉注，頁450）這是將我的同理心外顯爲「未嘗飽食」的行爲，以表示對他人悲愴的感同身受。因爲，不論愼終或追遠，之所以可以產生「民德歸厚」之效，根本原因就在於我致祭虔敬心意的對象乃一已逝的祖先或親友；現實地說，死者已矣，因此這樣的致祭並不挾雜任何功利因素，唯是一片眞情流露故而能醇厚。

（三）以無爲本，開務成物

何晏雖於〈道論〉率先提出「有之爲有，恃無以生」之說，進而奠定了正

〔註68〕 錢穆與李澤厚都認爲孔子以仁釋禮，是以「仁」的眞實情感作爲基礎，從而對在儒學產生之前即有的「禮」作出重新闡釋。參見錢穆，《論語新解》，頁54，以及李澤厚，《歷史本體論‧己卯五說》（北京：生活‧讀書‧新知三聯書店，2003年），頁180，頁181。杜維明則指出：孔子消弭「仁」與「禮」衝突的方法，就是維持二者的緊張性並從事道德自我修養。參見〈「仁」與「禮」之間的創造緊張性〉《人性與自我修養》（台北：聯經出版事業公司，1992年）。
〔註69〕 此章解釋，可有三層意涵。參見徐復觀，《中國藝術精神》，頁20。

始時期「貴無論」的基調。〔註70〕但就本文視域而言，何晏在〈無名論〉表述的「聖人以自然爲用」命題，乃是以上述「德者無爲」概念，作爲關鍵索引的；此即其「運才智」以「開物成務」──通萬物之志，成天下之務〔註71〕──的思考。

理由在於，何晏從夏侯玄（208～254）「天地以自然運，聖人以自然用」之說，繼而以「自然者，道也。道本無名」爲核心展開闡述（〈無名論〉）。其云：「夫道者，惟無所有者也。自天地已來，皆有所有矣。然猶謂之道者，以其能復用無所有也。」（〈無名論〉）以及「無也者，開物成務，無往不成者也。」（〈無爲論〉）此中，指涉具體事物的「有所有」，乃有別於其存在變化所循所由的「道」之「無所有」，但二者的體用關係，卻得由「復用無所有」之「由用顯體」，〔註72〕以及「以無爲本」之「開物成務」兩方面相須而成。當然，何晏對「有所有」與「無所有」的論證有其欠缺處，但誠如余敦康所言：何晏的論點無非是在發揮自然之道的功能以解決人道的問題。因爲，「天地以自然爲運」不是新命題，「聖人以自然爲用」結合自然與名教才是玄學的創發；而這個自然之道是蘊含著體用關係的。〔註73〕

是以，不能忽略夏侯玄在〈時事議〉回答司馬懿的重點，他除了將選舉之法與風俗清靜連繫起來之外，還論及了質文禮度的看法：

> 文質之更用，猶四時之迭興也，王者體天理物，必因弊而濟通之，時彌質則文之以禮，時泰侈則救之以質。……文質之宜，取其中則，以爲禮度。……夫上之化下，猶風之靡草。樸素之教興於本朝，則彌侈之心自消於下矣。（《三國志》卷9／頁297～頁298）

「體天理物」無異於何晏「體天作制」的想法；至於「樸素之教」，何晏亦表達了若以禮樂治世，則可歸於質樸而不求文飾，其言：

> 禮樂因世損益，後進與禮樂俱得時之中，斯君子矣。先進有古風，斯野人也。將移風易俗，歸之淳素。先進猶近古風，故從之。（〈先

〔註70〕關於何晏〈無名論〉的思想史定位，參見高晨陽，《儒道會通與正始玄學》（濟南：齊魯書社，2000年），頁149與王曉毅，《王弼評傳──附何晏評傳》（南京：南京大學出版社，1996年），頁124。

〔註71〕此處借用韓康伯《易》〈繫辭〉注之語。參見樓宇烈，《校釋》，頁551。

〔註72〕何晏〈道論〉、〈無名論〉的解析，詳見高晨陽，《儒道會通與正始玄學》，頁147～頁165。

〔註73〕參見余敦康，《何晏王弼玄學新探》，頁82，頁256。

進〉注，頁 737）

「先進」的解說分歧，何晏採取「前輩」之意。「野人」與「君子」分別代表
了「質」與「文」；「因世損益」與「得時之中」意味著禮文儀節愈趨謹密，
離「文質彬彬」愈遠，必需以適時、適用爲更革的尺度。這也是夏侯玄所謂
文質更用如四時迭興之意。此處「移風易俗，歸之淳素」，就表述了與上述「民
德歸厚」的相同思致。

　　於是，最後仍得回到「聖人與天地合其德」一句的脈絡（〈憲問〉注，頁
1020）。所謂「大人者與天地合其德」源出於《周易》，語意是「大人」與天
道相契之美德，乃如四時有序來施設政教法度，使人民能安生得養。於是，
何晏：「惟天德之不易，懼世俗之難知。觀器械之良窳，察俗化之誠僞，瞻貴
賤之所在，悟政刑之夷陂，亦所以省風助教。」（〈景福殿賦〉）其中的「天德」
就成爲關鍵線索。根據〈乾卦〉「天德不可爲首」的語脈，意思是天道運行的
特點是沒有端際的，是始卒若環、始終相續的，〔註 74〕而何晏這段話最後仍
將「天德」歸結於「省風助教」四字，毋寧說這就是何晏對唐堯效法天道自
然——「立文垂制，功成化隆」的禮讚。

　　由上述所析，可見何晏對「禮」的看法，有從「敬意」與「哀戚」之眞
情實感的角度，展現其對「禮之本意」探問的企圖。平心而論，由於何晏所
重者在「作制」之「功」與「立政」之「用」，致使「反民情於太素」——以
人的內在眞情爲理據的觀點，顯得不夠深刻；或許這正是何晏以「可與之論
天人之際」來稱許王弼的深層原因。

　　事實上，何、王並稱的討論方式有待商榷，卻也無法否認兩人因身處同
時代而具有共同的關注與思想語彙。至少，何晏「禮用貴和」的講法，王弼
也由「以文明爲德」的「君子」所展現「和同於人」與「文明不犯」的特點，
〔註 75〕來說明「文明」、「文德」所涵具人我關係和諧的意涵。〔註 76〕如前所
說，王弼亦言「則天成化」，故謂「觀天之文，則時變可知也；觀人之文，則

〔註 74〕 參見樓宇烈，《王弼注校釋》，頁 217，與陳鼓應，《周易今注今譯》（北京：商
務印書館，2005 年），頁 12。
〔註 75〕 樓宇烈：「文明（指禮義顯明）則不犯於物」（《校釋》，頁 292）。王弼的「不
犯」應與其「止物不以威武，而以文明」的意思相同。（〈賁卦〉注，頁 326）。
〔註 76〕 諸如「行健不以武威勢，而以文明」（〈同人卦〉注，頁 284）與「文明不犯」
（〈大有卦〉注，頁 290）皆是此意。再者，凡是王弼注「文明」處，樓宇烈
皆以「禮義」解釋。

化成可爲也。」（〈賁卦〉注，頁326）此仍是以人文取法天文，天文成於自然的思考。不過，一旦王弼說出「處飾之終，飾終反素，故任其質素。」（頁328）就必須注意到他以「飾／素」對擧的用意。事實上，這句話與「處其實，不居其華。故去彼取此」有相同喻意（〈38〉）。這顯示了：「文」在王弼的詮釋脈絡下，雖有文明禮義的用法，但更多時侯他是用以指稱過分華麗的文飾與人爲造作，於是他以內在眞實源自於自然之性，外之虛文來自於人爲之飾的「內實外文」思路，〔註77〕展現了與何晏不同的論述。

二、王弼的詮釋觀點：推誠歸厚以反眞

以「時人棄本崇末，林放尋禮本意」爲主軸（〈八佾〉注），不難發現這樣的事實：王弼〈老子指略〉中「崇本息末」與《論語釋疑》「擧本統末」的「本」字，除了「道」的形上意義之外，還以《周易注》之「閑邪存誠」之「誠」字，點出了源於自然本性之眞心實感的意涵。與此同時，還發現王弼將「以禮爲國」置換成「以道治國，崇本息末」的思致。

基於「道——德——性」的關係：「道者，物之所由也；德者，物之所得也。由之乃得。」（〈51〉注）王弼所提出「以道治國」的聖人圖式，乃是以「自然，然後乃能與天地合其德」爲特點（〈77〉注）；並由此確立他的論述主軸：「道以無形無爲成濟萬物，故從事於道者以無爲爲居，不言之教，緜緜若存，而物得其眞。」（〈23〉注）這可從三方面說明「以道治國」的內容，並於此區別於何晏「功成化隆，立文垂制」的聖人形象。

第一，王弼在《論語釋疑》固謂聖人有「則天之德」，但他更側重從「道同自然」來詮釋聖人效法天道的意義。因此，夫子「天何言哉」不過是天地四時的自然運行，但王弼卻借「擧本統末」、「修本廢言」的論述方法，闡發了「天地之心見於不言」的命題（〈陽貨〉注，頁 1227）。他以「不言之教」來解決立言垂教所產生「湮之弊」、「勢之繁」的問題，目的在突顯以「無爲」爲「本」的「天地之心」。其中「不言」的「言」乃指「聲教法令」，用法同於「多言數窮，不如守中」（〈5〉）與「悠兮其貴言」（〈17〉）。

因此，王弼以「悠兮其貴言」這種無意於好發施令的悠然態度（〈17〉注），申述了「聖行五教，不言爲化」的觀點（〈老子指略〉）。其中，「五教」就是

─────────────────

〔註77〕此處借用陳鼓應的說法，參見《周易今注今譯》，頁217。

父子、君臣、夫婦、長幼與朋友之間的人倫關係;「行五教」自是認肯了人倫關係的已然既在與必要存在,因而問題只在於「如何施行」。值得注意的是,當王弼將「五教之母」之「母」確立為「道」、「自然」而謂之「治不以此,則功不成」(〈老子指略〉),於此之時就呈現了視域的轉換與詮釋之新義。王弼首先確立了「道」是「古今不同,時移俗易,此不變也」的「常」,因而「聖行五教」所關心的是「怎樣的」人倫關係才是「自然合理的」,而它又該「如何」達至的問題。顯然,「舉本統末」與「不言之教」是王弼論述的重要原則。

第二,根據郭店楚簡出土資料,已經證明《老子》十九章的原文是「絕知棄辯」與「絕偽棄詐」,這意味著老子所反對者乃「辯」、「詐」之「偽」,而要求返回「孝」、「慈」等真情實感。王弼既然承認「聖智,才之傑也;仁義,行之大者也;巧利,用之善也。」(〈老子指略〉)他也明確表述過「自然親愛為孝,推愛及物為仁」(〈學而〉注,頁 15),那麼,又如何與「絕聖棄智」、「絕仁棄義」的主張不相衝突?關於前者,王弼言:「唯能是任,尚也曷為?唯用是施,貴之何為?尚賢顯名,榮過其任,為而常校能相射。」(〈3〉注)可見,「不尚賢」並非摒棄賢能之人不用,而是將焦點放在人們互較材能以求名聲的作為,因為有爭競之心而致亂。故「不尚賢能,則民不爭」(〈27〉注),乃剋就標榜稱譽賢能之名所衍生的問題來說,某種意義上是亦與名實問題有關。

是以,關於仁義孝慈,王弼皆從發自內心真情實感的角度來說;由「性其情」的脈絡,將「性」界定在「樸」、「真」自然質性的做法得見。〔註 78〕於是,按其定義:「凡物,不以其道得之,則皆邪也。」(〈54〉注)即知王弼尤其關注「心好流蕩失真,此是情之邪」的問題(〈陽貨〉注)。由此推論,王弼所意欲「絕」、「棄」者,乃是「任智用明」而滋生之「邪」以及「望譽冀利」存心而為的「偽」。有鑒於此,王弼認為可作為古今共同不易之法則者,即是「與物反真」而「不以智治」。

第三,對邪滋偽生的警覺,王弼借用《易經》「閑邪存誠」話語,在〈老子指略〉中以「閑邪在乎存誠」闡述了「崇本息末」的觀點。就「崇本息末」、「崇本舉末」作為王弼的解釋方法而言,乃是將「以無為本」視為基礎,並以「執一統眾」的方式把握《老子》文本整體精神,使之「立主以定」的過程。這裡面,存在著王弼的認識圖式與價值取向,及其創造性詮釋所建構的

〔註78〕「性其情」的觀念,詳見林麗真與高晨陽前揭書所述。

新意義。〔註79〕其次，「息末」雖強調依「本」作為現象與本體關係的處理原則。〔註80〕不過，一旦當王弼把本末關係比爲母子關係之時，從他所反對「捨本以逐末」的「末」——智術、巧僞、淫邪諸種人爲矯揉的內容來看，此時的「息」應是「止息」與「停息」之義。〔註81〕依此而論，王弼所謂「以道治國，崇本以息末」（〈57〉注），〔註82〕顯然更著重的是息淫去華、寡欲息競等內容。

再者，王弼所說的「誠」自與其「樸」、「眞」概念相通。〔註83〕但若考慮王弼所說「志在濟物，心存公誠，著信在道，以明其功。」（〈隨卦〉注，頁304）就不難發現「物」、「功」都隱含了「天下」與「天功」的概念於其中。尤其，王弼說「不信於物，物亦疑焉，故勿疑則朋合疾也。」（〈豫卦〉注，頁300）就有把「豫」的「和豫喜樂」涵意，聚焦在朋友或眾人之間「誠信無疑」的用心。在這個意義上，王弼所謂「推誠訓俗，使民歸厚」，便藉由「推」與「歸」字指出了對象與方向；而他所說的「誠」、「信」便在這個層次上與徐幹、杜恕所提出「貴信著誠」的想法相同，是與社會秩序和諧存在著密切關係的。那麼，藉由「閑邪存誠」四字，所透露的眞僞分判之端倪，或許從內心眞實情意來解

〔註79〕參見周光慶，《中國古典解釋學導論》（北京：北京中華書局，2002 年），頁405。

〔註80〕余敦康即指出：王弼「『崇本息末』這個命題帶有強烈的時代氣息，而且著重運用於政治謀略思想的探討。」這是王弼對時代課題的創造性理解。參見余敦康，《魏晉玄學史》（北京：北京大學出版社，2004 年），頁122。

〔註81〕關於「息」字的解釋：①王曉毅主張「息」是消滅、抑制與停止，王弼的「息末」是要堅決去掉有爲的政治手段。參見《王弼評傳》，頁266。②林麗眞認爲，王弼的本末關係包括三層，即本末不離、本末相對、本末統合；「息」字應作生、存來解釋。參見〈老子注分析〉《王弼》（台北：東大圖書公司，1988年）。事實上，兩種意義都出現在王弼不同段落的注文，因此依據上下文意採取隨文解讀方式，或許更爲恰當。此處，基於本文的問題意識，更多的解釋會就止息一義來闡發。

〔註82〕對照河上公與王弼注《老子》第一章，足見兩人對「以道治」的差異源於對「道」的詮解。河上公謂「道可道」，乃「謂經術政教之道也」；則河上公對「道」或「常道」的理解，均從社會政治原則而說。參見王卡點校，《老子道德經河上公章句》（北京：中華書局，2006 年），頁1。但王弼注：「可道之道，可名之名，指事造形，非其常也。故不可道，不可名也。」意思是：可以指稱具體事物的「道」，並不是永恆常在的「常道」。因此，根據普遍的、永恆的「常道」，便知王弼「以道治國」所涵具的「崇本」、「不言」之意涵。

〔註83〕林麗眞明示王弼所說的「誠」與「厚」，就是道家哲學的「眞」與「樸」。參見《王弼》，頁154。

釋王弼所論之「誠」、「信」概念，會更爲恰適。

以上三點，從不同角度呈現了「以道治國」的內容，並歸結於「順物之性」、「自然無爲」。以下，順著王弼「以無爲用」的概念，直接就「崇本以息末」與「失母之用」來解析，一方面可以繞開王弼『『無』本論」的討論，〔註84〕與此同時則可以更從容地從「名者離眞」與「爲仁僞成」切入，以深究王弼標舉「崇本息末」所意欲解決的問題。

（一）拘執形名，樸散眞離

王弼提出「以道治國」的理念，乃緣於他反省到「以政治國」則法令滋章、「以智治國」則邪起僞生，此其所謂「以施爲治之，形名執之，反生事原，巧僻滋作，故敗失也。」（〈64〉注）意即，執於刑名、增益法令的有所作爲，注定是失敗徒勞的。這種警覺的深層意識，一方面根柢於王弼對聖人「無爲無敗」、「無執無失」的認識，另一方面則緣於他對情僞多變的觀察，所體認到「任名號物」的局限性。

從「天地萬物之情，見於所感也」出發，王弼注意到「凡物始感而不以之於正，則至於害」的問題（〈咸卦〉注，頁375），遂從「情僞相感」切入，其云：

> 變者何也？情僞之所爲也。夫情僞之動，非數之所求也；故合散屈伸，與體相乖。形躁好靜，質柔愛剛，體與情反，質與願違。巧歷不能定其算數，聖明不能爲其典要；法制不能齊，度量不能均也。爲之乎豈在夫大哉！（〈明爻通變〉，頁598）

「情僞」，是由情感欲求而衍生的巧智矯僞。王弼在這裡注意到兩點：一是，人事的變化乃由情僞引起，而且變化的「反」、「違」是對反相違的、其「相感」、「相追」、「相攻」、「相推」又是錯綜複雜的情況。其次，既然情僞之變沒有固定模式可尋，那麼，「典要」、「法制」、「度量」的修制訂立就很難達到確定、齊一、均和的效用。故知「爲之乎豈在夫大」──再嚴密的典制或多嚴屬的法制，都難以盡符其變。這裡，不僅透露了王弼以「事理」、「情理」爲提綱表達了對人事與處世的關注，〔註85〕更重要的是他對詳列法令亦難以

〔註84〕至於王弼的「無」論，康中乾曾以「三種涵義」、「五個方面」概括之，並由王弼「無」本論的邏輯矛盾所演化成裴頠「崇有」及郭象「獨化」兩種趨向，鳥瞰了魏晉「有無之辨」的論題。詳見康中乾，《有無之辨──魏晉玄學本體思想再解讀》（北京：人民出版社，2003年）。

〔註85〕錢穆即謂：「一切人事，情理二字足以盡之，此弼注《易》之大旨。」參見《莊老通辨》（北京：生活・讀書・新知三聯書店，2002年），頁334。

盡適情偽多端的保留態度。

王弼先從「樸散爲器，故大制不割」談起。其言：

> 樸，真也。真散則百行出，殊類生，若器也。聖人因其分散，故爲之
> 立官長。以善爲師，不善爲資，移風易俗，復使歸於一也。（〈28〉注）

意即，官長名分乃出於自然之道；但由於「樸散爲器」的結果，聖人不得不因應人們「百行」、「殊類」的需求，而對職司倫秩有所制立別分。要知，「形而上者謂之道」，姑且不論這裡的「道」是實體或虛理，它始終是不離「形」的，這是「道」的落實與運用，故謂：

> 始制，謂樸散始爲官長之時也。始制官長，不可不立名分以定尊卑，
> 故始制有名也。過此以往，將爭錐刀之末，故曰「名亦既有，夫亦
> 將知止」也。遂任名以號物，則失治之母也。故曰「知止所以不殆」
> 也。（〈32〉注）

「不可不立名分」，即是承認名分制度設立的必要性。但此章重點卻在陳述，人爲的制作與分殊乃是遠離真樸之道的結果；「有名」，固然方便了人們的認知活動，但同時也劃分了不同的範疇畛域，使得物與物有了界限、物與道有了距離。於是，王弼從「制」與「割」的分別、割裂，反思了「可名」的限度，遂謂：「名號生乎形狀，稱謂出乎涉求」、「故名號則大失其旨，稱號則未盡其極」（〈老子指略〉）。那麼，從「知止」可以解讀出這樣的訊息：在名分典制「不可不立」的同時，王弼對「名」、「稱」之限制或「不兼」的問題，始終保持著警醒；而這種對命名稱謂的警覺，又與「大制不割」的理想有關。換言之，王弼延續了老子對語言與權力互爲表裡關係的質疑。〔註86〕

王弼所謂的「大制」，是因順自然之性來裁成萬物，而非出於專己的宰制性；它是「以天下之心爲心」作爲核心價值（〈28〉注），並以「聖人不立形名以檢於物」作爲呈顯方式的（〈27〉注）。事實上，「大制不割」的理念，恰好可由「治國以道」與「治國以政」兩種型態的反差突顯出來，王弼分析：

> 以道治國則國平，以正治國則奇兵起也。……夫以道治國，崇本以
> 息末；以正治國，立辟以攻末。……立正欲以息邪，而奇兵用，……

〔註86〕葉維廉：「名分的應用，是一種語言的解析活動，爲了鞏固權力而圈定範圍」，這是老子從名分的框限看到語言與權力結合的危險關係。故知，道家對語言操作宰制的顛覆正是在引導人們走向斷棄私我名制的大有大無的精神境界。參見，葉維廉，《道家美學與西方文化》，（北京：北京大學出版社，2002 年），頁 95～頁 96。

皆舍本以治末，故以致此也。上之所欲，民從之速。我之所欲唯無
欲，而民亦無欲而自樸也。此四者，崇本以息末。（〈57〉注）

「正」是刑政，「辟」指刑法；「以政治國」便是在刑名法制上用心，卻反使
得「人多伎巧」、「法物滋彰」。在王弼看來，凡是矯俗檢刑的作為，未能具備
治平民化的效用，只可謂之「治末」。反之，「以道治國」的核心則是「我無
欲」而「民自樸」；在位者「無為」、「無事」而百姓能「自化」、「自正」。

其中，「我之所欲唯無欲」的意義在於，強化了「聖人無欲」的兩種意涵。
其一，是無欲於治而終於「大治」，其核心為「無政可舉」。其言：

言善治政者，無形、無名、無事、無政可舉。悶悶然，卒至於大治。
故曰「其政悶悶」也。其民無所爭競，寬大淳淳，故曰「其民淳淳」
也。立刑名，明賞罰，以檢姦偽，故曰「其政察察」也。殊類分析，
民懷爭競，故曰「其民缺缺」。（〈58〉注）

這一章集中討論了具體的政制事務，對照「悶悶之政」與「察察之政」，得見採
取「清靜無為」之效或「繁苛有為」之弊。顯然，王弼認為「有意作為」：「立」、
「明」、「檢」、「殊」、「分」的政治體制將導致百姓的機詐狡黠與勾心鬥角。是
以，由「民不畏威」可預想到結果必然是「任其威權，則物擾而民僻，威不能
復制民。民不能堪其威，則上下大潰矣。」[註87] 故說「威力不可任也」（〈72〉
注）。「上下大潰」意謂著秩序的崩解；「和諧」顯然與「威權」是對立的概念，
王弼於此再度展現了對刑法政制的警覺，其言：

利器，利國之器也。唯因物之性，不假刑以理物。器不可睹，而物各
得其所，則國之利器也。示人者，任刑也。刑以利國，則失矣。魚脫
於淵，則必見失矣。利國之器而立刑以示人，亦必失也。（〈36〉注）

「因性理物」或「立刑示人」又是兩種得失利弊的對比。前者的「因」是尊
重個體差異而得到「物各得其所」之結果，斯可謂之「利國之器」。至於「示
人任刑」則是以嚴峻刑法來懲治規訓人民；[註88] 這種適足以造成人民喪失

[註87] 「大威」導致的「上下」潰散與「遠近」叛離的局面，王弼以「困」來形容：
「不能以謙致物，物則不附。恣物不附而用其壯，猛行其威刑，異方愈乖，
邇遁愈叛。刑之欲以得，乃益所以失也」、「致物之功，不在於暴」（《易·困》
注，頁 456）。此說明刑律的強迫威逼，勢必成為崩解君民上下信任關係的主
因。

[註88] 證之於東晉元帝之史實，以劉隗與刁協之「與物多忤」的「苛碎之政」對比
王導的「憒憒之政」即可知（《世說》〈政事 15〉）。

本性而焦慮的剛強逞暴之作法，王弼用「萬物失其自然，百姓喪其手足。鳥亂於上，魚亂於下。」來形容（〈49〉注），可謂相當妥貼的比喻。

其二，己身清靜無欲，令民無知無欲。王弼：「民之所以僻，治之所以亂，皆由上，不由下也。民從上也。」（〈75〉注）便將人民有邪僻詐偽而難治理的根柢，指向了「以其上有爲」。這樣，討論就必須從「無欲於治」進入主政者自身的「清靜無欲」了。王弼從「清靜爲天下正」述說了「靜則全物之眞，躁則犯物之性，故惟清靜，乃得如上諸大」的看法（〈45〉注）其中，「諸大」即「大成」、「大盈」、「大直」、「大巧」與「大辯」；而「正」乃從典範或原則來說。這段話可視爲王弼「謀之於未兆，爲之於未始」思考模式的展現。〔註89〕意即，以「清靜」爲主導方向，而「清靜無爲」是使一切歸於有序的方法；此即「以道莅天下」所達至「其主彌靜，然後乃能廣得眾心」以及「兩不相傷，神聖合道」〔註90〕的「道洽」局面（〈60〉注）。

王弼所謂的「清靜」原則，包括了內向的「全物之眞」與外向的「爲天下正」；而內外兩個部分又是互爲表裡因果的。對此，王弼提出「玄德反眞」的思路，一方面解說了「絕聖棄智」的意思，與此同時則意識到了「以智治國」所衍生的問題，其言：

> 任術以求成，運數以求匿者，智也。玄覽無疵，猶絕聖也。治國無以智，猶棄智也。能無以智乎？則民不辟而國治之也。（〈10〉注）
>
> 民之難治，以其多智也。當務塞兌閉門，令無知無欲。而以智術動民，邪心既動，復以巧術防民之僞，民知其術，隨防而避之。思惟密巧，奸僞益滋，故曰「以智治國，國之賊」也。（〈65〉注）

所謂「絕聖」乃「絕聖智」之意，是「不任」、「不運」之意；將「聖」字本義的「耳」、「口」等感官功能，以「滌除」方式來清除附加在人們心中的貪欲、巧偽與成見，以達人心歸於眞樸的「玄覽」之境。在位者基於此前提，便不需採任運用權術的方式治國，即是「棄智」或「不以智治」。反言之，不以智術擾民、百姓亦毋需設法迴避或以奸邪應付。可以確定的是，「以其多智」的「其」即是指在位者；智術亦屬「有爲」的舉措之一。

〔註89〕見於〈老子指略〉與〈64〉注。
〔註90〕可注意任繼愈對「以道莅天下，則其鬼不神」的解釋。他將「鬼」解釋爲變異之事，「神」解爲「起作用」；「兩不相傷」意爲：異常事變與正常秩序互不干擾。參見任繼愈，《老子繹讀》（北京：北京圖書館出版社，2006年），頁132。

王弼說：「兌，事欲之所由生。門，事欲之所由從也。」乃是依「得本以知末，不舍本以逐末也」而來（〈52〉注）故知「塞」、「閉」是對感官欲求一種警覺。重要的是，王弼認爲民之無知無欲或邪奸巧僞，與在位者態度至關密切，因此，「當務塞兌閉門，令無知無欲」顯然仍是針對在位者的作爲發論。於是注意到王弼將「多智巧詐，蔽其樸也」與「多智巧詐，故難治也」並列的用意（〈65〉注）。前之「多智」，是指在位者以智術機巧治國，以致賊害人民的眞誠質樸；後之「多智」，則意指百姓受在位者的機巧黠滑的影響，亦以巧密奸僞之術回應而難以治理。二者合言，就是「行術用明，以察姦僞，趣睹形見，物知避之。故智慧出則大僞生也。」（〈18〉注）其中的「大僞」就是緣於情僞之變而來的巧詐。於是，在「復使歸一」的思考向度下，王弼的優先考量即在「我守其眞性無爲，則民不令而自均」（〈32〉注）。易言之，「無爲」、「無執」的前提是「萬物以自然爲性，故可因而不可爲也，可通而不可執。」（〈29〉注）因而，即便「不可不立名分」，也必須藉由「不造不始」、「不別不析」與「不設不施」的無意施爲，將法令制度的干預性弱化到最低限度，最後歸於「因物之性，不以刑制物」的原則（〈27〉注）。

王弼從自然質性出發，預設了人性如赤子之本眞。因此，如何「使民心不亂」以及「不立刑名以檢」的問題，都可置於「反物之眞」的脈絡下來討論。但重點在，「反」字意味著與「眞」已然疏遠的事實；同時，「反」也暗示了對「如何返回」問題的探索。如果注意到王弼論述「眞」、「敦樸之德」始終是與「巧」、「僞」並舉對立的脈絡。那麼，他所謂「息末」的第一個層次，就指向了在位者有意作爲而可能激發民心詐僞的一切舉措；王弼所關注的「大治」或「道治」亦維繫於此。

（二）推誠訓俗，使民歸厚

王弼「性其情」之說，表明這樣的前提：「性」乃自然質眞，且是人人內具的、不證自明的「自然已足」（〈2〉、〈20〉注）。即便如此，王弼仍說：「位以德興，德以位敘。以至德而處盛位，萬物之覩不亦宜乎！」（〈乾卦〉注，頁212）由此句可推知，他始終看重在位聖人對民心的召喚作用及典範意義。從〈觀〉卦的兩種意涵以及聖人與百姓的互動，可以說明。其注爲：

> 統說觀之爲道，不以刑制物，而以觀感化物者也。神則无形者也。
> 不使天之使四時，而四時不忒；不見聖人使百姓，而百姓自服也。（〈觀卦〉注，頁315）

> 上之化下，猶風之靡草，故觀民之俗，以察己道。百姓有罪，在予
> 一人，君子風著，己乃无咎。上爲化主，將欲自觀，乃觀民也。(〈觀
> 卦〉注，頁 317)

前一段是對「聖人以神道設教，而天下服矣」的解釋，從「無形」、「不見」、
「不使」即可知，聖人效法天道而來的施化就是「不言之教」，亦即「若能守
樸，萬物自賓」之意 (〈32〉)。後一段是王弼以「自觀之道」解釋「觀我生」
之意，此乃從觀察民風的角度，以印證在位者的治道如何。這是基於「察己
以知之，不求於外也」則能不苛察於物的態度 (〈54〉注)。

在此，注意到王弼對儒家經典的引用。一是，《尚書·湯誓》「百姓有罪，
在予一人」的說法，王弼借以對在位者提出必須負起化導人民的責任。值得
玩味的是，不僅何晏意同於此而謂：「萬方有罪，我身之過」(〈堯曰〉注，頁
1354)；宋代程頤 (1033～1107) 亦云：「人君欲觀己之施爲善否，當觀於民，
民俗善則政化善也。王弼云：『觀民以察己之道』，是也。」[註91] 給予充分
的認同。換言之，王弼在這裡所闡述的意思，已不止於聖人「明物之性，因
之而已」(〈47〉注)，它還以「外宣德化」的說法 (〈中孚卦〉注，頁 517)，
貼近了魏晉政論思想家「移風易俗，宣明道化」的理念。[註92]

二是，「猶風之靡草」之說，引用的是《論語》「風行草偃」的比喻。對
此，何晏「猶民之化於上」的注解，只強調了民從君德如草之隨風的句意；
反之，王弼則從「上之化下」、「上爲化主」，以「化」字突顯了在位者除了「因
物之性」以外，還必須負起積極的「導物」責任。其言：

> 以方導物，令去其邪，不以方割物。……以清廉導民，令去其汙，
> 不以清廉劇傷於物也。……以直導物，令去其僻，而不以直激拂於
> 物。……此皆崇本以息末，不攻而從復之也。(〈58〉注)

既是「導引」則知「令去～」之「令」並非強迫「命令」的意思。王弼所欲
解決的是邪妄、汙亂、奇僻諸種問題，但他同時也注意到，唯有不構成百姓

[註91] 參見〔宋〕程顥、程頤著、王孝魚點校，《二程集》全二冊 (北京：中華書局，
2004 年)，頁 801。

[註92] 證之魏晉人君下詔罪己的史實，例一：魏明帝於青龍年間 (233～236) 大治
宮室，耗費民力以致災變，高堂隆勸以「聖主觀災責躬，退而脩德」(《三國
志》卷 25／頁 710)，王弼此時仍存。例二：東晉郭璞引用《尚書》君主修德
補過以消災的典實，對東晉元帝提出「宜發哀矜之詔，引在予之責」諫言 (《晉
書》卷 72／頁 1902)。王弼的論述，自不同於此二例天譴論式的觀念，但環
繞人君之德而來的方式是相同的。

脅迫感的化導方式，才可避免宰割、劇傷、悖逆的情況。如是，重點仍在「崇本息末，不攻從復」一句。意思是，以「不攻治」的無意作爲進而使百姓得以復歸本性。不過，「因物之性」、「隨物而成」雖可消極地達到「息末」的效果，但王弼更欲藉由「聖人導物」的論述，指出聖人引導百姓應不斷趨近回復自然本性之「眞」的方向；此乃有德者居其位的積極意義所在。〔註93〕至於聖人導物的具體內容，或許可從「私欲不行」而能使「有妄之道滅」、「柔邪之道消」的「无妄之道」來理解（〈无妄卦〉注，頁 342）；「无妄」即是沒有虛妄詐僞之意，是與曲私欲求的消解密切相關的。〔註94〕

在位聖人由「崇本息末」原則所導引出的「復本反眞」方向，王弼更清楚地表述在「聖人無常心，以百姓心爲心」注解中，其云：

> 皆使和而無欲，如嬰兒也。……如此，則可冕旒充目而不懼於欺，黈纊塞耳而無戚於慢。又何爲勞一身之聰明，以察百姓之情哉！夫以明察物，物亦競以其明避之；以不信察物，物亦競以甚不信應之。夫天下之心不必同，其所應不敢異，則莫肯用其情矣。甚矣！……是以聖人之於天下歙歙焉，心無所主也。爲天下渾心焉，意無所適莫也。無所察焉，百姓何避；無所求焉，百姓何應。無避無應，則莫不用其情矣。……。（〈49〉注）

「明察」首先是在位者基於「我」之「懼於欺」、「戚於慢」各種情緒而來的「不信任」，使得人與物必須以「奸僞」、「險心」、「避」等「不信任」的方式來回應我。若然，便失去了「聖人無常心」──對「善」或「不善」、「信」

〔註93〕本文認爲，何晏所謂「身正令行」與王弼「聖人導物」，並非思想家腦袋的空想，所謂「民德歸厚」理想是可以被實踐的。證諸史實，范曄便以「模我彝倫」、「薄夫以淳」來概括後漢陳寔擔任太丘長的政績（《後漢書》卷 52／頁 2069）。袁宏亦言：「推純誠，不屬名行」、「其政不嚴而治，百姓愛敬之。」（《後漢紀》，頁 455）。那麼，兩人對於陳寔「據於德故物不犯，安於仁故不離羣，行成乎身而道訓天下」的形象必定不陌生。

〔註94〕樓宇烈已指出：王弼以「私欲不行」釋「无妄」，乃以《老》解《易》（《校釋》，頁 345）。其中值得注意者，《老子》十六章先論「觀復」後言「妄作，凶」；而《易經》亦以〈无妄卦〉接〈復卦〉之後。王弼謂「復」乃「反本」──「寂然至无是其本」、「以此修身，患難遠矣」（〈復卦〉注，頁 337）；「不知復命則得性命之常」者，「則妄作凶也」（〈16〉注），均可見「虛靜」、「无妄」與私欲的關係。之後，程伊川：「无妄者，至誠也」、「蓋誠之於物，无不能動以之。修身則身正；以之治事則事得其理；以之臨人則人感而化。」（《二程集》，頁 822，頁 824）可視爲本文對王弼觀點的補充說明。

或「不信」一視同仁、無所分別的意義了。相反地，若在位聖人能「和而無欲」便可使他人「用其情」——以眞情實感來回應我。〔註95〕

從「我以『不信』察物」而「物以『不信』應之」的相互關係而論，需要注意王弼對「信不足焉，有不信焉」的看法，其言：

> 不能以正齊民，而以智治國，下知避之，其令不從，故曰「侮之」也。夫御體失性，則疾病生；輔萬物失眞，則疵釁作。信不足焉，則有不信，此自然之道也。已處不足，非智之所濟也。（〈17〉注）

> 忠信不足於下，焉有不信焉。（〈23〉注）

前一段老子以「太上——其次——最次」表達了「道治——德治——智治」的價值序列；此價值又與民德的淳厚澆薄有關。王弼則將「其次，侮之」定調在人性本眞已然失去的狀態下，因而再三重申：當爲政者與百姓之間欠缺誠實互信的基礎時，在位者仍一味地想要運用智術來改變此局面，無疑是困難的。後一段的意思是，在位者未能獲致人民的信任，於是有不信任的事情發生。〔註96〕顯然，王弼在表述「信立邦化」觀點時，是以在位者「與民誠信」爲優先條件，他的反省如下：

> 夫推誠訓俗，則民俗自化；求其情僞，則險心茲應。是以聖人務使民歸厚，不以探幽爲明；務使奸僞不興，不以先覺爲賢。故雖明並日月，猶曰不知也。（〈泰伯〉注，頁 545）

其中的「悾悾而不信」，是指無法以信用、不欺與人交往的人。〔註97〕王弼針對「狂而不直，侗而不愿，悾悾而不信」這三種「似是而不是」的狀況，認爲最簡單的方法就是在位者以己之誠推擴於民、則民心風俗自能歸於淳厚。

〔註95〕若依何晏對「上好信，民莫敢不用情」的解釋：「情，情實也。言民化其上，各以情實應。」（〈子路〉注，頁 898）可由此推知：「情實」是出於眞心實感的意思。

〔註96〕根據樓宇烈的看法：〈23〉注「忠信不足於下」，乃〈17〉注的誤衍（《王弼集校釋》，頁 60）。於是，依上下文意可做此解釋。

〔註97〕劉邵《人物志》〈序〉：「疾悾悾而無信，以明僞似之難保」一句，便已從人情難以辨別的角度，提出要對外表誠懇而實無信用者的察知。他將此種亂德之人，標以「依似」之名。魏晉對名實眞僞之辨，很多時候是藉由言行一致來闡發的。例如，何晏對「巧言令色」的看法是：「巧言無實，令色無質」（〈陽貨〉注，頁 1225），巧言雖能使人愉悅，卻多少是虛僞爲之的，故謂之「鮮矣仁」。王弼也以「情發於言，志淺則言疏，思深則言訒也」（〈顏淵〉注，頁 826），表述了內在之情實發而爲言的關係。

　　事實上，關鍵的「不以探幽爲明」、「不以先覺爲賢」兩句，隱含了王弼「以明自察」及「以明察物」的兩種態度。「探幽」，乃任智運術以探察他人隱匿的意思；至於「先覺」語源於《論語・憲問》「不逆詐，不億不信，抑亦先覺者，是賢乎！」《論語》的原意是：不預先懷疑他人的欺詐與不信實，但若臨事遇人有詐與不信，卻也能事先覺察，應該可以算得上是賢者吧！但王弼注爲「不以先覺爲賢」，顯然他不認爲賢者是指有能力預測別人詐與不信。因爲，王弼雖言「明莫若聖」（〈蒙卦〉注，頁 239），但他也同時說明了聖人生具對本體觀照的「極明」、「極慮」之直覺能力，有別於一般人所謂「察見至微」之「明」及「探射隱伏」之「慮」（〈老子指略〉）。由上引「何爲勞一身之聰明，以察百姓之情哉」便得知，以探求詳察的方式，並不能盡得人事情僞的百變萬端，此即「顯明於外，巧所辟也」；反倒是不勞聰明的「以明夷莅眾」——「藏明於內，乃得明也」（〈明夷〉注，頁 396），才是使民心淳厚而奸僞不興的最佳良方。據此，可以認爲王弼以「閑邪存誠」的詮釋意向灌注了對「不臆不信」的解釋新義。

　　總結上述，王弼對老子「聖人無心，以百姓心爲心」的詮釋，可概括爲兩個層次：一是，就聖人與百姓的關係來說。王弼採取突顯「推誠」、「德信」的聖人形象的詮釋策略，意在藉由「信者，吾信之；不信者，吾亦信之，德信」（〈49〉）的兼容並蓄之精神，〔註98〕產生昭喚民心閑邪而歸於淳厚的力量。如是，「聖人達自然之性，暢萬物之情，故因而不爲，順而不施。除其所以迷，去其所以惑，故心不亂而物性自得之也。」（〈29〉注）「不爲」、「不施」是就聖人「以道莅國」的內容來說；「心不亂」仍是強調聖人化解眾人對物欲的「迷」與「惑」，進而「爲天下渾其心」，使百姓自返於本眞之性。二是，各各百姓在聖人「渾其心」的觸發下，皆能「和而無欲」——「無爭欲之心」且「以和爲常」（〈55〉注）。在王弼看來，倘若在位聖人將百姓都當作嬰孩般來呵護、信任，〔註99〕那麼，百姓自然而然地「莫不用其情」——人人順其自然之性

〔註98〕 對於善與不善、信與不信，王淮：「此種『兼容並蓄』之精神，實爲其『無爲而治』（因循放任）之基礎，而無私之德（無常心）復爲其所以兼容並蓄之根據，故惟無私之德，乃可無爲而治也。」參見王淮，《老子探義》（台北：商務印書館，1969 年），頁 195。

〔註99〕 劉笑敢認爲：「孩」字爲意動用法，故「聖人皆孩之」，意爲聖人將百姓都當作嬰孩般來呵護、信任。所以，他對陳鼓應：「聖人使他們都回復到嬰孩般純眞的狀態」，提出是過於強調「孩」字轉作使動詞的解釋的意見。參見氏著，《老子古今》，頁 489。本文採取劉笑敢的説法。

而顯其真情實意。不過，此處的真情實意還不止於民心與在位聖人的對應關係，更意謂著一種各各個體以淳厚之心相互交往的社會關係；因為無爭心而保有自我心身和諧、進而趨進於人我關係的和諧。

故知，「達性暢情」最終仍落腳在聖人「崇本息末」的作為，以至「無為而治」。這樣的聯結，意味著王弼對主體個性的尊重並意欲由此突顯「物性自得」的論點。但是，「自得」始終是置於「天下」的脈絡下才成立的。因此本文認為，在「治理——自得」的對舉下，已見「群——個」的關係於其中，而「造立——失真」就構成了魏晉時期對於「禮意」探究的基調。爾後的思想關注及論題開展，就在承認人之情欲存在有其必要的同時，以「去偽存真」或「返樸歸真」深究了怎樣才是「合理的」生存狀態之思致。

唯有如此，方可理解王弼所謂：「忠者，情之盡；恕者，反情以同物者也。未有反諸其身而不得物之情，未有能全其恕而不盡理之極也。……推身統物，窮類適進，一言而可終身行者，其唯恕也。」（〈里仁〉注，頁 265）乃是先立基於彼我相通的自然之性，進而以「忠恕」作為人我關係的根本原則。〔註100〕要知，「推身統物」的「統」並非「治理」，而是「概括」之意。也就是說，先以出於自己的真情誠意「推擴」及於他人的「以恕行忠」方式，是「總會」概括所有複雜人事情理的至約策略，也是每個人得以奉行終身的道德金律。

（三）前識之智，失直喪篤

本文將王弼對「忠恕之道」的看法，定義為「以恕『行』忠」；「行」字蘊涵了方向感與對象性。就王弼的表述而言，「恕」的首出意義不在於我對他人的寬容態度，而是在要求我先「盡己忠信」的嚴格自許。那麼，王弼所說的「推身統物」與「推愛及物」，必先是「反推於己」然後才是「推擴於人」的先後關係；意即必先「反其真」，爾後才是以此出於自然本性的真誠實意對待他人並履行我的角色。準此，延續「忠信不足」進一步分析「禮也，忠信之薄而亂之首」（〈38〉），是有其必要的。

目前學界對《老子》三十八章的解析，大致有兩重點。一是，劉笑敢指出：「上德無為而無以為。上仁為之而無以為，上義為之而有以為。上禮為之而莫之應，則攘臂而仍之」一段，包括了行為表現上的「無為」與「為之」，以及動機上「無以為」與「有以為」。但他認為老子的批判重點不在禮的本身

〔註100〕王弼「忠恕之道」，詳見余敦康，《玄學新探》，頁 259。

或儒家的倫理德目，其基源是因老子意識到傳統道德實踐過程中所出現「攘臂而扔之」的問題，進而提出「無為而無以為」的方法，重申追求自然、內在和自發的價值標準與社會行為。〔註101〕

　　二是，陳鼓應通過出土的郭店簡本比對各版本，他藉由《韓非子》〈解老〉的解釋，〔註102〕對「失道而後德，失德而後仁，失仁而後義，失義而後禮」一段，提出如下的意見：道為德之本，本失則相隨以失；〔註103〕故道、德、仁、義、禮五者的關係乃是「相因相依」，而非價值序級的排列。因此，「夫禮者，忠信之薄，而亂之首」，並非對禮的否定，反而是「提出建立一個禮的實際內質，那就是強調禮的忠信內涵」；這是對禮失去內在情質，外化流為形式、相率以偽的反省。〔註104〕此即如牟宗三所說：道家所注意者是「如何體現」的問題，故其所欲「絕」、「棄」的內容，是修飾其形的「殉形」與巧偽造作之「人為之有」，而不是仁義禮智本身。〔註105〕

　　值得注意的是，王弼用了很大的篇幅來詮釋三十八章，並重點闡述了「守母以存其子，崇本以舉其末」的想法。不言而喻，其目的在以「崇本息末」來為道德仁義規範論證其存在可能。〔註106〕事實上，依前述王弼「內實外文」的思路，便可知道「忠信不足」在王弼想法裡所佔的分量。在以「不失道」為終極價值的前提下，可以推知王弼將「禮」的規範意義與「外飾」、「游飾」連結起來的用意，無非是欲從「道失」的過程，揭示「用子適末」的各種流弊正是「棄本捨母」的結果。於是，依王弼「母不可遠，本不可失」的前提，

〔註101〕參見劉笑敢，《老子：年代新考與思想新詮》（台北：東大圖書公司，1997年），頁88～頁89。

〔註102〕〈解老〉：「道有積而德有功，德者道之功。功有實而實有光，仁者德之光。光有澤而澤有事，義者仁之事也。事有禮而禮有文，禮者義之文也。」參見王先慎撰、鍾哲點校，《韓非子集解》（北京：中華書局，2003年），頁331。

〔註103〕林明照據此進一步說明：「失」字之意即如第二十八章「樸散」的「散」字。意即，老子所論「道」與「德」乃是轉化而非衝突的關係；在此相依關係中，「道顯然是禮的最終價值歸本」。換言之，「禮」是失去「道」的根本後所呈現的轉化價值與轉變形態。參見林明照，《先秦道家的禮樂觀》（台北：五南，2007年），頁84～頁93。

〔註104〕參見陳鼓應，〈先秦道家之禮觀〉，收入陳鼓應、馮達文主編，《道家與道教‧道家卷》（廣州：廣東人民出版社，2001年），頁42～頁45。

〔註105〕牟宗三，《中國哲學十九講》（台北：學生書局，1991年），頁132～頁134。

〔註106〕詳見周大興，「批判的名教觀」，〈王弼玄學與魏晉名教觀念的演變〉（台北：文化大學哲研所博論，1995年），頁106～頁111。

立基於「母」、「本」進而對「有以為」而「偽」與「禮者，忠信不篤」的詮釋，可以視為王弼依「道」的觀點，做出對曹魏時期「以禮為國」想法之外的「道治」論述。

王弼沿著「內實外文」的思路，發言：

> 夫禮也，所始首於忠信不篤，通簡不陽，責備於表，機微爭制。夫仁義發於內，為之猶偽，況務外飾而可久乎！故夫禮者，忠信之薄而亂之首也。前識者，前人而識也，即下德之倫也。竭其聰明以為前識，役其智力以營庶事。雖得其情，姦巧彌密，雖豐其譽，愈喪篤實。（〈38〉注）

「為之猶偽」點出了「有意」、「有心」的作為，勢必有淪於矯飾偽詐的可能。重要的是，王弼從「下德之倫」出發，述及人為之矯偽與營求名聲以及前識之妄有絕對的關係。

首先，注意到王弼對「下德之倫」的界定，其言：

> 下德求而得之，為而成之，則立善以治物，故德名有焉。求而得之，必有失焉；為而成之，必有敗焉。善名生，則有不善應焉。故下德為之而有以為也。無以為者，無所偏為也。凡不能無為而為之者，皆下德也，仁義禮節是也。（〈38〉注）

歷來各家均認為，王弼加入「下德為之而有以為」一句，是和原來「上仁為之而無以為」造成文義混亂的做法。〔註107〕但如果考慮到王弼自述：「凡不能無為而為之者，皆下德也，仁義禮節是也。將明德之上下，輒舉下德以對上德。」（〈38〉注）即可見王弼是自覺而有意識這樣做的。

顯然，這裡的「上」、「下」是就價值的序列而說。王弼意在藉由「上德」的「有德而無不為。不求而得，不為而成，故雖有德而無德名也。」（〈38〉注）來突顯「下德」的「不能無為而為之」。「下德」依自認為「對的」或「好的」標準來確立規範，卻在「立善」過程中展現對「善名」的「求」、「為」、「得」心態，此皆「不能無為」的有意作為。關鍵在於，王弼將「下德」放在「下此已往，則失用之母。不能無為，而貴～」的句式之後（〈38〉注），此即上文所謂「過此以往，將爭刀錐之末」的意思（〈32〉），所爭之「末」無非名利勢位。但一般人卻忽略「名則有所分，形則有所止」（〈38〉注）；一切

〔註107〕參見陳鼓應，《老子今注今譯》（北京：商務印書館，2004 年），頁 216～頁 217。劉笑敢，《老子古今》（北京：中國社會科學出版社，2006 年），頁 395。

份位名器或有形器用既是帶有局限性的「可名之名」(〈1〉注),就意味著它們離「道」的「無形不繫」之「不可言說性」愈來愈遠。所以,王弼將「自然之道」比喻成樹「根」道「本」而說:「轉多轉遠其根,轉少轉得其本。多則遠其眞,故曰『惑』也。少則得其本,故曰『得』也。」(〈22〉注)相反地,逕往「形」、「用」的「多」、「遠」方向發展,將勢必導致「譽以進物,爭尚必起;矯以立物,乖違必作;雜以行物,穢亂必興」的結果(〈老子指略〉)。

事實上,「上仁」以其「無以爲」的特點可謂之「極下德之量」、最接近「上德」,但在王弼看來卻仍是「足及於無以爲而猶爲之焉。爲之而無以爲,故有爲爲之患矣。」(〈38〉注)意思是,「上仁」雖因「無以爲」而能做到「無所偏私」,卻仍避免不了「宏普博施仁愛」的作爲,[註108] 在有所施爲的過程中就潛藏了偏私的可能與欲求的矯僞。此即王弼對「大道廢,有仁義」所詮釋的:「失無爲之事,更以施慧立善,道進物也。」(〈18〉注)「有仁義」、「有大僞」之「有」就是「失無爲」而更意欲有所「施」、「立」、「行」、「用」。這裡可以看到王弼以「樸之爲物,以無爲心也,亦無名。」(〈32〉注)強調了「無以爲者,無所偏爲」所體現「道」的無私兼容的意義;並以「無名」——無仁義之德目稱謂,[註109] 作爲反樸歸眞的方法。

其次,「忠信不篤」正是造成人我關係紊亂的根柢。「下德之倫」竭盡聰明、役使智力的目的無非爲了營求聲譽,但一味外逐的結果卻是自身篤厚質實逐漸地減削。問題還在於,外向營求名聲的過程中,容易與他人產生互相計較、彼此責備,即便細微之事也要爭執的情況;[註110] 「校責」與「爭制」

[註108] 在十九章「絕仁棄義」的解釋中,王弼云「仁義,行之善」,表示仁義是對人施予恩惠的作爲;此即「仁者必造立施化,有恩有爲」之意(〈5〉注)。一則有對象性便難以兼普,二則有外顯之「行」,必定有「名」隨行。故知,王弼所絕棄的內容乃是施爲與善名。

[註109] 王弼於〈老子指略〉說:「絕仁非欲不仁也,爲仁則僞成也」與〈38〉注:「仁義發於內,爲之猶僞」,即表明他所絕棄的是可尚可尊「爲仁之名」。「爲而僞成」是因爲「仁」發爲具體行爲時,始終是有對象性及其局限的。偏私之爲也是一種僞。此可借王弼定義「自然親愛爲孝」來證明。《論語》出現多次弟子「問孝」而夫子回答有異,王弼的看法是:「問同而答異者,或攻其短,或矯其時失,或成其志,或說其行。」(〈爲政〉注,頁90)也就是說「敬養」、「色難」等等都是具體的「孝行」,雖與「自然親愛爲孝」同屬「孝」的性質,但具體的孝行是有所局限的。

[註110] 郭象對矜名爭善的表述爲:「名智者,世之所用也。而名起則相軋,智用則爭興,故遺名知而後行可盡也。」(〈人間世〉注,頁135)可見,爭名用智對

正是人我關係不得和諧的亂源所在。樓宇烈對此的解釋是：禮乃起於樸實之忠信喪失之後，是不能暢達「無爲」的易簡之道所致（《校釋》，頁 102）。但此處更該提問的是，造成「忠信不篤」的原因爲何？或許從「前識者，前人而識也，即下德之倫也」可以探求而得。

歷來各家對「前識」的解說各異，[註111] 若依《韓非・解老》「前識者，無緣而妄意度也」的說法來看（頁 338），或許可將王弼「前人而識」的「前」字當做動詞，意即先於人之意向而採取虛妄測臆；此乃基於我先疑心他人欲與我爭名而產生的不信任感而來。上述王弼「不以先覺爲賢」之說，便已表達相同的看法。在他看來，「先覺」與「前識」只是機巧奸詐之「智用」；是貌似「道」的假象而實爲愚昧之始。「喪篤實」即「忠信不足」；這意味著人與人之間的最簡單聯結機制——忠誠信實的瓦解。於是，造成了這樣的狀況：

> 夫敦樸之德不著，而行名之美顯尚，則修其所尚而望其譽，修其所道而冀其利。望譽冀利以勤其行，名彌美而誠愈外，利彌重而心愈競。父子兄弟，情懷失直，孝不任誠，慈不任實，蓋名行之所招也。患俗薄而名興行、崇仁義、愈致斯僞，況術之賤此者乎？（〈老子指略〉，頁 199）

所謂「任誠」與「任實」，只是在藉對象的不同，來說明毫無利益動機考量的「直任」——出自我內在誠心與實有之情——發而爲孝敬慈愛；此皆與「眞」有關。對眞情實感的要求，也正是王弼「絕仁棄義」——不尊尚推重仁義「名稱」的主要原因，內在的質實較之於外在的名行來得都重要。

「忠信不足」的三層意涵包括了：前述「忠信不足於下」，乃就在位聖人與百姓的互信薄弱而說之；以及「忠信之薄而亂之首」，乃就人我之間誠信不篤實所產生互相攻伐而言。另兩段話道出了「忠信不足」的第三層意涵，其云：

> 素樸之道不著，……則乃智愚相欺，六親相疑，樸散眞離，事有其

人性的異化，是魏晉思想家的共同關注。

〔註111〕 如河上公注：「不知而言知，爲前識。此人失道之實，得道之華。」（《河上公章句》，頁 150）意即不懂裝懂。又如〔宋〕范應元所說「前識，猶先見也。謂制禮之人，自謂有先見，故爲節文，以爲人事之儀則也，使人離質尚文。」陳鼓應採後者解釋，將禮儀規範置於道的「其次」之薄華位置。參見《老子今注今譯》，頁 218。任繼愈《老子繹讀》則以「先見之明」解釋（頁 85），本文意見與之相仿。

奸。(〈老子指略〉，頁 198)

> ……故智慧出則大僞生也。甚美之名，生於大惡，所謂美惡同門。
> 六親，父子、兄弟、夫婦也。若六親自和，國家自治，則孝慈、忠
> 臣不知其所在矣。魚相忘於江湖之道，則相濡之德生也。(〈18〉注)

此處的「六親相疑」則顯示了第三層涵義：若非出於敦樸之德的情感來對待
自己的親人，其中就已潛藏了為名而有所作為的「僞」的可能；反之，在「甚
美之名」的作用下，孝悌慈愛的作為亦難免被猜疑是否有其他目的。這使得
原本屬於自發情感的「孝」、「慈」、「忠」，成為被強調、稱揚的「甚美之名」
並以法則規範的意義被確立下來。於是，自和、自治之「自然而然」的意思，
便在「有為」的作法下被遺落。〔註 112〕需知，王弼曾謂：「六親和睦，交相愛
樂，而家道正。正家而天下定矣。」(〈家人卦〉注，頁 403) 此種說法，無疑
是將中古社會得以安定的力量，維繫在六親宗族之間的緊密關係上。相反地，
「六親相疑」將導致社會秩序裂解的嚴重後果；「亂」始自於親友間的猜忌、
不能自然而然的和睦無間。

此外，還可以從「信言」的角度來補充王弼對「忠信不足」的考慮。事
實上，魏晉對名實真偽之辨，很多時候是藉由言說的真實性或言行一致來闡
發的。例如，王肅（195～256）認為：君子之言無所苟且故「所言之事必可
得而遵行」(〈子路〉注，頁 893)。又或者如何晏所謂「非其內實」的「譖言」
(〈顏淵〉注，頁 834)，尤其「巧言無實，令色無質」(〈陽貨〉注，頁 1225)，
意指使人愉悅的語言未必出於真情善意；因有虛僞成分，故謂之「鮮矣仁」。
從上述「知止而不殆」與「言之者失其常，名之者離其真」，已見王弼對名言
限制與權力運作其中的警覺。但問題在於，語言是人我溝通交流的工具，乃
現實需要而不可去除的。因此，他提出以「信實的語言」作為彼此互信交流
的重要介質，其言：

> 情發於言，志淺則言疏，思深則言訒也。(〈顏淵〉注，頁 826)

> 情動於中而外形於言，情正實，而後言之不怍。(〈憲問〉注，頁 999)

〔註 112〕劉笑敢曾說：「無為是一系列否定性行為的概念簇，它所否定的行為並不限於
聖人特有的行為」，「一般人也應該實行無為的原則，這也是實現整體的自然
和諧的必要條件」。參見氏著，《老子》，頁 119。依此看法，可視王弼「忠信
不足」的「有以為」之說，乃對《老子》「無為」概念的接受並運用在人倫關
係的說明。

在王弼看來，言語是傳達內心情志的載具，故發而爲言者必定以符合內在情實爲優先，否則決不輕易說出口。故知「言訒」之出言困難的樣子，並非不擅言辭，而是用來形容發言由衷的謹慎。原本，「言之不怍」在《論語》是指大言不慚的意思；既是輕易妄言，則必定欠缺踐履之心志。《老子》亦主張輕易地允諾必定容易失信於人，故謂「輕諾必寡信」（〈63〉）。但王弼卻從「內有其實」將「言之不怍」視爲對自我發言的要求。

至於與人溝通方面，王弼則要求以質實樸眞的「信言」作爲中介。其注解「信言不美，美言不信」爲：「實在質也。本在樸也。」（〈81〉注）借用河上公注：「美言者，孳孳華詞。不信者，飾僞多空虛也。」（《河上公章句》，頁307）可知，華詞美言都是過分修飾雕琢的語言，其目的無非是爲了取悅他人；取悅、恭維又是一種「有以爲」的媚態，在巧言藻詞中自然夾雜虛妄矯僞的成分。或可說，王弼對老子「處其實，不居其華」與「息淫去華」的詮釋，包括了從質實信言反省華文美言之虛薄的視野。

此外，王弼界定：「自然之質，各定其分，短者不爲不足，長者不爲有餘，損益將何加焉？」（〈損卦〉注，頁421）便是以誠信作爲對〈損〉、〈益〉兩卦解釋的樞機。〔註113〕其言：「損而有孚」、「行損以信」（頁420）；「爲益之大，莫大於信」、「信以惠心，盡物之願」（頁430），即見其重點在出自於內心的眞誠無欺，而不是損有餘以補不足的意思。可以說，王弼藉由通過〈損〉、〈益〉兩卦的討論，確立一種依我眞誠地考慮他人的願望的誠信原則。尤其「信以發志，故其孚交如」（〈大有〉注，頁291），意謂著我的誠信還能啓發他人與我相同的心志；那麼，誠信便可以說是最簡易而毋需防備他人的重要溝通機制了。

總結上述，王弼觀察到營求名聲的人們，無不用己智以先人妄臆揣測，至使互信不足而有人我相欺、彼此互疑的狀況。對此，王弼提出基本要求是：「以恕行忠」且以篤直情實發爲「信言」。不過，在他的想法裡，能使「民復孝慈」〔註114〕且「形名俱有而邪不生」（〈38〉注），其關鍵還是在「此三者以

〔註113〕卦意之說明與誠信道德原則的揭出，參見高晨陽，《儒道會通與正始玄學》（濟南：齊魯書社，2000年），頁350。
〔註114〕《老子》第十九章是帛書本、竹簡本與各版本歧異最大的一章。一般多就「絕聖棄智」、「絕仁棄義」來討論儒道思想的互濟或對立，又或者從竹簡本「絕僞棄詐」重新給予論述。本文則將焦點放在「民復孝慈」俱見於各版本且無異，這表示了在版本傳衍與改動的過程中，民德歸化於淳厚始終是不變的價值取向。

為文而未足，故令人有所屬，屬之於素樸寡欲。」一段（〈19〉注）其中的「屬」字，樓宇烈以「足」解釋；「此三者」意指以「聖智」、「仁義」、「巧利」所涵蓋的一切文飾。意即，以自身內具的素樸情感為優先；自足於內而不必向外營求。如是，「載之以大道，鎮之以無名，則物無所尚，志無所營，各任其貞。事用其誠，則仁德厚焉，行義正焉，禮敬清焉。」（〈38〉注）便描述了「聖功實存」、「仁德實著」的理想，是可以藉由「守母存子」方式達到的。〔註115〕

　　值得注意的是，「歸厚返真」之說涵藏了這樣的意思：在樸散真離之後，每個個體以自足於內的「非名」姿態，不斷地向「無名」的道、樸趨近；這種「無求於外，各修其內而已」的做法（〈46〉注），才是天下有道與秩序和諧之所以可能的原因。但無可諱言的，「知足常足」的內化修養並不容易。所以，東晉袁宏（328～376）就提出現實中「稱誠而動，以理為心」之「情名教」者少、而「內不忘己，以為身謀」之「利名教」者眾——能準乎天地之心、自然之情的人畢竟是少數。〔註116〕如此，東晉孫盛（307～378）從老莊之學「遠救世之宜」而發論：「屏撥禮學，以全其任自然之論。豈不知叔末不復得返自然之道，直欲伸己好之懷，然則不免情於所悅，非浪心救物者也。」（〈老子疑問反訊〉）即知孫盛並不否認老子或王弼「任自然反其真」的觀點，問題只在叔末衰世的叢生流弊，已不是「返自然之道」可以立即解決的。

　　何晏與王弼同樣選擇「則天行化的聖人」作為議論主脈，這意味著如何達於「至治」是主要關注。即便兩人賦予「無為」不同的內涵，卻也同時將「至治」維繫「無為」的概念；不論「德者無為」或「聖人無為」的說法，都展現了對自然人性本真的樂觀態度。因此，「反民情」與「任其真」乃以預設了一種人我無間的和諧關係。在自然而然和睦的人我關係中，「禮」不代表交際往來的儀節，反而是出自於我內在真情實意的發用；這是何晏、王弼以時代新義定調「禮之本意」的重要貢獻。反過來說，何晏強調的「禮用貴和」以及王弼從「忠信不足」反襯「禮之『薄』」，又在一定程度上與秩序和諧關連起來。就這個意義看來，他們與「貴誠著信，為國以禮」的政論思想家，又展現了相同的思致。

〔註115〕參見牟宗三，《才性與玄理》，頁162～頁164。對此，周大興稱之為「以無為本的道德底形上學」，參見氏著，〈王弼玄學與魏晉名教觀念的演變〉，頁101。
〔註116〕參見張烈點校，《兩漢紀‧下冊‧後漢紀》（北京：中華書局，2005年），頁448。

如是，東晉范甯（339～401）以何、王之罪責深過於桀紂的批評，就有必要重新反省。范甯從「迷眾之愆大」的角度，主張何晏與王弼乃「浮虛相扇，儒雅日替」風氣的始作俑者，他所持理由在：第一，聖人設立政制不論質樸文雅乃隨世而變，但「王何蔑棄典文，不遵禮度」、「扇無檢以爲俗」，「遂令仁義幽淪，儒雅蒙塵，禮壞樂崩，中原傾覆。」（《晉書》卷 75／頁 1984）故謂何、王兩人罪深於紂。其次，何、王兩人「叨海內之浮譽」〔註117〕且「飾華言以翳實，騁繁文以惑世」，實可謂「言僞而辯，行僻而堅」（頁 1985）。但事實上，何晏除了好穿婦人服之外，〔註118〕又何嘗有蔑視典籍或不遵法度之事？否則王夫之不會許之以「孤忠」、錢穆也不會以「儒家之學」定位之。況且，經由本文分析可知，何晏與王弼乃自覺地藉經典注疏突出了對「情實」的重視，並以「質實」對「言僞」、「飾華」的矯造有所反省。如此，范甯所謂「禮壞樂崩」的究責，未免忽略了何晏、王弼對「禮之本意」重新界定的意義；歸責「中原傾覆」之咎於兩人，則未免太過。

持平而論，雖然范甯咎責的對象有誤，但若單就「仁義幽淪」的結果來說，確有其事實發生。推測其事實與評價形成落差的原因，或許是因爲何晏、王弼所關切的重點，在行爲主體之品德及內心之眞誠。但對范甯而言，個人良善的品格，只要先按照「我該做些什麼」的規範，即可逐步達至；孫盛〈老子疑問反訊〉之觀點，也是從絜矩之道不得確立的角度出發。這顯示了，對於外在規範之優位比重的不同考量，正是各家論述差異之所在。而這個問題在阮籍與伏義的書信往來、意見交鋒過程中，持續地被關注著。

第三節　反眞得情與愼禮持矩的對詰

上述何晏、王弼對《論語》「禮之本意」的看法，主要從喪禮「寧戚」與「禮以敬爲主」兩點解說。其重點在於，不論喪禮的豐儉或贄幣的厚薄，都要發自於我內心的「戚感」與「敬意」；其中，可以看到一個「戚」、「敬」的「他者」存在。那麼很清楚的，阮籍（210～263）的「任情」──情眞之顯

〔註117〕史載：王弼於曹爽黨翼共相進用之時，乃「通儁不治名高」（《三國志》卷 28／頁 795）。以此，則未可將王弼視爲好名之徒。

〔註118〕《晉書》載：「尚書何晏好服婦人之服，傅玄曰：『此妖服也。……末嬉冠男子之冠，桀亡天下；何晏服婦人之服，亦亡其家，其咎均也。』」（〈五行志上〉，頁 823）。

——便把上述的「自——他」關係，收攝至對自身是否基於「情眞」的發問。
這種向內掘發人生價值的轉折，與經典思想的接受是與時同步的。

一、貴眞獨志，默探道德

《莊子》文本的接受，對阮籍與嵇康來說是具有重要影響的；又或者說，
《莊》學之所以受到重視，其轉折正在「竹林時期」。〔註119〕首先，是〈漁父〉
的「保眞」主旨。〔註120〕漁父以「湛於人僞」、「苦心勞形以危其眞」指斥了
「性服忠信，身行仁義，飾禮樂，選人倫」諸種行爲。因此，對於「愼守其
眞」的論述，是以摒棄禮樂人倫作爲手段的；尤其在「處喪以哀，无問其禮
矣。禮者，世俗之所爲也；眞者，所以受於天也，自然不可易也。故聖人法
天貴眞，不拘於俗」這段話，說得最清楚。但要注意到〈漁父〉對「行仁義」、
「飾禮樂」的批評，是從「將以利天下」而適足以亂之的角度出發的；而這
種對禮樂工具性的質疑態度，其前提就在「忘禮樂」的安然適意，這正是「建
德之國」人民所表現的「不知義之所適，不知禮之所將行；猖狂妄行，乃蹈
乎大方」（〈山木〉，頁 671），即使不知禮義之所以然，其恣意而爲的舉止卻都
合於大道。之所以如此，關鍵就在「率性直往」、自然而爲的「游己」——「游
於不爲」——「不爲義」、「不爲仁」、「不爲老」、「不爲巧」，並不刻意標榜強
調禮義的規範性。簡言之，「忘禮義」之「因適而忘」的自得，與老莊道家以
「眞」爲心性的核心概念，所重視者在個體生命之自適與自由的想法密切相
關。〔註121〕其次，是「似遺物離人而立於獨也」（〈田子方〉）一句，重點在「似」
字與「立於獨」的觀念。所謂「立於獨」乃就個人本具的獨特心志而說的，
此即「進其獨志，若性之自爲」（〈天地〉）的意思。

事實上，並列「貴眞」、「立於獨」這兩觀念，約略可推測阮籍之所以有意

〔註119〕唐翼明認爲：嵇康著論、阮籍〈達莊論〉與向秀《莊子注》，使得之後的清談
　　　　開始重視《莊子》，這正構成了竹林時期清談「變」的特色。參見唐翼明，《魏
　　　　晉清談》（台北：東大圖書公司，1992 年），頁 219。羅宗強則謂：「嵇康乃詩
　　　　化莊子之第一人」。參見《玄學與魏晉士人心態》（台北：文史哲出版社，1992
　　　　年），頁 178。

〔註120〕阮籍於其詩文中數次提及「漁父」。嵇康的部分，參見本文對其〈釋私論〉的
　　　　解析。

〔註121〕陳靜以「顯眞——保眞——返眞」概念討論了《老子》——《莊子》——《淮
　　　　南子》的歷史發展。參見〈「眞」與道家的人性思想〉，《道家文化研究‧14
　　　　輯》（北京：三聯書店，1998 年）。

淡化「名教」、「禮法」的規範意涵，其中更關鍵的原因是他把眼光從「天下治」的問題移開，轉而關注每個個人能遺棄外物的內在「獨志」。〔註122〕

「獨志」，就是「遺俗而獨往」，這毋寧說是一種「內不失己，外不失人之意」的精神主體性，〔註123〕而非離群索居之意。〔註124〕所以，嵇叔良〈阮嗣宗碑〉「確不可拔，當塗莫能貴也」的描述，便是就其「天挺無欲」、「玄虛恬淡」之質性，終能「為無為而名不能累也，事無事而世不能役也」而寫（《全三國文》卷53）。〔註125〕此「獨志」之能「應世」而不流於「阿世」，其深義可於「大人理境」求之。〔註126〕更重要的是，此「遺俗」之「獨志」，乃是對比「士君子」意欲「揚聲名」、「齊功德」而有之各種「媚」、「欺」、「矯」、「競」的營名求利、曲意諂媚的行徑而來（〈大人先生傳〉）。阮籍在〈達莊論〉述及因為妄作致飾而失其真的問題，〔註127〕其言：

> 故求得者喪，爭明者失，無欲者自足，空虛者受實。夫山靜而谷深

〔註122〕參照王叔岷對「皆進其獨志，若性之自為」（〈天地〉）所下的案語：「獨志」為「自得之志」，便知「立於獨」有超然物外之志向的意思。參見王叔岷，《莊子校詮》（台北：中央研究院歷史語言研究所，1992年），頁443。此外，這種獨特意志的展現，還表現在大人先生不屈從於「以他人中心為取向」的他律權威。對此問題的深入，詳見鄭雪花，〈非常的行旅——〈逍遙遊〉在變世情境中的詮釋景觀〉（台南：國立成功大學中文博論，2005年）。

〔註123〕關於《莊子》「獨」的「無所待」之絕對精神意義，詳見徐復觀，《中國人性論史・先秦篇》（台北：台灣商務，1994年），頁390～頁394，頁436。

〔註124〕從阮籍寫於魏正始三年（242）的〈詣蔣公奏記辭辟命〉來看，他自陳不應補吏之召命而選擇「將耕於東皋之陽，輸黍稷之餘稅」，便清楚地表明他對「編戶齊民」之身分與意欲躬耕的生活型態是自覺的。所以，本文對阮籍的「超世」、「遺俗」是從與「世俗」價值相對的意義上來說。此外，郭象對「立於獨」的注解是：「無其心身，而後外物去也。」（《莊子集釋》，頁711）也只是描述至人「遊心」之超然物外、獨立自存而已，並非離群。

〔註125〕盧播的〈阮籍銘〉也以「天挺無欲，玄虛恬淡。混齊榮辱，婆娑止足」以及「遺物度俗」、「友真歸樸」（《全晉文》卷89）作為阮籍的人格特徵；與嵇叔良所寫似有重出之嫌。但重要的是，阮籍曾為盧播寫過舉薦文章給司馬昭，顯示兩人之間的交情，則盧播所寫有一定可信度。

〔註126〕江建俊慧解〈大人先生傳〉中「順變應和」四字，其言：「『和』，即是自然，合乎自然，行乎自然，則毀、譽可無介於懷」，「『應變順和』則忘己游物，與變俱化，唯『化』而能體『和』，而不流於『阿世』。參見〈大人理境與無君論思想的關係〉，國立成功大學中文系，《第二屆魏晉南北朝文學與思想學術研討會論文集》（台北：文津出版社，1993年），頁543，頁547。

〔註127〕以下所引阮籍文章，參見陳伯君校注，《阮籍集校注》（北京：中華書局，2004年）。

者，自然之道也。得之道而正者，君子之實也。是以作智造巧者害
于物，明是考非者危其身，修飾以顯潔者惑于生，畏死而榮生者失
其眞。（頁 145）

這裡直指了「求」、「得」、「作」、「造」、「飾」的「害」與「危」，更重要的是，
在這些「自然之理不得作」的行爲中（頁 145），所「喪」與所「失」者就是人
的「本眞」。於是，以「貴眞」爲標準，阮籍批判了「潔己者」與「克己者」所
帶來「名利之塗開，則忠信之誠薄；是非之辭著，則醇厚之情爍也」的名實不
符問題（頁 146）並導致最終「家以慧子殘，國以才臣亡」的結果（頁 152）。

阮籍對失眞之弊的覺察，扣緊了偏離自然之道的「離本」二字。禮法之
士因「心欲奔而不適性之所安」導致生存情境「疾疢萌」、「禍亂作」的困難，
促使他轉向「至人者，恬於生而靜於死，生恬則情不惑，死靜則神不離」的
恬和態度與精神境界（頁 144）。〔註 128〕並由「善惡莫之分，是非無所爭，故
萬物反其所而得其情也。」（頁 150）得知阮籍最終在「反情」、「適性」得到
了解答。爾後，他在〈大人先生傳〉明確提出以「各從其命，以度相守。明
者不以智勝，暗者不以愚敗」、「保身修性，不違其紀」作爲反眞得情的方法
（頁 169）。所謂「紀」，是以遵循自然規律的「各從其命」爲前提，其內容就
是「無欲」、「空虛」。〔註 129〕不過，無欲，不是禁止一切的欲求，只是不向外
追求，故言：

無貴則賤者不怨，無富則貧者不爭，各足於身而無所求也。恩澤無
所歸，則死敗無所仇。奇聲不作，則耳不易聽；淫色不顯，則目不
改視。耳目不相易改，則無以亂其神矣。此先世之所至止也。今汝
尊賢以相高，競能以相尚，爭勢以相君，寵貴以相加，驅天下以趣

〔註 128〕此境界在〈大人先生傳〉中表述爲「與造化爲友」的「大人」及其嚮往的「神
貴空間」。相關論述，詳見周大興，〈阮籍的名教空間與大人先生的神貴空間〉，
收入李豐楙、劉苑如主編，《空間、地域與文化──中國文化空間的書寫與闡
釋‧上冊》（台北：中央研究院文哲研究所，2002 年）以及鄭雪花，〈第三章　阮
籍的逍遙義〉〈非常的行旅〉（台南：國立成功大學中文研究所博論，2005 年）。

〔註 129〕阮籍在〈清思賦〉寫道：「恬淡無慾，則泰志適情」、「志不覬而神正，心不蕩
而自誠。固秉一而內脩，堪粵止之匪傾」、「不以萬物累心」，實際上與心平氣
定的「和」的概念相關。他在〈樂論〉中以「至樂無欲」解釋「聖人之樂，『和』
而已矣」、「人安其生，情意無衰，謂之樂。後來，〈大人先生傳〉「聖人無懷，
何其衰？」一句，陳伯君注謂：「無所容心故不慢」（《校注》，頁 177），可以
推知：「無懷」與「心不蕩」都是針對富貴、生死等外在問題的超越而顯的「心
不累」之境界。

之。此所以上下相殘也。……（〈大人先生傳〉頁 170）

「尊」、「競」、「爭」、「寵」都是有意的作為，而且這正是造成人與人之間相互的傾軋矜尚的主因。此中，當然也針對了「行欲為目前檢，言欲為無窮則」以求「稱」、「聞」的行逕（頁 163）。所以，阮籍以「端冕／常服」、「驊騮／凡乘」的對比反轉了世俗價值。換言之，〈大人先生傳〉對「士君子」的譏刺嘲諷，集中在他們以遵循禮法作為「進求利」、「營爵賞」之工具性。一方面阮籍對士君子形象的描述是從他們所背離的「恬性」、「靜形」理想而寫；另一方面在嘲諷中也有著阮籍對他們無法藉由理想價值追求來挺立其人格的慨嘆。可以說，阮籍批判名教禮法對人性的束縛、扼殺，更深的意涵是針對士君子背離「理想自我」實現的徒勞作為而發。

需要注意的是，「無富」、「無貴」不只是有形物質與權力的重新評估，它還以「無以亂其神」〔註130〕接上了〈達莊論〉裡的「是非無所爭」——消解一切是非善惡價值判斷的想法。〔註131〕換言之，「無～，則不～」的句式，實則歸於無欲無為的修養問題；〔註132〕如是，「不怨」、「不爭」之所以可能，乃在於任何一個得以「自足於身」的行為主體。

〔註130〕馬良懷從「神者，自然之根也」一句，說明「神」是嵇康、阮籍「越名教而任自然」中，自然本性與自由理想的存在根據；天人、物我的關係亦建基於此。參見《崩潰與重建中的困惑》，頁 112。如果考慮到阮籍對合乎自然與應變順和的強調，便可以知道他的「神」還是一種渾然玄同的和諧精神，這從「大人」批評「隱者」仍存有好惡之情、彼我之別可知；無富無貴，也只是消解價值的分別而已。

〔註131〕筆者認為：從〈達莊論〉「是非無所爭」到〈大人先生傳〉中的「無是非之別，無善惡之意」，亦顯示了阮籍思考由外向內的轉折。前者「無所爭」意謂著我不存有與他人爭論、爭勝之心。莊子「齊物論」的用意，正在針對「別言者，壞道之談也；折辯者，毀德之端也。」的爭辯現象（頁 155）但阮籍進一步以「至道之極」、「至德之要」的「不分」、「無外」，將「我——他」關係，收攏成「無是非之別」——關鍵在行為主體的「我」如何看待是非問題的心境。故知，「大人」之「大」還包括了「齊」是非爭論的態度在內。

〔註132〕即便阮籍始終以「道自然」為返本復始的主綱，卻也必須承認他所謂「志不覬」、「心不蕩」、「與道俱成」並不構成完整的主體心的工夫論。這或許是由於阮籍延續了老莊所謂「得之道者謂德」的看法，使得他更關注者在個體存在與自我意識；他欲以「至德」展示「體道的境界」而不措意於「道德境界」構築。誠如牟宗三與戴璉璋的看法，阮籍最終只顯文人的浪漫之情，而難免有「恣性任情」之失。分見牟宗三，〈阮籍之莊學與樂論〉，《才性與玄理》，頁 286～頁 308 與戴璉璋，〈阮籍的自然觀〉，《玄智、玄理與文化發展》，頁 81～頁 115。

　　準此而言，「彼勾勾者」所欲羨的「自以為」之富與貴，對照大人先生所謂「超世而絕群，遺俗而獨往」的真自由之境，其高下立判。只不過，雖然「無外」、「自舒」表達了「大人」視界的寬廣（高度）與世界的遼闊（空間），但它不應當只是「避物而處」（大人批評隱者之語）的八方天宇之無際無邊。因為，從「細行不足以為毀，聖賢不足以為譽」、「夫世之名利，胡足以累之哉？」看來，阮籍欲將毀譽名利等具體意涵加諸於「超世」、「遺俗」的用意確實不容忽略，這是他深知「夸名不在己，但願適中情」的道理（〈咏懷詩〉其三十），故欲拋卻虛譽名聲進而尋求一種「默探道德，不與世同」的方法（〈大人先生傳〉）。也就是說，唯有自己內心的安適，才能對「自好者」的非難與「無識者」的責怪，絲毫不以為意；這當然也是根結於阮籍「何暇毀質以適檢」的質疑及其欲「從容與道化同逍，逍遙與日月並流」的志向而來（〈答伏義書〉）。

　　以上所論說明了阮籍的無欲自足、無外自舒，乃是以「法天貴真，不拘於俗」為尺度而能的。〔註133〕故知，以「上古質樸純厚之道」為依歸的「返真」，〔註134〕進而思索如何「各從其命」以「保真」，乃至於「各適其情」以「顯真」，便支撐開來成為阮籍的理念框架。他這種對自然真性的強化態度，不但將思考重點內轉於「自足於身」的個體，並且以「遺俗而獨往」的心志力量凝聚成新價值所在。

　　然而，「貴『己』之真」與「不拘『世』俗」的對舉，還存在著個人與群體的關係。那麼，對於阮籍「不拘禮教」的「非常之舉」〔註135〕所蘊含之「個

〔註133〕戴璉璋分析〈達莊論〉指出：「天地者有內」的「有內」，是一空間概念；但「自然者無外」卻不是就空間而言，「無外」的真正意思是「物要成其為一物，都必須具備自然而然的體性，沒有例外」（〈阮籍的自然觀〉，頁89）。於此可見阮籍建立於體性本真的自然觀。

〔註134〕嵇康也表達了人之真性無偽的相同思致。其於〈難自然好學論〉所言：「及至人不存，大道陵遲，乃始作文墨，以傳其意；區別群物，使有類族；造立仁義，以嬰其心；制為名分，以檢其外」，指「檢」、「制」正是使眾人詭偽造作以便奔騖於榮利之途且不自覺的主因。「至人不存」意謂著曾經存在著「大樸未虧」之「至德之世」時期，於此之時眾人是「無競」且「自得」的。戴明揚，《嵇康集校注》，頁259～頁260。

〔註135〕容肇祖根據《世說新語》歸納八件事例，以說明阮籍大膽破壞常禮的行為，卻正是他自然情感所表現的真率和適性。參見容肇祖，《魏晉的自然主義》，頁35。收入於《魏晉思想‧甲編五種》（台北：里仁書局，1984年）。但筆者並不贊同容氏謂阮籍「無為無欲的消極人生觀」來自於其厭世思想的說法。

體意識／群體秩序」關係的析論就有其必要。其次，阮籍與伏義的書信問答，表述了同時期不同立場對於「禮意」的看法；但兩人同樣將論點匯集在「眞／僞」，這一點不免令人注目。以下，即就此分論之。

二、眞情即禮意：重解阮籍的「縱情越禮」

阮籍居母喪而不率常禮，最顯他對當世禮教的疑質與反諷，更重要的是，他以「眞性情」所顯「情之眞」來界定「禮意」。

對於阮籍痛母之終　事，牟宗三從「禮者，皆本乎人情」的角度出發，提出兩點看法：一是，阮籍「吐血數升，不可謂不眞。然此眞是落於第二義，藉激憤禮俗之反動以表現。而一有反動即有僞。」故此「眞」乃挾雜了「激情之僞」於其中。二是，弔喪之禮「惟是一肅穆之哀情。客人之弔亦投入此哀情而不容其不眞。主人之哭亦自然而不容已。此一剎間，不是禮俗問題。何來激憤？何容作怪？……凡有來弔，皆所以助我之悲，慰我之哀，而其情亦無不眞者也。吾焉得以虛妄分別之激心黑白弔者之善意乎？」然而，阮籍卻視其純爲應酬禮節，遂將其至孝之性一轉而成矯違之怪態，致使「本屬性情之事，而卻轉移之藉以顯世俗之惡濁，成一客觀禮俗問題之激蕩，社會人品分野之鬬爭。」此終究形成他奇特生命本質與禮法嚴重衝突而不得和諧的結果。〔註136〕

但是，在至性之「眞」與激矯之「僞」的糾葛中，因激矯而落於「第二義之眞」該如何判準，便成爲一大問題。因爲從東晉士人的反省裡，像是應詹（274～326）所謂：「元康以來，賤經尚道。以玄虛宏放爲夷達，以儒術清儉爲鄙俗。」（《晉書》卷 70／頁 1858）又或如干寶所言：「觀阮籍之行，而覺禮教崩弛之由。」（卷 5／頁 136）有著將禮法教化風俗的頹圮歸咎於阮籍行迸之「放」、「達」的傾向。根據《晉書》本傳所載「容貌瑰傑，志氣宏放，傲然自得，任性不羈。」（卷 49／頁 1359）略可推知阮籍「放」、「任」的形象特徵；而干寶究責於阮籍莫不與此有關。換言之，這裡存在著兩個不同層次的問題：一者，就阮籍自身的行迸而言，需對「放達」與「任誕」有所析辨。二是，藉激僞行止以迸發眞性情，究竟是阮籍任眞抗禮的「放達」，還是

〔註136〕參見牟宗三，〈阮籍之莊學與樂論〉，《才性與玄理》，頁 289，頁 290。對於生命衝突這一點，高晨陽從「超世與入世」、「至愼與疾惡」、「崇禮與毀禮」三特徵，對阮籍人格裂變的機制有所探討，參見高晨陽，〈阮籍的雙重人格〉，《阮籍評傳》（南京：南京大學出版社，1997 年）。

元康八達淪爲慕學以致放蕩越禮的「作達」，〔註137〕有其釐清分界的必要。

對此，張蓓蓓從「自然率眞」的角度提供了重要線索，其言：「凡爲人通脫不拘俗情俗禮皆可云『達』。但『達』不即是任誕。『達』而近乎任誕者，通常不但曰『達』，而曰『放達』。」〔註138〕故知阮籍「放達」之意義，不止於越禮干俗的荒放而已。

據此而論，情感的自然率眞乃是箇中關鍵；但也不難發現，自然情感的流露，始終有一「禮檢」作爲尺度。所以，就阮籍居母喪卻「箕踞不哭」的異常舉動而言，阮籍的「不哭」，〔註139〕當從「哀」與「哭」的不同來解析其傷戚。至於「箕踞」的動作，從「欲藉放恣以解憂，非言其傲也」的角度，可以得到說明。〔註140〕因爲，葛洪也著眼於「或亂項科頭，或裸袒蹲夷」的舉止（《抱朴子》〈刺驕〉），進一步區別了傲視流俗的放誕與未受教化的野蠻的差異。他認爲世人「不量其材力，非傲生之匹」而仿效戴良與阮籍的「傲俗自放」與「大度」（〈刺驕〉，頁 29），才造成了「懷愍之世，俗尙驕褻」的風氣（〈刺驕〉，頁 36）。仿效者的問題來自於兩方面，首先，是他們誤解了所謂的「通達」，乃是「通於道德，達於仁義」而非「通乎褻黷，而達於淫」的意思；這裡，葛洪直接點名「八達」縱情恣慾的行逕「皆背禮教而從肆邪僻」而「使人不忍論也」（〈刺驕〉，頁 43）。更關鍵者在於「今世人無戴、阮之自

〔註137〕驗之史實，後秦姚興對耆儒碩德的禮遇與重視講論道藝可謂「學者咸勸，儒風盛焉」。然「時京兆韋高慕阮籍之爲人，居母喪，彈琴飲酒」，給事黃門侍郎古成詵「聞而泣曰：『吾當私刃斬之，以崇風教。』遂持劍求高。高懼，逃匿，終身不敢見詵。」（《晉書·載記》卷 117／頁 2979）韋高之不敢露面，即顯見其「慕」之「僞」。

〔註138〕參見張蓓蓓，〈世說新語任誕篇別解〉，《中古學術略論》（台北：大安出版社，1991 年），頁 194，頁 196。

〔註139〕不哭，只是不涕泣而非不哀戚。以曹魏荀粲爲例，《三國志》載：「婦病亡，未殯，傅嘏往唁粲；粲不哭而神傷。」值得注意的是，他認爲父親荀彧的「立德高整，軌儀以訓物」比不上從兄荀攸的「不治外形，愼密自居」；這或許與他「貴簡」的性格有關。因爲荀粲的「簡」除了「好言道」、「尙玄遠」之外，還有「不能與常人交接」（卷10／頁320），這指的是一般交往禮儀的簡擇汰繁。至少在這一點，兩人有相近之處。

〔註140〕這是鍾泰對莊子妻死卻「箕踞」的看法。參見《莊子發微》（上海：上海古籍出版社，2002 年），頁 397。但不可否認，由《世說》所錄兩則：一是「晉文王功德盛大，坐席嚴敬」而「阮籍在坐，箕踞嘯歌」（〈簡傲1〉）；二是「（嵇）康方箕踞而鍛，（鍾）會至不爲之禮」（〈簡傲3〉），則知史料多以「踞箕」顯其疏略禮儀的傲慢情態。這樣看來，一種行爲、兩種情境，是需要細心分別的。

然，而効其倨慢，亦是醜女闇於自量之類。」（〈刺驕〉，頁 33）這句話說明葛
洪在「放達」與「作達」之間，亦是以本性之真偽劃出界限的。

所以，再仔細尋繹干寶〈晉紀總論〉的上下文，便可知道「百官之邪」與
「寵賂之彰」、「將帥不讓」之頹風，未可一概由阮籍承擔。如果考慮到干寶是
將「禮法刑政」、「禮教」作為「治道」的立場（《晉書・孝愍帝紀》，頁 136），
那麼「禮法」與「禮教」是存在著些微區別：前者偏重在所謂的公共性質，意
即刑法的對象是所有的人；後者則強調遵循禮儀風俗所具備的教化效用。因此，
干寶用「所由」二字的意思是，阮籍要負起教化風俗的責任。但問題就在，阮
籍關心者只在情真意實而不在成為風俗的標竿者。典型的事例是，兵家女死，
「（阮）籍與無親，生不相識，往哭，盡哀而去。其達而無檢，皆此類也。」（《世
說》〈任誕 8〉注）此處，可注意到晉朝王隱對舉「達／檢」的評論。以旁人的
眼光來看，「不識，往哭」純屬「無檢」──不受禮度約束的做法。〔註141〕然
事實上，阮籍的作為原本就只存在他與兵家女之間以及對其生命凋萎的慨嘆，
而無關乎其他。換句話說，阮籍在「盡哀而去」的舉止中，一方面顯現他對少
女「有才色，未嫁而死」的抱憾，另一方面則在「盡己之哀情」中顯其「坦蕩」、
「淳至」之性情。這正是他對「各適其情以顯真」的具體實踐。

除此之外，還可從兩方面說明阮籍以真性情作為解釋「禮意」的基調。

首先，阮籍在〈達莊論〉中表述了「名教」本於「自然」的觀點。他在
強調自然真性的前提下，「卻仍本『道體儒用』來溝通儒道，其以『分處之教』
必揆之以『致意之辭』，始能發揮正名定分的作用。」這說明阮籍除了「崇本」、
「貴意」的立論目的之外，仍能注意到制度規章的「跡」、「殊」，遂能不流於
放蕩越禮。〔註142〕其次，可從莊子「放棄認真」的「游世」思想來解讀。事
實上，「像阮籍那樣以誇張的游戲言行嘲諷世道，並表達天地間無路可走無所

〔註141〕張蓓蓓：「檢括乃法度約束義」；不檢括即是針對傳統名教之治而來的無禮與
　　　　越禮。參見〈世說新語任誕篇別解〉，頁 201。唐翼明分析「通侻」這一概念
　　　　指出：其特點是「不講究威儀，不拘守禮儀」；其核心是「求簡易、不拘束，
　　　　正是要打破繁文縟節的束縛，甚至對這些加以渺視。『禮豈為我輩設也？！』
　　　　阮籍這話很能代表一般通侻之士的態度。」他把「放達」與「通侻」並列，
　　　　恰好為阮籍不拘俗情做了註腳。參見唐翼明，〈通侻〉，《魏晉文學與玄學》（武
　　　　漢：長江文藝出版社，2004 年）。
〔註142〕參見江建俊，〈阮籍「達莊」、郭象「隱莊」、王坦之「廢莊」在魏晉莊學發展
　　　　中的意義〉，《六朝學刊》（臺南：國立成功大學史國文學系，2006 年 8 月），
　　　　頁 135，頁 136。

依傍的蒼茫感,未始不是對莊子游戲人間思想的一種準確解釋。」這裡面包括了蔑視現實社會觀念和制度的不在乎姿態,也有著以自虐式的嘲諷對抗世界黑暗的深刻。〔註143〕戴逵所謂「竹林諸賢之風雖高,而禮教尚峻,迨元康中,遂至放蕩越禮」、「彼非玄心,徒利其縱恣而已。」(《世說》〈任誕13〉注)便把將「玄心」作爲理想價值底蘊的阮籍與「八達」放蕩縱欲的行爲區別開來。以阮咸居喪追婢(〈任誕15〉)與豬共飲(〈任誕12〉)爲例,其縱情越禮的行徑不僅是「論者甚非之」,阮籍也以「弗之許」(《晉書》卷49/頁1363),表達了他不認同的立場;可以說阮籍是有意識的在最低限度上作出區隔。

以上的討論,一方面說明阮籍意圖藉其違俗逆常之舉,以張顯其自性之本眞,實際上這已透露了偏向「重情」的發展趨勢;〔註144〕另一方面,他以莊子「致意之辭」爲其尺度,故能同時照顧到世教名分。但由於阮籍幾乎是在弔喪禮的場合而得以顯其眞情,即便葛洪的說法適度地替阮籍澄清了某些疑慮,但也不難發現他最終仍主張若是戴良與阮籍能「敬蹈檢括」──舉動敬愼、遵守法度,則兩人成就不止於此。也就是說,葛洪雖承認阮籍本具的自然之性,卻仍認爲避免縱逸頹風的最好方法,還是以「道檢」與「禮防」爲尺度。於是,又回到了由「性情/禮俗」對壘所逼顯的「眞/僞」問題。進一步的深究,在阮籍與伏義的問答裡。

三、放達飾虛或矜禮矯僞

書信的往返問答,意味著兩人對同一問題的意見交流(包括申辯己見或駁斥他見)。由於阮籍對禮法的觀點,多表述於〈達莊論〉與〈大人先生傳〉中,故此處多與〈答伏義書〉一併討論。此中可注意者,阮籍在〈大人先生傳〉中共用了七次的「自以爲……」句式,以駁斥「士君子」、「隱士」、「薪者」的觀點。如果說,阮籍使用「自以爲～」的句法,含有對「以自……爲

〔註143〕參見顏世安,《莊子評傳》(南京:南京大學出版社,1999年),頁93~頁96。鄭毓瑜以感性的筆觸寫下:「阮籍的解脫因此不是通常印象中的躲避棄絕,而是行經一切黑暗、穿越令人顫慄的傷口」,「那麼堅忍的活著而且焦慮的追尋,即使落得絕望毋寧也彰顯著抗拒的意義。」參見鄭毓瑜,《性別與家國:漢晉辭賦的楚騷論述》(上海:上海三聯書店,2006年6月),頁50~頁51。

〔註144〕吳冠宏扣繫「情」與「眞」作爲研究視角並標題:嵇康之「疾矯以任眞」與阮籍之「激矯以揚眞」,進而申論兩晉士人由「任眞抗禮」到「適性任情」的發展。參見吳冠宏,〈魏晉玄論與士風新探──以「情」爲綰合及詮釋進路〉,(台北:台灣大學中文所博論,1997年5月)。

是」觀點的批判，那麼就必須注意到，伏義對於「大人先生」之「自以爲能足與造化推移」也是抱持質疑態度的。因此，只從維護禮法的角度去理解伏義的觀點或有所欠缺。本文認爲，伏義〈與阮籍書〉扣緊「矯」、「僞」而發的問題意識，是對「禮意」探問的另一種表述。

首先，阮籍從「禮」之矯僞與伏義就「達」之虛假相互詰問，顯示兩人對「眞／僞」的關注；而這又是與禮矩問題息息相關的。

阮籍對禮法君子的批評，出現在〈大人先生傳〉與〈詠懷詩〉中。他以「變／常」爲主軸，由往昔天地未判之前的渾然一體與瞬息萬變，論說禮法君子謹守的「常色」、「常則」、「常度」、「常式」並非互古存在，而「汝君子」們卻以爲此乃「古今不易之美行」，以致必須「造音以亂聲，作色以詭形，外易其貌，內隱其情」以達「懷欲以求多，詐僞以要名」目的。〔註145〕但由〈達莊論〉已確知阮籍不廢「分處之教」的制度規章，所以有理由相信他的批評矛頭指向的並不是儒者的「則」、「度」、「式」，而是那種「造音」、「作色」、「易貌」、「隱情」的矯、僞，〔註146〕以及自以爲「唯法是修，唯禮是克」便可成爲一切標準原則的心態。批評的內容彰顯了他對「任自然」眞義的堅持。

至於伏義，則以「貴德保身，非禮不成，伏禮之矩，非勤不辨」爲論據，強調禮教規範性的重要；這使得他被視爲保守禮法的護持者。事實上，伏義論點的深刻處在於，他意識到「越名教」的「言無定端，行不純軌」對時代

〔註145〕事實上，所謂「名實不符」的問題，通常意指對「名」的欲求以及隨之而來的欺詐矯僞。不只阮籍〈大人先生傳〉的批判意識涵具這種「名／實」的「眞／僞」之辨析。在嵇康〈難自然好學論〉中從「人之眞性無爲，不當自然耽此禮學矣」，批評了「求安之士，乃詭志以從俗」的問題。故於〈答難養生論〉提及：「上以周孔爲關鍵，畢志一誠；下以嗜欲爲鞭策，欲罷不能。馳騖于世教之內，爭巧于榮辱之間」，「皆役身以物，喪志于欲」。可以看到，嵇康亦是從眞性無僞的前提，對於奔鶩於榮利之途而選擇詭違矯僞自然本性的士人，提出了他們終究處於違己願而不能自得的看法；他由「從物欲而失眞性」的角度駁斥了「從欲得性」之說。參見戴明揚，《嵇康集校注》頁187～頁188，頁260，頁261。

〔註146〕朱子曾謂：「若玉帛交錯，固是禮之文；而擎跽曲拳，升降俯仰，也只是禮之文，皆可以僞爲」（《朱子語類》卷26），亦是從儒者的角度，提出禮文儀節可以僞爲的問題。但是，嵇康與阮籍對禮法教化批判之所以具有力道，應當從道家「非名」——反對「有名之教」的立場來把握方爲周至。也就是說，嵇、阮所謂「名教」的「名」，不只是「名分」或「名聲」，還包括了所有俗情俗見以及一切虛矯繁瑣的名物制度。參見張蓓蓓，〈「名教」探義〉《中古學術論略》（台北：大安出版社，1991年）。

風氣產生的不良影響──「薄于實而爭名者，或因飾虛以自矜；憚于禮而莫持者，或因倨怠以自外」（頁 73）。伏義欲從「薄實」、「飾虛」揭露其中的矯偽。〔註 147〕

只不過，阮籍答文的開頭，卻從「何吾子之區區，而吾真之務求乎！」（頁 68）把問題拉高到精神境界層次，而不著意回答伏義對他「以疑世爲奇，縱體爲逸」、「經緯之氣有蹇缺」、「陶變以眩流俗」的具體問題。於是，只見他以「從容與道化同逌，逍遙與日月竝流」的境界立說，開展「徒寄形軀于斯域，何精神之可察」之說（頁 72）。阮籍自傲的是在翱翔於天地之外的神明，而不在以功名事業稱聞；然而這種精神又不是常人所能察覺。他標誌「吾真」二字，並強調這種內在於我的本真質性，是難以測量與談論的，〔註 148〕對此，阮籍用了多層次的對比，諸如「四溟之深，幽鱗不能測其底」、「弘脩淵邈者，非近力所能究矣；靈變神化者，非局器所能察。」故藉「瞽夫所不能瞻，璅蟲所不能解」之語，譏諷了伏義。再者，阮籍又用「無定體」、「不常儀」說明了其「真」、「神」是不可以世俗的網羅法度加以規範的，所以對於伏義「制禮」、「擬檢」的作爲，有著「其陋可愧，其事可悲」的貶抑意味。阮籍所說，無非表明了二人「力勢不能齊，好尚舛異」的質性差異，那麼就不如各自順從自己的性情，而不必強求被規限的一致性。

必須注意到，伏義對於阮籍自詡的「懸蹖」、「弘幽」，認爲這些不過是閉合幽晦而暗藏假僞的說辭。其言：「關闔晻曖以示之不測之量」、「排擠禮俗以見其不覊之達」，便將問題指向了「不測」與「不覊」的實質是虛假，是對禮矩常規採取「飾虛以自矜」的「矜貌」造假以及「倨怠以自外」的「吹噓」作達。由於其中潛藏了「浮沈不一，際畔相亂」的可能，最終形成一般「疑夫鬱氣之下必有祕伏，重奧之內必有積寶」的輿論印象。至此，伏義的辭鋒

〔註 147〕荀子以禮爲「人道之極」，其中包括了對「暴慢恣睢輕俗」者的批評。就這一
　　　　點可以說，伏義上接了《荀子·禮論》「審於禮，則不可欺以詐僞」的想法。
　　　　故本文所謂伏義「以禮貴德」，乃意是在人以禮持身而能中節應矩，必會在行
　　　　爲上有所砥礪；「德」不是就特定的德目來說的。參見〔清〕王先謙，《荀子
　　　　集解》（北京：中華書局，1988 年），頁 356。
〔註 148〕推測阮籍的「不能測」或許與其「愼言」有關。《魏氏春秋》載：「兗州刺史
　　　　王昶請與相見，終日不得與言，昶歎賞之，自以不能測也」、「（阮）籍口不論
　　　　人過，而自然高邁」（《三國志》卷 21／頁 605）。筆者以爲，這可以和漢末黃
　　　　憲的「難得而測」──「淺深莫臻其分，清濁未議其方」做一對照，則阮籍
　　　　這種愼言可以說是玄遠的呈現。

刺向「投迹教外」的「達者之行」，他認爲「開闔之節不制于禮，動靜之度不羈于俗」的表現，不過是基於「怨時」、「驕世」的深層心理因素而已，簡單地說，就是「鬱怨于不得，故假無欲以自通；怠惰于人檢，故殊聖人以自大。」此處，伏義把所有「動與世乖」的行爲都歸之於虛實難判，故主張以「實」著名、以「禮」貴德。

其次，阮籍、伏義各自表述的「眞／僞」意涵，是與其自身對「道／術」的定界有關。

在阮籍看來，「至人者，不知乃貴、不見乃神，神貴之道存乎內，而萬物運於外矣。故天下終而不知其用也。」（〈大人先生傳〉，頁 172）正好和「汝君子之禮法，誠天下殘賊、亂危、死亡之術」相對照（頁 170）。所謂存於內的「道」就是上述的「自然之理」。基於「貴眞」的前提，阮籍以爲內具於身的本眞質性是外在禮檢無法規範限制的，遂有「據此非彼，故可齊乎？」的疑問（頁 70）。因此，他所以認可的是：凡「情之所在即禮之所在」〔註 149〕——禮的本意當由人之眞情實感之顯現，而得以確立。

相反地，伏義則從「智術之曲撓，非道理之正例」發論（頁 76），認爲所有激切、持滿的作爲都未符「道」的尺度。他所謂的「道」，可從兩句話來判定：一是「入檢而必全」（頁 73）；二是「德之懿者，善其持沖以守滿」（頁 74）。前者即是以「禮」爲法度的意思；後者則是以禮爲節而能謙沖不顯驕恣。〔註 150〕也就是說，唯有禮矩才是行己立身之道，在這個意義上，伏義似乎回到了「禮者，履也」的詮釋脈絡。而此觀點，與上引葛洪〈刺驕〉所述相近；兩人的用意不在申述禮教的合法性，而是尋求對治散髮裸袒、溲便人前的縱恣乖張之良方。因爲，魏晉時期仍不乏「動循禮典」、「依禮而動」的人物，〔註 151〕即便從王戎、謝鯤等人身上嗅到了「不修威儀」已成爲魏晉新風氣的味道，卻必須注意到，魏晉人認爲的「風神」（至少包括儀容風度的形體之美）仍需憑藉身體以彰顯。故知，所謂的「不修威儀」，只是不重視特定的儀節而已。〔註 152〕

〔註 149〕此處借用牟宗三的話語。參見《才性與玄理》，頁 289。
〔註 150〕持沖謙退，乃屬儒道兩家的邊際思想。葛洪也對比「勞謙虛己／驕慢倨傲」，並視之爲「存亡之機」（《抱朴子》〈刺驕〉，頁 21）顯然這就不止是個人內在德行或風神舉止的問題，可謂治亂樞紐在此。
〔註 151〕譬如《晉書》中，張華「少自修謹，造次必以禮度」（卷 36／頁 1068）、戴逵「性高潔，常以禮度自處」（卷 94／頁 2457）或庾亮「風格峻整，動由禮節」（卷 79／頁 1915），皆是以禮儀規範自持的人物。
〔註 152〕參見甘懷眞，〈魏晉時期的安靜觀念〉，《皇權、禮儀與經典詮釋》（台北：喜

　　由上分析可知，對阮籍而言，眞情質性是優先於禮法規範的，所以他不著意於現實具體問題的回應。很重要的一點是，檢索史料會發現此時對「私情」的使用，只放在「個人情感」的脈絡下，而不含具善惡的道德判斷。那麼，阮籍對其性情眞純的任心而爲之「外坦蕩」，無疑地是對嵇康〈釋私論〉所謂「至公坦蕩之心」與「不匿情」的一種呼應。於是，在嵇康、阮籍對禮教成爲異化工具的批判中，「越名教」的「越」字，不當解作對名教的「衝破」或「拋棄」，〔註153〕反而需要在其情眞流露以彰顯禮之本意的過程裡，去發覺他們對「禮之眞意」的護持。故知，所謂「任眞」絕非「放任」之意，那是在「以道自任」的尺度之內才成立的。

　　與此同時，伏義從心態上的「怨」、「矯」戳破了「通」「達」的虛假，使他的說法深具反省現實的意義。尤其，伏義所謂「治大而見遺，不如資小而必集；出俗而見削，不如入檢而必全。」（頁73）乃是值得深思的句眼。他藉由「小／大」、「遺／集」、「削／全」的對比，點出所處時代的主要問題：情性之眞，固然屬於個人分內；然而一旦假僞演化爲傲慢成俗、不崇謙讓的頹墮風氣，就形成了「個／群」的問題。〔註154〕他把阮籍「大人」之「大」轉換成「整體／個體」之「大／小」語脈，於是所謂「入檢而必全」表達的無非就是對整體秩序的思考。換言之，對個體性情的自覺發任，仍必須置於公共與群體的位階下，才能避免流於縱恣之弊。

　　這樣看來，不論阮籍或伏義，都在爲一個合理的、理想的存在環境而努力提出設想，他們的差異源自於儒、道兩家對公共禮法根源性爲何的看法不同。〔註155〕就儒家而言，「文質彬彬」（〈雍也〉）所追求者無非是性情與禮文

瑪拉雅基金會，2003年），頁167～頁173。

〔註153〕參見楊祖漢，〈論嵇康的「越名教而任自然」〉，《魏晉南北朝文學與思想學術研討會論文集·第三輯》（台北：文津，1997年）。

〔註154〕晉朝江熙對《論語·里仁》所謂「能以禮讓爲國乎？」的注解是：「人懷讓心，則治國易。不能以禮讓，則下有爭心，錐刀之末，將盡爭之，惟利是恤，何遑言禮也？」（頁256）就清楚可見，當時仍然延續著《左傳》所謂「讓，禮之主」；讓而不爭爲「懿德」的看法。倘若一定要從禮教護持者的角度來解讀伏義，那麼，不可忽略他「國治需以禮」的觀點。

〔註155〕儒家的典型說法以荀子爲代表，他認爲禮的起源與人的欲求無度有關，「先王惡其亂也，故制禮義以分之。」（《荀子·禮論》，頁346）故從「欲→爭→亂」的脈絡來證成「禮」是社會衝突解決的方法。至於《莊子·天道》：「古之語大道者，五變而刑名可舉，九變而賞罰可信」，其脈絡是由形上之道的「變」——向形下衍申——而成刑名、賞罰；故知老莊道家是將禮、義視爲聖人所

的折衷；既是如此，自然也意味著儒家意識到對情禮背離的問題。與此同時，老莊道家的問題意識就直從情禮背離的狀況發論，如老子說：「大道廢，有仁義」（〈18〉）；莊子則謂「有親非仁」（〈大宗師〉）、「禮樂遍行則天下亂」（〈繕性〉）。但儒道兩家的重要分際就在於，老莊道家並不認為「聖人作制」具有合法的公共性質，因而對情禮衝突的問題之解決，老莊很顯然地是以出於自然的真實性情為基點，禮文形式從來未曾成為他們最優先的考量。

誠如許倬雲對春秋時期「禮俗社會」（Gemeinschaft）的分析：對一個基於意願一致的社會秩序而言，是不需要立法的。因為傳統習俗決定了行為規範的準則，這就是「禮」。但道家對既定觀念的指責，不僅破壞了既定社會結構的維持，它還藉由觀念的修正與態度的變化，促進了社會變革的發生。〔註156〕那麼，阮籍的「反常」行為不也提醒著當世的人們：「禮意」較之於「禮儀」是更為重要且優先的；「反常」對舊有慣性產生了反轉的力量，並刺激了新論述與活化了新思想。唯有如此，才好解釋後來仿效風氣的形成以及裴頠、郭象持續的關注。至於之後士風的頹墮，本來就不在阮籍的預想之內。

以上所述，從阮籍對《莊子》「貴真」思想的接受，分析了他對「禮意」的界定在「真情實意」這一點。但「自然與名教」這個議題上，阮籍之所以具有思想史上的意義，還在下面兩點：一是，何曾對於阮籍居重喪而飲酒食肉的作為，以「縱情背禮，敗俗之人」嚴屬質斥。對於此事，〔註157〕余嘉錫認為：「自司馬昭保持阮籍，而禮法廢。波靡不返，舉國成風，紀綱名教，蕩焉無存。」（《箋疏》，頁726）。但是，東晉孫盛《魏氏春秋》卻把解讀重點放在阮籍「性至孝」、「毀幾滅性」。兩種評價的落差，意謂著對於兩晉「孝」的準判，仍有繼續追蹤的必要（詳見下節所論）。與居喪守禮相關的第二點是，阮籍母喪，裴楷前往弔唁並以「軌儀自居／不崇禮典」來區別「俗中之士／方外之士」（〈任誕11〉），具有將「方」字的「禮制」意涵顯題化的意義。

如是，阮籍對「禮之本意」的詢問，促使了西晉時期對此問題的持續發

　　「用」之「器」；更重要者在「道」。

〔註156〕參見許倬雲著、鄒水杰譯，《中國古代社會史論——春秋戰國時期的社會流動》（桂林：廣西師範大學出版社，2006年），頁169，頁185。

〔註157〕詳見〈任誕9〉「阮籍當葬母，蒸一肥豚，飲酒二斗」一事。李銘慈主張「阮籍雖曰放誕，然有至慎之稱」，故此事乃元康八達之徒「妄誣先達，造為悖行，崇飾惡言，以籍風流之宗，遂加荒唐之論。」對此，余嘉錫認為：「以空言翻案，吾所不取。」（《箋疏》，頁732）

酵與深度思考，並凝聚成「稱情備禮」的時代共識。

第四節　稱情備禮的共識

　　學界對西晉時期思想的研究，一般多從郭象所謂「若無經國體致，眞所謂無用之談」（〈天下〉注，頁 1114），進一步論證名教存在的必然性，並以「名教即自然」概括之。〔註 158〕事實上，對中古士人而言，政治體制與社會倫秩畢竟已是一無可否認的既在事實與實存生活空間；〔註 159〕意即人倫綱常對他們來說，乃一既在且不言自明的前提。因此，不難發現魏晉思想家對於「名教」問題的反省，幾乎都是以人性本眞與矯僞之對立爲切入點。這種思考的實質，乃是針對漢代「以名爲教」——突出「名教」的「教」的動詞功效——的方式進行「名教之治」的政治操作，〔註 160〕所產生的人性異化問題的反思；而這問題又與秩序的治亂密切相關。

　　換句話說，延續「通天人之際」的線索，魏晉思想家在不廢名教的同時，其批評意識始終發自於「天道」、「自然」的參照值。這是他們不約而同地將個體眞性之所以失落的主因歸咎於主事者假借以「善名」稱譽或「功名」利誘的有意作爲，以及行爲主體對名聲勢位的營求兩方面。因此，在他們看來，藉由本己眞性「反眞」與「推誠」的召喚，便是滌蕩清除「以名爲教」異己力量的最簡易策略。可以說，這是展現了以個體的「非名」意態呼應「天道無言」、「聖人無名」的做法。

　　是以，本節標題「稱情與備禮」將著重兩個問題的討論。第一，郭象《莊

〔註 158〕詳見莊耀郎，《郭象玄學》（台北：里仁書局，1999 年）。

〔註 159〕余敦康謂之：「異化的」與「合乎自然」的兩種異質名教，逐漸糾纏凝結成一種必須生活於其中的政治倫理實體和政治秩序；人們只能把它當成既定的事實來接受，而無可否定。他並指出：樂廣所言「名教中自有樂地」，即是企圖擺脫此兩難困境的想法；郭象的思想體系也是基於此而開展的。參見《魏晉玄學史》（北京：北京大學出版社，2004 年），頁 10。本文亦從「國——士・吏——民」論及中古士人身處的社會結構，並以此推論魏晉「無君思想」的核心內涵乃在人君之私的消解，而非取消君主所代表的一切政治體制。詳見〈第二章「公型理念」〉。

〔註 160〕劉康德從詞性上解讀「名教」兩種涵義：一是廣義上三綱五常之宗法制度之「名」；二是狹義上的「以名爲教」，它突出「名」的動詞效果。即漢代將「孝廉」、「方正」等屬於道德名節的範疇，逐漸比配成相應的名分、名目與名節，使民眾慕之善之的政治作爲。參見劉康德，〈魏晉名教與自然論箋〉，《孔子研究》第二期（1994 年），頁 63～頁 64。

子注》以「眞在性分之內」界定了「反其眞」意涵（〈秋水〉注，頁591），並且以「稱情而直往」聯繫了眞與情的關係。尤其，郭象將「至仁」、「孝慈」、「禮樂」等概念，放在「性分之眞」、「天理」脈絡下所形成「無假爲眞」的「眞／假」對列之論述，將是重點所在。第二，阮籍居母喪卻不率常禮的作爲，在西晉持續發酵並深化了情禮之爭的論題。對此，郭象的相關回應呈現在〈大宗師〉孟孫才「居喪無哀」一段的注文裡。無獨有偶，西晉時期圍繞著居喪守禮與否所展開的論議，劉毅最後以「死孝」與「生孝」評定之，這意味著：宗備居喪之「禮」或重視哀戚之「情」，都是以「孝親之眞」爲基始的；「孝」的時代新義於焉呈現。但與此同時，必須注意到「生孝」的實質意義，乃是對儒家經典中居喪之禮「毀不滅性」觀點的闡發；這是傳統思想力量不絕如縷的展現。

　　以下的討論，先陳述郭象《莊子注》的觀點，再輔以兩晉時期實例的解析，藉以說明「稱情」這一核心概念，其中具有從「個人情思」向「普遍人情」發展而終於「緣情制禮」的軌迹。

一、郭象：得性爲德，損華反眞

　　郭象（252～312）以「明內聖外王之道」作爲注解《莊子》的核心理念，其中展現了他意欲探求與達至的理想社會，乃是「其樸自成」——「至仁極乎無親，孝慈終于兼忘，禮樂復乎己能，忠信發乎天光。」（〈莊子序〉）就此怡熙泰然社會的設想來看，有兩點需要分說。第一，就人倫政制之實存以及和諧與秩序的關聯而論。郭象言：「千人聚，不以一人爲主，不亂則散。故多賢不可以多君，無賢不可以無君，此天人之道，必至之宜。」（〈人間世〉注，頁156）這是從整體秩序的「不亂」，確認了政治制度存在的必要性。〔註161〕不過，這並不意謂郭象接受聖人作制立政的想法；相反地，所謂「以己制物，則物失其眞」（〈應帝王〉注，頁291），表述了人君若出己智以經綸或用仁義以導俗的作法，便是對人的眞實內在之「德」的蔑視。第二，就仁慈禮樂忠信等德目而言，郭象以「忘」、「無」字顯示了他的關注更在具體內容之上的「至」與「兼」。這一點，是郭象對王弼「任誠」、「任實」之說的接受與闡發，同時也是郭象自覺

〔註161〕王曉毅則從現實背景指出，郭象的政治思想，之所以主張運用禮樂刑政甚至戰爭去撥亂反正，應視爲他對元康貴「無」談的反思，以及力圖回答如何應對八王亂世的課題。參見《郭象評傳》，頁149。

於名分規定及倫理觀念有所區別的表現。前者重點即在「因其性而任之則治」（〈在宥〉注，頁 398）；後者可用「任眞而直往也」來概括（〈天道〉注，頁 487）。這兩點內容全由「其樸自成」、「眞即無假」展開所得，〔註162〕最後歸結爲對「通天人之際」問題的解答：「天理自然」。〔註163〕

（一）天理自然，因其自爲

從「天道無爲」的立場出發，莊子後學於〈天道〉篇首「天道運而無所積」至「非上之所以畜下也」一段，闡述了「天道」、「帝道」與「聖道」，並於具體內容強調了「本末有序」的觀念。郭象基於「天者，自然也」的定義（〈天道〉注，頁 471），序列了「明大道者」乃「自然→道德→仁義→分守→形名→賞罰」的「自然先後之序」。〔註164〕在此價值意義上的先後排序中，有著郭象對「治之道」思考的兩個重點：一是，郭象對「尊卑先後，天地之行也，故聖人取象焉」的解釋，「言此先後雖是人事，然皆在至理中來，非聖人之所作也。」似乎說明人倫關係君父兄夫之所以先於臣子弟婦，只是如同天尊地卑的自然而然；他用「至理」所涵具的順本性自然之「無爲」意思，〔註165〕淡化了儒家「聖人作制」的意思，轉而強化「自然既明，則物得其道也」的觀點。於是，「通天人之際」的問題，郭象就以「至治之道，本在於天而末極於斯。治人者必順序。」（頁 472）表述了「大通順序之道」乃在於能先行確認「天／人」、「本／末」與「道／具」的價值優位。

〔註162〕〈德充符〉「審乎無假，而不與物遷」郭象注爲「明性命之固當」（頁 190），即可知此處「任眞」二字，仍是就「無所假借」之意而說。不過，就郭象思想脈絡來說，失性分之眞即有僞假。故知，「假」字，有從「假借」外物而僞成，繼而衍生爲「眞假」之意。

〔註163〕「天理自然」三見於郭象注，具有兩種意涵：一是，剋就君臣名分與各司其任而言，「故知君臣上下，手足外內，乃天理自然，豈眞人之所爲哉！」（〈齊物論〉注，頁 58）以及「各當其能，則天理自然，非有爲也」（〈天道〉注，頁 456）。二是，「天理自然，知故無爲乎其間」（〈刻意〉注，頁 540），是從「循天」到「自得」的脈絡。

〔註164〕注意到「分守」二字，王叔岷解釋爲：親疏之分、尊卑之守。（《莊子校詮》，頁 483）意即，「分守」含具禮的「名分」意涵。在郭象的想法，則可用「天者自然──物得而德──德和理適──理適不失分」脈絡來說，也就是說人倫名分，仍必須放在「道」的位階下，才得以顯其價值內涵。

〔註165〕王曉毅：「至理」在魏晉玄學家的語彙中，通常是指以「無爲」順應事物自然本性的意思。放在社會層面說，便是聖人的行爲，是以「無爲」的「至理」來順應臣民具體之「理」。參見，《郭象評傳》，頁 281。

其次，基於「天理自然，非有爲也」的前提，帝王即可以效法天地自然
作爲「无爲而天下功」的理據。但在以「治之道」優先思考的同時，郭象所
謂「治道先明天，不爲棄賞罰也，但當不失其先後之序耳。」（頁 474）又表
述了「禮法數度，形名比詳」諸種「道之具」不可或缺的想法，只不過這種
具體政務寄託於「群下」處理即可。

這兩點顯示了郭象對「治之道」與「治之具」的區分，也表明他在「天
道無爲」的前提下，其聖人意象便遠離儒家的「聖人作制」，反以「任其自爲
而已。唯因任也」（〈知北遊〉注，頁 735）趨近了莊子所謂「聖人者，原天地
之美而達萬物之理，是故至人无爲，大聖不作」的觀念；進而強調「性之所
能，不得不爲也；性所不能，不得強爲；故聖人唯莫之制」的立場（〈外物〉
注，頁 936）。於是，郭象將政治制度視爲不言自明的前提且採取存而不論的
態度，轉而把視焦移到天人相與爲際的關鍵：性分的「自然而然」。以此之故，
郭象從「天命固當」的角度翻轉了莊子「牛馬四足，是謂天；落馬首，穿牛
鼻，是謂人」的原意，將之解釋爲：

> 苟當乎天命，則雖寄之人事，而本在乎天也。穿落之可也，若乃走作
> 過分，驅步失節，則天理滅矣。不因其自爲而故爲之者，命其安在乎！
> 所得有常分，殉名則過也。眞在性分之內。（〈秋水〉注，頁 591）

這裡的「人事」，意同於指涉上下先後尊卑關係「人倫」一詞。但重點更在於，
郭象並非意在以「牛馬不辭穿落」來申論名教軌制的必然性；〔註 166〕因爲，
他本就預設了「經國體致」之「具」的已然存在及其必要性，故毋需在詮釋
上過分強調。所以，由「本乎於天」、「因其自爲」兩句，去正視郭象依「性
分之眞」爲據，去判準何爲「過分」、「失節」才是旨意所在。於是，郭象扣
緊了「謹守而勿失，是謂反其眞」（〈秋水〉）所突顯「天理滅」的論述，方爲
其問題意識的核心所在。

〔註 166〕如莊耀郎，《郭象玄學》，頁 218。又如王曉毅亦引此段，以論證郭象的目的
在將社會的等級制度，歸於人的「性分」並以此爲其人性論作鋪墊。參見王
曉毅，《郭象評傳》（南京：南京大學出版社，2006 年），頁 276。但本文認爲
應從「絕羨欲」的角度，具體地考慮名利欲求足以異化人之眞性的問題，這
一方面可視爲老子「有身之有大患」思考的延續，另一方面，也和郭象論「當
分」多與「知止」並論的想法有關。尤其，郭象《注》中「天理」出現九次，
多是在申論「自然」或「無爲」概念；「物之感人無窮，人之逐欲無節，則天
理滅矣」一句，即是明證（〈大宗師〉注，頁 229）。

（二）任物真性，人理自全

郭象以「眞在性分之內」將〈秋水〉篇「反其眞」的闡述，拓展成兩層意涵；不但足以撐開其「內聖外王」框架，亦是其「眞性」觀點的精蘊所在。

首先，基於「眞在性分之內」的前提，郭象探究「惡」的成因，其言：

> 厲，惡人也。言天下皆不願爲惡，及其爲惡，或迫於苛役，或迷而失性耳。然迷者自思復，而厲者自思善，故我無爲而天下自化。（〈天地〉「厲人生子，唯恐其似己」注，頁 452）

各注家對莊子原文「厲」字，或解癩之惡疾或釋爲醜人。郭象注直指爲「惡」，而且把「之所以有惡」的原因歸於被迫與失性二個因素。若先就壓制脅迫而言，其「至治者不治」的觀點已呼之欲出。所謂「以不治治之，乃善治也」的想法（〈馬蹄〉注，頁 331），包括了「能爲規矩以矯拂其性」乃「有意治之，則不治矣」（頁 334）的負面表述法，另外又從正面強調了「所貴聖王者，非貴其能治也，貴其無爲而任物之自爲」（〈在宥〉注，364）。合而言之，即是郭象《論語體略》對「爲政以德」與「道之以德」的詮釋的新義所在，其言：

> 萬物皆得性謂之德。夫爲政者奚事哉？得萬物之性，云德而已也。得其性則歸之；失其性則違之。（〈爲政〉注，頁 64）

> 政者，立常制以正民者也。刑者，興法辟以割物者也。制有常則可矯，法辟興則可避，可避則違情而苟免，可矯則去性從制。從制，外正而心內未服，故曰民免而無恥也。德者，得其性者也。禮者，體其情也。情有所恥而性有所本，得其性則本至，體其情則知恥，知恥則無刑而自齊，本至則無制而自正。是以導之以德，齊之以禮，有恥且格……。（〈爲政〉注，頁 69）

把「德」定義成「物得其性」，是郭象對何晏《集解》「德者無爲」所做出的詮釋轉向；〔註167〕其特殊之處在於對舉本性與制度。

故知，「我無爲」即是聖王在政制設立方面無所措意，〔註168〕此即所謂

〔註167〕這解釋的脈絡很重要。從王弼以「得」釋「德」之後，郭象更明確界定「得」即「眞性不失」。因此，唐代成玄英疏：「無欲素樸，眞性不喪，故稱得」（〈馬蹄〉疏，頁 337）。

〔註168〕當然，郭象所謂「無爲」，還包括了君上無爲、臣下有爲的想法，其言：「夫無爲也，則羣才萬品，各任其事而自當其責矣。故曰巍巍乎舜禹之有天下而不與焉，此之謂」（〈天道〉注，頁 460）即是。但要注意到，最後「巍巍」一段乃是郭象引用《論語‧泰伯》的原文，將「不與」解釋重點放在聖人對具體事務

「刑者，治之體，非我為。禮者，世之所以自行耳，非我制。」（〈大宗師〉注，頁 238）與此同時，郭象對「制」的關注，從「作制」轉向了「宰制」義，其言：「夫寄當於萬物，則無事而自成；以一身制天下，則功莫就而任不勝也。」（〈應帝王〉注，頁 291）或者「今以一己而專制天下」（〈在宥〉注，頁 394）、「由己以制物，則萬物乖矣」（〈天地〉注，頁 417），便是從「乖」、「塞」、「喪」描述了因權力欲望的擴張，以致原本「相因而成」的和諧關係被破壞殆盡。換言之，郭象並列本性與常制，其意在導引出「去性從制」或「體情從性而自正」的兩種可能性；基於「自然耳，曰性」的前提（〈山木〉注，頁 694），郭象始終對「從制」所潛藏人懷苟免之危機有所保留。

其次，既然「真在性分之內」，那麼造成有惡的「失性」原因，便歸咎於諸種「行名失己」、「亡身不真」的汲營外求舉動。郭象：「殉名則過也」（〈秋水〉注，頁 591），所謂「過」，就是自然天理的損害。可見，「反其真」很重要的一個層面，是針對殉名逐欲而發論的。

當代史家呂思勉即從邀名的角度，得到「晉人矯誕」的心得，其言：「以徼名而勉為仁者，蓋亦不乏，則名亦未始不足以獎進人也。然終以矯僞之士為多。是以君子尚玄德，不貴偏畸之行也。」〔註169〕意即，「名」雖有獎勸作用，但不出於自身篤行者，便易流於矯造。事實上，早在《莊子》就已對「名利之實，不順於理，不見於道」所引發的危險有所警覺。文中指出：士人的言行倘若無法「與道徘徊」，就有「變其性，易其情」且遭致「忠之禍」、「信之患」、「廉之害」、「義之失」的問題。郭象對此進一步申論：「此章言尚行則行矯，貴士則士僞，故蔑行賤士以全其內，然後行高而士貴耳。」（〈盜跖〉注，頁 1008）意即，一旦有崇尚推尊的舉動，就有產生矯僞造作的可能；所以重點更在於如何「全其內」以消解矯僞之弊。郭象以「世存則貴之，貴之，道斯喪矣」的經驗，指出一般人皆「莫知反一以息迹而逐迹以求一」，反之，若能「反任物性」、「待其自為」、「任其真知」（〈繕性〉注，頁 554～頁 556），即可避免上述人性異化的危機。

但是，一般人為何無法自適而終究淪於「自失其性而矯以從物」的地步呢？

的「不參與」、「不親預」。本文的觀點是，郭象政治面的「無為」思想，主要仍是源於「率性而動，故謂之無為」（〈天道〉注，頁 466）以及「反守其性，則其功不作而成」（〈徐无鬼〉注，頁 871）的觀念發展而來的。

〔註169〕參見呂思勉，〈467 晉人之矯誕〉，《呂思勉讀史札記・中》（上海：上海古籍出版社，2005 年），頁 886～頁 887。

（〈大宗師〉注，頁 233）從「迹自見，則後世之心必自殉之，是亦黃帝之迹使物攖也。」（〈在宥〉注，頁 373）就看到郭象把聖迹之可尚與不能遺名而自得二者，做出連結。他繼續就「夫天下之大患者，失我也」的角度（頁 356），反省了聖人「澶漫爲樂，摘僻爲禮」所形成「天下始分」之弊害，其言：

> 夫聖迹既彰，則仁義不眞而禮樂離性，徒得形表而已矣。有聖人即有斯弊，吾若是何哉！凡此皆變樸爲華，棄本崇末，於其天素，有殘廢矣，世雖貴之，非其貴也。（〈馬蹄〉注，頁 337，頁 338）

從「樸／華」、「本／末」的對舉即知，郭象認爲唯有以回復個人自然天素質性——「返眞」——爲前提，方可避免注重外在形表之「迹」。不難看出，郭象論述與王弼的相似程度，下一段注文尤爲明顯，其言：

> 夫聖人者，天下之所尚也。若乃絕其所尚而守其素朴，棄其禁令而代以寡欲，此所以掊擊聖人而我素朴自全，縱舍盜賊而彼姦自息也。故古人有言曰，閑邪存誠，不在善察；息淫去華，不在嚴刑；此之謂也。（〈胠篋〉注，頁 349）

古人，指的是王弼；「閑邪存誠」與「息淫去華」就是前文王弼〈老子指略〉的想法。但要注意的是，既然郭象說：「有聖之害雖多，猶愈於亡聖之無治也。」（頁 348）就表明了他的思考重點仍在「治」。是以，郭象援引王弼的觀點，表明他所關注及意欲解決的問題仍是針對「所尚之跡」而發的。換言之，「使天下奔馳而不能自反」的「爭尚之迹」（頁 357），才是掊擊聖人或攘棄仁義的主要內容。此外，「姦」、「邪」、「淫」、「華」的所指內容，應同於上文「制有常則可矯」，遂云：

> 道在自然，非可言致者也。不失德故稱德，稱德而不至也。禮有常則，故矯效之所由生也。損華僞也。華去而朴全，則雖爲而非爲也。（〈知北遊〉「禮者，道之華而亂之首也」注，頁 732）

> 今之學者爲人，其弊也遂至乎爲人之所爲矣。夫師人以自得者，率其常然者也；舍己效人而逐物於外者，求乎非常之名者也。夫非常之名，乃常之所生。……禮者非爲華藻也，而華藻之興必由於禮。（〈德充符〉注，頁 204）

> 任其天性而動，則人理亦自全矣。民之所患，僞之所生，常在於知用，不在於性動也。（〈達生〉注，頁 638，頁 649）

重點之一，郭象明確地將矯僞之弊歸結於「禮」的常則定跡，使人崇尚仿效

而喪失本性這一點；側面點出「禮的本意」原非華麗藻飾的儀節虛文。之二，「雖爲而非爲」的意思是：對舍己效人的舉動或過分藻飾的禮儀，要有所「損」、有所「去」；然而這種作爲卻又不是「爲人」或「求名」而有心作爲的，相反地，「以損爲益」（〈大宗師〉注，頁283），才是不斷趨近「朴全」及「眞性」的方式。繼而，郭象界定了任性自全的「眞爲」，乃是「以性自動，故稱爲耳；此乃眞爲，非有爲也。」（〈庚桑楚〉注，頁811）反之，若是存心於「法聖人之跡」，則已淪於「知而後爲」之「僞爲」，便只能是「動而效彼」之「亂」的根源所在。

附帶一點。由上述討論不難發現，郭象對「制有常則」、「禮有常則」的疑慮，始終著眼於固定法式對人產生的「矯效」作用而來。（這一點，也正是阮籍〈大人先生傳〉對俗儒定則常式的批評焦點）所以，他認爲禮制固有其存在必要性，但卻必須要能「因時而變」，其言：

> 夫先王典禮，所以適時用也。時過而不棄，即爲民妖，所以興矯效之端也。時移世異，禮亦宜變，故因物而無所係焉，斯不勞而有功也。期於合時宜，應治體而已。（〈天運〉注，頁513、514）

意即三皇五帝以「適時用」爲前提，則所設之禮義法度不同，卻同樣能達至合時應治之目的。簡單地說，郭象以「適」字消解了的「常」軌「定」則的固態定著性質；「適」字，涵蓋了「應時而變」的適時與「當時而用」的適用。換言之，郭象並不特別關注典禮制度的事實存在，其謂「夫迹者，已去之物，非應變之具也，奚足尚而執之哉！」（〈胠篋〉注，頁344）仍是從「應變合宜」的角度提出對「聖人之迹」的批評，即可見。

總結上述，郭象「離性不眞」之說法，可用三段式論述來概括。首先是對「眞性」做出清楚定義；〔註170〕繼而探求「失眞」的原因並能警覺於隨「知用」所衍生出的「賊生」、「僞成」諸項問題；最後，以「損華去僞」作爲達到「反其眞」或「人理自全」的最好方法。在論述過程中，郭象又藉由對舉六經聖迹與自然眞性，以及區別「性動眞爲」與「智用僞爲」的手法，突顯了「所以跡」之「眞性」的重要性。就此而論，即便王弼與郭象對詮釋文本

〔註170〕郭象《莊子注》「眞性」一詞，共出現八次。從郭象注的語脈來看，「眞性」始終含具了「自然」、「本眞」的意思，並且始終與「僞」爲對立的。參見〔日〕北原峰樹編，《莊子郭象注索引》（北九州：北九州中國書店，1990年），頁302。附帶一提，或許北原氏對中文語詞的掌握有隔，因此他雖列有「人倫」一詞，但相近意義的「人事」則未見列表，在參用上仍需有所警覺。

的選擇不同，卻仍然可以說郭象同意了王弼「存誠」、「守樸」與「寡欲」的想法；只是郭象將哲學語彙置換成「任性」、「守分」。

不過，郭象要處理的問題還有，他所提出的「仁義自是人之情性」之說，如何與莊子文本「屈折禮樂，呴俞仁義」的批評意見，相容而不悖呢？

（三）效慕仁義，徇物喪真

〈駢拇〉篇旨揭示了「仁義聰明」對人自然本真之性的殘害；篇中的「仁義聰明」乃禮義是非道德教化之泛稱，因此，有必要加以說明。莊子原意在借「『駢』明」、「『枝』仁」、「『多』聰」，消解一切「擢德塞性」的有意作為。從上述郭象對「殉名失真」的思路來看，他對「削性」、「侵德」的原因，勢必得持續深掘。

郭象先從定義：「真者，不假於物而自然也」（〈大宗師〉注，頁 242），得到結論：「仁義連連，祇足以惑物，使喪其真。」（〈駢拇〉注，頁 321）所謂「連連」，即指真性與仁義之間背離了「不假於物」的狀況，使二者形成有所「係」、有所「屬」的關係。所以，他以兩次「仁義自是人之情性」說法，強調了他對自然之性已足的立場，並對「『假』仁義之名」或「『慕』仁義之行」提出批評：

> 故多方於仁義者，雖列於五藏，然自一家之正耳，未能與物無方而各正性命，故曰非道德之正。（〈駢拇〉注，頁 315）

> ……此數子皆師其天性，直自多駢旁枝，各自是一家之正耳。然以一正萬，則萬不正矣。故至正者不以己正天下，使天下各得其正而已。（〈駢拇〉注，頁 315～頁 316）

「一家之正」與「道德之正」的區別，顯示了以「仁義」自是標舉的一切作為，都與依本然之性分所能達至的「各得其正」相違背。顯示了有一「至正」──「道德之正」──「天地之正」的脈絡存於其意識之中，且「正」的意涵又以自然本性為基準，最後底定於「物各任性，乃正正也」（頁 317）。以此，郭象從不同的角度涵蓋了兩個批評面向：一是，就「任而不助」的角度來說。前提既已是個個「其性各足」，那麼，曾參史魚標榜仁義的作為，便是意欲以其「一家之正」以成為天下人所奉行的法式，殊不知結果只能是「使失其真性，甚於桀跖也」（頁 313）。二是，從「各安天性」批評角度而言。「見夫可貴而矯以尚之，則自多於本用而困其自然之性。」（頁 313）描述了一般人皆忽略自身彌足珍貴的天性，反向外求慕效以致有偽。郭象借「雖効之若人，

而己已亡矣」來強調「失性」的嚴重性（頁 329）。綜觀這兩種狀況，無非是因爲人們「恐仁義非人情而憂之」的心情，以致更有「棄情逐迹」的喧囂奔競的各種作爲。所以，郭象強調：「仁義自是人之情性，但當任之耳。」（頁 318）不需標舉、毋需仿效。這裡必須注意到，郭象對「退仁義，賓禮樂」的解釋，是從反面的「進道德也。以情性爲主」來立論（〈天道〉注，頁 488）。由「進」與「主」的內容可知，郭象所說的「絕學任性」，乃意在斷棄舍己向外慕求的「學」及其仿效之「妄」。所以，由「絕學」進而斷論郭象爲「任其性」的享樂主義者的意見，〔註171〕未必公允。

　　依據「道德之正」的想法，郭象進一步區別「揭仁義」與「忘仁義」的分別。所謂「揭仁義」，即是不斷地揭舉仁義之名，使人有可「尙」之跡與可「效」對象，故云：「仁義有形，固僞形必作」、「爲義則名彰，名彰則競興，競興則喪其眞矣。」（〈徐无鬼〉注，頁 826）〔註172〕基於這樣的體認，郭象申論了：「撓世不由於惡而恆由仁義，則仁義者，撓天下之具也。」（〈駢拇〉注，頁 323）所謂「『則』仁義」，意指對仁跡義功的矜持貴尙的態度；在仿效營求的過程中，失去了自我本具的常然眞性，〔註173〕而這才是「欲惡」之所源出。〔註174〕這裡，「不由於惡」呼應了上文所述，並再次強化了郭象對「棄我徇彼」的重視。由「彼──我」關係的並列，暗示了郭象對「徇外」之「爲」繼而「喪眞」之「僞」的反省，勢必將眼光向內拉回於「我」。只是，這種由外向內的轉變如何可能呢？可從其「忘仁義」與「捐跡返一」〔註175〕的說法，推知一二。

〔註171〕如樊浩即認爲郭象「任其性」之説，爲門閥士族所欣賞的享樂主義。參見《中國倫理精神的歷史建構》（台北：文史哲出版社，1994 年），頁 278。本文基於對士族「公型理念」自律精神的反省，認爲郭象「安分」之説，是否全然消極認份，或者可以從「羨欲之累可以絕」的角度（〈逍遙遊〉注，頁 13），來重新看待。

〔註172〕「彰」、「揭」都有標舉的意思。於是，「眞人」在郭象注《莊子》的意義在於，以其自然無爲之「眞」提撕人們「僞成而眞不喪者，未之有也」，故當「反眞」。此即所謂：「眞人遺知而知，不爲而爲，自然而生，坐忘而得，故知稱絕而爲名去也」、「有眞人，而後天下之知皆得其眞而不可亂也」之意。詳見〈大宗師〉注，頁 224、225、226。

〔註173〕「殉」「徇」通用。但「徇」有「營求」、「以身從物」的意思。參見王叔岷，《莊子校詮》，頁 321。

〔註174〕郭象對「惡」的看法大體有二：一者乃「是非善惡」。二者爲向外欲求以致擢傷本性的「欲惡」，譬如「心以欲惡蕩眞」（〈人間世〉注，頁 184）與「以欲惡引性，不止於當」（〈則陽〉注，頁 900）即是。

〔註175〕詳見「不思捐迹反一，而方復攘臂用迹以治迹，可謂無愧而不知恥之甚也」

「捐」與「忘」，透露郭象對「名」的警覺。他從「大道不稱」（〈齊物論〉）提出「至仁無親」的看法：

> 必言之於忘仁忘孝之地，然後至耳。凡名生於不及者，故過仁孝之名而涉乎無名之境，然後至焉。冥山在乎北極，而南行以觀之；至仁在乎無親，而仁愛以言之；故郢雖見而愈遠冥山，仁孝雖彰而愈非至理也。（〈天運〉注，頁499）

以「名／無名」對列的用意，彰顯了郭象的「非名」立場；其關鍵在「過仁孝之名」的「過」字，應做「責備」而非「超過」來解釋較恰適。〔註176〕因此，「仁孝雖彰非至理」的意思是：就自然本性的「至理」而言，仁「名」孝「行」的彰顯反而正是由於仁孝之實的有所欠缺而致。「凡名生於不及」就接近《老子》十八章「大道廢，有仁義」的意思。易言之，「忘仁忘孝」或「忘仁義」仍是從「事至而愛，當義而止」的「忘名」角度（〈天道〉注，頁480），給予說明的。

於是，郭象所說：「仁義者，人之性也」（〈天運〉注，頁519），一方面表明了仁義的實質內涵「與名無涉」；與此同時，亦回應了「仁義自是人之情性」的問題。

（四）至仁無親，至禮忘禮

劉邵曾論及「敬之為道也，嚴而相離，其勢難久」（《人物志・八觀》），意思是人我關係若純粹只有禮敬肅穆而缺乏溫潤之感，是很難維持長久的。王弼則以「禮也，所始首於忠信不篤」（《老子》〈38〉注），闡述了禮制之所出，是為了對應「樸散」之後，忠誠信實逐漸減削的狀態。劉邵與王弼的說法，從不同角度側寫出，禮制與人際關係的疏離有程度上的關連。對此，郭象則由「無名」與「非名」的角度切入「至仁」與「至禮」；由於「無名」的首出意義在對名聲的不執著，因此可以預見郭象意在陳述一種沒有利益目的糾結於其中的人我關係。

在「蹍市人之足」一段，郭象陳述了「至禮」、「至仁」的看法，其言：

> 不人者，視人若己。視人若己則不相辭謝，斯乃禮之至也。……。譬之五藏，未曾相親，而仁已至矣。（〈庚桑楚〉注，頁810）

一段（〈在宥〉注，頁377），故知唯有「棄所尚則矯詐不作」並返回「所以迹」的「真性」，才是最好的方法。

〔註176〕「過」字之解釋，參見張松輝，《莊子疑義考辨》（北京：中華書局，2007年），頁174。

原意是踩到陌生人的腳，一般人都會趕緊道歉，郭象卻從「若己」定調爲：
踩到自己的腳，是不用對自己感到抱歉的。「視人若己」，意味著一種無需禮
節儀文互相對待的人我關係；這種關係是直接訴求於無涉利益的眞情交感。
所以，郭象注「至信辟金」爲：「金玉者，小信之質耳，至信則除矣。」（頁
809）更進一步說明了：只要是以眞心誠意交往的人我關係，則不必過於執守
象徵契約的信物。

郭象「不相辭謝」的說法，迥異於傳統將「禮」視爲涵具人際交往的「禮
尚往來」原則。對照孫希旦解釋「太上貴德，其次務施報」的脈絡，可得出
些味道。其言：

> 施德於人謂之施，答人之施謂之報。禮之從來遠矣，與天地並，但
> 上古之時，人心淳樸，而禮制未備，惟貴施德於人，而不必相報。
> 然施之有報，乃理之當然，而情之不可已者，故後王有作，制爲交
> 際往來之禮，稱情立文，而禮制仿是大備矣。（〈曲禮上〉《禮記集解》，
> 頁 12）

故知，三王制禮正是基於「施⇆報」相向往復的「人——我」關係而確立的；
禮的精神即凝聚於這種「施：往——報：來」的「贈予——接受」關係中。
孫希旦的解釋，乃是基於「太上貴德」使能「人心淳樸」的前提下，[註177]
而說「不必相報」——毋需強調交際往來儀禮的執守。於是不難發現，儒者
「太上貴德」與道家「至德之世」的論述語境，同樣是對「理想的」生活實
境的一種設想。

是以，郭象直接把問題的重點放在「至禮不有人」、「至義不物」、「至仁
无親」與「至信辟金」的「不」與「无」、「辟」——對「人」、「物」、「親」、
「金」等具體物質的超越。換言之，「若己」首先是對他人本具「常然」的信
任，所以，由「至」字所陳述的是一種沒有是非利害計較的「無間」關係，
全然由本眞自然之情的流露構成。這就是郭象從「德——性」關係切入「眞
德——性眞」，[註178]進而對「至禮」所做出的詮釋新意。

〔註177〕孫希旦描述的是〈禮運〉「大道既隱」之後的狀況。可見，雖然解釋脈絡不同，
但儒道兩家都預設了一個「上古」的淳樸或「至德之世」的素樸爲理想座標
系。但在郭象，他沒有「禮與天地並」的想法，因此，他很實際地從「樸散」
之後，「如何除去禮樂之弊」的角度來思考問題。

〔註178〕郭象論「道——德——性」的脈絡，簡言之即是「得性爲德」、「率心爲德」
爲「眞德」。其注：「夫眞德者，忽然自得而不知所以得也。率心爲德，猶之

　　因此，他從「出其性」、「合於道」的角度論說了「若夫義明而不由忠，則物愈疏」、「仁義發中，而還任本懷」與「信行容體而順乎自然之節文者，其迹則禮也。」（〈繕性〉注，頁549）所謂「由忠」意同於「發中」，〔註179〕即是發自於內心的眞誠；「信行容體」意爲「實行於容體」，也就是隨順眞性而呈顯的行止容貌。值得注意的是，郭象對「夫內誠不解，形諜成光」的看法，其言：「外自矜飾，舉動便辟而成光儀也。其內實不足以服物。若鎭物由乎內實，則使人貴老之情篤也。」（〈列御寇〉注，頁1038）「不解」乃「未達」之意，〔註180〕所以郭象用矜飾所外顯的美儀容，來解釋內在誠意未積於中的狀況；反之，若發自於內在情實，則他人對我表達過於爵齒的敬意也純然篤厚。這說法似乎貼近了儒家的「禮者履也」、「信者實也」觀點。意即，「節文」、「禮迹」雖有形式之意，但郭象卻從「發中」、「信行」，將他對禮的理解指向了內容意義。於是可說，郭象對「常則」之批評，乃至於「至禮」意見的提出，都已爲了從「禮儀」、「禮則」的外在形式轉向「禮意」的精神呈現，做出了鋪墊工作。

二、郭象：禮之本意在「稱情而直往」

　　《莊子》文本於〈大宗師〉篇中，著重處理了兩種重要的人倫關係：一是，子桑戶死，其「莫逆於心，相與爲友」的孟子反、子琴張卻編曲鼓琴「相和而歌」；二是，以居喪之道聞名魯國的孟孫才，竟有「母死，哭泣無涕」的行爲。這兩段文字，除了透露對死生之理的了悟之外，還環繞著世俗喪禮所逼顯出對「禮之眞意」之內容的討論。

　　首先，就子桑戶之死一段分析。前往助喪的子貢以「敢問臨尸而歌，禮乎？」提問，表達了他對「臨尸而歌」的不解與驚訝。郭象對「是惡知禮意！」的看法是：

　　　　人哭亦哭，俗內之跡也。齊死生，忘哀樂，臨尸能歌，方外之至也。
　　　　夫知禮意者，必遊外以經內，守母以存子，稱情而直往也。若乃矜
　　　　乎名聲，牽乎形制，則孝不任誠，慈不任實，父子兄弟，懷情相欺，

　　　　可耳；役心於眉睫之間，則僞已甚矣。」（〈列禦寇〉注，頁1057）可見「率
　　　　心／役心」正「眞／僞」之別。「忽然自得」之「德」來定義，即是郭象所謂
　　　　「適性」、「定分」的「性」、「分」之意義。
〔註179〕中、忠同用。由成玄英疏：「情率於中」即可證。
〔註180〕參見王叔岷，《莊子校詮》，頁1254。

豈禮之大意哉！（〈大宗師〉注，頁 267）

郭象從「尋至理以遣死生之累」的角度，論述了「齊生死」乃對「『在』世或「『去』世」狀態改變都能保持安然自適的深意。〔註181〕但這裡的重點是，郭象點出了「禮的眞意」即以「任誠」、「任實」爲其底蘊。引文還包括了兩層意思：一是，「守母存子」，乃郭象借用了王弼「崇本」、「存誠」的說法，並把「禮之眞意」定位在首出於內心眞實情感；此即「稱情直往」之意。

以張翰弔哭顧榮爲例（〈傷逝 7〉），張翰未向喪者家屬慰問致意的「不弔喪主而去」舉動，〔註182〕可謂「慢禮」；但由「撫琴」、「慟哭」各種動作所蘊含的他與亡者之間的深厚情意來看，卻又是「稱情直往」的表現。換言之，張翰對已故之友的悼慟至深，是不必也無法藉禮儀節文來呈顯的。不過，喪禮進行的過程中，總是有無法感受「慟至」的「旁觀者」在場，禮節對他們而言才是重要的。〔註183〕於是，就由「禮意」與「形制」對列顯現了第二層意涵：所謂「存子」、「經內」，乃是意謂喪禮儀制的存置，對於未能領略「齊生死」精義的多數俗內人而言，仍有其必要性。事實上，這可以說延續了前文「林放問禮之本」的核心：哀戚痛怛之情實與衰麻哭踊之儀節，孰爲優位的問題。於是，「俗內之迹／方外之外」的差異，仍必須回到「禮意」二字的詮釋，〔註184〕究竟是「禮的本質」抑或是「制禮的意圖」的問題。

顯而易見地，郭象將「禮之本意」定調在出自於內心的眞誠情感。「眞情實感」可以是「禮意」之根柢而不構成問題，主因在於郭象對「稱情」——合於本性眞情的界定，是從不矜持孝名與不執著定則的態度來確定「情之眞」；證之於「矜名」、「牽制」以致「懷情相欺」即可知。〔註185〕或者說，「稱

〔註181〕郭象「盡死生之理」的想法，以及魏晉士人如何安頓「自己的將亡」與「故友的離世」諸問題，詳見筆者，〈深達存亡之理的魏晉士群〉一文，收入賴俊雄主編《再思生命哲學與文學》（台南：書邦出版社，2009 年 12 月），頁 203～230。

〔註182〕余嘉錫的案語，是最好的註腳。其言：「皆著其獨於死者悼慟至深，本不爲生者弔」（《箋疏》，頁 640），就點明了弔喪的本意從來就不是爲了還存在的生者。

〔註183〕如果考慮到嵇康以「不喜弔喪，而人道以此爲重」（〈與山巨源絕交書〉），作爲拒絕出仕的理由之一，就可以推知弔喪禮俗，是魏晉士群無可閃躲的實際生活情境。譬如裴頠弔阮籍母喪所觸發的「方內／方外」論議，或者《世說・仇隙 5》所載王述與王羲之的恩怨，皆以弔喪禮爲場景進行的。

〔註184〕各注家對「禮意」二字的解釋，參見崔大華，《莊子歧解》（河南：中州古籍出版社，1988 年），頁 258 所條列。

〔註185〕郭象注文出現兩次「懷情相欺」，都是放在名彰競興而喪眞僞成的脈絡下證成

情」即是郭象所說的「任性即眞」。

其次，就孟孫才「其母死，哭泣无涕，中心無戚，居喪無哀」一段來說。〔註186〕顏回以「有无其實而得其名者乎？」提問，意思是孟孫才之母死而「无涕」、「不戚」、「不哀」的表現，難道不算徒具虛名嗎？〔註187〕孔子答以「盡之矣，進於知矣」，即表明孟孫才不但盡禮、知禮，更有勝於此者。特別的是，郭象注：「魯國觀其禮，而顏回察其心」（頁 274），便將原本顏回有惑不解的樣貌，翻轉成直能透達孟孫氏心意之實的形象。於是，重點就在孟孫氏的无涕、不戚與不哀，如何可謂深得居喪禮之眞意？

關於孟孫氏的善處居喪禮，郭象以「盡死生之理，應內外之宜者」爲核心（頁 275），展開評論。先就「盡死生之理」而言，其注：

> ……夫禮哭必哀，獻笑必樂，哀樂存懷，則不能與適推移矣。今孟孫常適，故哭而不哀，與化俱往也。安於推移而與化俱去，故乃入於寂寥而與天爲一也。（〈大宗師〉注，頁 277）

重點之一，在孟孫氏對死生問題之「獨覺」——「不以生死罣意而付之自化」的「順化入道」精神。相較於哀樂存懷而損累其心的人，孟孫氏的「哭而不哀」，乃是不存留傷逝有哀的情緒，這才是體化合變、安適自得的表現；也是他更勝於「知禮者」的原因。與之類近的是「老聃死，秦失弔之，三號而出」一段，郭象謂之：「至人無情，與眾號耳，故若斯可也」。〔註188〕「可也」二字，意味著秦矢的做法是符合弔喪之禮的；不唯如此，秦失做法才眞是無係於哀樂生死的「玄通合變之士」（〈養生主〉注，頁 128）。

其二，郭象對孟孫才「人哭亦哭，正自是其所宜也」的評論。尤其，從

〔註186〕 的。另見於〈徐无鬼〉注，頁 827。

可以用來對比的是，《禮記·檀弓下》所載：「顏丁善居喪。始死，皇皇焉如有求而弗得；及殯，望望焉如有從而弗及；既葬，慨焉如不及其反而息」，鄭玄注：「皆哀悼在心之貌」，即可知孝子純慕之情，不必由「哀」、「哭」字以顯現。

〔註187〕 《世說》〈賞譽68〉所載：杜乂父親的墓穴崩塌，按理兒子應哀慟不已，但杜乂卻顯得「哀容不稱」，於是庾亮以「弘治至羸，不可以致哀」爲由，並再次強調「弘治哭不可哀」，爲杜乂解除眾多送殯賓客的疑惑。當然，杜乂與孟孫才的「不哀」有層次上的區別，但就旁觀的眾人而言，居喪哀哭乃自然之事。

〔註188〕 郭象論「無情」，主要以「常因自然」爲主軸，論述無益生之情、無死生哀樂之情，或者諸種由是非彼我分判而來的具體情態。所謂「有無情之情，故無爲」（〈大宗師〉注，頁 274），即其「無情論」的根柢所在。因此，郭象注「顏淵死，子哭之慟」爲：「人哭亦哭，人慟亦慟，蓋無情者與物化也。」（《論語·先進》注，頁 759）便把「無情」與「物化」關聯起來。

「無逆，故人哭亦哭；無憂，故哭而不哀。」（〈大宗師〉注，頁 277）可以解讀出其中的重要訊息：秦失和孟孫才「與眾人同哭」的行為，是隨順眾人而為的。但要注意，此處的「哭」乃是喪服禮制「弔哭」而非因傷感而哭之意；換言之，孟孫才無違於俗禮，其目的在依循「哭之制」以方便喪祭禮流程的進行。這就是郭象所謂「應內外之宜」的意思。對此，成玄英疏解：「哭泣纏綫，同域中之俗禮；心無哀戚，契方外之忘懷。」（頁 274）便很好地說明了「哭」是從眾隨俗；「不哀」則是對生死的瞭然。

有關郭象對禮節儀式的看法，〈在宥〉篇最後一段，〔註 189〕「節而不可不積者禮也」、「應於禮而不諱」兩句，具有補充的作用。郭象：「夫禮節者，患於係一，故物物體之，則積而周矣」、「自然應禮，非由忌諱。事以理接，能否自任，應動而動，無所辭讓。」（〈在宥〉注，頁 399～頁 400）前一句的「積」，應作學習積累來解釋；「患於係一」，仍然表述了郭象對「常則定式」的一貫批評意識。後一句的「自然應禮」，換一種說法便是「禮樂復乎己能，忠信發乎天光」（〈莊子序〉）；既是發於自然而然本性者，便可超乎多諱的俗禮而再無所忌諱。〔註 190〕

值得注意的是，「方內／方外」對舉的用法。

前面「臨尸而歌」一段，莊子原文後來借孔子說出：「彼，遊方之外者也；而丘，遊方之內者」、「外內不相及，而丘使女往弔之，丘則陋矣」。郭象以「人哭亦哭，俗內之跡」與「臨尸能歌，方外之至」對舉，並謂：「夫弔者，方內之近事也，施之於方外則陋矣。」同時期司馬彪（247？～306）則云：「方，常也，言彼遊心於常教之外也。」（頁 268）所謂的「內外不相及」，並非以常教禮法的遵守與否劃開成兩塊限隔的區域；真正的意思是，唯有能齊死生、忘哀樂的「遊心」者，已反其真而可不用世俗之禮。不然，郭象不會以「外內相冥」作為註腳。〔註 191〕再者，郭象在孟孫才一段最後注：「自此以上，至於子祀，其致一也。所執之喪異，故歌哭不同。」（頁 278）「其致『一』」是

〔註 189〕陳鼓應以為：此段與篇旨不合、亦違莊學精神，乃後儒所加，故主張刪除而不注譯。參見《莊子今註今譯》（北京：中華書局，2001 年），頁 276。劉榮賢則認為「有天道，有人道」一段，乃黃老政治思想的「君無為而臣有為」理念之表述。參見《莊子外雜篇研究》（台北：聯經，2004 年），頁 357。但從郭象《注》來看，不論內外雜篇，他都是從整體來看待《莊子》文本的。

〔註 190〕「積」字與「不諱」的解釋，參見王叔岷，《莊子校詮》，頁 408，頁 410。

〔註 191〕牟宗三對郭象假借孔子闡發「內外相冥」、「迹冥如一」之義，給予「獨發高致」的高評價。參見《才性與玄理》，頁 222。

指子祀與孟孫才對死生變化之「覺」；但重點在「所執之喪『異』」，由於友朋與母子的身分不同，因而持守喪禮的方式亦別。

是以，郭象禮意與禮制的看法，就從「遊外經內」、「守母存子」精煉成「遊外以弘內，無心以順有」的法眼（頁 268）。尤其，留意於俗內之禮迹以隨順眾有這一點，應當才是郭象所設想且意欲達至之「暢乎物宜，適乎民願」的理想生存情境（〈莊子序〉）。

然而毋庸諱言，即便郭象思想體系裡預留了對禮儀制度的論述空間，但他的用心始終在「遊心」與「稱情」。那麼，「處喪以哀，无問其禮矣」一句（〈漁父〉），就道出了此時期「禮之眞意」問題發酵的最根柢處。原因無他，只因爲世俗禮節與自然本眞之間的張力最具現實性；所謂現實性是指這當中涵具的「自──他」關係。意即：當「我」所在意的是「精誠之至」之「眞」，又能更深層地體悟死生變化而「不哀」，以致忽略「他人」所維護的禮節儀文，這時候便容易被解讀爲是對聖人王制權威性的挑戰，或者是被模仿演變成粗俗的放蕩。於是，個人之情眞與群體性規範二者間的張力，就延續「眞／矯」的問題意識，持續被討論著。

《莊子》裡有「演門有親死者，以善毀爵爲官師，其黨人毀而死者半」的故事。原意是宋國演門有個人的父母死，因憔悴哀毀爲視爲大孝而封以官爵，造成其鄉里的仿效以致身體毀傷而死者泰半。由一「爵」字透露了莊子對人性異化的反思；漢末「以名爲教」叢弊滋生，莫不是此寓言的實證。郭象注以：「慕賞而孝，去眞遠矣，斯尙賢之過也。其波蕩傷性，遂至於此。」（〈外物〉注，頁 945）仍是在「反眞」的前提下，強調了「知至貴者，以人爵爲累也」的觀點（〈田子方〉注，頁 704）。人爵代表了一切權勢名位，之所以爲物累就在於由營求企慕舉動，致使至貴的眞性有所損傷。不唯如此，郭象還從忘人爵之貴賤，申論了「孝」的眞義在「色養」，其注：

> 夫養親以適，不問其具。若能無係，則不以貴賤經懷，而平和怡暢，盡色養之宜矣。……夫無係者，視榮祿若蚊虻鳥雀之在前而過去耳，豈有哀樂於其間哉！（〈寓言〉「曾子再仕而心再化」注，頁 955）

曾參爲養親而仕，可謂「祿養」。蚊虻鳥雀，則是以體態小大比喻俸祿的多寡。不過，事親之事既與利祿之具無涉，故應無繫於爵位貴賤、俸祿多寡，而以對待父母的眞誠敬之神態爲重。在這，郭象以和平怡然條暢的說法，呼應了儒者所謂孝在「色難」之論；也是基於「法天貴眞」脈絡下，強調了對事親

色養以求適而不問其餘的想法。

　　郭象的講法，乃以孝敬盡禮為「孝」的本義。旁證於晉朝皇甫謐，由於年少游蕩無度，其叔母任氏因而嘆曰：「《孝經》云：『三牲之養，猶為不孝。』……無以慰我。」（《晉書》卷51／頁1409）這側面說明，魏晉時期一般看法皆能區別「物養」與「色養」之異。於是，有必要加以反省視晉朝以篡奪方式取得政權，因而無法提倡「忠」遂只能宣揚「以孝治天下」的意見。〔註192〕意即，直從尊親之道乃人倫之本的角度，重新看待此時期以柔色承顏盡色養者或因善處喪而以「至孝」稱名之實例，或更能解讀其時代意義。

三、「晉禮」的精神：稱情以立文

（一）孝敬慎終，盡情致禮

　　本文擱置從政治利益觀察西晉「以孝治天下」的論點，理由有幾：其一，「明王孝治天下」是傳統儒家思想的延續。可作為旁證的，是後秦姚興母喪，其尚書郎李嵩上疏：「孝治天下，先王之高事也，……應素服臨朝，率先天下，仁孝之舉也。」（《晉書》卷117／頁2977）亦以此為據討論喪服儀制。故知，「孝治天下」的實質意涵是在「身正令行」；此喻意證諸於上一節何晏對「慎終追遠」的詮釋即知。再者，司馬炎以晉王身分下令各郡中正舉薦人才的六項標準，其中「孝敬盡禮」一條，便將敬意與禮儀連結起來，其著意的是和諧的人倫關係而非政治手段。〔註193〕

〔註192〕關於君父先後所引發的忠孝先後問題，唐長孺以「名教之本應是忠孝二事」的立場主張：「自漢以至三國君親之間是容許有所選擇的」，但晉朝政權取得的方式，使「忠」無從談起；而門閥制度的確立，又使得「孝」的實踐在經濟與政治獲得很大的利益。於是「親先於君，孝先於忠的觀念得以形成」。參見〈魏晉南朝的君父先後論〉，《魏晉南北朝史論拾遺》（臺版：出版者不詳，1982年），頁243～頁244。本文已於〈第二章〉部分，論及了中古士人以「國家至上」凝聚成的「公型理念」；此時的「忠」應回到「忠於人」的脈絡：忠於君、忠於民，一切都以忠於己職的想法為基始。再者，對大多數未曾出仕的魏晉人而言，忠孝皆為懿德，凡是言及「人倫」必定從尊親孝友論之。本文環繞居喪禮展開的論題，就說明魏晉人對「孝」的重視，是起於生活情境的切身需要，並非單靠政治力可以左右的。

〔註193〕本文認為司馬炎六條詔令的內容，顯示了他將「至治」維繫在和諧人我關係上的思考。其內容分別為：忠恪匪躬、孝敬盡禮、友于兄弟、潔身勞謙、信義可復、學以為己。（《晉書》卷3／頁50）其中，孝敬友悌，是宗族關係的基本倫理；潔身謙遜與為己勤學，是就個人修養來說。尤可注意者，此詔令

　　其二，由阮籍「居喪無禮」、「負才敗俗」引發的爭議。其時職任司隸的何曾（199～278）要求晉文王對阮籍須有所懲處，他所持理由是：「明公方以孝治天下，而阮籍以重喪，顯於公坐飲酒食肉，宜流之海外，以正風教。」（《世說》〈任誕 2〉）何曾自身侈汰無度另當別論；但他「內盡其心以事其親」，奉行「存盡其和，事盡其敬，亡盡其哀」的孝子之道（《晉書》卷 33／頁 998），卻未必有假。〔註 194〕也就是說，何曾所認爲的盡心事親，應當從和顏悅色地事親省問、喪葬禮極盡哀戚之情的各種表現來判斷。再者，何曾的質問核心乃在「綜核名實」四個字（頁 995），可見其出發點，仍是以「眞／僞」的脈絡來審視風教端正的問題。那麼，借用戴逵「達意與檢防」的說法，何曾既未能相應地理解阮籍「凡情之所在即禮之所在」的「眞意」，自然只能以禮俗儀節的奉行與否來評判。如是，何曾指斥阮籍乃「縱情背禮」之人，未必是基於政治意圖而意欲羅織以「不孝」罪名。〔註 195〕

　　　　目的在「舉淹滯」，意即「忠恪匪躬」是就尚未出仕者的「忠誠敬慎」而說，並與言行誠信的「信義可覆」之意相符合；而不可解釋成「忠勤於公事」。於是，個人忠誠信實的對象，就由宗族擴及於其他沒有血緣關係的他人；以此舉薦人才的目的就在於「至治」。對此，參照泰始中（269）司馬炎策曰：「建不刊之統，移風易俗，使天下洽和，何修而嚮茲？」，郤詵對曰：「莫大於擇人而官之也」，故主張應尋求自修道德之人而非求爵慕官之徒；理由在於後者「莫不飾正於外，藏邪於內」，以致有「臧否失實，眞僞相冒」之嫌。（《晉書》卷 52／頁 1440）這是從具體現實面，提出「天下洽和」的目的以及辨別虛實眞僞的良方。

〔註 194〕何曾的爭議在「性至孝」與「性奢豪」的悖反。有關何曾「性至孝」的部分，本文認爲傅玄〈何曾荀顗傳論〉以「古之曾、閔」評價之，未必是基於私心而有（《晉書》卷 33／頁 997）。證之於秦秀的看法可知。秦秀之所以主張何曾謚號應爲「繆醜」，是從「儉，德之恭；侈，惡之大也」的角度批評而來，意即何曾「壞人倫之教」、「示後生之傲」諸種令人非議的作爲，全由其「資性驕奢，不循軌則」而致。然而在評議過程中，秦秀對於何曾「高亮嚴肅」、「事親有色養之名」的作爲，則從名實相符給予肯定（《晉書》卷 50／頁 1404）。

〔註 195〕「不孝」，並非隨意主觀認定的，魏晉律制有「不孝罪」，是以國家力量在執行的。根據史料顯示有：①魏甘露五年太后詔曰：「夫五刑之罪，莫大於不孝。夫人有子不孝，尚告治之」（《三國志》卷 4／頁 147）。②呂巽誣告呂安「不孝」（卷 4／頁 147）。不過，曹魏「不孝」罪的詳細內容不得而考。③晉殷仲堪曰：「律詐取父母寧依歐詈法棄市」（《晉書》卷 84／頁 2194）。④《晉律》：「吏犯不孝，雖會赦，皆除名爲民」（《太平御覽》卷 651〈刑法部〉「除名」條）。換言之，何曾只是從「正風教」的角度批評。這與賈充以「不孝」議責庾純（《晉書》卷 52／頁 1401），又或者王敦欲誣以不孝而廢東晉明帝（卷 6／頁 159），以及桓玄奏疏司馬道子「酣縱不孝，當棄市」的政治動機不同（卷 64／頁 1740）。

其三，剋就「以孝治天下」這一點而言，不能忽略李密於〈陳情表〉亦持「聖朝以孝治天下」為論，作為不應召命的理由（《晉書》卷 88／頁 2275）。這意味著，「孝治天下」的論述並非被統治者所壟斷的政治話語。對此，可以晉武帝為文帝服喪及哀懷文明太后之崩為例，推知一二。

（二）理制適變，情禮兼申

晉武帝服喪所引發的朝議，主要環繞三年達禮或心喪權制而來。群臣意見以為：「陛下宜割情以康時濟俗」、「俯就權制，既除衰麻，而行心喪之禮」；主張權制安葬後即除喪服的儀制。司馬炎則言：「三年之喪，自古達禮，誠聖人稱情立衷，明恕而行也」，更何況「吾本諸生家，傳禮來久」，自身本就對禮制有所接受浸潤。因此，他的立場始終堅持唯「三年之喪，所以盡情致禮」。只不過，由於身兼人子與人君的雙重身分，使得司馬炎在躬蹈大孝與康時濟俗之間拉扯。雖然最後還是採取心喪三年的權宜之制，但可以注意晉武帝所寫詔書內容的重點，其云：「不能篤孝，勿以毀傷為憂也」、「患情不能跂及耳，衣服何在」。前者在回應群臣憂慮他「殷憂內盈，毀悴外表」的行為；另一方面以私情與服制對舉，顯然意味著喪服制度的遵守不及「得敘人子之情」、「以盡哀憤」來得重要（《晉書・禮志》卷 20／頁 613～頁 615）。這樣看來，李密得以在盡忠節與報孝養二者間選擇後者，就未必是因為晉武帝從孝治的政治效益上考量而得；或者說武帝應允李密的請求，更是基於其自身對烝烝思慕之情的體認。

晉武帝的例子還突顯了一個問題：私情與國典何者優先？試看《晉禮》的制訂過程：「及晉國建，文帝又命荀顗因魏代前事，撰為新禮，參考今古，更其節文，羊祜、任愷、庾峻、應貞並共刊定，成百六十五篇。」〔註196〕此段文字記載了晉朝咸熙元年（264）在禮儀、法律與官制方面所施行的政體改革；「撰為新禮」即是以《周禮》為藍本進行的禮典編修。〔註197〕故知，西晉制禮有著禮經法制化的傾向，這意味著國家在禮儀的位階上是高於士族的，

〔註196〕參與《晉禮》制定人物，除了有儒學背景之外，亦多以孝行稱名。例如：荀顗「年踰耳順，孝養烝烝，以母憂去職，毀幾滅性，海內稱之」，故史評「臨淮翼翼，孝形于色」（《晉書》卷 39／頁 1150，頁 1164）。羊祜「年十二喪父，孝思過禮」、「遭母憂，長兄（羊）發又卒，毀慕寢頓十餘年」（卷 34／頁 1013）。庾峻在「重《莊》《老》而輕經史」的氛圍下，「潛心儒典」並為高貴鄉公發明《尚書》經旨（卷 50／頁 1392）。

〔註197〕魏晉時期禮學發展及鄭玄、王肅之爭，參見〔日〕加賀榮治，《中國古典解釈史・魏晉篇》（東京：勁草書房，昭和 39 年 3 月），頁 154～頁 170。

士族必須學習與遵守國家制定的禮儀。〔註198〕以父母喪禮爲例，原則上不論服喪者的身分爲何，就子女回報父母恩情這一點來說，都是「理均」、「情等」的無差別。不過，《晉禮》既有以禮入律的特點，則凡是具有帝室成員或國家高級官員身分者，便不得隨順己意採取「制服三年」或「立宅墓次，烝烝朝夕，奉亡如存」的方式來表達哀思（《晉書‧孝友傳》）；凡是史書所見「割情從權」或「割情除服」，皆是此意。換言之，「禮法」包含了兩層意義：一爲不成文、約定俗成的「禮俗」，二是國家制定的律令刑罰；前者偏重人情世故，後者則是明文規定的法條。

況且，《晉書‧禮志》先行確認了「揖讓周旋之禮」乃「謂儀而非禮」（頁579），此說清楚界定「儀／禮」之儀式節文與禮意禮情，其實質內容是有所分別的。其次，「迺聖垂範，以爲民極」，便說明了聖人作制的目的在「弘宣天意，雕刻人理」。〔註199〕再次，「此禮當班於天下，不宜繁多」（頁 582），意即施行的對象是具有編戶身分的所有人。綜觀《晉書‧禮志》論議的事例，多以「禮／情」並舉，便不難發現，所謂「敘情」、「稱情」就是指「因順人之常情」而說。再由魏晉國家禮律的制訂準則看來，亦得見其中以「群情」作爲「時變」、「世宜」之樞機的用意。故知，「情禮兼申」意味著個人情意得以舒展的同時，禮秩風俗亦需得以維繫。於是「稱情」，除了涵具內在情性以及一己情思之「私願」的意思之外，更向普遍多數的「人情」方向發展。

那麼，「稱情」究竟是意指「稱情而直往」之「個人的」眞情，抑或是「稱情而立文」之「眾人的」普遍常情？以阮籍與王戎居喪爲例，將更能深入二者的同異。

四、「孝」的眞諦：「居喪備禮」及「哀毀遺禮」

「孝敬盡禮」四字，可謂精煉了樊遲「問孝」孔子以「生事之以禮，死葬之以禮，祭之以禮」的回答（〈爲政〉）。它顯示了孝與敬及孝與禮之間的連結。

〔註198〕《晉禮》的特點，參見甘懷眞，〈「制禮」觀念的探析〉《皇權、禮儀與經典詮釋：中國古代政治史研究》（台北：喜瑪拉雅基金會，2003 年），頁 106。

〔註199〕東晉葛洪以「人理」開展了他對人與人之間關係的論述，並著墨於「禮」對人際關係所具有的調和效用。可謂以「禮」彌繪「人理」的說法，詳見〈勖學〉、〈交際〉、〈行品〉、〈譏惑〉、〈省煩〉各篇。參見楊明照，《抱朴子外篇校箋》（北京：中華書局 1996 年）。筆者的看法是，兩晉對「人理」的使用，主要放在「規範人情之理」的脈絡下。

下面，以居喪禮爲討論核心，更能顯現魏晉對「孝」的別解，正是從「稱情」的兩種意涵衍生出的新義。相關問題，可用三件事作爲發展標記並加以討論。

其一，是東漢末戴良居母喪不依俗禮，並發驚駭流俗之論。史載：

> 及母卒，兄伯鸞居廬啜粥，非禮不行，良獨食肉飲酒，哀至乃哭，而二人俱有毀容。或問良曰：「子之居喪，禮乎？」良曰：「然。禮所以制情佚也，情苟不佚，何禮之論！夫食旨不甘，故致毀容之實。若味不存口，食之可也。」論者不能奪之。（《後漢書》卷83／頁2773）

重點在戴良所說所行，何以論議者無法反駁？關鍵即在戴良「食之可也」的論據，出自於《禮記・問喪》「痛疾在心，故口不甘味，身不安美也」，鄭玄對此的注釋爲：「言人情之中外相應」；孔穎達則疏爲：「人情之實也者，言非詐僞假爲之，是人情悲慕之實也。」（《禮記集解》，頁 1350，頁 1352）這同時也是《孝經・喪親章》所謂「食旨不甘，此哀戚之情」之意。那麼，戴良與其兄既然「俱有毀容」，就說明了他確有惻怛之情與痛疾之實。因而，戴良轉從「口不存味」，強調了哀戚存心相較於居禮儀制的奉行，是更爲優先重要的。毋庸置疑地，戴良這種重視本心眞情的做法，確實開啓魏晉居喪禮簡的風氣之先。

其次，是阮籍喪母，不拘常禮的舉動。余嘉錫對阮籍居重喪卻飲酒食肉的做法評爲：「（阮）籍之不顧名教如此，而不爲清議所廢棄者，賴司馬昭保持之也。觀何曾事自見」（《箋疏》，頁732）。又謂：「自司馬昭保持阮籍，而禮法廢。波靡不返，舉國成風，紀綱名教，蕩焉無存。」（《箋疏》，頁726）只是，余先生單從政治立場依附的角度說明，並不能解釋阮籍喪母而「毀瘠骨立，殆致滅性」這一不爭事實（《晉書》卷49／頁1361）。因而值得留意的是，晉文王爲阮籍緩頰的理由是：「嗣宗毀頓如此，君（案：指何曾）不能共憂之，何謂？且有疾而飲酒食肉，固喪禮也！」（〈任誕2〉）他引用《禮記・曲禮》「不勝喪乃比於不慈不孝」的說法：居喪飲酒食肉「乃慮其不勝喪而爲之也」；其中，「比」字意味著「本心實非爲不孝」（《禮記集解》，頁76）。這樣看來，晉文王依禮典爲阮籍有疾而飲酒食肉提供了「合於禮」的論據。〔註200〕

〔註200〕同樣是居喪食酒肉，阮簡卻受到不同的評價。據戴逵〈竹林七賢論〉所載：阮簡「亦以曠達自居。父喪，行遇大雪寒凍，遂詣浚儀令，令爲它賓設黍臛，簡食之，以致清議，廢頓幾三十年。」（《世說》〈任誕15〉注）要知，所謂的「清議」乃是類近於「鄉論」、「正論」的同義詞，是偏在貶義且帶有輿論性質的人物評論。所以，透過眾人的眼睛，阮籍與阮簡的區別是顯而易見的；

試看東晉孫盛於《魏氏春秋》所寫：「(阮)籍性至孝，居喪雖不率常禮，而毀幾滅性。」(〈任誕 2〉注) 便知孫盛乃著眼於阮籍骨立毀性而有「性至孝」的評論。孫盛與何曾迥異的觀點，意謂著兩晉時期對於「孝」的評價判準，逐漸從居喪禮制的遵從之孝「行」轉移到「哀毀骨立」所體現的孝「心」。〔註201〕然而不當忽略，無論孝心或孝行，仍必須以居喪禮作爲表現的背景。那麼，注意到裴楷前往弔唁阮籍母喪所發的言論，裴楷曰：「阮方外之人，故不崇禮制；我輩俗中人，故以儀軌自居。」(〈任誕 11〉) 他以「俗中／方外」來區別居喪軌儀禮典的遵守與否，則具有將「方」字的「禮制」意涵顯題化的意義。〔註202〕

其三，是西晉王戎 (234～305) 居大喪而不備禮制，正好與和嶠 (？～292) 以禮法自持形成對比，史載：

> 王戎、和嶠同時遭大喪，俱以孝稱。王雞骨支牀，和哭泣備禮。武帝謂劉仲雄曰：「卿數省王、和不？聞和哀苦過禮，使人憂之。」仲雄曰：「和嶠雖備禮，神氣不損；王戎雖不備禮，而哀毀骨立。臣以和嶠生孝，王戎死孝。陛下不應憂嶠，而應憂戎。」(《世說》〈德行17〉)

王戎的不拘禮制表現在「飲酒食肉，或觀奕棊」；〔註203〕和嶠的「備禮」則以

這也不是司馬昭以政治力量可操縱成的。關於「清議」名義考察，參見唐翼明，《魏晉清談》(台北：東大圖書公司，1992 年)，頁 21，頁 48。

〔註201〕 林麗眞指出：「把孝行和孝心分開對較，這有可能還是爲著譏諷矯飾的假孝而發，但此中卻也充分顯露了魏晉人對道德問題省思的深度與方向」。參見林麗眞，〈論魏晉的孝道觀念及其與政治、哲學、宗教的關係〉(國立臺灣大學：《文史哲學報》40 期，1993 年 6 月)。值得玩味的是，何曾與阮籍都互以「眞／矯」作爲批判意識基始點；亦即兩人都擁有各自表述「何者爲眞」的權力。正因爲如此，劉毅的評語不在判別誰爲「眞孝」，反而點明了「孝」的不同詮解，正在當時發酵與交融。

〔註202〕 可以注意到魏晉對「方外」一詞的使用，兼具褒貶兩種意涵。一是，兩晉南朝的《論語》詮釋脈絡之下，注家藉由「方外」與「禮教」的對舉，進而將原壞「鄉愿」或壞禮傷教的形象，轉而從「世教之外」的定義，重新塑造了不拘禮教之「迹」的「方外聖人」形象。晉朝張憑注與皇侃疏，參見《論語集釋》，頁 1220，頁 1004。二是，東晉愍帝建興中，江啓針對王籍居叔母喪服未及滿月而娶妻一事，上疏：「夫崇禮謂之有方之士，不崇禮謂之方外之人，況虧淳創薄，崇俗棄禮，請免官禁止。」(〈王籍等周喪嫁娶議〉《全晉文》卷 127) 則是從「棄禮」的角度解釋「方外」——自外於禮俗；「方外」，這裡涵具的是「虧俗傷化」的貶義。

〔註203〕 當然，余嘉錫的評論，也反映時代風氣的另一種可能。其言：「蓋自阮籍居母喪，飲酒食肉，士大夫慕其放達，相習成風。劉道眞任誕之徒，自不免如此。

「量米而食」、「寢苫食粥」的自持法度來呈現（《晉書》卷43／頁1233）。晉武帝的重點放在和嶠的「哀苦過禮」，但劉毅（？～285）卻從王戎「容貌毀悴」，其毀悴哀慟所潛藏著危及生命的可能性來看。

要知，劉毅的看法之所以具有強度說服力，乃因其亦以孝行稱名，史載「純孝至素，著在鄉閭」即證（《晉書》卷45／頁1279）。於是，從劉毅的評論可解讀出兩點時代訊息。第一點，「生孝」與「死孝」意義及對象的置換。「生孝」原意是對長者生前的「色養致敬」；「死孝」則是對已逝長者的「喪必盡哀」。但劉毅的用法，使得論述重心，由被孝敬對象的生死轉移到致敬盡孝的行為主體，而且似乎更強調了毀慕寢頓的表達方式。第二點，當劉毅並稱「死孝」與「生孝」時，二者的差別便只在於居喪禮儀的完備與否；於是「不備禮／備禮」成為「禮意／禮儀」爭論的另一種表達形式。

其中需要注意的是，徐震堮對於「王戎『簡要』」的解讀——「知禮法之本而所行者簡」、「所重性情而汰落儀節」。〔註204〕也就是說，王戎依性情發為汰簡儀節的「不備禮」行為，乃是先以對禮法之本的認知作為前提的。更重要的是，「生孝／死孝」始終是環繞著「孝」字，因而不論孝心或孝行都是放在源出於真情而成立的。既是如此，居喪備禮或哀毀行簡的分判，便從「真／偽」的對立意識跳脫開來；進而以「死孝」標誌了時代對「孝」解釋的一種新說法。這正是魏晉長期以來不斷要求「反本真」、「致己誠」思想的具體事例。

不過還需注意到，對於王戎的神情憔悴，在當時是存在著兩種看法的。據《世說》所記的兩條資料，分別是「世祖及時談以此貴戎」（〈德行17〉注）以及裴楷往弔所說：「若使一慟果能傷人，濬沖必不免滅性之譏。」（〈德行20〉）〔註205〕但關鍵在於，裴楷既能以「冥外護內」之姿相契於阮籍心意（〈任誕11〉），又何以對王戎因極盡悲慟而「傷」（耗損身體甚至危及生命）發出了將

恣情任性，自放於禮法之外耳。」（〈簡傲5〉《箋疏》，頁771）但本文以為，若余先生依葛洪《抱朴子》〈譏惑〉而論東晉初江表風俗之失，則更應當回到葛洪所說：「吾聞晉之宣、景、文、武四帝居親喪，皆毀瘠踰制」、「于時天下之在重哀者，咸以四帝為法。世人何獨不聞此而虛誣高人，不亦惑乎！」（《校箋‧下冊》，頁19）。

〔註204〕參見徐震堮，〈賞譽5〉《世說新語校箋》，頁11～頁12。

〔註205〕林麗真從「合不合乎自然本性」解讀「滅不滅性」（〈論魏晉的孝道觀念及其與政治、哲學、宗教的關係〉），本文則傾向從儒家經典接受的角度來詮釋。另，《晉書》對此事載為「裴顗往弔之」，但依余嘉錫所考仍以裴楷身分發此言較為恰適（《箋疏》，頁23）。

不免受到譏評的意見？這樣看來，居喪過禮、毀幾滅性的作爲，有可能因此獲得海內稱譽，〔註206〕亦有受到時議譏詆的可能。易言之，劉毅以「哀毀骨立」評爲「死孝」，固有時代意趣於其中；然而裴楷的疑慮，卻也正好說明了魏晉當世視「毀頓滅性」爲「不孝」的意見，始終未曾中斷過。那麼，對於居喪滅性的兩種意見，就不再是以居喪禮法自持與否作爲分歧點。至此，「哀毀滅性」就變成了這樣的問題：它究竟是展現時代新義的「死孝」抑或是悖離傳統思想的「不孝」？

試看劉孝標對「滅性之譏」所引的注文：

> 《曲禮》曰：「居喪之禮，毀瘠不形，視聽不衰，不勝喪，乃比於不
> 慈不孝。」《孝經》曰：「毀不滅性，聖人之教也。」（〈德行20〉注，
> 《箋疏》頁22）

根據〈曲禮上〉所載，可知居喪期間的兩要點：其一，可允許羸瘦，但不可骨露外現；其二，若遇有疾病是允許飲酒食肉的。所以，孔穎達對「不勝喪，乃比於不慈不孝」的解釋是：「不留身繼世，是不慈也。滅性，又是違親生時之意，故云不孝。不云『同』而云『比』者，此滅性本心，實非爲不孝。」（《孝經正義》）這說明，王戎之所以遭致「譏評」，應是從傳統儒家「留身以繼世」的觀點而來；相反地，王戎亦正是以此「本心」而獲得「死孝」之稱的。

至此可說，「滅性之譏」顯現了魏晉時人對傳統儒家經典接受的重要意義。它首先確認「滅性不孝」，〔註207〕繼而從對「遺體」的尊重，申述了「毀不滅性」的說法。而這些都與《孝經・開宗明義章》「身體髮膚受之父母，不敢毀傷」的思想密切相關。

關於「毀不滅性」的想法，先從經典的接受角度來說。

一，荀子的觀點：「量食而食之，量要而帶之，相高以毀瘠，是姦人之道，非禮義之文也，非孝子之情也，將以有爲者也」，「其立哭泣、哀戚也，不至於隘慴傷生，是禮之中流也。」（〈禮論〉）〔註208〕「有爲」二字，意指以毀傷身體來求得名聲，這種做法在荀子看來，既不合稱孝子的情思也不是以禮節情合

〔註206〕例如參與撰《晉禮》的荀顗「年踰耳順，孝養烝烝，以母憂去職，毀幾滅性，海內稱之」（《晉書》卷39／頁1150）。

〔註207〕《晉書・孝友傳》記載晉桑虞「毀瘠過禮，日以米百粒用糝藜藿，其姊諭之曰：『汝毀瘠如此，必至滅性，滅性不孝，宜自抑割。』」便直接說出「滅性不孝」（卷88／頁2291）。

〔註208〕參見〔清〕王先謙，《荀子集解》全二冊（北京：中華書局，2007年），頁364。

於中道的行為。二，「遺體」概念，源於《禮記・祭義》所謂「父母全而生之，子全而歸之，可謂孝矣。不虧其體，不辱其身，可謂全矣。」（《禮記集解》，頁1228）完整的表述，即是曾子所云：「身也者，父母之遺體也」、「父母既沒，慎行其身，不遺父母惡名，可謂能終矣。」（頁 1226）曾子的說法，建安高誘曾以「私猶獨」注解「身者非其私有也」，又云：「行道不從邪徑，為免沒溺畏險之害，故曰能全支體。」均可見高誘從「不虧其身，不損其形」來定義「孝」；〔註209〕而這又與「遺體」——父母遺留給我的身體——的觀念密切相關。

這兩點也是何晏詮解「孝」的重心所在。其謂「毀不滅性」或「孝子不妄為非，唯疾病，然後使父母憂。」都是著眼於為人子者，應當敬慎自居而以不損傷其身，方可謂之「孝」。〔註210〕陶淵明於〈士孝傳贊〉所說：「夫能敬慎若斯，而災患及者，未之有也。」這解釋了「不敢忘父母，不敢毀傷，孝之始也」的「不敢」，乃指「敬慎」之意。〔註211〕此說可證之於史實，東晉范宣乃精善《三禮》的儒者，〔註212〕其八歲時因誤傷手指而大啼，然其之所以哭啼並非不能忍痛，此由其明言「身體髮膚，不敢毀傷」即知（〈德行38〉）；故說，范宣對身體的自覺重視乃源於孝道觀念而來。據此而論，范宣所發「逮晉之初，競以裸裎為高」之批評（《晉書・儒林》，頁2360），其中或許蘊含的是他對身體的獨特看法：我的身體，是父母所遺留給我的；流於裸裎既是不敬慎也是不孝。

再就魏晉時期尊重遺體的實例而論。

東晉「學為儒宗」的孟陋最為典型，其「喪母，毀瘠殆於滅性，不飲酒食肉十有餘年。」值得注意的是，對於孟陋「殆」的行為，其親友族人勸阻的理由是「聖人制禮，令賢者俯就，不肖企及。若使毀性無嗣，更為不孝也。」

〔註209〕參見陳奇猷，〈孝行覽〉，《呂氏春秋校釋》（台北：華正書局，1988 年），頁737，頁 738。

〔註210〕何晏注分見〈為政〉「孟武伯問孝」與〈子張〉「喪致乎哀而止」兩條（《集釋》，頁84，頁1326）。當然，這裡也存在著詮釋角度的差異，像是朱子即從父母愛子之心來說：皇侃則延續何晏的意見，從「人子欲常敬慎自居，不為非法，橫使父母憂也」說之。不過，從自身的謹敬來談，則是諸家相同的觀點。

〔註211〕還可以注意到，陶淵明於〈士孝傳贊〉指出「士」的「純孝」，具有「榮親」、「化民」、「悟主」之效（《全晉文》卷112）。本文認為這與《晉書》〈孝友傳〉對「孝感」的論述方式，是相應合的，可以視為中古士人的一般看法。

〔註212〕范宣著有《禮記》二卷，從嚴可均《全晉文》卷一百三十所收錄的文章，可略見范宣議禮的觀點。

〔註213〕而後，孟陋「感此言，然後從吉。由是名著海內。」（《晉書・隱逸》，頁 2443）這不是單一個案，又如曹魏李敏因戰爭失聯，其子李信卻堅信其父仍存人世，故「情若居喪而不聘娶」，燕國徐邈同樣勸之以「不孝莫大於無後，何可終身不娶乎！」（《三國志》卷 8／頁 253）。此二例，都以「我身，乃父母之遺體」，作爲說服當事人從吉婚聘的有力理由。簡言之，居喪盡哀可、損害身體則不可；這是藉由我對祖先賦予我「遺體」的尊重態度表達我的孝敬之情。

　　魏晉時期從「孝」的論述以展現對「遺體」的重視，還由西晉傅玄（217～278）《傅子》所記之時事突顯出來，文載：

> 漢末有管秋陽者，與弟及伴一人，避亂俱行，天雨雪，糧絕，謂其弟曰：「今不食伴，則三人俱死」，乃與弟共殺之，得糧達舍，後遇赦無罪。此人可謂善士乎？孔文舉曰：「管秋陽愛先人遺體，食伴無嫌也。」（〈補遺上〉《全晉文》卷 49）

孔融所發言論驚駭了荀悅，並引發了「貪生」或「殺生」道德問題的爭論。陳啓雲從孔融答辯反映了時人道德沈淪的冷漠，反襯了荀悅論點體現儒生的道德廉直。〔註214〕此處，姑不論事件記載的眞實性，其重點應放在「食伴無嫌」四字，這意味著「食伴」是爲了「保存先人遺留給我的身體」而「不得不」採取的舉動。可以說，這起因戰亂而生的悲劇，孔融是從「愛遺體」而非「食人」的角度來看待的。

　　事實上，晉朝兩個重要的時代議題，可說就是由「遺體」概念衍生而來的。其一，忠孝優位順序的問題。譬如，「桓公入峽，絕壁天懸，騰波迅急。廼歎曰：『既爲忠臣，不得爲孝子，如何？』」（《世說》〈言語 58〉）這件事是永和二年（346）桓溫率軍伐蜀，置身於長江三峽天險所發之慨嘆。值得注意的是，劉孝標注引《漢書》所載：

> 「王陽爲益州刺史，行部至邛僰九折坂，歎曰：『奉先人遺體，奈何數乘此險！』以病去官。後王尊爲刺史，至其坂，問吏曰：『非王陽

〔註213〕這不是單一例子。如李胤的父親李信，因懷疑父親尚存人世，而「情若居喪而不聘娶」，燕國徐邈以「不孝莫大於無後，何可終身不娶乎！」勸使娶妻，生子李胤後而遣妻，仍如居喪禮。參見《三國志》卷 8／頁 253、《晉書》卷 44／頁 1253。

〔註214〕參見陳啓雲著、高專誠譯，〈荀悅的著作：《申鑒》〉，《荀悅與中古儒學》（瀋陽：遼寧大學出版社，2000 年），頁 212～頁 213。

　　　所畏之道邪？』吏曰：『是！』叱其馭曰：『驅之，王陽爲孝子，王
　　　尊爲忠臣。』」

王陽不願歷險，意欲在奉持祖先遺留給他的身體；桓溫在意念上的掙扎，也
不在貪生畏死，而是思索著身處險境如何得以存留生命。

　　其二，魏晉時期緣於戰亂因素導致骨肉離散，而有「父母乖離議」的論
題。此中，不只是爲父母服喪與否，迫切的問題更在父母久無音訊應視爲生
存，既不能服喪則子女成婚之期遙遙。依晉荀組所見：「推一身承一宗之重，
傳祖考遺體，無心婚娶，遂令宗祀絕滅于一人，及犯不孝莫大無後之罪，此
實難處。」故「宜以王法斷之，令舉哀制服勤三年，凶不過三年。」（〈議定
父子生離哀制表〉《全晉文》卷 31）其說重點仍在「不使絕後」。簡言之，我
的「身體」非我一己之私，它從祖考而來的有著擔負「承」之後「傳」的任
務。要知，這項議題在兩晉充分被反覆論議，〔註215〕且從側面說明了，典禮
之興設乃以「因循情理」爲尺度以合時變世用。故謂「稱情以立文」乃魏晉
時期共同精神之展現。

第五節　小　結

　　綜觀兩晉時期各家之說，可以發現他們都在「禮」與「儀」本質有別的
基本認知下，進一步從「致己誠」與「反其眞」的角度，論述了「禮之本意」
的內容。就現有的分析資料可說，兩晉時期對「禮」的論議，半數以上的內
容是以喪服儀制爲重心，或者以弔唁場合爲主要背景。〔註216〕典型的事例，
就是裴楷致弔阮籍母喪所言：「阮方外之人，故不崇禮制；我輩俗中人，故以
儀軌自居」；裴楷由「禮制」與「儀軌」的用法，將「禮之本意」藉由「方外

〔註215〕令人玩味的是東晉孫綽，他的〈喻道論〉以因果報應和孝的倫理爲論證核心，
　　　　與佛教思想進行交涉。其中，「三千之責，莫大無後，體之父母，不敢夷毀。
　　　　是以樂正傷足，終身含愧」即其論據。以此觀點，他在〈父母乖離議〉即謂：
　　　　「三千之責，莫大于不祀之痛」（《全晉文》卷 61），仍是從「不使絕後」的
　　　　角度申論。〔日〕蜂屋邦夫從「三教一體的思想家」解讀孫綽，詳參蜂屋邦夫
　　　　著、雋雪艷譯，〈孫綽的生平與思想〉，《道家思想與佛教》（潘陽：遼寧教育
　　　　出版，2000 年）。
〔註216〕例一，王述與王羲之兩人恩怨深結，主因就在於右軍「屢言出弔，連日不果。」
　　　　（《世說》〈仇隙 5〉）史家莫不指責王右軍假意弔唁、陵辱喪家的無禮行逕。
　　　　例二，王珣兄弟與謝氏因離婚而交惡，後值謝安發喪，王珣前往以「哭甚慟」
　　　　化解了王、謝兩家的嫌隙與恩怨（〈傷逝 15〉）。

／俗內」對列予以顯題化。對此，當時眾人給予「兩得其中」的評價，便意味裴楷的論調得以恰適通達個人心意與弘濟群體禮軌二者之間。裴楷言說的意義在於，他揭示了「方外」仍必須對應著「方」字涵具的規矩、禮教意思，而後才能依其本真自性發顯為「不應」、「不拘」的「自外」姿態。換言之，唯有先行確認魏晉士人共同論域始終不離「禮檢」，而後才是置入「如何達其真意」的新價值之思考，方能更好地理解東晉時期亟需解決的重要課題就是如何安頓新價值於舊禮法中，使情禮得以調和。

西晉裴頠（267～300）所謂「遺制則必忽防，忽防則必忘禮。禮制弗存，則無以為政矣。」（〈崇有論〉）乃至於東晉顧和（288～351）所云：「禮所以軌物成教，故有國家者莫不崇正明本，以一其統，斯人倫之紀，不二之道也。」（《晉書》卷 83／2165）都明顯地以「禮」作為人倫綱紀的根本及國家「政道」之關鍵所在。尤其，顧和針對喪服違制的問題，以「違冒禮度，肆其私情」對舉，就彰顯了「禮」作為公共禮法所含具的「至公之義」，是凌駕於個人私情真意之上的；一旦容許私情放縱造成禮制頹敗，則無法達至「齊物」、「統紀」之效。就這點而言，東晉顧和呼應了曹魏杜恕等人的觀點。至此，就不難理解徐廣與孔安國等人論議喪服制度時所說：「理制盡備，情禮兼（彌）申」與「緣情立制」（《晉書‧禮志》，頁 624），它表述了時代的共識：個人情實能不脫溢於禮檢之外；公共禮度之施設，又要以最多數的人情的考量為依據。

再者，東晉戴逵「檢防」與江惇「崇檢」的說法，以及葛洪所不斷申述的「檢溢之隄防，人理之所急」（〈譏惑〉），亦可視為對具體禮制適時損益的一種表態。尤其，戴逵從「情禮俱虧」所切入的反省，正代表了「懷情喪真」與「越檢之行」二者（〈放達非道論〉），始終是東晉思想家所必須解決的時代問題。如是，王坦之從「周乎世變」的角度發論（〈廢莊論〉），或者孫盛依「救世之宜」而對「屏撥禮學，以全其任自然」的做法有所遲疑（〈老聃非大賢論〉），毋寧說是對「稱情而直往」的反省以及對「稱情以立文」的回應。對此，袁宏所說「君親自然，不由名教。愛敬既同，情禮兼到。」（〈三國名臣頌〉）〔註217〕可作為本文對「稱情與備禮」最恰適的註腳。

〔註217〕正因為如此，東晉袁宏才有可能從「禮也，治心軌物，用人之道者也。其本所由在於愛敬自然，發於心誠而揚於事業者」角度，提出「君親自然，匪由名教」之說。袁宏以愛敬忠信本出於情性的觀點，詳見張蓓蓓，〈袁宏新論〉，《魏晉學術人物新研》（台北：大安出版社，2001 年），頁 195～頁 210。

第六章　結　論

　　嵇康在〈卜疑〉對舉的十四種「出——處」之生活樣式，是身處國家體制下所有人可能面臨的抉擇情境。尤其，當阮籍婉謝辟命時所寫的「方將耕於東皋之陽，輸黍稷之稅」（〈辭蔣太尉辟命奏記〉），無形中就透露了：即使他嚮往「大人理境」，但是經由納稅的舉動，阮籍深知他是「編戶齊民」下的一員，而這種社會身分是無法擺脫的。

　　以此之故，本篇論文以魏晉士群爲對象並概分爲「出仕——在家」兩類，藉由思想觀念的衍繹與政治社會活動的分析，集中於兩個面向的考察：一是，經由魏晉士群在角色履行與價值確立二者的抉擇過程，突顯其「士」的公共屬性。二是，以「公與私」爲主軸展開的論述，並將魏晉思想中「仕與隱」、「忠與孝」、「情與禮」各項相關論題歸攝於其中。茲將所得看法總結於下：

　　針對魏晉官僚士群爲主的分析，本文第二章以「公型理念」概括魏晉時期「公清」、「公忠」的核心價值，以說明「忠」與「清」，乃是其「士」之自律精神的展現；其對象則是「天下」、「社稷」與「百姓」，這是基於「國家至上」的理念而有的想法。文中一方面梳理了「清」觀念在人物品評之外的意涵，另一方面也把「忠」觀念從狹義的「忠君」釋放出來，回到「忠於他人」的解釋脈絡。

　　至於魏晉不仕之士在政治與文化角色的抉擇，本文第三章通過人物個案分析的方式，說明他們拒絕官位的理由各不同，但他們幾乎都以「隱學之士」的身分，在地方從事教授或研籍著述。或者說，魏晉不仕之士由「探賾索隱，斯文在茲」的精神，體現了「士志於道」的價值取向。文中還通過「遁心遺名，安心安身」的脈絡，說明不朝之士之所以具有激貪勵薄的社會效益，與

其恬淡寡欲的人格特質是密切相關的。其中的「安身」，乃是立基於「自──我」身心關係的和諧，然後再向外拓展成「人──我」的和諧關係。對「安身」的分析，則適度地反省了一般視魏晉隱逸之士懼禍以求自全的說法。

因此，本文第四章以「體道之士」爲框架，討論了魏晉「理想人格」的內容。「範型」，意味著現實人物對完滿人格的一種設想。而儒家的「謙德」與道家的「不爭」，之所以於此匯集成「謙退不爭」的人格，乃是基於儒道兩家對於自誇自伐批評所形成的問題而來。本文以西晉樂廣「道韵平淡」的特質以及嵇康「寬簡有大量」的風格，說明「謙退不爭」的人格理型並非遙不可及。另一方面也說明了劉劭的「犯而不校」君子以及嵇康的「抱一無措」君子，未必因爲政治險惡因素而顯其不爭，其積極意義更應當由自身的「不校」、「無措」所外顯成的和諧之人我關係來解讀。

本文第五章則把魏晉士群放在一個具體的生活情境，不分角色身分之別、不論現實理想之異，討論個人情感與公共禮法二者的折衝問題。經由本文的分析，可以確知此時期對於「禮」的看法，都從眞與誠予以定調。文中還著重分析了「推誠相與」與「不逆不臆」，是他們作爲人際交往的最高準則。由於政論思想家也從「誠己心」的角度提出論述，故知，「眞／矯」之判，從來就不只作爲玄學思想家批判名教的語彙。文中，還以「私情──國典」的優先問題，討論了「稱情而直往」與「稱情以立文」二者，這顯示了以「眞實情感」爲預設值而非自私自利的「情」，在魏晉時期是被關注的重要問題。於是，涵蓋「個人情思」與「普遍人情」的「稱情」概念，便凝結成「緣情制禮」的時代共識。尤其，本章扣緊「眞／矯」問題意識展開對「禮之本義」的探究。又從「遺體」概念，針對阮籍與王戎兩人居喪不守常禮所引發的時代論題，提出了有別於以往的看法。

總言之，本文「角色定位與自我追尋」的論述架構，呈現了魏晉思想人物對融攝互涉「他──自」關係的核心關懷。也正是這一點，本文可謂適度填補了以往學界對魏晉倫理學研究的不足。

至於本篇論文研究所獲致的重要結論，可撮要如下：

本文以「公與私」爲主軸，貫串了魏晉思想史上幾個重要的面向：一，「公家──私家」的兩端。其中的「公」、「平」、「中」、「正」即是魏晉政治參與者自持的行爲尺度；傳統「公──正──不偏則無私」的語脈，於此證成。至於身處私家的隱學之士，似乎找不到任何與「公」之價值有關的詞彙可以

描述。但實際上，對隱學之士而言，「公」的價值，是從其著述教授之文化事業，或者以其恬淡人格所形成激貪勵薄的社會效益來呈顯的；這一切都與公眾的事務密切相關。

其中重要的是，二者又同時以抑制個人私欲的「清」德作爲「公」之價值得以呈顯的關鍵。因爲，對官僚士群來說，「至公無私」的理念並不具備任何規範性，但是，「清」──超越權力物質欲望的自律精神，才會是其不偏無私的最後保證。同樣的，隱學之士「衣食豐約與鄉鄰共之」或濟貧助葬的舉動，又與其清淡寡欲人格特質所彰顯的「不私己」精神──一種對其自身過多欲求的剝落。至此可說，在傳統「公而無私」的逆思維中，魏晉士群以其具體行動，以「清」之自律精神賦予了「無私」之正面論述。換言之，魏晉時期對於「清」概念的重視，應當先從這個角度而非審美意涵來理解，亦可得到證明。

二，公私論題所涉內容，還包括公共禮法與私人情感的問題。以往研究多從魏晉「重情」切入以突顯個體自覺的意義，或從對列「眞／矯」以探求自然與名教的問題。本文也從「眞／矯」的問題意識出發，回到魏晉人論「情眞」脈絡之梳理。一方面說明以「眞」、「信」、「誠」作爲人我的溝通機制乃時代共識，而非特定人物獨佔的論述話語；另一方面觀照到，立基於「情眞」所展現「非名」的意態（並非「非議名教」而是「不以名爲教」、「不以名利經心」的意思）。合此二者，切入論述魏晉公共禮法對普遍人情的考量。

三，從尊重父母遺留給我的身體之「遺體」概念，討論了魏晉公忠私孝的倫理問題。在《世說》中的「身」字是與稱代詞「我」的用法一致。換言之，由「辭親事君」舉動所引發的問題，值得探究。它首先是「士」對政治角色及其「公忠」價值的確認；其次是「出家獻身」後如何處理「先人遺體」的問題。本文從魏晉士群如何看待與處置其具在的「身體」，重新論定嵇紹之死一事；又對西晉「死孝與生孝」之說，從儒家「身體髮膚受之父母」的「遺體」思想，予以補充說明。

四，王弼所謂「無私者，無爲於身」一句，最能顯出魏晉公私觀念於思想史上的特殊意義。理由在於：「無私」不僅是「不私自有名」之意，還包括「無私而能成其私」──無自私自利之心，方能成就個人的價值或目標。事實上，王弼的做法，早在建安時期的高誘，即透過注釋《呂氏春秋》與《淮南子》，以「君者法天，天無私」與「無私愛憎，言皆公也」的想法，表述了

「公」與「私」兼具政治意涵與個人修養兩個層面。環繞「身」字展開「無私」的論述，可視爲魏晉思想的獨到見解。

如是，魏晉公私觀的樣貌可簡單勾勒如下：「公」，延續了傳統「不偏私則爲公」的說法。但特殊處在於：不偏私，即意味自身能超脫對特定對象的喜愛，進而把其他人納入自身視域來考量，在此意義上的「公」，又具有「無所不包且容通」的意思。至於「無私」，則環繞著「身」與「清」兩概念來展開，因而具有思想史上的特殊意義。於是，魏晉思想史出現的另一種可能之寫法。

本文以「公與私」爲題，實際上隱含了「角色‧身體‧自我」的潛在想法。意即，以身體爲中介，藉由具在的身體向外踐履其社會角色，又由自省「我是怎樣的人」的問題，內化成「自我意識」。

本文第二章以魏晉官僚士群爲考察對象，說明他們經過「出身」、「委質」的儀式後，他們的身體就委付給國家，不再只屬於個人或家庭。於是，「保身全孝」或「以身殉國」就成爲魏晉官僚士群所面臨「私孝──公忠」之倫理衝突情境；但要注意，此處的「公──私」是以空間及身分來劃分，而不具價值判斷意義。本文以魏王經與晉虞潭爲例，說明他們經過母親認可其「在家爲子則孝」的角色之後，便義無反顧地選擇「舍生竭忠」的行爲，最終獲得「忠臣」的定評。在此意義上，可以確知魏晉時期「忠臣出於孝子之門」之說，並非政治性的教條語言。同樣是身體，晉惠帝的身體，以「繼體」的意義成爲「國家」的象徵；嵇紹「以身捍衛」的舉動，則是以舍生犧牲履行了「國家至上」的「公忠」理念。

其次，對魏晉在家的不仕之士而言，似乎他們總採取「置身於外」的姿態，殊不知，他們只是置身於權力場域之外而非冷眼旁觀。他們把自己從「中央」放到「地方」，把責任從「政事」轉到「文化」；在這種身分角色的抉擇過程中，呈現的是他們「存身以行道」價值取向。於是，「保身」不應當被「避禍以求自全」的解釋所扭曲，理應從更積極的「遂志」、「行道」的內容去推敲其用心。據此，本文在第三章分析了魏晉不仕之士對「安身」的看法，確認了「安身」的深層意義在於「安心」。安心，既與自我志向的追求有關，也與如何去除生理身體過多的榮華滋味之欲求的修養相關。於是，魏晉不仕之士多顯「淡泊」、「寡欲」、「清潔」的人格特質而爲地方鄉邑所推重；並反過來又以其自身德行向外輻射，在鄉里州閭形成一種「焦點──場域」的人際

關係。這是魏晉時期作爲穩定社會的一股重要力量。

第四章人格範型的分析,仍然環扣著「身」字展開。作爲「體道者」的完滿人格型態,不論君子的「謙退」或聖王的「後其身」,都是以「我」向後退一步的姿態呈顯;目的在留下餘裕的空間讓他人與我共處。王弼「無身則無私」之說或嵇康「豈爲身而繫乎私」的提問,都以超出過多欲求糾葛的「身體」爲前提,並具有將他人納入自身視野的積極意義。就「容乃公」,乃是有餘裕能容人的意思來說,這裡的「公——私」,則可以從「他——自」的人我關係之意涵來解釋。

第五章雖以情禮問題爲主核,但仍然可將「以禮治國」的政論思想家所要求向內「自誠己心」及王弼、郭象等玄學思想家不斷要求自返於內在本眞之性,綰合於「自反於身」的脈絡。

當然,本文對於如何處理魏晉思想家關於「身體」的論述脈絡,尚未充分展開,但從「身」與「體」,卻觸發了另一種想法:王弼嘗不斷申述「體中正」、「體謙謙」,其「體」字意指對「道」的「體會」、「體味」與「體現」。那麼,依此解釋角度,有沒有可能對目前本末體用關係的論述方式,提出不同的意見?以上,無非是想提出一種可能的思考角度。因爲,唯有嘗試與探問,才可能豐富魏晉思想的研究。

引用文獻

（依標題分類，再按作者姓名筆劃排序，同一作者按出版時間先後次序排序。）

一、古籍原典

1. 孔安國傳、孔穎達疏、李學勤主編，《尚書正義》，台北：臺灣古籍，2001年。
2. 王夫之著、舒士彥整理，《讀通鑑論》，北京：中華書局，2002年版。
3. 王卡點校，《老子道德經河上公章句》，北京：中華書局，2006年。
4. 王先慎撰、鍾哲點校，《韓非子集解》，北京：中華書局，2003年版。
5. 王先謙撰、沈嘯寰、星賢點校，《荀子集解》，北京：中華書局，2007年版。
6. 王利器撰，《新語校注》，北京：中華書局，1997年版。
7. 王利器撰，《文子疏義》，北京：中華書局，2000年。
8. 王符著、〔清〕汪繼培箋，《潛夫論箋校正》，北京：中華書局，1997年版。
9. 王鳴盛著、黃曙輝點校，《十七史商榷》，上海：上海書店出版社，2005年。
10. 司馬遷撰，《史記》，北京：中華書局，2002年版。
11. 任繼愈、傅琮璇主編，《文津閣四庫全書·第231冊》，北京：商務印書館，2005年。
12. 任繼愈、傅琮璇主編，《文津閣四庫全書·第280冊》，北京：商務印書館，2005年。
13. 何晏集解、皇侃義疏，《論語集解義疏》，北京：中華書局，1985年。
14. 吳雲主編，《建安七子集校注·修訂版》，天津：天津古籍出版社，2005年版。
15. 李隆基注、〔宋〕刑昺疏、李學勤主編，《孝經注疏》，台北：臺灣古籍，2001年。
16. 沈約撰，《宋書》，北京：中華書局，1997年版。

17. 房玄齡等撰，《晉書》，北京：中華書局，1987 年版。

18. 范曄撰、李賢等注，《後漢書》，北京：中華書局，1997 年版。

19. 孫希旦撰，沈嘯星、王星賢點校，《禮記集解》，北京：中華書局，1998 年。

20. 徐天麟撰，《東漢會要》，北京：中華書局，1998 年版。

21. 徐堅等著，《初學記》，北京：中華書局，2004 年版。

22. 徐幹著、徐湘霖校，《中論校注》，成都：巴蜀書社出版，2000 年。

23. 班固撰、顏師古注，《漢書》，北京：中華書局，1997 年版。

24. 荀悅著，《漢紀》、袁宏著，《後漢紀》，張烈點校，《兩漢紀》，北京：中華書局，2005 年版。

25. 高明，《帛書老子校注》，北京：中華書局，1998 年。

26. 馬國翰輯，《玉函山房輯佚書》，京都：中文出版社，1979 年。

27. 張敦頤編，《六朝事跡編類》，北京：中華書局，1985 年版。

28. 張溥、殷孟倫輯注，《漢魏六朝百三家集題辭注》，台北：木鐸出版社，1982 年。

29. 章學誠著、葉瑛校注，《文史通義校注》，北京：中華書局，2004 年版。

30. 陳立撰、吳則虞點校，《白虎通疏證》，北京：中華書局，1997 年版。

31. 陳伯君校注，《阮籍集校注》，北京：中華書局，2004 年版。

32. 陸侃如，《中古文學繫年》，北京：人民文學出版社，1998 年。

33. 陳壽撰、裴松之注，《三國志》北京：中華書局，2002 年版。

34. 郭慶藩撰、王孝魚點校，《莊子集釋》，北京：中華書局，1982 年。

35. 湯球輯，《九家舊晉書輯本》，北京：中華書局，1985 年版。

36. 湯球、黃奭輯、喬治忠校注，《眾家編年體晉史》，天津：天津古籍出版社，1989 年。

37. 焦循撰、沈文倬點校，《孟子正義》，北京：中華書局，1998 年版。

38. 程榮纂輯，《漢魏叢書》，長春：吉林大學出版社，1992 年。

39. 程樹德撰，程俊英、蔣見元點校，《論語集釋》，北京：中華書局，2006 年版。

40. 程顥、程頤著、王孝魚點校，《二程集》，北京：中華書局，2004 年版。

41. 逯欽立輯校，《先秦漢魏晉南朝詩》，北京：中華書局，1998 年版。

42. 楊伯峻撰，《列子集釋》，北京：中華書局，1997 年版。

43. 楊明照，《抱朴子外篇校箋》，北京：中華書局，1996 年版。

44. 楊晨撰，《三國會要》，北京：中華書局，1998 年版。

45. 趙翼著、王樹民校證，《廿二史箚記校證》，北京：中華書局，2001 年版。

46. 劉文典撰，《淮南鴻烈集解》，北京：中華書局，1997 年版。

47. 劉向撰、向魯宗校證，《說苑校證》，北京：中華書局，2000 年版。

48. 劉義慶撰、余嘉錫箋疏，《世說新語箋疏》，台北：華正書局，1989 年。

49. 劉義慶撰、徐震堮校箋，《世說新語校箋》，台北：文史哲出版社，1989
年版。

50. 劉義慶撰、劉孝標注、楊勇校箋，《世說新語校箋‧修訂本》，北京：中華
書局，2006 年。

51. 劉勰著，《文心雕龍注》，台北：宏業書局，1982 年版。

52. 鄭玄注、賈公達疏、李學勤主編，《周禮注疏》，台北‧臺灣古籍，2001 年。

53. 閻振益、鍾夏撰，《新書校注》，北京：中華書局，2000 年版。

54. 戴明揚校注，《嵇康集校注》，台北：河圖洛書出版社，1978 年版。

55. 韓格平注譯，《竹林七賢詩文全集譯注》，長春：吉林文史出版社，1997 年。

56. 韓格平主編，《魏晉全書》，長春：吉林文史出版社，2006 年。

57. 韓嬰撰、許維遹校釋，《韓詩外傳集釋》，北京：中華書局，2005 年版。

58. 嚴可均輯、何宛屏等審訂，《全三國文》，北京：商務印書館，1999 年。

59. 嚴可均輯、何宛屏等審訂，《全晉文》，北京：商務印書館，1999 年。

60. 蘇輿撰、鍾哲點校，《春秋繁露義證》，北京：中華書局，2002 年版。

二、當代研究論著

（一）中國哲學史、思想史通論

1. 任繼愈主編，《中國哲學發展史‧秦漢卷》，北京：人民出版社，1985 年版。

2. 任繼愈主編，《中國哲學發展史‧魏晉南北朝卷》，北京：人民出版社，1998
年版。

3. 牟宗三，《中國哲學特質》，台北：臺灣學生書局，1989 年。

4. 牟宗三，《中國哲學十九講》，台北：臺灣學生書局，1991 年版。

5. 余英時，《歷史與思想》台北：聯經出版事業公司，1992 年版。

6. 余英時，《中國知識階層史論‧古代篇》，台北：聯經出版事業公司，1992
年。

7. 余英時，《中國思想傳統的現代詮釋》，台北：聯經出版事業公司，1992
年版。

8. 余英時，《宋明理學與政治文化》，台北：允晨文化實業有限公司，2004 年。

9. 余英時著、侯旭東等譯，《東漢生死觀》，上海：上海古籍出版社，2005 年。

10. 金春峰，《漢代思想史》(修訂增補版)，北京：中國社會科學出版社，1997

年版。

11. 唐君毅，《中國哲學原論・原道篇卷一》，台北：臺灣學生書局，1986 年。

12. 唐君毅，《中國哲學原論・原道篇卷二》，台北：臺灣學生書局，1986 年。

13. 唐君毅，《中國哲學原論・導論篇》，台北：臺灣學生書局，1986 年。

14. 唐君毅，《中國哲學原論・原性篇》，台北：臺灣學生書局，1989 年。

15. 唐君毅，《中國文化之精神價值》，台北：正中書局，1992 年。

16. 徐復觀，《兩漢思想史・卷二》，台北：臺灣學生書局，1983 年版。

17. 徐復觀，《中國思想史論集》，台北：臺灣學生書局，1993 年版。

18. 徐復觀，《中國人性論史・先秦篇》，台北：台灣商務，1994 年。

19. 徐復觀，《兩漢思想史・卷一》，台北：臺灣學生書局，1999 版。

20. 徐復觀，《兩漢思想史・卷三》，台北：臺灣學生書局，2002 年版。

21. 張岱年等著、苑淑婭編，《中國觀念史》，鄭州：中州古籍出版社，2005 年。

22. 許抗生等，《魏晉玄學史》，西安：陝西師範大學出版社，1989 年。

23. 陳少峰，《宋明理學與道家哲學》，上海：上海文化出版社，2001 年。

24. 陳來，《古代思想文化的世界——春秋時代的宗教、倫理與社會思想》，北京：生活・讀書・新知三聯書店，2002 年。

25. 傅偉勳，《從西方哲學到禪佛教》，北京：生活・讀書・新知三聯書店，1992 年版。

26. 湯用彤，《漢魏兩晉南北朝佛教史》，上海：上海書店，1991 年。

27. 湯用彤，《理學・佛學・玄學》，台北：淑馨出版社，1997 年版。

28. 馮文達，《早期中國哲學略論》，廣州：廣東人民出版社，1998 年。

29. 馮文達，《中國哲學的本源——本體論》，廣州：廣東人民出版社，2001 年。

30. 馮友蘭，《新理學》，北京：生活・讀書・新知三聯書店，2007 年。

31. 楊國榮，《善的歷程》，台北：五南圖書出版有限公司，1996 年。

32. 楊國榮，《倫理與存在——道德哲學研究》，上海：上海人民出版社，2002 年。

33. 楊儒賓主編，《中國古代思想中的氣論及身體觀》，台北：巨流圖書公司，1993 年。

34. 葛兆光，《七世紀前中國的知識、思想與信仰世界・第一卷》，上海：復旦大學出版社，1998 年。

35. 蒙培元，《心靈超越與境界》，北京：人民出版社，1998 年。

36. 蕭公權，《中國政治思想史》，台北：聯經出版事業公司，1982 年。

37. 錢穆，《中國思想史》，台北：臺灣學生書局，1994 年版。

（二）儒、道及黃老

1. 丁四新，《郭店楚墓竹簡思想研究》，北京：東方出版社，2000 年。

2. 丁原明，《黃老學論綱》，濟南：山東大學出版社，2000 年。

3. 丁原植，《郭店竹簡老子釋析與研究》，台北：萬卷樓圖書公司，1998 年。

4. 尹振環，《楚簡老子辨析：楚簡與帛書《老子》的比較研究》，北京：中華書局，2001 年。

5. 尹振環，《帛書老子再疏義》，北京：商務印書館，2007 年。

6. 王叔岷，《莊學管闚》，台北：藝文印書館，1978 年。

7. 王叔岷，《莊子校詮》，台北·中央研究院歷史語言研究所，1994 年。

8. 王淮，《老子探義》，台北：商務印書館，1969 年。

9. 王葆玹，《老莊學新探》，上海：上海文化出版社，2002 年。

10. 王德有，《老子指歸譯注》，北京：商務印書館，2004 年。

11. 白奚，《稷下學研究：中國古代的思想自由與百家爭鳴》，北京：生活·讀書·新知三聯書店，1998 年。

12. 伍學至，《老子反名言論》，台北：唐山出版社，2002 年。

13. 伍曉明，《吾道一以貫之：重讀孔子》，北京：北京大學出版社，2003 年。

14. 任繼愈，《老子繹讀》，北京：北京圖書館出版社，2006 年。

15. 牟鍾鑒，《《呂氏春秋》與《淮南子》思想研究》，山東：齊魯書社，1987 年。

16. 何澤恆，《先秦儒道舊義新知錄》，台北：大安出版社，2004 年。

17. 吳光明，《莊子》，台北：東大圖書公司，1992 年版。

18. 吳冠宏，《聖賢典型的儒道義蘊試詮——以舜、甯武子、顏淵與黃憲為釋例》，台北：里仁書局，2000 年。

19. 呂錫琛，《道家、道教與中國古代政治》，長沙：湖南人民出版社，2006 年。

20. 汪中江，《道家形而上學》，上海：上海文化出版社，2001 年。

21. 哈佛燕京學社主編，《儒家傳統與啟蒙心態》，南京：江蘇教育出版社，2005 年。

22. 胡家聰，《管子新探》，北京：中國社會科學出版社，2003 年。

23. 高晨陽，《阮籍評傳》，南京：南京大學出版社，1997 年。

24. 崔大華，《莊子歧解》，河南：中州古籍出版社，1988 年。

25. 崔大華，《莊學研究》，北京：人民出版社，1997 年版。

26. 張亨，《思文之際論集——儒道思想的現代詮釋》，台北：允晨文化實業有限公司，1997 年。

27. 張松輝，《莊子疑義考辨》，北京：中華書局，2007 年。

28. 張舜徽，《周秦道論發微》，台北：木鐸出版社，1988 年。

29. 陳少明，《〈齊物論〉及其影響》，北京：北京大學出版社，2004 年。

30. 郭沂，《郭店楚簡與先秦學術思想》，上海：上海教育出版社，2001 年。

31. 陳奇猷，《呂氏春秋校釋》，台北：華正書局，1988 年。

32. 陳明，《儒學的歷史文化功能——士族：特殊形態的知識分子研究》，上海：學林出版社，1997 年。

33. 陳鼓應，《莊子今註今譯》，北京：中華書局，2001 年版。

34. 陳鼓應，《老子今註今譯》（參照簡帛本最新修訂版），北京：商務印書館，2004 年。

35. 陳鼓應，《周易今注今譯》，北京：商務印書館，2005 年。

36. 陳麗桂，《戰國時期的黃老思想》，台北：聯經出版事業公司，1991 年。

37. 黃俊傑，《東亞儒學的新視野》，台北：喜瑪拉雅基金會，2002 年。

38. 馮達文，《回歸自然——道家的主調與變奏》，廣東：廣東人民出版社，1992 年。

39. 黃慧英，《儒家倫理——體與用》，上海：上海三聯書店，2005 年。

40. 楊國榮，《莊子的思想世界》，北京：北京大學出版社，2006 年。

41. 楊儒賓編，《中國經典詮釋傳統（三）：文學與道家經實篇》，台北：喜瑪拉雅基金會，2002 年。

42. 葉維廉，《道家美學與西方文化》，北京：北京大學出版社，2002 年。

43. 熊鐵基，《秦漢新道家》，上海：上海人民出版社，2001 年。

44. 劉述先編，《儒家倫理研討會論文集》，新加坡：東亞哲學研究所，1987 年。

45. 劉笑敢，《莊子哲學及其演變》，北京：中國社會科學出版社，1993 年。

46. 劉笑敢，《老子：年代新考與思想新詮》，台北：東大圖書公司，1997 年。

47. 劉笑敢，《老子古今：五種對勘與析評引論》，北京：中國社會科學出版社，2006 年。

48. 劉榮賢，《莊子外雜篇研究》，台北：聯經出版事業公司，2004 年。

49. 樊浩，《中國倫理精神的歷史建構》，台北：文史哲出版社，1994 年。

50. 錢穆，《莊老通辨》，北京：生活・讀書・新知三聯書店，2002 年。

51. 錢穆，《論語新解》，北京：生活・讀書・新知三聯書店，2002 年。

52. 鍾泰，《莊子發微》，上海：上海古籍出版社，2002 年。

53. 顏世安，《莊子評傳》，南京：南京大學出版社，1999 年。

54. 魏啓鵬，《馬王堆漢墓帛書《黃帝書》箋證》，北京：中華書局，2004 年。

（三）魏晉思想及文學

1. 王葆玹，《正始玄學》，山東：齊魯書社，1987 年版。

2. 王葆玹，《玄學通論》，台北：五南圖書出版有限公司，1996 年。

3. 王瑤，《中古文學史論》，北京：北京大學出版社，1998 年。

4. 王曉毅，《中國古代人才鑒識術——《人物志》譯注與研究》，長春：吉林文史出版社，1994 年。

5. 王曉毅，《嵇康評傳——漢魏風骨盡　竹林遺恨長》，南寧：廣西教育出版社，1995 年版。

6. 王曉毅，《王弼評傳·附何晏評傳》，南京：南京大學出版社，1996 年。

7. 王曉毅，《儒釋道與魏晉玄學的形成》，北京：中華書局，2003 年。

8. 王曉毅，《郭象評傳》，南京：南京大學出版社，2006 年。

9. 王鍾陵，《中國中古詩歌史》，南京：江蘇教育出版社，1988 年。

10. 牟宗三，《才性與玄理》，台北：臺灣學生書局，1989 年版。

11. 江建俊，《建安七子學述》，台北：文史哲出版社，1982 年。

12. 江建俊，《漢末人倫鑒識之總理則》，台北：文史哲出版社，1983 年。

13. 余敦康，《魏晉玄學史》，北京：北京大學出版社，2004 年。

14. 余敦康，《何晏王弼玄學新探》，北京：方志出版社，2007 年。

15. 吳冠宏，《魏晉玄義與聲論新探》，台北：里仁書局，2006 年。

16. 李建中，《魏晉文學與魏晉人格》，武漢：湖北教育出版社，1998 年。

17. 李玲珠，《魏晉新文化運動：自然思潮》，台北：文津出版社，2004 年。

18. 周大興，《自然·名教·因果——東晉玄學論集》，台北：中研院文哲所，2004 年。

19. 林登順，《魏晉南北朝儒學流變之省察》，台北：文津出版社，1996 年。

20. 林麗眞，《王弼》，台北：東大圖書公司，1988 年。

21. 姜劍雲，《太康文學研究》，北京：中華書局，2003 年。

22. 范子燁，《世說新語研究》，哈爾濱：黑龍江教育出版社，1998 年。

23. 唐翼明，《魏晉清談》，台北：東大圖書公司，1992 年。

24. 孫宜康著、鍾振振譯，《抒情與描寫：六朝詩歌概論》，上海：上海三聯書店，2006 年。

25. 袁保新，《老子哲學之詮釋與重建》，台北：文津出版社，1991 年。

26. 馬小虎，《魏晉以前個體「自我」的演變》，北京：中國人民大學出版社，2004 年。

27. 馬良懷，《崩潰與重建中的困惑：魏晉風度研究》，北京：中國社科出版社，

1993 年。

28. 馬良懷,《張湛評傳:兼容三教　建立二元》,廣西:廣西教育出版社,1997年。

29. 馬良懷,《漢晉之際道家思想研究》,廈門:廈門大學出版社,2006 年。

30. 高晨陽,《儒道會通與正始玄學》,濟南:齊魯書社,2000 年。

31. 高華平,《魏晉玄學人格美研究》,成都:巴蜀書社出版,2000 年。

32. 高齡芬,《王弼老學之研究》,台北:文津出版社 1992 年。

33. 康中乾,《有無之辨──魏晉玄學本體思想再解讀》,北京:人民出版社,2003 年。

34. 張蓓蓓,《中古學術論略》,台北:大安出版社,1991 年。

35. 張蓓蓓,《魏晉學術人物新研》,台北:大安出版社,2001 年。

36. 梅家玲,《世說新語的語言與敘事》,台北:里仁書局,2004 年。

37. 梅家玲,《漢魏六朝文學新論:擬代與贈答篇》,北京:北京大學出版社,2004 年。

38. 章啓群,《論魏晉自然觀》,北京:北京大學出版社,2000 年。

39. 莊耀郎,《郭象玄學》,台北:里仁書局,1999 年。

40. 許建良,《魏晉玄學倫理思想研究》,北京:人民出版社,2003 年。

41. 陳昌明,《六朝文學之感官辯證》,台北:里仁書局,2005 年。

42. 郭梨華,《王弼之自然與名教》,台北:文史哲出版社,1995 年。

43. 湯一介,《郭象與魏晉玄學》(增訂本),北京:北京大學出版社,2000 年。

44. 湯用彤,《魏晉玄學論稿》,上海:上海古籍出版社,2005 年。

45. 童強,《嵇康評傳》,南京:南京大學出版社,2006 年。

46. 葉楓寧,《西晉作家的人格與文風》,上海:上海三聯書店,2006 年。

47. 葛曉音編,《漢魏六朝文學與宗教》,上海:上海古籍出版社,2005 年。

48. 廖蔚卿,《中古詩人研究》,台北:里仁書局,2005 年。

49. 劉偉航,《三國倫理研究》,成都:巴蜀書社出版,2002 年。

50. 樓宇烈校釋,《老子周易王弼注校釋》,台北:華正書局,1983 年。

51. 蔡忠道,《魏晉處世思想之研究》,台北:文津出版社,2007 年。

52. 鄭毓瑜,《性別與家園:漢晉辭賦的楚騷論述》,上海:上海三聯書店,2006年。

53. 錢志熙,《魏晉詩歌藝術原論·修訂本》,北京:北京大學出版社,2005 年版。

54. 戴璉璋,《玄智、玄理與文化發展》,台北:中研究文哲所,2002 年。

55. 謝大寧，《「歷史的嵇康」與「玄學的嵇康」：從玄學史看嵇康思想的兩個側面》，台北：文史哲出版社，1997 年。

56. 魏明安、趙以武，《傅玄評傳》，南京：南京大學出版社，1996 年。

57. 羅宗強，《玄學與魏晉士人心態》，台北：文史哲出版社，1992 年。

58. 蘇新鋈，《郭象莊學平議》，台北：臺灣學生書局，1980 年。

（四）史學、文化社會及其他

1. 于迎春，《秦漢士史》，北京：中華書局，2000 年。

2. 毛漢光，《中國中古社會史論》，台北：聯經出版公司，1997 年版。

3. 王子今，《「忠」觀念研究：一種政治道德的文化源流與歷史演變》，長春：吉林教育出版社，1999 年。

4. 王仁祥，《先秦兩漢的隱逸》，台北：國立臺灣大學出版委員會，1995 年。

5. 王永平，《六朝江東世族之家風與家學研究》，南京：江蘇古籍出版社，2003 年。

6. 王伊同，《五朝門第——附高門權門世系婚姻表》，香港：中文大學出版社，1978 年版。

7. 王能憲，《世說新語研究》，南京：江蘇古籍出版社，1992 年。

8. 王健文，《奉天承運——古代中國的「國家」概念及其正當性基礎》，台北：東大圖書公司，1995 年。

9. 田餘慶，《秦漢魏晉史探微·重訂本》，北京：中華書局，2004 年。

10. 田餘慶，《東晉門閥政治》，北京：北京大學出版社，2005 年版。

11. 甘懷真，《皇權、禮儀與經典詮釋：中國古代政治史研究》，台北：喜瑪拉雅基金會，2003 年。

12. 牟宗三，《歷史哲學》，台北：臺灣學生書局，1988 年版。

13. 余嘉錫，《四庫提要辨證》（上下冊），昆明：雲南人民出版社，2004 年。

14. 吳正嵐，《六朝江東士族的家學與門風》，南京：南京大學出版社，2003 年。

15. 呂思勉，《呂思勉讀史札記·增訂本》，上海：上海古籍出版社，2005 年。

16. 汪中江，《視域變化中的中國人文與思想世界》，河南：中州古籍出版社，2005 年。

17. 邢義田，《秦漢史論稿》，台北：東大圖書公司，1987 年。

18. 周一良，《周一良集·第壹卷·魏晉南北朝史論》，瀋陽：遼寧教育出版社，1998 年。

19. 周一良，《周一良集·第貳卷·魏晉南北朝史札記》，瀋陽：遼寧教育出版社，1998 年。

20. 唐長孺，《魏晉南北朝史論拾遺》，出版者不詳，1982 年。

21. 唐長孺，《魏晉南北朝史論叢·外一種》，石家莊：河北教育出版社，2000年。

22. 徐復觀，《中國藝術精神》，台北：臺灣學生書局，1992年版。

23. 張立偉，《歸去來兮：隱逸的文化透視》，北京：生活·讀書·新知三聯書店，1995年。

24. 張蓓蓓，《東漢士風及其轉變》，台北：國立臺灣大學出版委員會，1985年。

25. 張德勝，《儒家倫理與秩序情結》，台北：巨流圖書公司，1989年。

26. 曹道衡、沈玉成，《中古文學史料叢考》，北京：中華書局，2003年。

27. 許尤娜，《魏晉隱逸思想及其美學涵義》，台北：文津出版社，2001年。

28. 許倬雲，《求古編》，北京：新星出版社，2006年。

29. 陳弱水，《公共意識與中國文化》，台北：聯經出版事業公司，2005年。

30. 陳啟雲，《中國古代思想文化的歷史析論》，北京：北京大學出版社，2001年。

31. 陳啟雲著、高專誠譯，《荀悅與中古儒學》，瀋陽：遼寧大學出版社，2000年。

32. 傅小凡，《晚明自我觀研究》，成都：巴蜀書社出版，2001年。

33. 程章燦，《世族與六朝文學》，哈爾濱：黑龍江教育出版社，1998年。

34. 程樹德，《九朝律考》，北京：中華書局，2003年。

35. 黃克武、張哲嘉主編，《公與私：近代中國個體與群體之重建》，台北：中央研究院近代史研究所，2000年。

36. 楊永俊，《禪讓政治研究》，北京：學苑出版社，2005年。

37. 萬繩楠，《魏晉南北朝文化史》，台北：雲龍出版社，2002年版。

38. 萬繩楠，《魏晉南北朝史論稿》，台北：雲龍出版社，2002年版。

39. 寧稼雨，《魏晉士人人格精神——《世說新語》的士人精神史研究》，天津：南開大學出版社，2003年。

40. 趙園，《明清之際士大夫研究》，北京：北京大學出版社，1999年。

41. 劉澤華，《士人與社會：秦漢魏晉南北朝卷》，天津：天津人民出版社，1992年。

42. 劉澤華，《中國傳統政治思想反思》，北京：新華書店，1987年。

43. 劉澤華等著，《公私概念與中國社會》，北京：中國人民大學出版社，2003年。

44. 衛廣來，《漢魏晉皇權嬗代》，太原：書海出版社，2002年。

45. 閻步克，《士大夫政治演生史稿》，北京：北京大學出版社，1996年。

46. 閻愛民，《漢晉家族研究》，上海：上海人民出版社，2005年。

47. 瞿同祖,《中國法律與中國社會》,台北:里仁書局,2000 年版。

48. 蘇紹興,《兩晉南朝的士族》,台北:聯經出版事業公司,1993 年版。

三、日文研究

1. 川勝義雄,《六朝貴族制社會の研究》,東京:岩波書店,1982 年。

2. 中國中世史研究會主編,《中國中世史研究:六朝隋唐の社會と文化》,東京:東海大学出版会,1970 年。

3. 中國中世史研究會主編,《中國中世史研究　續編》,京都:京都大学学術出版会,1995 年。

4. 中嶋隆藏,《六朝思想史の研究:士大夫と仏教思想》,京都:平樂寺書店,1992 年。

5. 加賀栄治,《中國古典解釈史・魏晉篇》,東京:勁草書房,昭和 39 年。

6. 村上嘉實,《六朝思想史研究》,京都:平樂寺書店,1976 年。

7. 板野長八,《中国古代社会思想史の研究》,東京:研文出版,2000 年。

8. 宮川尚志,《六朝史研究・政治社會篇》,京都:平樂寺書店,1992 年。

9. 堀池信夫,《漢魏思想史研究》,東京:明治書院,1988 年。

10. 溝口雄三,《公私》,東京:株式會社三省堂,1996 年。

11. 道端良秀,《仏教と儒教倫理──中國仏教における孝の問題》,京都:平樂寺書店,1985 年。

12. 関正郎,《莊子の思想とその解釈──郭象・成玄英──》,東京:三省堂,1999 年。

四、日歐美漢學研究

1. 〔日〕小野澤精一、福永光司、山井涌編,《氣的思想──中國自然觀與人的觀念的發展》,上海:上海人民出版社,2007 年。

2. 〔日〕池田知久著、黃華珍譯,《《莊子》──「道」的思想及其演變》,台北:國立編譯館,2001 年。

3. 〔日〕池田知久著、曹峰譯,《池田知久簡帛研究論集》,北京:中華書局,2006 年。

4. 〔日〕谷川道雄著,馬彪譯,《中國中世紀社會與地方共同體》,北京:中華書局,2002 年。

5. 〔日〕岡村繁著,陸曉光譯,《岡村繁全集　第參卷:漢魏六朝的思想和文學》,上海:上海古籍出版社,2002 年。

6. 〔日〕溝口雄三著,趙士林譯,《中國的思想》,北京:中國社會科學出版社,1995 年。

7. 〔日〕溝口雄三著，索介然、龔穎譯，《中國前近代思想的演變》，北京：中華書局，1997年。

8. 〔日〕蜂屋邦夫著、隽雪艷譯，《道家思想與佛教》，瀋陽：遼寧教育出版，2000年。

9. 〔法〕弗朗索瓦‧于連著、閻素偉譯，《聖人無意——或哲學的他者》，北京：商務印書館，2004年。

10. 〔美〕本杰明‧史華茲（Benjamin I.Schwartz）著，程鋼譯，劉東校，《古代中國的思想世界》 *The world of thought in ancient China*，南京：江蘇人民出版社，2003年。

11. 〔美〕田浩（Hoyt Cleveland Tillman）編，楊立華、吳艷紅等譯，《宋代思想史論》，北京：社會科學文獻出版社，2003年。

12. 〔美〕安樂哲（Roger T.Ames）著、滕復譯，《主術：中國古代政治藝術之研究》，北京：北京大學出版社，1995年。

13. 〔美〕安樂哲（Roger T.Ames）、羅思文著，余瑾譯，《《論語》的哲學詮釋：比較哲學的視域》，北京：中國社會科學出版社，2003年。

14. 〔美〕安樂哲（Roger T.Ames）、郝大維（Hall D.L.）著，何金俐譯，《道不遠人——比較視域中的《老子》》，北京：學苑出版社，2004年。

15. 〔美〕安樂哲（Roger T.Ames）著，彭國翔編譯，《自我的圓成：中西互境下的古典儒學與道家》，石家莊：河北人民出版社，2006年。

16. 〔美〕倪衛德著，萬白安編，周熾成譯，《儒家之道：中國哲學之探討》，南京：江蘇人民出版社，2006年。

17. 〔美〕唐納德‧J蒙羅著，莊國雄、陶黎銘譯，《早期中國『人』的觀念》，上海：上海古籍出版社，1994年。

18. 〔美〕郝大維（David L. Hall）、安樂哲（Roger T.Ames）著，施忠連譯，《漢哲學思維的文化探源》 *Thinking From the Han*，南京：江蘇人民出版社，1999年。

19. 〔美〕馬塞勒（Anthony J.Massella）等著，任鷹等譯，《文化與自我》，台北：遠流出版，1990年。

20. 〔美〕喬治‧H‧米德（George H. Mead）著，趙月瑟譯，《心靈、自我與社會》，上海：上海譯文出版社，1997年版。

21. 〔美〕愛蓮心著，周熾成譯，《嚮往心靈轉化的莊子：內篇分析》，南京：江蘇人民出版社，2004年。

22. 〔美〕赫伯特‧芬格萊特（Herbert Fingarette）著，彭國翔、張華譯，《孔子：即凡而聖》 *Confucius：The Secular as Sacred*，南京：江蘇人民出版社，2002年。

23. 〔英〕葛瑞漢（A.C.Graham），張海晏譯，《論道者：中國古代哲學論辯》

Disputers of the TAO：Philosophical Argument in Ancient China，北京：中國社會科學社出版，2003 年。

24. 〔荷〕許里和著，李四龍、裴勇等譯，《佛教征服中國》，南京：江蘇人民出版社，2003 年。

25. 劉俊文主編，《日本學者研究中國史論著選譯·第四卷·六朝隋唐》，北京：中華書局，1993 年版。

五、工具書類

1. 張舜徽主編，《三國志辭典》，濟南：山東教育出版社，1994 年。

2. 張萬起編，《世說新語詞典》，北京：商務印書館，1998 年版。

3. 劉乃和主編，《晉書辭典》，濟南：山東教育出版社，2001 年。

4. 〔日〕北原峰樹編，《老子王弼注索引》，北九州：北九州中國書店，1987 年。

5. 〔日〕北原峰樹編，《列子張湛注索引》，北九州：北九州中國書店，1988 年。

6. 〔日〕北原峰樹編，《莊子郭象注索引》，北九州：北九州中國書店，1990 年。

六、學位論文

1. 吳冠宏，〈魏晉玄論與士風新探——以「情」爲綰合及詮釋進路〉，台北：國立臺灣大學中文研究所博論，1997 年。

2. 周大興，〈王弼玄學與魏晉名教觀念的演變〉，台北：文化大學哲學研究所博論，1996 年。

3. 林俊宏，〈魏晉道家政治思想之演變〉，台北：國立臺灣大學政治研究所博論，1996 年。

4. 林朝成，〈魏晉玄學的自然觀與自然美學研究〉，台北：國立臺灣大學哲學研究所博論，1992 年。

5. 陳惠玲，〈魏晉反玄思想論〉，台南：國立成功大學中文研究所碩論，1997 年。

6. 鄭雪花，〈非常的行旅——〈逍遙遊〉在變世情境中的詮釋景觀〉，台南：國立成功大學中文研究所博論，2005 年。

七、期刊論文

1. 王國瓔，〈陶淵明對名聲的重視〉，《中國文哲研究通訊》第 2 卷第 2 期，1992 年。

2. 王國瓔，〈陶詩中的隱居之樂〉，《臺大中文學報》第 7 期，1995 年。

3. 王國瓔，〈史傳中的陶淵明〉，《臺大中文學報》第 12 期，2000 年。

4. 王國瓔，〈個體意識的自覺──兩漢文學中之個體意識〉《漢學研究》第 21 卷第 2 期，2003 年。

5. 江建俊，〈魏晉「朝隱」風氣盛行的原因及其理論根據〉，《尉素秋教授八秩榮慶論文集》，台北：文史哲出版社，1988 年 10 月。

6. 江建俊，〈魏晉「忠孝」辨〉，收入《第五屆魏晉南北朝文學與思想學術研討會論文集》，台北：里仁書局，2004 年。

7. 江建俊，〈「先玄學」──由劉卲「徵質」到王弼的「崇本」〉，《六朝學刊》（台南：成功大學中文系，2004 年。

8. 江建俊，〈來自禮法之敵的「發其高致」──由伏義〈與阮籍書〉探討阮籍超拔之思成立的反向動力〉，發表於《第三屆儒道國際學術研討會──魏晉南北朝》，2007 年。

9. 吳慧蓮，〈六朝時期的君權與政制演變〉，《漢學研究》第 21 卷第 1 期，2003 年。

10. 吳曉青，〈郭象《論語體略》中的政治思想〉，《暨大學報》第 5 卷第 2 期，2001 年。

11. 李中華，〈孫盛儒學思想述評〉，《晉陽學報》第 5 期，1992 年。

12. 李蘭芬，〈玄遠之幕的飄落──王弼《論語釋疑》的命運〉，《孔子研究》第 3 期 2004 年。

13. 汪惠敏，〈何晏論語集釋考辨〉，《孔孟學》第 35 期，1978 年。

14. 周大興，〈王弼「性其情」的人性遠近論〉，《中國文哲研究集刊》第 16 期，2000 年。

15. 周大興，〈阮籍的名教空間與大人先生的神貴空間〉，收入李豐楙、劉蕙如主編，《空間、地域與文化──中國文化空間的書寫與闡釋》（上冊），台北：中央研究院文哲研究所，2002 年。

16. 林朝成，〈魏晉士人的公私之辨與生命情境的抉擇〉，發表於《第一屆台南市哲學學會學術研討會》，2007 年 12 月。

17. 林聰舜，〈玄學式的體制與反體制論述：魏晉思想的一個思考方向〉，《魏晉南北朝文學與思想學術研討會論文集》第三輯，台北：文津出版社，1997 年 9 月。

18. 林麗眞，〈歐美「魏晉玄學」研究概況暨主要學術論著評介〉，《哲學與文化月刊》第卅卷第四期，2003 年 4 月。

19. 金耀基，〈中國人的「公」、「私」觀念〉，《金耀基自選集》，上海：上海教育出版社，2002 年 6 月。

20. 紀志昌，〈魏晉時《莊》學中的、巢論述〉，《台大中文學報》第 22 期，2005 年 6 月。

21. 胡寶國，〈漢晉之際的汝潁名士〉，《歷史研究》第 5 期，1991 年。

22. 祝總斌，〈略論晉律之「儒家化」〉，《中國史研究》第 2 期，1985 年。

23. 張分田，〈古代「公天下論」的構成〉，收入王中江主編，《新哲學》第二輯，鄭州：大象出版社，2004 年。

24. 張立文，〈公私論〉（上），《孔孟月刊》第 30 卷第 10 期，1992 年 6 月。

25. 張立文，〈公私論〉（下），《孔孟月刊》第 30 卷第 10 期，1992 年 7 月。

26. 許雅棠，〈無以取有──《帛書老子》政治思想試說〉，《政治科學論叢》第 18 期，2003 年。

27. 許雅棠，〈聖人無事──慎到政治思想試說〉，《政治科學論叢》第 19 期，2003 年。

28. 陳少明，〈從莊子看心學〉，《道家文化研究》第 15 輯，北京：三聯書店，1999 年 3 月。

29. 陳飛龍，〈葛洪《抱朴子‧詰鮑篇》中「無君論」作者之考辨〉，《中大社會文化學報》第 3 期，1996 年。

30. 陳鼓應，〈道家的和諧觀〉，《道家文化研究》第 15 輯，北京：三聯書店，1999 年 3 月。

31. 陳鼓應，〈先秦道家之禮觀〉，收入陳鼓應、馮達文主編，《道家與道教‧道家卷》，廣州：廣東人民出版社，2001 年。

32. 陳鼓應，〈「理」範疇理論模式的道家詮釋〉，《臺大文史哲學報》第 60 期，2004 年。

33. 郭德茂，〈尖銳的痛苦　沈重的肉身──阮籍與嵇康的人生抉擇和內心矛盾〉，收入陳飛、張寧主編，《新文學》第六輯，鄭州：大象出版社，2006 年。

34. 陳靜，〈「真」與道家的人性思想〉，《道家文化研究》第 14 輯，北京：三聯書店，1998 年 7 月。

35. 彭毅，〈阮籍詠懷詩中矛盾意念的糾葛與實際〉，《王叔岷先生八十壽慶論文集》，台北：大安出版社，1993 年 6 月。

36. 景蜀慧，〈西晉名教之治與放達之風〉，中國魏晉南北朝史學會編，《魏晉南北朝史論文集》，山東：齊魯書社，1991 年 5 月。

37. 馮友蘭，〈論風流〉，《南渡集》，收入《三松堂全集‧卷五》，鄭州：河南人民出版社，2000 年 12 月。

38. 黃俊傑，〈先秦儒家義利觀的演變及其思想史的涵義〉，《漢學研究》第 4 卷，第 1 期，1986 年 6 月。

39. 黃俊傑，〈中國思想史中「身體觀」研究的新視野〉，《中國文哲研究集刊》第 20 期，2002 年。

40. 楊祖漢，〈論嵇康的「越名教而任自然」〉，《魏晉南北朝文學與思想學術研討會論文集》第三輯，台北：文津出版社，1997 年 9 月。

41. 葉海煙，〈中國經典詮釋的向度——以莊子郭象注為例〉，收入洪漢鼎主編，《中國詮釋學》第二輯，濟南：山東人民出版社，2004 年。

42. 劉紀曜，〈仕與隱——傳統中國政治文化的兩極〉，收入黃俊傑主編，《理想與現實》，台北：聯經出版事業公司，1993 年。

43. 劉笑敢，〈經典詮釋中的內在定向雛議〉，收入王中江主編，《新哲學》第四輯，鄭州：大象出版社，2005 年。

44. 劉康德，〈魏晉名教與自然箋論〉，《孔子研究》第 2 期，1994 年。

45. 劉暢，〈中國公私觀念研究綜述〉，收入王中江主編，《新哲學》第二輯，鄭州：大象出版社，2004 年。

46. 劉澤華，〈公與私：先秦的「立公滅私」與對社會的整合〉，收入王中江主編，《新哲學》第二輯，鄭州：大象出版社，2004 年。

47. 蔡振豐，〈何晏《論語集解》的思想特色及其定位〉，《臺大中文學報》，第 15 期，2001 年 12 月。

48. 蔡瑜，〈試從身體空間論陶詩的田園世界〉，收入陳飛、張寧主編，《新文學》第六輯，鄭州：大象出版社，2006 年。

49. 鄧安慶，〈詮釋學的倫理學〉，收入洪漢鼎主編，《中國詮釋學》第二輯，濟南：山東人民出版社，2004 年。

50. 盧桂珍，〈郭象玄學中涵藏的論證模式——以「待而非待」、「為而非為」的分析為主〉，《哲學與文化》29 卷第 6 期，2002 年。

51. 盧桂珍，〈王弼、郭象性情論研考〉，《臺大中文學報》第 25 期，2006 年。

52. 蕭馳，〈嵇康與莊學超越境界在抒情傳統中之開啟〉，《漢學研究》第 25 卷第 1 期，2007 年 6 月。

53. 戴璉璋，〈從《禮記》探討儒家樂論〉，《中國文哲研究通訊》第 14 卷第 4 期，2004 年。

54. 謝大寧，〈儒隱與道隱〉，《國立中正大學學報》（人文分冊），第 3 卷第 1 期，1992 年。

55. 魏明安、任菊俊，〈「清遠有禮」是傅玄樹立的德目〉，《蘭州大學學報》（社會科學版）第 27 卷第 3 期，1997 年。

56. 〔日〕金谷治〈《莊子》的生死觀〉，收入陳鼓應主編，《道家文化研究·第五輯》，上海：上海古籍出版社，1994 年。

57. 〔日〕福永光司，〈嵇康における自我の問題——嵇康の生活と思想〉，《東

方學報》第 32 冊，1962 年 3 月。

58. 〔日〕葭森健介、末崎澄香著，王中江譯，〈中世士大夫：三國、西晉政治史與軍師和清談家〉，收入王中汪主編，《新哲學》第二輯，鄭州：大象出版社，2004 年。

59. 〔美〕史華慈著，程鋼、王銘譯，〈史華慈評《論道者》〉，收入王中江主編，《新哲學》第六輯，鄭州：大象出版社，2006 年。